Ferdinand Wagener
(1902-1945)

Gesammelte Werke
in sauerländischer Mundart,
nebst hochdeutschen Texten

Ferdinand Wagener (1902-1945)

Gesammelte Werke in sauerländischer Mundart,

nebst hochdeutschen Texten

Herausgegeben von
Peter Bürger und Wolf-Dieter Grün

Ein Editionsprojekt zur
Mundartliteraturgeschichte aus dem
Christine Koch-Mundartarchiv am
Museum Eslohe in Zusammenarbeit mit
dem Heimatbund Gemeinde Finnentrop e.V.

© 2017 Buchfassung

Ferdinand Wagener (1902-1945):
Gesammelte Werke in sauerländischer Mundart,
nebst hochdeutschen Texten.

Herausgegeben von Peter Bürger und Wolf-Dieter Grün.

Ein Editionsprojekt zur
Mundartliteraturgeschichte aus dem
Christine Koch-Mundartarchiv am Museum Eslohe
in Zusammenarbeit mit dem
Heimatbund Gemeinde Finnentrop e.V.

Satz & Gestaltung: www.sauerlandmundart.de
Herstellung & Verlag: BoD – Books on Demand, Norderstedt
ISBN: 978-3-7431-7570-9

Inhalt

ÜBER LEBEN UND WERK VON FERDINAND WAGENER (1902-1945)

Wolf-Dieter Grün:
FERDINAND WAGENERS WEG
ALS AUTOR UND HEIMATVERLEGER 19

Jugendliche Heimatbewegtheit – frühe Zeitungsbeiträge 22
Die beiden ersten Bücher 24
Dissertation in Freiburg 27
Verlagsgründung und Buchvertrieb für das Sauerland 29
Verlagsprogramm nach der nationalsozialistischen
Machtübernahme 32
Buchprojekte in den Kriegsjahren 73
Einzug Ferdinand Wageners zum Kriegsdienst 41
Zur Wirkungsgeschichte von Wageners
„Heimatprogramm" 51

Peter Bürger:
EINLEITUNG ZUR EDITION DER PLATTDEUTSCHEN WERKE
UND EINER AUSWAHL HOCHDEUTSCHER TEXTE 55

Zur Quellenbasis dieser Gesamtausgabe 56
I. Gedichte in sauerländischer Mundart 59
II. Prosa in sauerländischer Mundart 65
III. Ausgewählte hochdeutsche Gedichte 79
IV. Autobiographisches, Heimatprogrammatik, Ideologie 89

ERSTE ABTEILUNG
GEDICHTE IN SAUERLÄNDISCHER MUNDART

POESIEALBUM
Meine ersten Gedichte [1922-1926]   103

Anmerkungen   103
Zur Reifeprüfung: II. Die Kraniche des Kebekus   104
Zur Reifeprüfung: III. Rundgesang   106
Triurege Wiut (Luien, dai futtlaupen wellt)   107
Verstroistunge (Meinem Bruder Joseph gewidmet)   108
Hännes (Meinem Bruder Johannes zum Namenstag)   109
Jupp (Meinem Bruder Joseph gewidmet)   113
Use Abitur   117
Kasper, dai schwuatte (Nowers Kasper!)   122
Fritze (Meinem Bruder Friedrich zum Namenstag)   124
Kuhhirtenlied (Zum Abschied Maria Spielmann!)   126
Tau der Primiz! Ad primissam! Zur Primiz! (H. Vetter)   132
Use Häime (Paula Hesse ins Stammbuch!)   136
Iek   137

DAS WANDERN IST DES MÜLLERS LUST
„Zum Abschied meinem Bruder [Josef] gewidmet"
[1923; Auszug mit hoch- und plattdeutschen Texten]   139

Vorwort   139
Abschiedsfeier   141
An Jupp   141
Rechts- und gerichtsverbindliche Bekanntmachung   143
Namensdagslaid   143
Et wass enmool ... [o.T.]   145
Et wöör'n moll ... [o.T.]   146
Schluss   146
Abschied von Deutschland   146
Nachträgliche Anmerkungen (26.6.1943)   149

MUNDARTGEDICHTE 1922-1931
(Gesammelt Königsberg 1943) 150
Anmerkungen zu den „Gedichten" 150

Diäm Bauk! 151
De Schulte un de „Centräler" 151
De Photograph imme Siuerlanne 154
Epilog tau Beules „Hittendokter" 157
Bey Sturm an der Sperre 159
Kreyg in Siupenhagen 162
Kasper oppem Ossenhandel 165
Wau, Wau! 168
Jomer 169
Papa, bat sall iek daun? 171
Hitte dutz! 173
Labändeg begrawen 174
Kumpeney 179
Soterdag 180
Mondscheyn 181
Frönne 183
Op Friggersfaiten 184
De Briutwagen 185
De Daud 186
De Briutbidder 187
Hiushiewen 187
„Fangen" 187
Dat Miäcken iutem Siuerland 188
Häimedreywen 189
Moppeychens Hochteyt 191
Silväster 192
Dat Karussell 193
Ich lieb dich nicht ... 195

DE LAIFDE HÖÖRT GAR NIT OP
Gedichte an meyne Frau. Aanfangen im Johr 1936 — 196
Meyn Drüdken! — 196
Duitsland un Siuerland — 197
Iek matt plattduitsk kuiern! — 197
Bai well mey wuatt? — 198
Danken! — 199
Men *äin* Leyf ... ? — 200
Häimegohn ... — 200
Iek droime ... — 201
Et [gäit] us schlecht ... — 202
Use Hans — 202
Ossendumm — 203
De Allerbeste — 204
Usem Elmarken! — 204
Äin Wunder?! — 205
Dat Kruize — 206
De junge Mömme — 206
Use Drüdken is krank! — 207
Sau'n Schelm — 208
Bleck — 209
Iek möchte mool weck – – — 209
Häime — 210
Niu is et do! — 211
Mama-Mama-Mama-Mama-Mama-Mama-Mama! — 212
Tuffelnschellen — 212
Goh men! — 213
Fastnacht — 213
Kumm, Drüdken, kumm! — 214
Fastlowend terhäimen — 214
Fasten — 216

Lose Blätter:
Drüdken un Jüppken — 217
Schranken — 218

ZWEITE ABTEILUNG
PROSA IN SAUERLÄNDISCHER MUNDART

ÄCHTER DE KÖGGE!
Ein Sommer bei den Kuhhirten im Waldbauernhof
[1925/1927; neu gesammelt 1943]   221
Kuhhirtenromantik [Hochdeutsche Einleitung]   221

Ächter de Kögge!	229
Vüärsprüük	229
Kramänzelten	232
Maidag	235
Happen, Flaitepeypen, Truättelken un witte Bessmen	237
Bättken	241
Prosssiaune	245
Scheperhännes	249
Oppem Brunnen	252
Bloer Hiemmel, witte Wolken	257
Studäntentuig	262
En Vertelleken füär'n Schloop	266
Iutflug	268
Naumool Vüärsprüük	272
De Hambummel	273
Kreyg	278
Himmetensaiken	285
Schniäle un bunte Ossen	290
Kiärmisse	292
Tuffelnliäsen	301
Graute Hochteyt	306
Tuffelnbroen	312
Häimedreywen	316
Register schwer verständlicher Worte	319

GRAUTE HOCHTEYT
Geschichte einer westfälischen Bauernhochzeit
im Sauerland (1929) 328

Anmerkungen des Autors 329
Hochzeit [Gedicht] 330
Hochzeitsbräuche im Sauerland 331
1. GRAUTE HOCHTEYT 336
Vüär der Hochteyt 336
Vüärsprüek 336
Et gäiht aan 337
Hiushiewen 338
Hai mäket vüäraan 340
Op Friggersfaiten (F.W.) 341
Kasper koipet in 342
Kasper oppem Ossenhandel (F.W.) 342
De Briutbidder 345
Kränße maken 346
Wursten un Backen 347
De Briutwagen un de Küärwe 348
De Briut 351
Graute Hochteyt 354
De Hochteytsmisse 354
Dai Fangen (F.W.) 355
Middagges 357
Bat iärk de Hochteytsluie miärken sollt (H.V.) 358
De Musikanten kummet 358
Kaffaidrinken 359
Wie der Kuckuck zu seinem Namen kam (M.H.) 360
Danßen un Plasäier 362
Nachtmes 363
Kasper dai schwuatte (F.W.) 363
Plasäier un Danß 365
Die Köchin (M. Hesse) 365
De Schmied is do 369
No der Hochteyt 370

Stiäldaiwe iut Neylöterey	370
Stümpe vertiären	372
Dat Enne vam Laie	373
Nosprüek	373
2. HOCHZEITSGESCHICHTEN	375
Bauernhochzeit in Nord und Süd	375
Brautfahrt im Sauerlande	381
Dai Briutexamen (Fr. W. Grimme)	384
Schultenhochteyt (Fr. W. Grimme)	388
Heimat und Hochzeit	392
Hochzeit (Betty Schneider)	395
Ewige Magd (Betty Schneider)	398
Die Gesegnete (Betty Schneider)	399
Kindlein in der Wiege (Betty Schneider)	400
3. HOCHZEITSLIEDER	401
Dat Laid vam Pastauer seyner Kauh	401
Hochzeitslied	403
Der Jungfernkranz	404
Schön ist die Jugend	404
Heideröslein	405
Was soll ich in der Fremde tun	406
De Kuckuck oppem Tiune saat	407
Dat Miäken iut'm Siuerland	407
Westfalenlied	408
FREI NACH DER GESCHICHTE VON KLOSTER BRUNNEN (1929)	411
Berichten	411
Schichtern	415
ESSEL [Sauerländer Heimattag 1931 in Eslohe]	419
DAT DAUPEWATER (1937)	431

[Beigabe:]
DE FALSMÜNZER
Ne wohre un gelungene Geschichte
*Von Rektor Ferdinand Wagener (1871-1931),
aus dem Heimatkalender „De Suerländer" für 1923* 434

DRITTE ABTEILUNG
AUSGEWÄHLTE HOCHDEUTSCHE GEDICHTE

POESIEALBUM [1922-1927]
Meine ersten Gedichte 445

Ein Mahnruf zum Abschied
(Scheidenden Deutschen gewidmet) 445
Der Neupriester 447
Franzmann, raus! (Den „siegreichen" Franzosen) 450
Mein Dichterheim 453
Ein Märchen 454
Der Brief an das Christkindlein 455
Der Trotzkopf 458
Die armen Blumen 459
Hermann, dem Erretter Deutschlands 461

GEDICHTE 1923-1940
(Gesammelt Königsberg 1943) 462

Die beiden Hirsche 462
Weihnachten 463
Der Tod 465
Lebensmüde 466
Das Weibchen 467
Das Leben 469
Du Pony, du wildes! 470

Du Sonnenschein	471
Du Tapfere	472
Du Gottesbraut	473
Sehnsucht	474
Spitzweg – Pirschgang	475
Luna, wenn ich tot bin …	476
Das Bild ohne Ende	477
Deutsche Wacht	478

„HÄSCHEN" UND ANDERE TIERE
Sommergedichte. Pillau 1944   479

Mein Häschen	479
Liebe	480
Sterben	480
Sonne, Meer und heißer Sand	481
Die erste Begegnung	482
Töchterchen	483
Die blaue Blume	484
Das innere Bild	485
Seid ohne Sorgen!	486
Der Hoppelhase	487
Heimat Meer	487
Das Erntebad	488
Das verwehte Wort	489
Der Weg im Sturm	490
Das Ostseebad	491
Wo gibt's denn so was?	491
Soldatenglück	492
Der Große Augenblick	493
Der Sonnenschein	494
Die Bootsfahrt	495
Der Traum-Kuss	497
Stille Schönheit	498
Abendmusik	499

Die ewige Reise	500
Was ist Heimat	501
Die Heimat-Truhe	502
Das schwarze Kreuz	503
Die ewige Heimat	504
Der Kirschbaum	505
Musik am Abend	506
Künstlererlebnis	507
Nachbarschaft	508
Kameradschaft	509
Heimat Stadt	510
Heimat Land	511
Heimweh	512
Heimatlos	514
Heimatarbeit	515
Heimatwert	516
„Da bin ich!"	517
Kirchgang	518
Laiengottesdienst	519
Der Einsiedler	520
Frei – nach Gefallen	522
Nächtliches Feuerwerk	523
Der Abendhimmel	524
Klare Augen	525
Nächtlicher Angriff	526
Der tote Feind	527
Müde	528
Die Muttersprache	529
Wanderer am Ufer	530
Abschied von der Einsiedelei	532
Die liebe kleine Monica	533
Kriegsopfer	534
Die große Erfindung	535
Abschiedskonzert	536

VIERTE ABTEILUNG
AUTOBIOGRAPHISCHES, HEIMATPROGRAMMATIK, IDEOLOGIE

1. Lebenslauf (1931)   539
2. Sprichwörter und Redensarten im Sauerland:
   Ihr Sinn und ihre Poesie (1927)   540
3. „Student – Leben – Zukunft" (Manuskript ca. 1931/32)   548
4. Deutsche Heimatarbeit: Ein Lehrgang der
   Heimatpflege (Manuskript ca. 1933/34)   554
5. Beigaben zum Werk „Graute Hochteyt. Das Volksspiel
   von Bauernliebe und Bauernhochzeit" (1934)
   Vorwort   578
   Kritiken, aus denen die Spieler lernen können   579
6. Texte zur Buchreihe „Das Sauerland" (1936-1938)   583
   Selbstvorstellung   583
   Vorwort zum Volksbuch der sauerländischen Heimat   583
   Vorwort zum Band „Die Landschaft Sauerland"   585
   Vorwort zum Band „Künstlerschaffen im Sauerlande"   587
   Vorwort zum Band „Geschichte des Sauerlandes"   588
7. Geleitwort zum Verlagsprogramm
   „Bücher deutscher Heimat" (1940)   590
8. Beiträge zum biographischen Band
   der Werke von Jost Hennecke (1942)   591
   Vorwort   591
   Der Arbeiter und Dichter   592

QUELLEN – LITERATUR (mit Abkürzungen)   593

Vignette des Heimatverlags Dr. Wagener, Meschede

ÜBER LEBEN
UND WERK VON
FERDINAND WAGENER
(1902-1945)

Ferdinand Wagener im Jahr 1921
(Repro Christa Wagener, Freiburg)

Ferdinand Wageners Weg als Autor und Heimatverleger

Von Wolf-Dieter Grün[1]

„Als ich durch schwere Schicksalsschläge aus dem eingeschlagenen theol. Berufsstudium gerissen wurde, brachte es der fernere Lebensweg von selbst mit sich, daß ich mich mit all meinem Studium, mit meiner Arbeit, mit der ganzen Existenz ausschließlich der Heimatsache verschrieb."
Dr. Ferdinand Wagener[2]

Der sauerländische Autor und Verleger Johannes *Ferdinand* Wagener[3] wurde am 22. April 1902 in Steinsiepen, Haus Nr. 1 (ein weiteres gab es nicht), als drittes von fünf Kindern des Ackerers und Leinewebers Johannes Wagener (* 5. März 1864 in Röhrenspring) und der Maria Catharina, geb. Weber (* 13. Sept. 1867 in Rönkhausen) geboren. Hebamme war Theresia Hesse, geb. Bette, die auch die Anmeldung der Geburt des Jungen beim Standesamt in Serkenrode vornahm. Sein Pate war der Rektor Ferdinand

---

[1] Dieser Einleitungstext basiert auf meiner ausführlicheren Darstellung zu F. Wagener für das SüdWestfalenArchiv: GRÜN 2017. [Aufschlüsselung aller Kurztitel im Literatur- und Quellenverzeichnis am Schluss dieser Werkausgabe.]
[2] WAGENER 1937, S. 147. – Darstellungen und Hinweise zu F. Wagener (alphabetisch): BÜRGER 2010, S. 607-711; HEIMATKALENDER 1971*, S. 111; HUß 2001; KNEPPER-BABILON / KAISER-LÖFFLER 2003, S. 30f u. 44; KNIEB 2003, S. 63; KURIER 1992; PADBERG 1954; ROST 1990, S. 212-213; SCHNEIDER 1991, S. 332-334; SCHUMACHER 1964*; TOCHTROP 1977; WESTFÄLISCHES AUTORENLEXIKON 1750-1950*; WIETHOFF 2002 [zahlreiche nur hier nachlesbare Mitteilungen]; WIETHOFF 2016.
[3] In Nachschlagewerken wird er unter seinem vollen Taufnamen „*Johannes Ferdinand*" geführt, um ihn von seinem gleichnamigen Onkel (1871-1931) zu unterscheiden. Er selbst hat diesen Namen aber nie gebraucht!

Wagener, ein Bruder des Vaters, der seinen Lebensweg noch beeinflussen sollte. Im Alter von zehn Jahren wurde er von Mutter, Onkel und Pfarrer dazu ausersehen, Priester zu werden. Seine Geschwister waren Theresia[4], ältestes Kind der Familie, und die Brüder Josef[5], Johannes Theodor, der spätere Hoferbe[6], und Friedrich (Fritz)[7]. Die ersten beiden Kinder sind noch in Röhrenspring geboren.

Nach der Volksschule in Schliprüthen, wo er schon durch den Pfarrer Johannes Sprenger Lateinunterricht erhielt, besuchte Ferdinand Wagener anschließend die Rektoratsschule[8] in Meschede (von April 1916 bis März 1919, Untertertia bis Untersekunda) und dann das Gymnasium Laurentianum in Arnsberg. Deshalb

---

[4] *Theresia* (* 01.01.1897 in Röhrenspring, † 16.01.1973 in Gladbeck), die 1942 Willi Ivens aus Gladbeck heiratete. Sie war – wie die meisten jungen Frauen vom Lande zu dieser Zeit – bis zur Hochzeit in einem fremden Haushalt als Dienstmädchen, bzw. als „Stütze" tätig. Laut Einwohnerkartei des Amtes Serkenrode war sie vom 12.11.1940 bis 04.02.1941 bei ihrem Bruder in Meschede gemeldet.
[5] *Josef* (*19.02.1900 in Röhrenspring), der ursprünglich als Hoferbe vorgesehene älteste Sohn, wanderte kurz nach der Hochzeit mit seiner sauerländischen Frau nach Nordamerika aus. Den Unterlagen der Einwanderungsbehörde in New York zufolge schiffte er sich am 27. März 1923 auf dem Dampfschiff „Volendam" in Rotterdam ein und erreichte New York am 7. April 1923. In den Unterlagen gibt er seinen Beruf mit „Joiner" (Schreiner) an und bezeichnet sich ausdrücklich als „unverheiratet". Als Ziel nennt er Detroit in Michigan, wo er den Freund Frank Japes, 8. Street/Pennsylvania Street, als Kontaktadresse angibt. Als nächsten Verwandten im Herkunftsland gab er bemerkenswerter Weise seinen Cousin Julius Böckelmann, Hagener Str. 76 in Gevelsberg an. Vermutlich war das der Aufenthaltsort seiner Frau. Der Kontakt zu den Geschwistern blieb lebenslang bestehen. (Informationen aus den Einwanderungsunterlagen erhalten von Norbert Siebert, Schönholthausen.)
[6] *Johannes* (* 13.09.1904, also genau auf dem 37. Geburtstag seiner Mutter) erlernte das Schreinerhandwerk, ehe er nach der Auswanderung seines Bruders Josef, dem eigentlichen Hoferben, den Hof übernahm.
[7] *Friedrich* (* 28.09.1908) erlernte zunächst ebenfalls das Schreinerhandwerk, ehe er später in Eslohe sehr erfolgreich einen Tabakwarenvertrieb aufbaute; er verstarb erst 2011 im Alter von 102 Jahren.
[8] *Rektoratsschule* bezeichnet im 19. Jahrhundert mittlere Schulen kleinerer Orte, die auf den Besuch der gymnasialen Oberstufe vorbereiteten. Die Schule in Meschede wird auch *höhere Stadtschule* genannt.

wohnte er ab dem 22. April 1916 in Meschede bei seinem Paten, dem Geistlichen Rektor Ferdinand Wagener (1871-1931), dem Leiter der Rektoratsschule.[9] Die Abiturprüfung legte er 1922 ab und begann ein Studium der Philosophie und katholischen Theologie an der Philosophisch-theologischen Akademie zu Paderborn; für die im Theologiestudium obligaten Auswärtssemester wählte er die Universität Freiburg im Breisgau.[10] Im Lebenslauf wird jedoch vermerkt: „Im Winter-Semester 1926/27 und ebenfalls im Winter-Semester 1927/28 brach ich mein Studium aus gesundheitlichen Gründen ab."[11] Ferdinand Wagener, der wahrscheinlich Zweifel bekommen hatte, als sensibler „Melancholiker" – so bezeichnete er sich selbst in Tagebuchnotizen – den Anforderungen an einen Priester zu genügen, brach nach monatelangem schweren Ringen mit sich selbst, aber aus eigenem Entschluss noch vor dem Jahresende im Wintersemester 1927/28 sein Theologiestudium ganz ab. Das war mit schweren Auseinandersetzungen nicht nur mit seinen Lehrern – während seiner Studienzeit in Paderborn lebte er im Konvikt – sondern auch mit großen Enttäuschungen in der Familie (besonders Mutter und Onkel) verbunden. Damals und in diesem Umfeld kam ein solcher Schritt einem Skandal gleich! Er selbst schreibt: „Fünf Jahre hatte mich das Studium für den verfehlten Beruf gekostet, meine Gesundheit und das Vertrauen meiner Verwandten."[12]

In diese Zeit fällt ein Ereignis, das seinen weiteren Lebensweg stark beeinflusst, über das aber kaum etwas zu erfahren ist: eine

---

[9] Sein Besuch der Rektoratsschule in Meschede wird in den meisten Biographien nicht erwähnt, ist allerdings in dem der Dissertation beigefügten Lebenslauf vermerkt (WAGENER 1931b). Das zeigt, dass bislang niemand, der über ihn schrieb, seine Dissertation in Händen hielt! Dies erklärt die in der Literatur genannte angebliche Aufnahme in die Untertertia des Laurentianums in Arnsberg zu Ostern 1916. Das Datum der Übersiedelung ist der Einwohnerkartei des Amtes Serkenrode entnommen.
[10] Bischöfliche philosophisch-theologische Akademie Paderborn WS 1922/23 bis WS 1924/25 und SS 1926, SS 1927, WS 1927/28: abgebrochen; dazwischen SS 1925 und WS 1925/26 Badische Albert-Ludwigs-Universität Freiburg, Breisgau.
[11] WAGENER 1931b.
[12] WAGENER-NACHLASS 1931.

Arsen-Vergiftung während der Freiburger „Freisemester". Über nähere Umstände oder die Ursache finden sich keine Hinweise, es heißt nur, sie sei fremd verursacht. Doch hat er wohl der Freiburger Hauswirtin eine Schuld daran gegeben. Durch etwas Recherche stößt man auf zwei zeittypische Vergiftungen, die in Frage kommen könnten: die Haffkrankheit, eine Fischvergiftung mit Symptomen wie bei einer Arsenvergiftung und die Vergiftung durch das im Wein- und Obstbau gebräuchliche Insektizid Kalkarsen. In Wikipedia findet man zudem unter dem Stichwort ‚Calciumarsenat' den Hinweis: „Erste Fälle von Arsenvergiftungen traten 1925 am Kaiserstuhl auf ..." Freiburg ist davon ja nicht weit entfernt! Es folgen langes Kranksein und depressive Gemütsverfassungen nach: „Erst die grosse Tragik meines Lebens, die Vergiftung am 2. Nov. 1925 gab meinem Leben eine sehr ernste und schwermütige Note, die sich in den Gedichten klar abhebt."[13]

Jugendliche Heimatbewegtheit – frühe Zeitungsbeiträge

Die bei der örtlichen Bevölkerung gebräuchliche Benennung „Growen Fiänand"[14] scheint Wagener als Pseudonym nur für seine Beiträge in der *Mescheder Zeitung* in den 1920er Jahren benutzt zu haben. Möglicherweise tat er das, um nicht mit seinem gleichnamigen Onkel, der seine Interessen weitgehend teilte und ebenfalls dort veröffentlichte, verwechselt zu werden.[15] Nach Angaben von Wiethoff veröffentlichte der Student, wie eine Bib-

---

[13] WAGENER-NACHLASS 1943c: Anhang S. 1.
[14] „Grafen(s) Ferdinand". „Growen", der etwas scherzhaft gemeinte Hausname, leitet sich von „Grafen" ab, weil der Einhof Steinsiepen abgeschieden wie ‚ein eigenes Fürstentum' lag.
[15] Aufgrund der Namensgleichheit werden ihm in manchen Veröffentlichungen irrtümlich zwei Arbeiten des Onkels zugeschrieben: WAGENER-REKTOR 1925; WAGENER-REKTOR 1932*.

liographie im Sauerlandmuseum in Arnsberg ausweist, über 60 Aufsätze zu unterschiedlichen heimatkundlichen Themen.[16]

In der Gründungssatzung des Sauerländer Heimatbundes von 1921 hieß es zu dessen Zielen: „Auf Grundlage des Christentums Erhaltung, Stärkung und Vertiefung jeder berechtigten sauerländischen Eigenart; Belehrung über heimatliche Natur, Geschichte Volkskunde und Werke sauerländischer Literatur und Kunst; Abwehr aller Auswüchse und Verwirrungen der Volksanschauungen, Schutz der heimischen Landschaft sowie der Natur- und Kunstdenkmäler."[17] Dieses Programm scheint Wagener zum Credo geworden zu sein.

Die Verbindungen zum Sauerländer Heimatbund (SHb) sind näherer Betrachtung wert. Schon als Schüler nahm er teil an der Gründungsversammlung des SHb, auf der sein geistlicher Patenonkel in den in den Vorstand gewählt wurde. Als Primaner gehörte er der „Vereinigung studierender Sauerländer" (VsS) an, aus der bedeutsame Impulse zur Gründung des Heimatbundes gekommen waren.

„Nach eigenem Bekunden begann Ferdinand Wagener bereits als 18-Jähriger mit dem ‚Heimatstudium'. Auf ausgedehnten Wanderungen bis in den Kreis Olpe erkundete er die nähere und fernere Heimat. Er machte Landschaftsfotos – noch selten für die damalige Zeit – und verfasste seine ersten Naturgedichte. Als Primaner veröffentlichte er in der ‚Mescheder Zeitung' Texte im Sauerländer Platt. Entscheidende Denkanstöße für sein späteres Leben erhielt er dann im Jahr 1921 als Teilnehmer der 4. Generalversammlung der Vereinigung sauerländer Studenten (V.s.S.) in Meschede sowie am 26. September bei der Gründung des Sauerländer Heimatbundes im ‚Hotel Zur Post' in Wennemen. Hier erlebte er, wie Sauerländer Studenten mit Begeisterung und ansteckendem Idealismus in die allgemeine Orientierungslosigkeit nach dem verlorenen Ersten Weltkrieg den Heimatgedanken

---

[16] WIETHOFF 2002, S. 65. Die dort erwähnte Wagener-Bibliographie konnte leider nicht mehr aufgefunden werden.
[17] TOCHTROP 1975, S. 13-14.

hineintrugen. Er begegnete angehenden Sauerländer Theologen, z.b. dem weithin bekannten Franz Hoffmeister, den er später im eigenen Theologiestudium in Paderborn wiedertreffen sollte. Unter dem Eindruck dieser Begegnung rief der Gymnasiast Ferdinand Wagener eine eigene Ortsgruppe des 1919 in Paderborn gegründeten V.s.S. ins Leben."[18]

Die beiden ersten Bücher

Nachdem Abbruch des Theologiestudiums war Wagener gezwungen, sich neu zu orientieren: „Jeder Versuch, an einer Heimatzeitung als Schriftleiter anzukommen, misslang. Lange Zeit zu warten hat die Jugend nie. So nahm ich meine ‚Wissenschaftliche Arbeit' aus der Theologenzeit, die selbstverständlich ein heimatliches Thema war und die Geschichte eines kleinen Klosters in meiner nächsten Heimat behandelte, wieder vor. Ich überarbeitete sie nochmal, vervollständigte sie und gab sie als Volksbuch heraus."[19]

Im Rahmen seines Studiums beim geistlichen Dozenten Prof. Adolf Herte (1887-1970) in Paderborn war in fünfjähriger Arbeit mit Unterstützung des Historikers und Archivars Ludwig Schmitz-Kallenberg (1862-1937) die kirchengeschichtliche, wissenschaftliche Arbeit ‚Kloster Brunnen in Geschichte und Erzählung' entstanden. Wagener fand bei seinem Plan zur Veröffentlichung starken Rückhalt u.a. beim Sauerländer Heimatbund, und das Buch kam 1929 mit finanzieller Unterstützung der Kreise Arnsberg und Meschede bei Th. Ruhrmann in Hüsten heraus. Illustriert wurde es mit Fotos des damals recht bekannten Fotografen Fritz Mielert (1879-1947). Das Kloster Brunnen kannte Wagener seit seiner Kindheit, schon wegen dessen Nähe zum Heimatort, aber wohl auch durch die elterliche Erziehung und wegen einer geistigen Nähe, schließlich studierte er ja katholische

---

[18] WIETHOFF 2002, S. 64.
[19] WAGENER-NACHLASS 1931.

Theologie. Bereits bei diesem Buch wird sein Bestreben erkennbar, das ihn auch später noch leitet, bei aller wissenschaftlichen Grundlage doch ein „heimatliches Volksbuch" zu schreiben. Im Anhang des Buches sind auch noch Anzeigen enthalten, die erste und die letzte von ihm selbst. Er bietet darin einen Lichtbildervortrag über das Kloster Brunnen an und Beratung über das katholische Versicherungswesen. Auch hierin zeigt sich Wageners Bemühen, sich eine berufliche Perspektive zu schaffen, die etwas mit seiner Heimat und seinem Glauben zu tun hat.

Aber so einfach, wie das im Vorwort zu ‚Kloster Brunnen' beschrieben ist, lief die Sache nicht. Bis das Buchprojekt verwirklicht war, lag ein hartes Stück Arbeit vor ihm. Schon einen Verlag zu finden, erwies sich als unmöglich. Heimatbücher schienen den Verlagen nicht mehr lukrativ. „Ich suchte eine kleine Buchhandlung, die den Namen stiftete, fand einen guten Heimatfreund, der mir zu meinem Buch eine warme Empfehlung schrieb; dann fing ich an, selbst Verleger zu werden. Das war ein gutes Stück Arbeit, und ich musste mit 300 RM, die ich mir durch Honorar erspart hatte, ein Objekt von etwa 3000 RM bewältigen. Manchmal wollte ich verzweifeln: aber dann ging es doch. Als durch Vorbestellungen der Absatz halbwegs gesichert war, erschien mein erstes Buch in schönem Druck, mit Bildern eines anerkannten Heimatbildners und im herrlichen Gewand eines mir befreundeten Künstlers."[20]

Der Erfolg gab ihm recht. Schon zu Weihnachten 1929 waren dreiviertel der Auflage von 2.000 Exemplaren verkauft! Der finanzielle Erfolg ließ ihn an eine Fortsetzung seines Studiums in einer anderen Fachrichtung denken. Denn er wollte sich nicht als gescheiterter Theologe eine berufliche Nische als Buchhändler suchen. Buchhändler und Verleger wollte er werden, aber einer mit Anspruch und Profil. Dazu brauchte er aus seiner Sicht einen Abschluss mit hohem Sozialprestige. So begann er nach anderthalb Jahren Unterbrechung das Philosophiestudium in Freiburg im Breisgau.

---

[20] WAGENER-NACHLASS 1931.

Sauerlands-Buchhandel

Inhaber: Dr. Wagener, Dr. Rieden

Meschede i. W.

Buch- und Kunsthandel

1. Land- und Reisebuchhandel

Wir besuchen unsere Kunden im Sauerland, stehen bei der Anschaffung und Vervollständigung von Privat- und öffentlichen Bibliotheken gern zu Diensten und besorgen jedes Buch porto- und spesenfrei.

2. Heimatbuchhandel

Der Buchhandel ist nicht zunächst ein geschäftliches, sondern volksbildnerisches Institut. Wir gehen organisch von der Heimatliteratur aus, liefern aber gern jedes andere gute und wertvolle Buch. Auch setzen wir uns für die Propagandierung echter Kunst ein und stehen insbesondere mit unseren heimatlichen Künstlern in ständiger Verbindung. Bei uns erhalten Sie schnelle und objektive Auskunft über sauerländische und westfälische Bücher und Kunstwerke.

Um dem Kunsthandel als Volksbildung gerecht zu werden, arbeiten wir mit Buchausstellungen, Vorträgen und Kursen.

3. Unsere Buchhandlung in Meschede,

Ruhrstr. 20 bietet Ihnen immer eine große Auswahl in

religiöser- und Heimat-Literatur   **Romane und Jugendschriften**

Ferner:

Schreibwaren	Bürobedarf
Ansichtskarten	Bücherschränke
Zeitungen	Kunstbilder
Zeitschriften	Plastiken

Sie finden bei uns immer eine Ausstellung von Originalkunstwerken!

Anzeige im Buch: Um die „Hohe Bracht" (Wagener 1932)

Während dieser Zeit entstand noch ein weiteres Buch, das ebenfalls 1929 im Druck erschien: *Graute Hochteyt. Geschichte einer westfälischen Bauernhochzeit im Sauerland*.[21] Die beiden ersten Bücher und die persönliche Bekanntschaft mit zahlreichen Vertretern der Heimatbewegung lieferten eine Grundlage für den Beginn von Wageners Tätigkeit als Buchhändler und Verleger in seinem „Sauerlands-Buchhandel" in Arnsberg, den er 1929 von Freiburg aus gegründet, d.h. als Gewerbe angemeldet hatte. Merkwürdigerweise findet sich in den Arnsberger Adressbüchern von 1928 und 1930/31 weder eine Spur der Buchhandlung noch von Wagener selbst.[22] Das lässt darauf schließen, dass man sich den Sauerlands-Buchhandel nicht als Ladengeschäft vorzustellen hat, sondern dass der junge Inhaber wie ein Vertreter über Land zog und Kunden – wie z.B. Schul- und Pfarrbüchereien, aber auch Privatleute – besuchte, ihnen sein Sortiment unterbreitete und schließlich vom heimischen Schreibtisch aus die gewünschten Bücher besorgte und per Post den Käufern zustellte.[23] Reichtümer waren so sicher nicht zu erwerben.

Dissertation in Freiburg

Ferdinand Wagener nahm sein Studium der Philosophie und Geschichte wieder auf. Seine Karte der Einwohnerkartei des Amtes Serkenrode verzeichnet den Wegzug nach Freiburg in die Rosastraße 11 am 4. Dezember 1930. Dort besuchte er auch Lehrveranstaltungen des Philosophen Martin Heidegger (1889-1976), der ebenfalls aus einem zutiefst ländlich und katholisch geprägten Milieu stammte. Wageners Kommilitone Max Müller hat für

---

[21] Vgl. zu diesem Werk die Ausführungen im nachfolgenden Einleitungsbeitrag von *Peter Bürger*.
[22] Auskunft *Michael Gosmann*, Stadt- und Landständearchiv Arnsberg, vom 12.10.2015.
[23] Einen Eindruck von Wageners buchhändlerischem Angebotssortiment vermittelt später die Auflistung im Werk „Künstlerschaffen im Sauerlande": WAGENER 1937, S. 231ff.

das Wintersemester 1928 über Heidegger und dessen Umfeld mitgeteilt: „An Politik hat niemand von seinen Schülern damals gedacht. In den Übungen kam kein politisches Wort vor. [...] Heidegger pflegte mit seinen Studenten einen ganz anderen Stil als die übrigen Professoren. Man machte zusammen Ausflüge, Wanderungen zu Fuß und auf Skiern. Da kam natürlich das Verhältnis zum Volkstum, zur Natur, aber auch zur Jugendbewegung zum Ausdruck. Das Wort ‚völkisch' stand ihm sehr nahe. Dabei dachte er nicht an irgendeine Partei. Seine Hochschätzung des Volkes war auch verknüpft mit bestimmten wissenschaftlichen Vorurteilen, z.b. mit der absoluten Ablehnung von Soziologie und Psychologie als großstädtisch-dekadenten Denkweisen. [...] Ein Romantizismus hielt ihn an ‚Blut und Boden' fest, und die Technizität zog ihn zur ‚neuen Gesellschaft'!"[24]

Martin Heidegger war allerdings nicht, wie meist zu lesen, Wageners Doktorvater, das war Martin Honecker (1888-1941), sondern lediglich Koreferent. Die Dissertation erschien 1931, sodass man davon ausgehen kann, dass die Promotion ebenfalls 1931[25] erfolgte und nicht erst ein Jahr später, wie in der Literatur angegeben. Dafür spricht auch, dass bereits 1931 zwei Bücher im ‚Heimatverlag Dr. [!] Wagener' erschienen.

Auf dem Titelblatt seiner Dissertation ‚*Die romantische und die dialektische Ironie*' fügte Wagener seinem Namen mit größter Selbstverständlichkeit bei „aus Steinsiepen in Westfalen", so als sei es ein unverzeihlicher Mangel an Allgemeinbildung, diesen

---

[24] Zitiert nach Wikipedia.org, Stichwort „*Martin Heidegger und der Nationalsozialismus*" (letzter Abruf am 03.03.2017); dort angegebene Quelle: *Max Müller* (1906-1994), Martin Heidegger – Ein Philosoph und die Politik. Ein Gespräch mit Bernd Martin und Gottfried Schramm. In: Günther Neske, Emil Kettering (Hrsg.): Antwort. Martin Heidegger im Gespräch. Pfüllingen 1988, S. 90-220, hier: S. 193-194 und 196. Referiert bei Manfred *Weinberg*: Hitlers Hände. Heidegger und die Euthanasie. In: Ulrich Bröckling und andere (Hg.): Disziplinen des Lebens. Narr Francke Attempto, 2004, S. 305, Fn. 29.
[25] Nach Auskunft von Christa Wagener (Freiburg) erfolgte die Promotion am 6. Februar 1931. (Frau Christa Wagener, die Schwiegertochter Ferdinand Wageners, hat die Erstellung des Textes in der vorliegenden Form durch zahlreiche Informationen und Richtigstellungen bis Januar 2016 erst ermöglicht.)

Ort nicht zu kennen. In Bibliographien werden zwei Ausgaben dieses Werkes aufgeführt, die eine davon ausdrücklich als *Teil I* bezeichnet. Eine darin genannte eigene Buchhandelsausgabe hat es allerdings nie gegeben, ebenso wenig wie die angekündigte Fortführung mit den Teilen II. *Die subjektive Ironie* und III. *Die objektive Ironie*. In einer Verlagsanzeige schreibt Wagener, dass seine Arbeit, „insbesondere in ihrer Fortsetzung ... zur Kenntnis unseres heutigen Volks- und Staatslebens beitragen soll"[26]. Eine eher kritische Besprechung der Dissertation in französischer Sprache erschien 1932[27].

Verlagsgründung und Buchvertrieb für das Sauerland

Am 1. April 1932 wurde der „Sauerlands Buchhandel", nun verbunden mit dem „Heimatverlag Dr. Wagener", nach Meschede in die Ruhrstraße 20 verlegt und zum 1. Juni des Jahres dort auch ein Ladengeschäft mit der Buchhandlung und einer Kunsthandlung eröffnet. Das Unternehmen wurde „von zwei Inhabern, Dr. Ferdinand Wagener und Dr. Ferdinand Rieden, als Offene Handelsgesellschaft geführt. Angestrebt war, ,in Zusammenarbeit mit der Geistlichkeit und Lehrerschaft, mit dem Sauerländer Heimatbund und dem Sauerländer Künstlerkreis, mit dem Staat und seinen Bildungsinstituten am geistigen Wiederaufbau unseres deutschen Volkes mitzuarbeiten', wie es Wagener formuliert hat. Der Gesellschaftsvertrag sah vor, dass 50 Prozent des Reingewinns in Zusammenarbeit mit der Caritas zur Förderung der katholischen Sauerländer Volksbibliotheken und zur Unterstützung armer Sauerländer Schriftsteller und Künstler verwandt werden sollten."[28] In einem Werbeschreiben von 1932 an seine Kunden, in dem Wagener diese Neuerungen ankündigt, heißt es: „Wir glauben auch, dass der von uns beschrittene Weg, mit Aus-

---
[26] WAGENER 1932, dritte Umschlagseite.
[27] DOPP 1932.
[28] WIETHOFF 2002, S. 66.

stellungen, Vorträgen und Kursen zur Verwirklichung des Zieles, ein neues Verhältnis zwischen Buch, Kunst, Mensch und Heimat zu schaffen, der richtige ist, um damit die heimatliche Volksbildung zu fördern, die trotz der Not der Zeit angestrebt werden muss, und worin wir einen Weg zum Wiederaufbau sehen." Die Zusammenarbeit mit dem zweiten Inhaber dauerte allerdings höchstens ein oder zwei Jahre.[29]

Will man ein Bild von der Buchproduktion des neu gegründeten *Heimatverlages Dr. Wagener* erhalten, dann muss man nicht nur alle Buchtitel in Augenschein nehmen, sondern auch noch möglichst viele Exemplare jeden Buches. Bei einigen Werken werden in der Sekundärliteratur sehr unterschiedliche Erscheinungsdaten genannt. Teilweise hängt das damit zusammen, dass Wagener keine Jahreszahl auf das Titelblatt gesetzt hat. Daher finden sich teilweise bei bibliographischen Angaben geschätzte Jahreszahlen, die unrealistisch sind, teilweise solche, die aus einer am Ende des Vorwortes genannten Jahreszahl übernommen wurden. Bei einigen Werken liegen auch unterschiedliche, aber nicht als solche gekennzeichnete Auflagen vor, die sich nur durch das Erscheinungsjahr unterscheiden.[30] Hinzu kommt bei manchen Werken eine Anzahl unterschiedlicher Einbände, sowohl von der Art, wie von der Gestaltung. Um das zu verstehen, muss man die Verlagsgepflogenheiten der damaligen Zeit kennen. Wenn ein Buch hergestellt wurde, dann wurde zunächst nur ein Teil der Auflage gebunden und der Rest in Form loser Bögen gelagert, bis die gebundene Auflage verkauft war. Erst dann wurde ein weiterer Teil der Auflage der Buchbinderei übergeben. So streckte man die Produktionskosten eines Buches über einen längeren Zeit-

---

[29] Ende der 1930er Jahre eröffnete Dipl.-Volkswirt Dr. *Ferdinand Rieden* als vereidigter Buchprüfer seine Wirtschaftsprüfungs- und Steuerberatungskanzlei in Meschede, die in dritter Generation noch heute besteht.
[30] Da dem Verfasser nicht alle Bücher bzw. deren verschiedene Ausgaben vorlagen, mussten die Erscheinungsjahre z.T. aus Bibliographien und Antiquariatsangeboten übernommen werden. Am zuverlässigsten sind allerdings die Angaben der Deutschen Nationalbibliothek (DNB), die im Internet eingesehen werden können.

raum. Wenn sich ein Buch als Ladenhüter erwies, dann hatte man auch wenigstens einen Teil der Buchbinderkosten gespart.

Das 1931 erschienene Buch ‚*Der Letzte vom Kloster Brunnen*' von HEINRICH BIESENBACH ist wohl das erste, das im *Heimatverlag Dr. Wagener* erschien.[31] Wahrscheinlich ist Wagener bei seinen Recherchen zum Kloster Brunnen darauf gestoßen, dass sich noch jemand für das Thema interessiert hatte: der Jurist und Schriftsteller Heinrich Biesenbach (1863-1926), dessen Ehefrau Hedwig, geb. Gabriel, aus Eslohe stammte. So kam es, dass fünf Jahre nach dessen Tod die Erzählung veröffentlicht wurde.

Ebenfalls 1931 wurden von Wagener die zweite Auflage (4. bis 6.Tausend) des Buches ‚*Auf heimatlichen Fluren*' von HEINRICH SCHAUERTE veröffentlicht.[32] Die erste Auflage war 1919 in Dortmund im Verlag Gebrüder Lensing mit dreitausend Exemplaren erschienen. H. Schauerte (1882-1975), zunächst Lehrer, 1926 bis 1928 in Warburg als Studienrat tätig, und ab 1930 Professor für religiöse Volkskunde an der Philosophisch-Theologischen Akademie in Paderborn, war 1923/24 Vorsitzende des Sauerländer Heimatbundes. Wagener erweiterte den Band um einen Beitrag des Autors und stattete die neue Ausgabe mit drei Federzeichnungen des Landschaftsmalers Gottfried Beyer (Warburg) aus.

Im folgenden Jahr erschien dann wieder ein eigenes Werk: ‚*Um die Hohe Bracht. Ein Führer und Heimatbuch*'.[33]

Im Jahr 1933 heiratete Ferdinand Wagener die Lehrerin Elisabeth Marquardt (* 12.04.1903 in Grunenberg/Ostpreußen [Kreis Braunsberg]; † 30.05.1994 in Meschede). Er hatte sie während seines Studiums in Freiburg kennen gelernt, wo sie als Lehrerin an einer privaten Mädchenschule beschäftigt war. Die Verlobung fand im Dezember 1930 in Freiburg statt, die standesamtliche Trauung am 15. April 1933 in Meschede – und am 18. April 1933 die kirchliche Trauung, natürlich in der Wallfahrtskirche von

---

[31] BIESENBACH 1931; Neudruck in: PADBERG 1985, S. 44-68.
[32] SCHAUERTE 1931.
[33] WAGENER 1932.

Kloster Brunnen. Das Paar wohnte zunächst für ca. ein Jahr in Arnsberg, wo am 6. Juli 1934 auch der erste Sohn Johannes Ferdinand geboren wurde. Zeitweise soll es aber auch im Kloster Brunnen gewohnt haben.[34] Noch im gleichen Jahr verzog die Familie nach Eslohe, wo im darauf folgenden Jahr Elmar Heinrich (*18. Juli 1935, † 18. April 1975 in Freiburg) das Licht der Welt erblickte und wo sie in einem alten Fachwerkhaus in Niedereslohe wohnte. 1937 erwarb die Familie in Meschede das Haus Hochstraße 6 (heute Bernhard-Wilking-Straße). Am 23. Mai 1939 wurde die Tochter Maria Elisabeth geboren († 11. November 1980). Nach dem Einzug von Ferdinand Wagener zur Wehrmacht am 6. Februar 1941 wurde auch noch als viertes Kind Ulrich Antonius geboren (*14. Juni 1941, † 13. November 1970).

Verlagsprogramm nach der nationalsozialistischen Machtübernahme

Ab 1933 scheint die Verlagsproduktion – abgesehen von einer Bühnenversion[35] des Werkes *Grauten Hochteyt*, die 1934 nur als Matritzendruck erschien – bis 1935 geruht zu haben, als von GEORG LAHME der Roman *Der heilige Sünder* erschien. Die Lebensdaten des Autors sind nirgends nachzuschlagen. Mit 283 Seiten in einem für das hauseigene Mescheder Sortiment großen Format ist dies das umfangreichste Buch, das Wagener je in seinem Verlag hatte. Es muss ihm viel an diesem Buch gelegen haben, denn die Herstellung dürfte nicht gerade billig gewesen sein.

Im Verlagsprospekt von 1940 heißt es in einer der beiden dort abgedruckten Besprechungen des Buches: „… womit sich klar und deutlich die Linie der rassischen Gegebenheiten durch die Geschlechterfolge hindurch abzeichnet."[36] Diese Wortwahl ist, auch wenn sie nicht vom Autor stammt, eindeutig zuzuordnen. Vielleicht sagt es mehr über den Autor aus, wenn man bei der

---

[34] Mündlicher Hinweis von Alois Reker, Serkenrode vom 05.10.2015.
[35] WAGENER 1934.
[36] VERLAGSPROGRAMM 1940, S. 10.

Deutschen Nationalbibliothek unter seinem Namen noch einen weiteren Roman findet: *Aufbruch zu Hitler*. Dortmund: Tino Fuchs, 1933.

Das Buch *Der heilige Sünder* könnte Wagener auch aus sehr persönlichen Gründen verlegt haben, denn die Hauptperson darin soll auch Priester werden und orientiert sich dann anders. Als Bestätigung könnte man die von Wagener für sein Verlagsverzeichnis ausgesuchten Zitate aus Besprechungen werten. In der einen heißt es wörtlich über den Roman: „... er ist auch geeignet, Eltern die Augen zu öffnen und sie zu warnen, ihr Kind einem Beruf zu früh verpflichten zu wollen. Der junge Mensch dieses Werkes ringt sich allerdings durch. Die Schilderung seiner inneren Kämpfe zu lesen, ist erschütternd."[37]

Zunächst war dieses Buch auch nur als recht aufwändig gebundenes Buch zum Preis von 4,80 RM erhältlich.[38] Während des Krieges sah sich der Verleger gezwungen, den Preis auf 3,75 RM zu senken und eine broschierte Ausgabe zum Preis von 3 RM anzubieten.[39] Diese broschierte Ausgabe trägt auf dem Umschlag keinen Hinweis auf den Verlag, weder Logo noch Schriftzug.

Im Jahr 1936 begann Wagener auf mehrere Jahre verteilt mit der Herausgabe seines fünfbändigen Werkes ,*Das Sauerland. Das Volksbuch der sauerländischen Heimat*'.[40] An dieser Gesamtdarstellung hat ihm sicher sehr viel gelegen. Unter den gegebenen Bedingungen der Zeit war das Vorhaben allerdings hoch problematisch, musste es doch in das Konzept der Machthaber passen. Anderenfalls würde es erhebliche Probleme geben – mit persönlichen Konsequenzen für den Verleger. Folgende Teile sind erschienen:

---

[37] Besprechung aus der Recklinghäuser Zeitung, abgedruckt in: VERLAGSPROGRAMM 1940, S. 10.
[38] „Auswahl aus Büchern unserer Dichter" in: WAGENER 1937 (Anhang).
[39] VERLAGSPROGRAMM 1940, S. 10.
[40] DAS SAUERLAND Bd. I-V. – Die Einzelbände: WAGENER 1938; KÜHN 1936; SCHAUERTE 1937; PREDEEK 1936; WAGENER 1937.

- Bd. 1: *Geschichte* (1. Gesamtgeschichte; 2. Heimatgeschichte) von Ferdinand Wagener 1938.
- Bd. 2: *Sagen* (1. Sagen der Geschichte; 2. Sagen aus Land und Volk) von Fritz Kühn 1936, 1938.
- Bd. 3: *Brauchtum* von Heinrich Schauerte 1937, 1938.
- Bd. 4: *Die Landschaft* (Teil 1. Sauerland, mein Wanderland; Teil 2. Landschafts- und Kleinstadtbilder) von Franz Predeek 1936, 1938.
- Bd. 5: *Künstlerschaffen* (Teil 1: Künstlerschaffen; Teil 2: Unsere Künstler) von Ferdinand Wagener 1937, 1938.

Beim 3. Band *Brauchtum* ziert den Schutzumschlag ein von Wagener selbst aufgenommenes Foto der Ankunft des Brautwagens bei der Hochzeit in Kuckuck, die die Vorlage zur *Grauten Hochteyt* war. Ein im Vorwort zum 1. Band für 1939 angekündigter weiterer Teil „*Wirtschaftsgeschichte*" ist nicht mehr erschienen. Er scheint auch nicht weiterverfolgt worden zu sein, denn im Verlagsverzeichnis von 1940 fehlt eine entsprechende Ankündigung.

Für dieses Projekt hat Wagener viele Autoren zur Mitarbeit aufgefordert, und die meisten derjenigen, die Beiträge dazu lieferten, kamen aus dem Umfeld des Sauerländer Heimatbundes. Auf dem Titelblatt der jeweiligen Bände wird allerdings nur der jeweilige Hauptautor oder Herausgeber genannt, bei den einzelnen Beiträgen dann aber die Verfasser. Fritz Thomée (1862-1944), der langjährige Landrat des Kreises Altena, entwarf für den Umschlag eigens ein Wappen des Sauerlandes, das das kurkölnische Kreuz und den märkischen Schachbalken vereinigt. Neben der verbreiteten Ausgabe in gelblich beigem Leinen hat es auch eine in dunkelgrünem Bibliotheksleinen nur mit Schriftaufdruck auf dem Buchrücken gegeben, die wegen des weniger schmutzempfindlichen Einbandes vielleicht für Bibliotheken gedacht war. Einige Bände gibt es einmal mit geradem Rücken und dünnerem Papier (ca. 18 mm stark) und einmal mit stärkerem Papier und gerundetem Rücken (ca. 30 mm stark). Die Gründe dafür könnten in der damals schon bestehenden staatlichen Materialbewirtschaftung zu suchen sein.

Diese ehrgeizige Edition erwies sich als Glücksfall für den Verlag. Von den zuerst erschienenen Bänden wurden umgehend Neuauflagen nötig, und die letzten wurden gleich in einer Auflage von 6.000 Exemplaren gedruckt. Diese fünf Bände, das waren zusammen 30.000 Bücher. Eine beeindruckende Zahl von Büchern, die in verhältnismäßig kurzer Zeit verkauft wurden. Das war ein Erfolg, den niemand für möglich gehalten hatte und der endlich auch Geld in die immer klamme Kasse brachte. Gelohnt hatte sich die Überlegung, das ganze Sauerland zu erfassen, das kurkölnische und das märkische. Die Bände des Heimat-Werkes zur ganzen Landschaft hatten diejenigen erreicht, die auch für eine Weiterverbreitung sorgen würden, die Lehrer und die Geistlichkeit. Hier war eine Nachfrage entstanden, was zugleich eine gute Basis für den weiteren Ausbau des Verlagsprogrammes zu eröffnen schien.

Allerdings hatte Ferdinand Wagener schon seit 1936 immer wieder Auseinandersetzungen und Probleme mit der örtlichen Gauleitung der NSDAP, namentlich mit Kreisleiter Quadflieg und Ortsgruppenleiter Busch.[41] Der Heimatverleger war schon während der Weimarer Republik nie Mitglied einer politischen Partei gewesen; er gehörte in der sogenannten ‚Neuen Zeit' auch nicht der NSDAP an. Das dürfte ihn eher verdächtig gemacht haben.

Als nächstes erscheint im Mescheder Verlag 1937 ein Buch vom Autor des zweiten Bandes des Sauerland-Volksbuches: FRITZ KÜHN: *Der Wunschsessel. Neue deutsche Märchen* (Erstauflage des

---

[41] Hinweis von Frau Christa Wagener (Freiburg). In der Festschrift des Gymnasiums der Benediktiner „*STREIFLICHTER einer Schulgeschichte 1859-2009*" ist auf Seite 45 ein Foto vom Festakt zum 75jährigen Jubiläum der Rektoratsschule an der Steinstraße im Jahr 1934 zu sehen: da sitzen die beiden Herren der NSDAP als einzige in Uniform in der ersten Reihe rechts.

Titels: Verlag Wilhelm Hartung 1935).[42] Diese Neuauflage ist, wie die nähere Betrachtung zeigt, eigentlich die alte bzw. erste Auflage des Werkes. Wagener hat die fertig gebundene Restauflage von dem Leipziger Verlag Hartung übernommen. Das ursprüngliche Titelblatt wurde bis auf einen schmalen Streifen im Falz herausgetrennt, der zum Einkleben eines geringfügig kleineren, neugedruckten Titelblattes genutzt wurde; man erkennt das an dem erwähnten schmalen Streifen und dem andersartigen Papier. Dann wurden auch noch vier Abbildungen der Illustratorin Lore Friedrich-Gronau, von der die Umschlagabbildung stammt, eingeklebt. Ein solches Vorgehen war früher gang und gäbe, dafür gibt es zahllose Beispiele.[43] Man kann das als Beleg dafür werten, wie wichtig es Wagener war, der verstreut erschienenen Literatur von sauerländer Autoren bzw. über das Sauerland vor Ort eine Heimat zu bieten: ein Beispiel dafür, was er unter „praktischer Organisation"[44] verstanden hat.

Ein biographisches Selbstzeugnis eines Sauerländers, der in der Welt herumgekommen ist, sind die 1938 von Wagener verlegten Jugenderinnerungen des aus Berlar, heute ein Ortsteil der Gemeinde Bestwig, stammenden Ingenieurs WILHELM KATHOL (1854-1944): *„Baßmes" Hof. Sauerländisches Bauernleben vor hundert Jahren*; dieses Buch wurde 1979 von Magdalena Padberg – er-

---

[42] KÜHN 1937. – Da nach 1937 keine Veröffentlichungen des für die erste Auflage verzeichneten Verlages Wilhelm Hartung mehr festzustellen sind, kann man vermuten, dass dessen Tätigkeit zu diesem Zeitpunkt endete. Wagener nutzte die Gelegenheit, den Restbestand der Bücher des Autors, der für sein „Volksbuch der sauerländischen Heimat" den Band 2 „Sagen" verfasst hat, zu erwerben und ins eigene Verlagsprogramm zu übernehmen.
[43] Vgl. W.D. *Grün*: Fließgewässer im Herzogtum Westfalen in Johann Hermann Dielhelms „Hydrographischem Lexikon" von 1743. In: SüdWestfalenArchiv 11. Jg. (2011), S. 89f.
[44] „,Heimat' all unseren Volksgenossen in unverfälschter, ursprünglicher Gestalt als Lebensfreude und -kraft wiederzugeben, ist für mich nicht nur Idee künstlerischer Gestaltung sondern auch praktischer Organisation." (WAGENER 1937, S. 147)

gänzt u.a. um Mitteilungen zur Biographie Wilhelm Kathols und einigen Fotos – neu herausgegeben.[45]

Buchprojekte in den Kriegsjahren

1939 begann Wagener mit einer auf sechs Bände geplanten Ausgabe von Werken des sauerländischen ‚Altmeisters' FRIEDRICH WILHELM GRIMME (1827-1887), von der jedoch nur die drei ersten – plattdeutschen – Bände erschienen sind.[46] Daneben kamen literarische Werke im Verlag heraus, die unterschiedlicher kaum sein könnten:
1. FRITZ KÜHN (1883-1968): *Niemand hat größere Liebe*, 1939.[47] Im Verlagsprospekt von 1940 wird es als „Kriegs- und Heimatbuch" bezeichnet. Schon der Klappentext des Schutzumschlages zeigt, dass es sich bei dieser Sammlung kürzerer Novellen um ideologiedurchtränkte Propaganda handelt. Es heißt da: „Das Buch ist in die Hand aller derer zu wünschen, welche mit verantwortungsvollem Ernst der Not der Kriegszeit ins Auge sehen und sie mit unerschütterlichem Glauben an den Sieg ertragen." Und weiter: „Dadurch werden wir Menschen, die – durch Not und Tod zusammengeschweißt zu einer großen Schicksalsgemeinschaft – in treuer Opferbereitschaft standhalten für die Heimat, für Führer, Volk und Vaterland." Diese Worte charakterisieren den Inhalt des Buches nicht ganz zutreffend. Auch wenn der Verfasser Mitglied der NSDAP war, so vertritt er in diesem Text doch eher extrem nationalistische als NS-Ideale, was wegen des Kernthemas bei undifferenzierter Sichtweise aus heutiger Perspektive wenig Unterschied macht. Die enge Verbindung dieses Gedankengutes

---

[45] KATHOL 1938; KATHOL/PADBERG 1979. – Eine weitere Neuauflage des Werkes ist 2015 im Woll-Selbstverlag, Schmallenberg-Kückelheim erschienen.
[46] GRIMME-WERKE 1939/1941; ohne eigene Verlagstätigkeit hat Wagener daneben wohl auch die Restauflage eines hochdeutschen Grimme-Büchleins in sein Programm übernommen: GRIMME o.J.
[47] KÜHN 1939.

mit Kirche und Glauben allerdings dürfte der Partei missfallen haben. Im Juni 1942 war der Titel zur Auslieferung verboten.[48] Das Buch, in dem durchgehend von Krieg die Rede ist, muss schon vor Ausbruch des Krieges weitgehend fertiggestellt gewesen sein, sonst hätte es nicht weniger als ein viertel Jahr nach Kriegsausbruch auf dem Markt sein können. Am Ende ist eine Abbildung des Eisernen Kreuzes mit Hakenkreuz und der Jahreszahl 1939 enthalten. In der „Plattdeutschen Bibliographie und Biographie"[49] hat man dieses Werk nicht in die dort aufgeführte Auswahl der hochdeutschen Werke Kühns aufgenommen. Der Platz vor dem Heimatmuseum in Iserlohn, wo der Autor auch als Stadtarchivar tätig war, ist nach ihm benannt und mit einem Denkmal für ihn versehen, was in seiner Heimatstadt allerdings nicht unumstritten ist.

2. PAUL LINGEMANN (1902-1944)[50]: *Ringendes, rufendes Volk. Kulturgeschichtlicher Roman aus dem 17. Jahrhundert.* 1939. Das Werk spielt in Holthausen bei Schmallenberg und thematisiert die Hexenverfolgung um 1630. Der Autor hat dafür intensiv alte Dokumente studiert.

3. EWALD PFANNSCHMIDT (1902-1984): *Der singende Bauer,* 1940. Es ist das Erstlingswerk des Autors. Überzeugt hat den Verleger wohl weniger die literarische Qualität, als die Botschaft: Städter können durch den Tourismus Heimat auf dem Land erleben. Das Buch ist so ideologiefrei, dass es auch in den 1920er oder 1950er Jahren hätte erschienen sein können. Das heimatliche Gepräge des Inhalts beschränkt sich auf Ortsangaben; an keiner Stelle kommt, wie man es eigentlich erwarten könnte, in einem Dialog ein Satz in Mundart vor. Der Band ist von der Qualität her für

---

[48] E-Mail von Frau Christa Wagener vom 07.02.2016.
[49] http://www.ins-bremen.de/pbub/autor-werke.php?ID=1899&START=1&ORD =JAHR
[50] LINGEMANN 1939. – Im Internetportal zu den westfälischen Autoren und Autorinnen (WESTFÄLISCHES AUTORENLEXIKON 1750-1950*) wird der Verfasser bislang nicht aufgeführt; in Wageners „Künstlerschaffen im Sauerlande" ist ein Eintrag zu Lingemann enthalten (WAGENER 1937, S. 145f).

den Verlag eher untypisch schlecht ausgestattet. Es fehlt sogar das Verlagssignet auf dem Titelblatt.

4. Ganz ohne ideologischen und politischen Inhalt ist ein Buch von FERDINAND TÖNNE (1904-2003): *Blühende Heimat. Von Kindern erzählt und in Linol geschnitten.* 1940.[51] Auf dem Schutzumschlag dazu steht die Zeile: „Aus der Arbeit einer Krüppel-Schule."

1939 hatte der nationalsozialistische Angriffskrieg begonnen. Zunächst war das vor Ort kein so spürbarer Einschnitt. Das Vordringen deutscher Truppen, von der Propaganda kräftig ausgeschlachtet, ließ ein anderes Ergebnis erwarten als der lange Stellungskrieg des 1. Weltkrieges. Das Kriegsgeschehen war bald so weit entfernt von der Heimat, dass sich niemand vorstellen konnte, dass es auch einmal hierher kommen sollte. Das war ja auch im Weltkrieg 1914-1918 nicht geschehen. Das alltägliche Leben lief noch recht unbeeindruckt von den Gefahren, die sich hier anbahnten, und die allgegenwärtige Propaganda tat ein Übriges.

Mit dem 18-seitigen Verlagsverzeichnis ‚*Bücher deutscher Heimat. Herbst 1940*' blickt Wagener auf seine zehnjährige Tätigkeit als Verleger zurück, aber dieser Prospekt zielt eigentlich schon auf eine Zeit nach dem Krieg ab.[52] Vorgestellt werden nämlich auch seine weiteren Projekte, von denen dann nur einige verwirklicht werden konnten.

Ein Buch der Verlagsproduktion, das durch seine besonders große Nähe zur NS-Ideologie ins Auge sticht, gibt einige Fragen auf: Ohne Jahresangabe erschien 1940[53]das Buch des Musikpädagogen ROBERT ZÜNDORF (1896-1943) unter dem plattdeutschen Titel *Die Limmerg'schen Triesels* (zu hochdeutsch: Die Hohenlimburger [Peitschen-]Kreisel); berichtet wird darin über die Aktivitäten einer von dem Autor gegründeten Volkstanzgruppe und der zugehörigen Bauernkapelle. Im Impressum ist die Genehmi-

---

[51] TÖNNE 1940.
[52] VERLAGSPROGRAMM 1940.
[53] ZÜNDORF 1940 [Jahreszahl in der Bibliographie unter Vorbehalt]. „Dank und Gruß an Förderer und Freunde" am Anfang dieses Bandes ist datiert mit „Ende des Kriegsjahres 1940".

gung der Gaudienststelle Westfalen-Süd der NS-Gemeinschaft „Kraft durch Freude" ausdrücklich erwähnt, und das Buch beginnt mit einem Ausspruch Adolf Hitlers. Alle anderen Werke des Autors sind zwischen 1935 und 1942 im Iserlohner Verlag Wichelhoven erschienen. Mehr noch, auch die *Limmerg'schen Triesels* sind von der „Graphischen Kunst- und Verlags-Anstalt Rudolf Wichelhoven in Iserlohn" gedruckt. Wieso dieser Band nicht auch in diesem Verlag erschien, bleibt rätselhaft.

Im gleichen Jahr wurde auch das folgende Buch ins Programm genommen: PAUL LINGEMANN: *Pariser Tagebuch 1940. Bilder aus meinem Kriegsaufenthalt in der Weltstadt Paris.*[54] Der Autor beschreibt, wohl im Überschwang des Sieges über Frankreich, als Angehöriger der Besatzungsmacht etwas zu intensiv das „süße Leben" in Paris, was wohl an höherer Stelle sehr missfiel. Das Buch wurde verboten und P. Lingemann strafversetzt an die Ostfront, wo er 1944 zu Todes kam.[55]

Über ADOLF BAHNE (1866-1944/45[56]), den Verfasser des von Wagener verlegten dreibändigen Werkes ‚*Hali – Halo! Grüne Brüche und dürr' Laub. Das neue Jagd- und Heimatwerk*'[57], ist im sonst so auskunftsfreudigen Internet nichts, aber auch gar nichts in Erfahrung zu bringen, nicht einmal seine Lebensdaten. Peter Bürger hat ihn allerdings in einem seiner Bücher erwähnt und diese Veröffentlichung als Quelle für historische Ereignisse, aber auch für Denkweisen des Autors genutzt.[58] Aus dem Verlagsprospekt von 1940 „Bücher deutscher Heimat", wo das Werk noch unter „Bücher in Vorbereitung" zu finden ist, erfährt man, dass der Autor *Staatlicher Hegemeister a. D.* ist und es dem Gaujägermeister von Westfalen und Lippe, Anton Freiherr von Schorlemer (1891-1956), gewidmet hat. Glücklicherweise bekam der Verfasser ein Exemp-

---

[54] LINGEMANN 1941. Quellen dazu: http://verbrannte-und-verbannte.de/person/2473 ; http://verbrannte-und-verbannte.de/publication/3909 ; http://d-nb.info/gnd/126477701
[55] Auskunft von Norbert Belke-Spork, Schmallenberg-Holthausen.
[56] Mitteilung von Dirk Elbert, Stadtarchiv Soest, E-Mail vom 23. November 2015.
[57] BAHNE 1941; BAHNE 1942a; BAHNE 1942b.
[58] BÜRGER 2013, S. 509-512, 535, 570-573.

lar des 1. Bandes noch mit dem Schutzumschlag in die Hand, wo im Klappentext wenigstens das Geburtsdatum genannt und der Lebensweg beschrieben ist. Gedruckt sind die drei Bände beim Westfälischen Volksblatt in Paderborn, dem Geburtsort Adolf Bahnes, woraus man schließen könnte, dass die Veröffentlichung möglicherweise stark von Bahne oder seinem Freundeskreis befördert wurde.

Einzug Ferdinand Wageners zum Kriegsdienst

Am 6. Februar 1941 wurde Wagener – obwohl selbstständiger Verleger und „kinderreicher" Familienvater (seine Frau erwartete das vierte Kind) – trotz fehlender militärischer Ausbildung (!) zur Wehrmacht eingezogen. Der Jahrgang 1902 war Anfang 1941 noch nicht wehrpflichtig.

Trotz Abitur und Dr. phil. (studierte Männer wurden eigentlich gleich für die Offizierslaufbahn vorgesehen) blieb Ferdinand Wagener immer nur einfacher Soldat, wurde also noch nicht einmal Unteroffizier oder gar Feldwebel. Gegen Ende der Grundausbildung erlitt er einen Nervenzusammenbruch und lag mehrere Wochen im Militärkrankenhaus in Königsberg (dort war er auch noch im Juni 1941, als sein jüngster Sohn Ulrich geboren wurde). Wagener dürfte in der Zeit der Grundausbildung ganz erheblich unter dem gelitten haben, was man heute unter dem Begriff „Mobbing" kennt. Geistige Überlegenheit wurde von Ausbildern in der militärischen Grundausbildung noch nie gerne gesehen und entsprechend mit vielfältigsten Mitteln „geahndet". Den ersten Heimaturlaub bekam er im September 1941, da war Ulrich schon drei Monate alt. Ferdinand Wagener war von Anfang bis zuletzt bei der „1. Kraftfahrausbildungsstelle der Fliegertruppe Nr. 1" in Elbing/Ostpreußen stationiert und arbeitete dort als Gefreiter (1941-1943), später dann Obergefreiter (1944) in der Verwaltung, auf der „Schreibstube". Möglicherweise hat ihm ein Vorgesetzter gut gewollt, ihn deshalb aus dem militärischen Alltagsbetrieb herausgenommen und mit den Aufgaben in der

Schreibstube betraut, denn: Mit diesem Personal hat man sich bis in die Offiziersränge hinauf lieber gut gestellt, weil durch dessen Hände alle Personalangelegenheiten gingen, insbesondere auch die Urlaubsscheine. Aber auch für die Fortführung des Verlages dürfte die Tätigkeit in der Schreibstube hilfreich gewesen sein.

Ständig im Schriftwechsel mit ihrem Mann führte Wageners Frau den Verlag und das Lektorat mit einem Gehilfen weiter, dem jungen Verlagsangestellten Fritz N., Jahrgang 1925 – er war sogar noch Lehrling. Die Prüfung legte er im Herbst 1942 ab. Fritz N. war nicht in der HJ (Hitler-Jugend), die Eltern wohnten in der Nachbarschaft. Sein letzter Brief war vom 3. Oktober 1942. Er erwartete seine Einberufung zum RAD (Reichsarbeitsdienst) und hat dann Ende 1943 in Hitlers Krieg den Tod gefunden.[59]

Das letzte Verlagsprojekt, das Wagener 1941/42 realisierte, ist eine Werke-Ausgabe des mit ihm befreundeten Mundartdichters JOST HENNECKE (1873-1940).[60] Ein weiterer Band dieses Autors erschien 1942 außerhalb der Reihe: *Balladen und Sagen*.[61] Hier stellt sich die Frage, warum dieser Band nicht zur gleichzeitig erschienenen Edition der Hennecke-Werke gehört. Nichts weist zunächst darauf hin, dass es sich um die „Neuausgabe" eines schon 1925 veröffentlichten Werkes handelt. Allerdings findet man im o.g. Verlagsprospekt „Bücher deutscher Heimat" auf Seite 13 das Buch folgendermaßen angeboten: „Balladen und Sagen (Versunkene Klocken)". Dass es sich hierbei in Wirklichkeit um die Restauflage des 1925 im Sauerländer Heimatverlag der Josefsdruckerei, Bigge, erschienenen Werkes „*Versunkene Klocken. Balladen und Sagen*" handelt, geht aus der Bogensignatur hervor, der klein gedruckten Zeile unter dem Satzspiegel der jeweils ersten Seite

---

[59] Informationen von Frau Christa Wagener aus „Geschäftsberichte[n] (Februar-Oktober 1942)" und persönlichen Briefen des Ehepaares Wagener.
[60] HENNECKE-WERKE 1941/1942 I-IV.
[61] HENNECKE 1942. – Die Erstauflage dieses Werkes (HENNECKE 1925) war im *Sauerländer Heimatverlag* in Bigge erschienen, also bei der Josefs-Druckerei, bei der Wagener die Bücher seines Verlages überwiegend herstellen ließ. 1938 war das Buch in broschierter Ausführung noch zum Preis von 1,50 RM erhältlich (Auswahl aus Büchern unserer Dichter. In: WAGENER 1937, S. 233).

eines Bogens. In diesem Fall der Übernahme einer Restauflage in den Mescheder Verlag wurde allerdings nicht das Titelblatt bei einem fertig gebundenen Buch nach Heraustrennen ersetzt, wie oben beim Titel „Wunschsessel" beschrieben; der Ersatz geschah vielmehr beim Binden der Bücher, was daran zu erkennen ist, dass das Papier zwar unterschiedlich ausfällt, aber der Titel absolut bündig mit dem Buchblock beschnitten ist. Zur Werke-Ausgabe passte die Ausgabe von 1925 auf jeden Fall nicht, weil sie im Format von dieser abwich. Der frühere Titel „Versunkene Glocken" kam vielleicht aus Opportunitätsgründen nicht in Frage, schließlich wurden wieder einmal die Kirchenglocken für Rüstungszwecke eingeschmolzen. Entschied Wagener sich deshalb, den alten Untertitel zum neuen Haupttitel zu machen?

Im Verlagsprospekt als ‚in Vorbereitung' bezeichnete – aber dann wohl nicht mehr verwirklichte – Buchprojekte sind zu nennen:

1. HEINRICH MISGELD (1868 -1951[?]): Heimaterzählungen aus dem Veste Recklinghausen. Etwa 200 Seiten mit acht Bildern nach Federzeichnungen von Karl Boblenz. – Möglicherweise sollte es sich dabei um eine Neuausgabe von Misgelds Werk ‚Aolt-Riackelkusen Stadt un Land – Skizzen aus dem Leben einer alten Stadt in Recklinghäuser Platt' handeln, erschienen 1929 bei Christians in Berlin (195 S. mit einigen Abb. auf Tafeln). Die Übereinstimmung der Seitenzahlen könnte allerdings auch darauf deuten, dass womöglich auch in diesem Fall noch nicht gebundene Bogen beim Verlag vorhanden waren, die beim Binden mit einem neuen Titel versehen werden sollten. Schließlich musste Geld hereinkommen, um Familie und Verlag über den Krieg zu bringen.

2. FERDINAND WAGENER:
   - Tier-Bilder-Buch
   - Ächter de Kögge.
   Ein Sommer bei den Kuhhirten im Waldbauernhof.[62]

---

[62] Vgl. BÜRGER 2010, S. 707ff. (Dieses plattdeutsche Werk wird in der vorliegenden Werkausgabe erstmals nach der vollständigen Fassung aus ‚letzter Hand' veröffentlicht.)

3. FRANZ JOSEPH KOCH-Bracht (1875-1947)[63]:
Das bunte Wunderhorn. 12 Bücher heimischer Volkheit.
- Heimisches Wandern (3 Bände): 1. Unsere heimischen Heilkräuter, 2. Unsere heimischen Pilze, 3. Unsere heimischen Vogelstimmen[64].
- Heimisches Heiltum (3 Bände): 1. Alte heimische Nothelfer bei plötzlichen Erkrankungen, 2. Alte heimische Nothelfer bei längeren Erkrankungen, 3. Neuzeitliche Kneippkur.
- Heimische Jugend (3 Bände): 1. Das Heldenbuch (Lied der Nibelungen), 2. Das Buch der Abenteuer (Reineke Fuchs – Münchhausen), 3. Das Buch der Schelme (Der lustige Richter – Der lustige Pocci).
- Heimisches Volkstum (3 Bände): 1. Unser heimisches Kinderjahr, 2. Heimische Waldpädagogik, 3. Heimische Mundart (Gedichte).

Ferdinand Wagener sah sich als Konservativer – mit etwas ausgeprägt religiösen Tendenzen und gewissen Ähnlichkeiten in der Denkweise und teilweiser Sympathie für die NSDAP – nicht im Gegensatz zum Regime. Mit seinen Interessen bewegte er sich allerdings auf einem Terrain, gekennzeichnet durch Begriffe wie ‚Heimat, Volk, Brauchtum ...', einem Feld also, das die NS-Ideologen für sich beanspruchten und auf dem sie keine Andersdenkenden tolerierten. Ob der katholische Verleger dieses Problem erkannte, erscheint zweifelhaft. Ihm war das Thema ‚Heimat' mit allen seinen Facetten zu wichtig, um es anderen zu überlassen, bzw. er sah sich von Gleichgesinnten umgeben, mit denen er gemeinsam grundlegende Literatur zum Thema Heimat Sauerland be- und erarbeiten wollte. Er war sicher kein Widerstands-

---

[63] Er war ein Schwager der Mundartlyrikerin Christine Koch (1869-1951) und vertrat einen dezidiert konfessionellen, katholischen Standort.
[64] Dieser Band ist dann nach dem Krieg unter dem Titel ‚Das bunte Vogelstimmen – ABC. Mit farbigen Bildern von Emilie Koch-Klingenburg' (seiner Ehefrau) bei L. Schwann in Düsseldorf erschienen: KOCH 1950.

kämpfer, aber seine ausgeprägt kirchlich orientierte Grundhaltung ließ für die Staatspartei die geforderte totale Unterordnung vermissen. Gedruckte Veröffentlichungen waren für die Nationalsozialisten ein wichtiges Medium, da ließen sie auch nicht den geringsten Zweifel an ihrem absoluten Herrschaftsanspruch aufkommen. Formal hat Wagener es zwar nicht an den von ihm zu erwartenden Formulierungen an den entsprechenden Stellen in den eigenen Werken und denen seiner Autoren sowie am Lob für Führer und Partei fehlen lassen, aber vielleicht etwas zu formal für den misstrauischen Blick der „braunen Herren". Sie werden die vollständige ideologische Durchdringung der Bücher aus dem Mescheder Verlag vermisst haben. Aus Ihrer Sicht dürften auch ‚notwendige' Absprachen mit der Gauleitung und deren Einfluss auf Inhalt und Gestaltung gefehlt haben. Es ist noch zu viel ohne „Braunschleier" darin enthalten, und die ideologiebefrachteten Stellen ließen sich bei einer Neuauflage unter anderem politischen Vorzeichen womöglich zu leicht tilgen, ohne dass das auffiele. Seit der Machtergreifung der Nazis lief die Vorbereitung des Krieges, und die Wirtschaft musste sich auf die Materialbewirtschaftung einstellen. Das ergab natürlich bald ein gutes Mittel zur Disziplinierung, in diesem Fall eines Verlegers oder einer Druckerei. Aus diesem Grund waren parteitreue Autoren und gute Kontakte zu Funktionären für den Verleger Wagener von existentieller Bedeutung. Zu welch weitreichenden Konzessionen war er bereit? Mit Schwarz-Weiß-Malerei ist es bei der Suche nach einer Antwort nicht getan. Trägt man alle Informationen zusammen, dürfte sich ein sehr vielfältiges Bild mit Grautönen unterschiedlichster Abstufungen und Schattierungen ergeben.

Mit seinem fünfbändigen Werk über das Sauerland[65], mit dem er vielleicht sogar den Parteigrößen zeigen wollte, dass er nicht gegen sie arbeite, hatte Wagener natürlich aus deren Sicht einen groben Fehler begangen. Ein solches Heimatwerk für die ganze Landschaft ohne Beteiligung des Gauleitung oder anderer regionaler Parteistrukturen war aus deren Sicht unverzeihlich. Auch

---
[65] DAS SAUERLAND Bd. I-V.

der Umstand, dass er seine Bücher nicht nur überwiegend in der Josefs-Druckerei in Bigge, einer Einrichtung der katholischen Kirche, drucken ließ, sondern, wie auf dem Reihentitel der Sauerland-Bände zu lesen ist, diese auch noch mit dem Vertrieb beauftragte, dürfte Zweifel an seiner politischen Zuverlässigkeit eher gefördert haben. Ab 1939 fehlt dann auch die Angabe zum Vertrieb über Bigge.

Auffällig ist, dass in den „Heimatblättern", der Zeitschrift der Heimatvereine des Kreises Olpe, keine Besprechung des Werkes zu finden ist, obwohl sich darin doch an vielen Stellen auch Hinweise auf diesen Raum finden. Im Heimatkalender „De Suerlänner", dem maßgeblichen Druckerzeugnis der Heimatgebiets-Organisation, ist in der Jahresausgabe für 1937 lediglich ‚Der starke Hermann' abgedruckt mit dem dezenten Hinweis „aus Fritz Kühn, Sagen des Sauerlandes"[66], mehr aber auch nicht.

Wagener sah, wie ein 1937 veröffentlichtes Bekenntnis[67] belegt, seine wichtigste Aufgabe im „Organisieren" von „Heimat", und dazu brauchte er Verbündete und Mitstreiter. Ein Teil der Personen, mit denen er – teilweise aus langjähriger Verbundenheit, aber auch aus wirtschaftlichen Gründen – in enger Verbindung stand, hegte große Sympathien für die NS-Ideologie; er selbst stand zumindest zeitweilig dem Nationalsozialismus nicht ablehnend gegenüber.[68] Ohnehin muss man die Übergänge zwischen völkischer Heimatbewegung und nationalsozialistischer Ideologie als fließend ansehen. Dass Wagener den von den Nazis 1933 suspendierte Schulleiter und Zentrumspolitiker Franz Hötte (1879-1947) als Bücherreisender beschäftigte, ist wohl weniger als Akt des Widerstandes, denn aus seiner Sicht als „Christenpflicht" anzusehen. Die Behörden entzogen 1936 Hötte und Wagener den Wandergewerbeschein; in einem vorangegangenen Schreiben des Landratsamtes vom 4.7.1936 an die Gestapo in Dortmund war

---

[66] DE SUERLÄNNER 1937. Heimatkalender für das Sauerland, S. 93f. [www.saue laender-heimatbund.de/De_Suerlaender_Heimatkalender_1937.pdf]
[67] WAGENER 1937, S. 147.
[68] Vgl. WESTFÄLISCHES AUTORENLEXIKON 1750-1950*; BÜRGER 2010, S. 708-709.

der Verleger Wagener zu den „unzuverlässigen Elementen" gezählt worden.[69]

Die Produktionen aus dem Sortiment des Verlegers Dr. Ferdinand Wagener geben uns einige Rätsel auf. Wenn bei einem Buch auf dem Titelblatt steht „2. Auflage", dann ist die erste Auflage nicht in seinem Verlag erschienen. Wenn die zweite Auflage eines Buches aus seinem Verlag erscheint, wie 1938 die 2. Auflage von Franz Preedek die Landschaft Sauerland (Erstauflage 1936), dann findet sich nur die aktuelle Jahreszahl auf dem Titelblatt und allenfalls verschämt auf dessen Rückseite der Vermerk: „4.-6. Tausend". Normalerweise ist ein Verleger stolz darauf, wenn ein Buch so erfolgreich ist, dass eine neue Auflage nachgefragt wird. Fürchtete Wagener den Spruch „Erfolg schafft Neider"? Bei vielen Büchern fehlt eine Jahreszahl auf dem Titelblatt ganz, und man kann bestenfalls aus der Datierung des Vorwortes auf ein Erscheinungsdatum schließen.

Dass Wagener – trotz fehlender militärischer Ausbildung – zum Militärdienst eingezogen wurde, ist möglicherweise eine Reaktion auf seine unbotmäßige Haltung. In den Jahren 1943/1944 kommt seine Feldpost auch aus Pillau, die Einheit blieb aber die gleiche. Elbing und Pillau liegen nahe beieinander am Frischen Haff; einige Aufzeichnungen von 1944 sind auch aus Devau, das war seinerzeit ein Militärflughafen vor den Toren Königsbergs, auch ganz in der Nähe[70]. „Erst Anfang 1945, als die Rote Armee näher kam, zogen sich diese Militärstationen weit hinter der eigentlichen Front nach Westen zurück. Die Einheit von F. W. kam bis Köslin/Ostpreußen. Vom ‚Kessel um Köslin' [-] und ‚dort ist niemand lebend herausgekommen'[-] hörte ich schon bald nach dem Krieg in Düsseldorf von der jüngsten Schwester meiner Mutter, die 1940 nach Königsberg geheiratet und die ganze schreckliche Flucht aus Ostpreußen als junge Frau miterlebt hatte."[71]

---

[69] Vgl. KNEPPER-BABILON / KAISER-LÖFFLER 2003, S. 30f und 44.
[70] Vgl. Wikipedia.org; Stichwort: *Flughafen Devau* (letzter Abruf am 03.03.2017).
[71] Mitteilung von Frau Christa Wagener.

Über Dienstgrad, Verwendung und Aufenthaltsorte Wageners ist wenig bekannt. Nach Angaben aus den Werken im Nachlass[72] hielt er sich 1943 in Königsberg und 1944 in Pillau auf. Dieter Wiethoff schreibt über seine Soldatenzeit: „Gemeinsam mit vielen Sauerländern zog er bereitwillig mit großen, aber – wie sich schon bald zeigen sollte – falschen Erwartungen an die Ostfront. Als ‚Geistesarbeiter' – so bezeichnete er sich gerne – nahm er sich vor, ein Buch über seine Soldatenzeit für die Daheimgebliebenen zu schreiben. Doch er kam in eine für ihn gänzlich fremde, so nicht erwartete Welt. Der militärische Drill ließ ihm keine persönliche Zeit, weder zum Denken noch zum Schreiben. Dieser ließ ihn vielmehr, was ihm große Sorge bereitete, ‚ungeistig' werden. Den barschen Umgangs- und Kommandoton konnte er auf Grund seiner Sensibilität nicht verkraften. Psychisch begann er darunter zu leiden, dass er infolge seiner Erlebnisse den Glauben an militärischen Erfolg und den Sinn des Krieges längst verloren hatte und sich in seinem Inneren Misstrauen gegenüber der politischen und militärischen Führung breit machte. Noch bevor er als Soldat zum Kampfeinsatz kam, erlitt er einen Nervenzusammenbruch und musste längere Zeit im Militärkrankenhaus in Königsberg behandelt werden."[73]

Letztes Lebenszeichen ist ein Brief vom 28. Februar 1945, der erst im Sommer 1945 eintraf. Gefallen sein soll Ferdinand Wagener im März 1945, kurz vor Kriegsende, in Pommern; genauer Zeitpunkt und Ort sind unbekannt. Durch Beschluss des Amtsgerichtes Meschede vom 17. August 1954 wurde er für tot erklärt. Als Todeszeitpunkt wurde der 31. September 1945 festgesetzt.[74]

---

[72] Vgl. BÜRGER 2010, S. 707ff. – Über einen vollständigen Kopiensatz der in dieser Werkausgabe jetzt erschlossenen Nachlassbände verfügt das Christine Koch-Mundartarchiv am Museum Eslohe; 2016 sind dem Museum Eslohe auch die Originale übergeben worden.
[73] WIETHOFF 2002, S. 67.
[74] Laut Nebeneintrag im Geburtsregister des Standesamtes Serkenrode.

Dr. Ferdinand Wagener im Jahr 1938
mit seinem Buch „Geschichte des Sauerlandes" (CKA)

Titelblatt des Mescheder Verlagsprogramms 1940
(Verlagsprogramm 1940)

Zur Wirkungsgeschichte von Wageners „Heimatprogramm"

Bei Franz-Josef Huß heißt es: „Brandbomben zerstörten den gesamten Buchbestand, der auf dem Dachboden des Pfarrhauses St. Walburga an der Steinstraße in Meschede lagerte."[75] Dieter Wiethoff schreibt hingegen, der gesamte Buchbestand Wageners sei von der Partei beschlagnahmt und in das Mescheder Rathaus gebracht worden, wo er den Bomben zum Opfer fiel.[76] Von der Bombardierung Meschedes am 19. Februar 1945 könnte aber auch nur ein Teil des Buchbestandes betroffen gewesen sein, denn in Büchern ab 1936 findet sich auf dem Reihentitel oder im Impressum der Hinweis: „Druck und Vertrieb Josefs-Druckerei, Bigge-Ruhr". Somit ist es möglich, dass ein nennenswerter Teil der neueren Verlagsproduktion – nämlich zumindest derjenige, der noch nicht gebunden war – in Bigge und nicht in Meschede gelagert hat, auch wenn bei nach 1938 erschienenen Büchern der *Vertrieb* über die Josefs-Druckerei auf dem Reihentitel nicht mehr erwähnt wird.

Es waren leider keine Informationen darüber zu finden, in welchem Umfang oder ob überhaupt nach dem Krieg Bücher des Verlages noch im Handel waren. In der einen oder anderen Buchhandlung wird es natürlich noch Restbestände gegeben haben; sicher sind auch Bücher noch antiquarisch zu erhalten gewesen. Der Verlag wurde aber nicht mehr weitergeführt.

Die von Ferdinand Wagener verlegten Bücher fallen durchweg durch eine gediegene Gestaltung auf, auf die er offensichtlich großen Wert legte. Der Einband ist meist in Ganzleinen mit künstlerisch gestalteter farbiger Prägung ausgeführt. Damit will er den Wert dieser Bücher zum Ausdruck bringen. Eher wenige Bücher waren auch kartoniert oder in Halbleinen erhältlich; broschierte Ausgaben gab es nur von frühen Produktionen. Viele Werke wurden mit Abbildungen, Holzschnitten, Federzeichnungen oder Fotos, ausgestattet. Als Buchformat bevorzugte der Ver-

---

[75] HUß 2001.
[76] WIETHOFF 2002, S. 67.

leger Kleinoktav, ca. 12,5 x 18,5 cm. Der Seitenumfang überschreitet eher selten 200 Seiten. Hier wird das Vorbild der von Franz Hoffmeister im Sauerländischen Heimatverlag der Josefsdruckerei in Bigge zu Anfang der 1920er Jahre herausgegebenen *Suerlänske Baikelkes* erkennbar. Doch Wagener möchte mehr als nur ein populäres Unterhaltungssortiment hervorbringen. Die Texte aus seinem Verlag sollen wissenschaftliches Niveau haben und sich trotzdem an ein breites Publikum wenden. So versucht er auch, ein breites Spektrum an Interessen abzudecken und seinen schon 1932 formulierten Ansprüchen[77] nachzukommen. Wagener wollte „Volksbücher" verlegen. Dieses Konzept verband er mit konkreten Vorstellungen:

- Zielgruppe sollte eine breite Leserschaft sein, die mit pädagogischer Absicht und dementsprechenden Geschick über die die Heimat betreffenden Angelegenheiten informiert werden sollte.
- Seine Bücher sind von handlichem Format und mit solidem Einband, meist Textileinband, ausgestattet.
- Beim Layout achtete er auf lesefreundliche Gestaltung und stattete die Bücher gerne mit Holzschnitten aus.

Es verwundert nun jedoch, wie wenige Besprechungen seiner Bücher sich in den regionalen Heimatzeitschriften finden, z.B. in den in Olpe erschienenen Heimatblättern (Heimatblätter für das obere Sauerland, Zeitschrift für die Heimatvereine in den Kreisen Olpe und Meschede).[78] Kann man das vielleicht auch als Zeichen dafür deuten, wie stark die Heimatvereine *gleichgeschaltet* waren?

---

[77] Vgl. das oben zitierte Werbeschreiben an die Kunden aus dem Jahr 1932, aber auch: ANNONCE 1932*; WAGENER-NACHLASS 1931 [Textdokumentation in dieser Werkausgabe].
[78] Besprochen werden aus der ganzen Verlagsproduktion dort nur: Wagener, *Um die „Hohe Bracht"* (in Jg. 9 [1932], S. 160); Kathol, *Baßmes Hof* (in Jg. 16 [1939], S. 101) und Lingemann, *Ringendes, rufendes Volk* (in Jg. 17 [1940], S. 102). Befremdlich wirkt, dass die fünf Bände von ‚*Das Sauerland. Das Volksbuch der sauerländischen Heimat'* nicht zu den rezensierten Werken gehören!

Nach dem Krieg sind Ferdinand Wagener und sein Wirken zwar noch in Erinnerung, aber Bücher von ihm oder aus seinem Verlag werden erst wieder Ende der 1970er Jahre aufgelegt.[79] Für die regionale Kulturforschung blieb speziell auch das Werk „Künstlerschaffen im Sauerland"[80] noch lange eine unersetzliche Quelle.

Der Lehrer und Schriftstellerkollege Hugo Cramer (1892-1961), der auch am 4. Band von „Das Sauerland" mitgewirkt hatte, widmete Wagener noch nach dem Krieg ein Buch[81] mit den Worten: „dem Verleger Dr. Ferdinand Wagener, dem verdienten Freund und Beschützer des Sauerlandes, dem Betreuer seiner schlichten, ländlichen Menschen und dem Förderer des Heimatgedankens". Fritz Schumacher, Schriftleiter des „Sauerlandrufes" schrieb 1964: „Er hat bis heute – leider – noch keinen Nachfolger gefunden."[82]

In der Gegenwart wird viel über einen „Verlust von Heimat" in jeder Form – sei es Baukultur, Mundart, Bräuche usw. – geklagt, aber trotz der viel breiteren Möglichkeiten, die nahe Kultur darzustellen und bekannt zu machen, sind Menschen, die diese Aufgabe so energisch angehen wie Ferdinand Wagener und es verstehen, Kräfte zu bündeln, eher die Ausnahme.

---

[79] Vgl. dazu das kommentierte Quellen- und Literaturverzeichnis im Anhang zur vorliegenden Werkausgabe.
[80] WAGENER 1937.
[81] CRAMER 1957.
[82] SCHUHMACHER 1964*.

Das Wandern ist des Müllers Lust.

Gedicht
von
Ferdinand Wagener.

———

Fünfte Auflage.
Handschriftlich signirt.
2 Exemplaren.

1923.

———

Druck und Verlag
von
Wagener
Steinsiepen — — — — — — — New-York.

Ferdinand Wageners „erstes Buch", zusammengestellt 1923
zur USA-Auswanderung des Bruders Joseph (Wagener-Nachlass 1923).

Einleitung zur Edition der plattdeutschen Werke und einer Auswahl hochdeutscher Texte

Von Peter Bürger

Wer die nunmehr vorliegenden Werkausgaben von Joseph Anton Henke[1] (1892-1917) aus Frettermühle und Ferdinand Wagener (1902-1945) aus Steinsiepen zur Hand nimmt, wird in den Lebenswegen und Arbeiten dieser beiden sauerländischen Autoren einige verblüffende Entsprechungen finden. Der junge Poet Henke bricht aus unbekannten Gründen seine Ausbildung an der Handelsschule in Köln ab, kehrt ins Sauerland zurück, schreibt neben hochdeutschen Texten auch Gedichte und Prosastücke in der Mundart seiner Heimatlandschaft und geht offenbar schwanger mit dem Plan, einen eigenen Verlag zu gründen. Ein Nachlass-Fragment enthält seine Forderung, ein ‚Volkstheater' für das Sauerland ins Leben zu rufen. Der 1913 veröffentlichten Sammlung „Sauerländische Volkspoesie" folgt eine kriegsbegeisterte Lyrik. Henke meldet sich als Freiwilliger zum Kriegsdienst für das Kaiserreich, verlernt inmitten des Massenmordens alle Verse von sogenanntem Heldentum und sehnt sich zurück nach dem Lindenbaum am Elternhaus, wovon ein an der Front entstandenes Mundartgedicht zeugt. Seine dunklen Ahnungen werden durch den Kriegstod am 30. Oktober 1917 erfüllt.

Der zehn Jahre jüngere Ferdinand Wagener, wie Henke im Gebiet der heutigen Gemeinde Finnentrop geboren, übt sich ebenfalls schon in jungen Jahren als Verfasser von – hoch- und plattdeutschen – Gedichten. Er engagiert sich während der Gym-

---

[1] Seit kurzem sind die ‚Gesammelten Werke' nebst Lebensbeschreibung als Buch erhältlich: HENKE 2017.

nasialzeit in der nunmehr verbandlich organisierten Heimatbewegung des kölnischen Sauerlandes und verfolgt dann zielstrebig seinen Weg als Theologiestudent. Doch Krisenjahre im Anschluss an eine rätselhafte Vergiftung Ende 1925 führen schließlich zum Abbruch des Studiums für den Priesterberuf. Wagener veröffentlicht zwei Heimatbücher und bereitet – parallel zu einem 1931 abgeschlossenen Promotionsstudium – seinen beruflichen Werdegang als Buchhändler und Gründer eines Heimatverlages vor. Ab 1933 glaubt er – unter Beibehaltung seiner römisch-katholischen Identität – im nationalsozialistischen Staat seine Verlegervision sowie u.a. auch ein ‚Volkstheater'-Projekt verwirklichen zu können. Im August 1940 sehnt sich Wagener danach, als Vater von inzwischen drei Kindern in den Krieg ziehen zu dürfen. Schon gegen Ende der militärischen Grundausbildung im Folgejahr erleidet er einen Nervenzusammenbruch. Am Militärstandort in Ostpreußen entstehen neue Dichtungen, darunter u.a. ein Text über den Kirschbaum der Jugendzeit. Auch dieser Sauerländer äußert eine Todesahnung (s.u.) und kehrt aus dem Krieg nicht mehr zurück. Wie knapp drei Jahrzehnte zuvor schon Henke hat Wagener ebenfalls ein Gedicht geschrieben, in dem der amtlich als Feind bezeichnete Mensch ‚auf höherer Warte' als ein möglicher Bruder vorgestellt wird.

Zur Quellenbasis dieser Gesamtausgabe

Innerhalb der ersten drei Abteilungen dieser Werkausgabe, die die *Dichtungen* Ferdinand Wageners enthalten, hat nur eines seiner Bücher Aufnahme gefunden. Es handelt sich um den 1929 erschienenen Band „*Graute Hochteyt*", bei dem wir auf eine schon vorliegende – nunmehr neu durchgesehene – Texterfassung von Wolf-Dieter Grün zurückgreifen konnten. Daneben basieren lediglich vier kürzere plattdeutsche Prosastücke in der zweiten Abteilung auf alten Veröffentlichungen. Die allermeisten Text-

darbietungen bestehen hingegen aus Dichtungen, die der Verfasser in den letzten Jahren seines Lebens „neu gesammelt" hat.
Unsere Ausgabe „Gesammelte Werke in sauerländischer Mundart, nebst hochdeutschen Texten" erschließt somit in erster Linie den bislang unveröffentlichten Nachlass, wobei die plattdeutschen Anteile[2] sogar vollständig berücksichtigt worden sind. Dies wäre in der vorliegenden Form allerdings nicht zu bewerkstelligen gewesen ohne die vergleichsweise komfortable Quellenbasis: Für frühe Gedichte ab 1919 liegen im Nachlass drei hand- und maschinenschriftliche Sammlungen vor, die vermutlich alle noch aus der Zeit der Weimarer Republik stammen.[3] Als Soldat erhält Wagener dann die Möglichkeit, während eines Militärkrankenhausaufenthaltes und neben dem Dienst auf Schreibstube sein gesamtes dichterisches „Lebenswerk" noch einmal zu sichten (oder neu zu bearbeiten) und zusammenzustellen. Im Jahr 1943 entstehen hierbei an der Schreibmaschine vier Sammlungen.[4] Hinzu tritt ein Mundartlyrikband „*De Laifde höört gar nit op*" mit Texten des Jahres 1936, bei dem der Zeitpunkt der abschließenden Bearbeitung nicht vermerkt ist.[5] Neue Gedichte aus dem Sommer 1944 bilden eine weitere – letzte – Zusammenstellung.[6] Die insgesamt sechs maschinenschriftlichen Bände aus dem Nachlass weisen alle ein Format auf, das etwas kleiner als Din A5 ausfällt, sowie äußerst sorgfältige Einbände mit „Leder"- oder Leinenrücken. Im Christine Koch-Mundartarchiv liegen schon seit 2009 vollständige Ablichtungen vor. 2016 sind dem Museum Eslohe auch die Originalbände übergeben worden.

---

[2] Zwei im Internet frei zugängliche plattdeutsche Wörterbücher seien als Hilfsmittel empfohlen: WOESTE 1882*; PILKMANN-POHL 1988*. – Durch eine Förderung in Höhe von 500,- Euro hat der Heimatbund Finnentrop e.V. die Bearbeitung des gesamten plattdeutschen Werkes erst möglich gemacht.
[3] WAGENER-NACHLASS 1919/1923; WAGENER-NACHLASS 1922/1928; WAGENER-NACHLASS 1923.
[4] WAGENER NACHLASS 1943a – 1943d.
[5] WAGENER NACHLASS 1936.
[6] WAGENER-NACHLASS 1944.

Große Vorzüge dieser sechs Nachlassquellen, auf denen unsere Ausgabe der „Werke" in erster Linie fußt, sind mit den Beigaben verbunden. Bei fast allen Texten wird das Datum der Entstehung vermerkt.[7] In vielen Fällen erfolgen Erläuterungen[8] des Verfassers zum Hintergrund und sachliche Erklärungen, gegebenenfalls auch Verweise auf Erstveröffentlichungen. Der Dichter hat somit eine Edition der Texte aus „letzter Hand" gleichsam selbst vorbereitet.[9] Krieg bestärkt Gefühle von Endlichkeit und Vergeblichkeit, so dass diesbezüglich nicht nur der Ordnungssinn des Verlegers als treibende Kraft mitgedacht werden sollte. Ferdinand Wagener verspürte den Wunsch, das Eigene zu bewahren und zu vermitteln. Nach Abschluss der ordnenden Arbeiten träumte er in zwei Monaten des letzten Lebensjahres aber auch davon, seine künstlerischen Möglichkeiten auf eine neue – zuvor nicht erreichte – Ebene zu heben.

---

[7] Die in dieser Edition *beibehaltene* Reihenfolge der Texte entspricht – in chronologischer Hinsicht – allerdings nicht immer den hinzugefügten Datierungen! (Bei den Datierungen ist damit zu rechnen, dass sie sich mitunter auch auf den Zeitpunkt der Neubearbeitung einer schon vorliegenden Dichtung beziehen.)
[8] Diese Anmerkungen zu den einzelnen Dichtungen sind in den betreffenden Bänden – mit Ausnahme von: WAGENER NACHLASS 1936 – jeweils in einem Anhang nachzulesen. In der vorliegenden Edition werden sie jedoch direkt den Texten angefügt oder als Fußnoten dargeboten (in zwei Abteilungen stehen einleitende, allgemeine Ausführungen auch am Anfang). Anmerkungen in den Fußnoten zu Abteilung I-III., die in *eckigen* Klammern stehen, stammen indessen durchgehend von den Herausgebern dieser Werkausgabe.
[9] Die Textdarbietung folgt getreu den jeweils angegebenen Quellen; nur offenkundige Flüchtigkeitsfehler wurden stillschweigend verbessert. Fehlermeldungen sind – wie bei allen Editionen zum sauerländischen Mundartliteraturprojekt – willkommen!

I. GEDICHTE IN SAUERLÄNDISCHER MUNDART

1. POESIEALBUM.[10] Meine ersten Gedichte [1922-1926]: Als Gymnasiast und junger Theologiestudent hat Wagener, wie sein ab 1919 geführtes „Poesiealbum" zeigt, literarische Dienstleistungen für das nähere Lebensumfeld (Familie, Nachbarschaft, Schulklasse) erbracht. Die dargebotenen Texte aus der Arnsberger Gymnasialzeit (*Zur Reifeprüfung; Use Abitur*) – samt Kommentarzusätzen – verraten nicht nur etwas über das Drama der zu wiederholenden Abiturprüfung[11] und die Festlaunen des Jahrgangs, sondern enthalten auch Hinweise auf die persönliche Rolle des Verfassers. Wagener ist – laut Lästerzitat aus einer rechten Bierzeitung – der glühendste Heimataktivist und lässt als Verband nur die „Vereinigung studierender Sauerländer" (VsS) gelten. Im selbstgedichteten *Rundgesang* stellt er sich als denjenigen vor, der die Mitschüler zum Plattdeutschsprechen auffordert: „Luie, kürt doch alle platt, / et is wuat deraane. / Konn ey't auk nit alle glatt!" Seine Abiturreime blieben aber ungedruckt: „Der folgende Gedichtzyklus ‚Zur Reifeprüfung' kam nicht in die Bierzeitung, weil er wohl zu lang und auch zu lehrhaft-ernst war. Er gibt hier und da gute Charakterisierungen meiner Mitschüler. I ‚Das Heldenpaar' ist der Anlage und dem Versmass einer Bierzeitung von Paderborn ‚Aus dem Josephshaus' nachgeahmt, die ich von Franz Spielmann [VsS] erhalten hatte."[12] Über die Schulzeit teilt Wagener im Anhang zum Nachlassband noch ausdrücklich mit: „Meine Einstellung zur Politik: Selbstbescheidung und Maßhalten!"[13]

---

[10] WAGENER-NACHLASS 1943d (enthält *hochdeutsche* Texte ab 1919; *Mundart*texte ab 1922).
[11] Der Mitschüler Kebekus, mehr trink- als lernfreudig, verrät ein Mogeln der Klasse im „Griechischen", weil er selbst durchfallen soll. Alle müssen die Reifeprüfung – vier Monate später – wiederholen. Für Gymnasiasten aus armen Verhältnissen – wie Wagener – eine Katastrophe!
[12] WAGENER-NACHLASS 1943d, S. 96.
[13] WAGENER-NACHLASS 1943d, S. 96. (Vgl. dagegen nach 1933 Wageners regimetreue Polemik gegen eine mangelnde politische Entschiedenheit der Heimatbünde in Weimarer Zeit: WAGENER-NACHLASS 1933.)

Vier plattdeutsche Widmungsgedichte, die auch etwas vom Familiengefüge durchscheinen lassen, gelten den Brüdern Joseph (Jg. 1900), Johannes (Jg. 1904) und Fritz (Jg. 1908). – Hierbei zeigt sich Wagener, bei seinem geistlichen Onkel in Meschede wohnend, am 28. Juni 1922 durchaus schon früh politisiert: Die Berliner Revolutionäre der Zeit nach dem 1. Weltkrieg findet man im Gedicht „*Jupp*" ohne Umschweife als „'t raue Vaih" (das rote Vieh) tituliert.[14] – Der Nachbar Kaspar Hesse wird mit gutmütigen Strophen geneckt (*Kasper, dai schwuatte*). Eine Gratulation mit Platt, Latein und Hochdeutsch für den Neupriester Hubert Vetter, dem Wagener durch gemeinsame Hütekindertage und das Engagement in der ‚Vereinigung studierender Sauerländer' verbunden ist, fällt 1924 ‚respektlos' aus, passt aber zum Adressaten (eigene Einschätzung des Dichters). Der Kontrast zu einem *hochdeutschen* Primizgedicht (s.u.) springt ins Auge. Drei Texte kreisen um ein Thema, das uns noch mehrfach begegnen wird (*Triurege Wiut; Kuhhirtenlied; Use Häime*): Wagener ist wütend und traurig, wenn nahestehende Menschen die Heimat verlassen. Gegenüber zwei nicht mit Namen genannten Schwestern und Paula Hesse kann er seinen Unmut nicht verbergen. Freundlicher fallen die beim Kühehüten ersonnenen Abschiedsverse für Maria Spielmann aus; sie sind hochdeutsch gereimt, während der Dichtende das Gespräch mit den – störenden – Tieren in eingeschobenen Strophen auf Platt führt.

Der letzte Mundarttext aus dem ‚Poesiealbum'-Nachlassband trägt den Titel „*Iek*" (Ich) und gehört bereits einer späteren Gruppe von Gedichten an, die nach der Erkrankung 1925 entstanden ist. Wagener charakterisiert sich selbst darin als einen eigensinnigen Menschen, der ehedem mit seinem Willen zur Arbeit das Leben zu meistern gedachte und sich jetzt ganz klein fühlt. Im Juli 1926 sieht er – aufgrund seines Gesundheitszustandes – über-

---

[14] Ein fünf Tage früher entstandener hochdeutscher Namenstags-Gruß an den Vater zeugt von einer ausgesprochen *national* geprägten Heimatliebe: „Treu deinem deutschen Sauerland / seist du bis an dein selig Sterben!" (WAGENER-NACHLASS 1943d, S. 35.)

all den Tod und den Zeitpunkt des eigenen Sterbens vor sich in einem verschlossenen Umschlag liegen: ‚Wenn es Dir recht ist, Herr, ist es mir lieb.'

2. DAS WANDERN IST DES MÜLLERS LUST[15] [1923]: Die Thematisierung von zeitgenössischer Auswanderung in Wageners Manuskripten verweist auf ein Thema, das die Regionalforschung vielleicht noch nicht hinreichend erhellt hat. Gemeinhin denkt man an die Nordamerika-Auswanderung von kölnischen Sauerländern, die im 19. Jahrhundert in mehreren Schüben aufgrund der schwierigen Lebensbedingungen erfolgt ist.[16] Doch offenbar haben nicht wenige Menschen aus dem Umfeld Ferdinand Wageners während der ersten Jahre der Weimarer Republik die Heimat verlassen. 1923 ist ein Not- und Krisenjahr. Es herrscht Hyperinflation, eine Spätfolge jener Kriegspolitik der Herrschenden im Kaiserreich, für die die Untertanen mit ihrem Leben und ihrem Vermögen bezahlen mussten. Wageners ältester Bruder Joseph wandert aus in die Vereinigten Staaten. Für die Verabschiedung am 18. März 1923 erstellt Ferdinand in zwei Exemplaren ein handschriftliches Büchlein mit Gedichten, Liedern, Abschiedsgrüßen lieber Freunde und einer theatralischen ‚Festordnung'. (Das Titelblatt verrät bereits die Neigung zum Buchverleger.) Manches in diesem Erstlingswerk erinnert, wie der Verfasser später anmerkt, an den Stil einer Bierzeitung. Die Liederauswahl ist Wagener zufolge ausgerichtet an Stücken, die in der ‚Vereinigung studierender Sauerländer' und von den Paderborner Theologiestudenten gerne gesungen wurden. (Zu entdecken sind u.a. auch „*Ich hatt' einen Kameraden*" sowie „*Deutschland, Deutschland, über alles*".) In unserer Auswahl sind lediglich die

---

[15] WAGENER-NACHLASS 1943b; frühere Handschrift dazu: WAGENER-NACHLASS 1923.
[16] Seit 1903 zierte ein Sonett der Jüdin und deutschen Migrantin Emma Lazarus den Sockel der US-amerikanischen Freiheitsstatue: „Gebt mir eure Müden, eure Armen, / Eure geknechteten Massen, die frei zu atmen begehren, / Die bemitleidenswerten Abgelehnten eurer gedrängten Küsten; / Schickt sie mir, die Heimatlosen, vom Sturme Getriebenen, / Hoch halt' ich mein Licht am gold'nen Tore!"

plattdeutschen Texte des Hauptteils berücksichtigt. Eine Ausnahme hiervon bildet Wageners nationalistisches Gedicht „Abschied von Deutschland" in der Fassung vom 19.3.1923: „Der Abschied wird im deutschen Blut / zum Hass und zu Franzosenwut."[17]

3. MUNDARTGEDICHTE 1922-1931: Plattdeutsche Gedichte der 1920er Jahre, die zur Veröffentlichung vorgesehen waren und z.T. auch zum Druck gelangt sind, hat Wagener 1943 in einem eigenen Nachlassband zusammengefasst.[18] Das Eingangsgedicht „*Diäm Bauk!*" (14.8.1926) lässt vermuten, dass aus Teilen dieser Sammlung schon während der Studienjahre ein Buch hervorgehen sollte. Einige der frühesten Texte sind lange ‚gereimte Schwänke' über wirkliche Geschehnisse; die ‚Erzählung' fällt hier bisweilen umständlich aus und zwängt sich durch das Reimkorsett (*Epilog tau Beules „Hittendokter"; Kasper oppem Ossenhandel*). Im ‚Saufmilieu' junger männlicher Sauerländer hält man auch untereinander nicht viel von christlicher Gewaltfreiheit (*Kreyg in Siupenhagen*). Mit echter Komik gelingt es Wagener, seine eigenen Künste als Amateurphotograph vorzuführen (*De Photograph imme Siuerlanne*, 8.5.1922). Das lautmalerische Gedicht des Zwanzigjährigen über einen Nachmittag an der Hennetalsperre überzeugt und wirkt in manchen Passagen regelrecht ‚modern' (*Bey Sturm an der Sperre*, 28.5.1922). Einige Texte des Jahres 1923 sind inspiriert von Kindheitserinnerungen, wobei u.a. ein ‚Stimmungsbild' zum frühen Verhältnis zwischen Vater und Sohn zum Vorschein kommt (*Wau, Wau!; Papa, bat sall iek daun?; Hitte dutz!*). Im Einzel-

---

[17] Die wegen säumiger Reparationszahlungen durchgeführte Besetzung des Ruhrgebietes 1923 durch das französische Militär verschärfte die Lage Deutschlands im Jahr 1923 natürlich; doch die Hyperinflation war eine Spätfolge der Kriegspolitik des militaristischen Kaiserreiches, die nicht zuletzt die Vermögen der ‚kleinen Leute' pulverisiert hat. Für den jungen Wagener stand indessen fest: „Da der Franzose steht im Land [...] / gar viele wenigstens gezwungen, [...] zu ziehen von der Heimat weit." (WAGENER-NACHLASS 1943d, S. 61) – Vgl. zum Revanchismus nach 1918: WETTE 2016.
[18] WAGENER-NACHLASS 1943c (auf dem äußeren Einband steht zwar „Gedichte 1926-1940", die frühesten Texte stammen aber schon aus dem Jahr 1922).

fall ist schon die Neigung zu erkennen, im Tiergedicht ‚Menschliches' anzusprechen (*Jomer*, 9.1.1923). Einsam steht da im Gesamtwerk der erste Versuch zu einer ‚plattdeutschen Ballade', in welchem die Geschichte des Arnsberger Grafengeschlechts den Hintergrund abgibt (*Labändeg begrawen*, 28.1.1923).

Ein Gruppe von Texten hat Wagener ursprünglich für die Hochzeit des Nachbarn Kaspar Hesse gedichtet und später im Büchlein „Graute Hochteyt" (1929) veröffentlicht (*Op Friggersfaiten; De Briutwagen; De Briutbidder; Hiushiewen; Fangen*). Schwergewichtiger sind die Mundartgedichte der Jahre 1926-1928, in denen der Dichter seine Krankheitserfahrungen und Lebensumbrüche ‚verarbeitet'. Im Tiergedicht kommen auf erschütternde Weise Demütigung und Todesbestimmtheit zur Sprache (*Kumpeney; De Daud*), aber auch Freundschaftssymbiose (*Frönne*), ersehnte Familienidylle (*Soterdag*) und ‚Liebestriebe', die – da sie der Natur folgen – nicht ‚schmutzig' sein können (*Moppeychens Hochteyt*). Das ‚Karussell-Experiment' eines Hundes spiegelt eine Stimmung von „Wirrung und Melancholie" (*Dat Karussell*). Eine Silvesternacht bei hungrigen Hasen im Schnee wird in der Anmerkung so erläutert: „Verzweiflung und Todessehnsucht geht in stille Resignation über." (*Silväster*) Im „*Mondscheyn*" (31.8.1927) entwickelt der Dichter imaginär seine Heimkehr – in ein ‚neues Haus'. Dieser Text hätte zu einer Zeit, in der sauerländische Mundartlyrik noch in vielen Häusern gelesen wurde, eigentlich in keiner Anthologie fehlen dürfen.

Wagener selbst bezeichnet „*Dat Miäcken iutem Siuerland*" (17.9.1927) als sein bestes Mundartgedicht: Eine Magd ist allseits begehrt und könnte manchen reichen Mann heiraten, doch sie entscheidet sich für den armen Kleinbauern, bei dem sie arbeitet. (Anmerkung dazu: „Erst viel später ging mir auf, dass es das Lied meiner Mutter ist.") Den Abschluss der Auswahl bildet ein hochdeutsches Gedicht „*Ich lieb dich nicht ...*" (29.10.1931), das schon zur nachfolgenden Textgruppe überleitet. Wagener tut sich schwer mit dem Wort „Liebe" und möchte seiner Verlobten Elisabeth lieber auf Plattdeutsch sagen: „Ick hewwe diek wahne geern!"

4. DE LAIFDE HÖÖRT GAR NIT OP (1936): Nach dem Ende der Weimarer Republik schrieb Ferdinand Wagener offenbar keine Mundartlyrik mehr, die sich an ein größeres Publikum richtete. Für seine aus Ostpreußen stammende Frau Elisabeth hat er jedoch im Jahr 1936 mindestens 31 plattdeutsche Gedichte verfasst, von denen 29 im Nachlassband „De Laifde höört gar nit op"[19] eingebunden sind. Innerhalb des Fundus der gesamten sauerländischen Mundartliteratur ist diese Sammlung von ‚Liebeslyrik', entstanden in einer Phase neuer Lebenszuversicht, wohl einzigartig. Aus den Texten geht hervor, dass die Eheleute bis Anfang 1936 schwere Zeiten durchgemacht haben, auch wenn sie nicht gerade ‚tot hungern' mussten. Wagener wird sich angesichts ermutigender Erfahrungen mit seinem Bühnenspiel „Graute Hochteyt" erneut auch der existentiellen Bedeutung des Plattdeutschen für das eigene Leben bewusst: „*Iek matt plattduitsk kuiern!*" (Ich muss plattdeutsch sprechen!) An seine Frau Elisabeth, die in den Mundarttexten „Drüdken"[20] (Gertrudchen) heißt, richtet er gar den Wunsch: „*Vey wellt plattduitsk kuiern!*" (Wir wollen plattdeutsch miteinander reden.) In den Gedichten zeigt sich der Verfasser ‚im siebten Jahr' bisweilen wie ein Frischverliebter. Er teilt der Gattin mit, wie sehr er sie braucht und ihr gegenüber Dankbarkeit empfindet. Viele Gedichte enthalten Momentaufnahmen des Partnerschafts- und Familienlebens. Der nunmehr zugängliche Zyklus ist ein rares ‚Kleinod' der plattdeutschen Dichtung des Sauerlandes.

---

[19] WAGENER-NACHLASS 1936 [Jahr der Zusammenstellung nicht vermerkt].
[20] So heißt auch die Braut in Wageners Buch „Graute Hochteyt": WAGENER 1929a.

II. Prosa in sauerländischer Mundart

1. ÄCHTER DE KÖGGE! Ein Sommer bei den Kuhhirten im Waldbauernhof [1925/1927; neu gesammelt 1943]: Diese durch und durch autobiographisch gefärbten Erzählungen ‚hinter den Kühen' sind zum größten Teil schon 1925 und 1927 in der ‚Mescheder Zeitung' erschienen.[21] Wagener hat die Skizzen 1943 jedoch als Soldat an der Schreibmaschine neu zusammengestellt, bearbeitet, durch weitere Texte ergänzt, mit Anmerkungen sowie einem ausführlichen Vorwort versehen und als Sammlung einbinden lassen.[22] Eine Veröffentlichung war mit Sicherheit geplant, denn bereits im Verlagsprogramm vom Herbst 1940 findet man den Titel „Ächter de Kögge" unter der Rubrik „Bücher in Vorbereitung" aufgeführt, wobei der Ankündigung sogar schon eine Presseurteil beigegeben ist: „Kurzgeschichten, die mustergültig in sauerländischer Mundart geschrieben sind. – Westfälische Landeszeitung."[23] Gemäß der Ursprungsfassung – aus den 1920er Jahren (!) – stellt sich der plattdeutsche Erzähler übrigens als Mann vor, der 50 oder 60 Jahre schon überschritten hat. Bei der Niederschrift war Wagener, der sich hier in die Rolle eines rückblickenden ‚Greises' begibt, indessen noch *Student!* Später reflektiert er in seinem hochdeutschen Vorwort von 1943 das in den Erzählskizzen behandelte Leben der Hütejugendzeit, und verweist auch auf einen ökonomischen Hintergrund: Für die Kleinbauern war das nachmalig umstrittene Recht, ihr Vieh auf – ehe-

---

[21] Die eingestreuten Gedichte sind – mit Angabe des Entstehungsdatums und z.T. Kurzkommentaren des Verfassers – durchweg auch schon in Abteilung I dieser Werkausgabe zu finden.
[22] WAGENER-NACHLASS 1943a. Dies ist jedoch keine abschließende Bearbeitung direkt für den Buchsetzer. Im Kapitel „Maidag" stimmt z.B. die Namensgebung noch nicht ganz mit dem Folgenden überein, was auch eigens vermerkt ist. (Die nachträglichen Anmerkungen aus dem Anhang werden in unserer Werkausgabe als Fußnoten dargeboten.) Aus dem Vorwort geht deutlich der Wunsch hervor, zumindest den eigenen Kindern das Werk zu hinterlassen.
[23] VERLAGSPROGRAMM 1940, S. 14. (Wagener schreibt in einer Anmerkung zum hochdeutschen Vorwort des Manuskripts auch explizit: „...kann im Druck wohl fehlen!".)

maligem – ‚Gemeinschaftsboden' grasen zu lassen, sehr bedeutsam (auch wenn es sich um Weidemöglichkeiten ‚in den schiefen Bergen', d.h. Waldgebieten handelte). Auf dem kleinen Hof der Eltern in Steinsiepen ging es bescheiden, nein ärmlich zu!

Regionale Forschungsliteratur zur Welt der Hütekinder zieht der Verfasser nicht heran.[24] Es geht ihm um persönliche Erinnerungen und konkrete Geschehnisse im heimatlichen Kirchspiel. Doch auf diese Weise werden Lebensbedingungen, Zeitrhythmen und Mentalitäten sichtbar, die uns über das Leben der ‚kleinen Leute' und das Gefüge der katholischen Landschaft im frühen 20. Jahrhundert insgesamt etwas mitteilen. Wageners Mundartwerk ist also nicht zuletzt auch ein erzählerischer Beitrag zur ‚Leutekunde' des Sauerlandes – und kann in diesem Zusammenhang als eine vorzügliche Quelle betrachtet werden! (Der Heimatbund Gemeinde Finnentrop e.V. plant, im Anschluss an diese Werkausgabe eine hochdeutsche Übertragung von *„Ächter de Kögge"* auf den Weg zu bringen.)

Nach dem Winter kommen die Kühe wieder zur Hude ins Freie. Jetzt beginnt für die Hütekinder ein Wechsel von Schule und Hirtenberuf. Diese Arbeit geht einher mit genauer Beobachtung und Kenntnis der einzelnen Tiere. Sie wird mit anderen nützlichen Tätigkeiten wie dem Spleißen von Besenreisern verbunden, bringt aber auch besondere Freuden. Das ‚Herausklopfen' von Flötepfeifen ist z.B. eine Kunst, die sich unter rhythmischem Gesang vollzieht.[25] – In jungen Jahren sind einsame Stunden ‚im Berg' bisweilen ein Boden für die Begegnung mit ‚Traumgestalten', was Wagener im Kapitel *„En Vertelleken füär'n Schloop"* berücksichtigt. – Die Stunden an der frischen Luft bieten – je nach Neigung oder Schulplan – Gelegenheit zur Buchlektüre.

---

[24] Vgl. das Buchkapitel *„Hirten und Hütekinder"* samt der angefügten plattdeutschen Überlieferungen in: BÜRGER 2006, S. 287-334. – Hinsichtlich der von Wagener gebotenen Mundartverse „ächter de Kögge" lässt sich nicht sicher sagen, ob sie wirklich alle aus seiner eigenen Hütekinderzeit stammen oder in Kenntnis gedruckter ‚volkskundlicher' Zeugnisse eingefügt worden sind.

[25] Vgl. hierzu detailliert das Kapitel zum *„Ausklopfen der Flötenpfeifen"* in: BÜRGER 2006, S. 237-272.

Die Kinder erfahren extreme Wetterbedingungen am eigenen Leib. Im Spätherbst brauchen die Tiere keine so strenge Bewachung mehr, weil erst die Stoppelfelder und dann auch die Wiesen ‚frei' werden. Der Kuhhirte hat das Privileg, sich schon vor der Kartoffellese „Tuffeln" auszugraben und in einer Feuerstelle zu braten.

Wenn die Kinder ‚kleiner Leute' über etwas bares Kleingeld verfügen wollen, müssen sie beim Himbeeren-Suchen fleißig sein und durchaus auch ‚Kursschwankungen' der örtlichen Ankaufsstelle beachten.[26] *Hännes*, der Hütejunge, ist sehr darauf bedacht, gute Plätze mit vielen Beeren vor Konkurrenten geheim zu halten; namentlich die Ehefrauen von auswärtigen Arbeitslosen will er sich durch Täuschungen fernhalten. Seine kleine Schwester *Bättken* ist empört: ‚Du kannst anderen aber auch gar nichts gönnen; die suchen die Himbeeren für sich zum Einmachen, und wir suchen sie doch nur zum Verkaufen.' Im Herbst ergibt sich durch das Mithelfen bei der Kartoffelernte benachbarter Bauern noch eine andere Verdienstmöglichkeit. Neben plattdeutschen Rätseln und Spottversen kommen unter den Kartoffellesern auch Spukgeschichten zur Sprache. Der geheimnisvolle „Hund mit den Telleraugen" ist eine so ernste Sache, „dass deshalb einmal ein Kartoffelleser von Becksiepen nicht nach Schliprüthen gehen wollte". Im Buch werden manche Persönlichkeiten der Umgebung näher vorgestellt, so der lebenserfahrene *„Scheperhännes"* (Schäfer beim Bauern Nagel in Weuspert).

Vor dem Unterricht steht der morgendliche Kirchgang der Kinder an. Zu besonderen Ereignissen im schulischen Leben gehört ein Ausflug nach Klosterbrunnen. Die nahe Schulchronik verzeichnet aber auch eine Tagesreise mit dem Lehrer zur Hennetalsperre vor Meschede. Am Fest des hl. Antonius ziehen sich die ‚kleinen Leute' ihre Sonntagskleider an und wallfahren zur Kirche des ehemaligen Kapuzinerklosters. *Franss*, der Hütejunge, erfährt dort nach der Messe am Festzelt die Großzügigkeit

---

[26] Vgl. auch das Kapitel zum *Beerenlesen* in: BÜRGER 2006, S. 273-286.

des Vaters[27] und bekommt als großen Schatz ein ‚Spieldingen' (Mundharmonika). Einen Höhepunkt des kirchlichen Lebens bilden die feierlichen Prozessionen. Im Vorfeld beteiligen sich die Schulklassen an der Gestaltung von Blumenteppichen. ‚Franss' (alias Ferdinand Wagener) wird vom Lehrer für seine kunstvollen Entwürfe zur Ehrenpforte gelobt. Heimlich hat er darin die Anfangsinitialen seiner Lieblingsheiligen Aloisius und Maria eingearbeitet.

Zur Zeit des ersten Weltkrieges kommen hungrige ‚Hamsterer', die weitaus mehr Not leiden als die sauerländischen Selbstversorger. Die Kinder werden zur Sammlung von ‚Ersatzstoffen' herangezogen, lernen im Unterricht (!) Kriegslieder und spielen die blutigen Schlachten der fernen Front nach. Wer eine Rolle als ‚Feind' (Franzose) zugewiesen bekommt, muss leidensbereit sein. Vor Ort ist ein regelrechtes Manöver der Jugendwehr von Lütgendortmund angekündigt. Jugendwehr-‚Soldaten' aus den umliegenden zehn Dörfern wollen die Dortmunder Eindringlinge wieder ‚rausschmeißen'; die Leute – Groß und Klein, Männer und Frauen – ziehen in einen Wald (Ilsmerg) des Homertgebirges, um sich das Schauspiel nicht entgehen zu lassen. Die Schlacht endet mit einer ‚heiligen Messe' und bleibt noch vierzehn Tage lang Ortsgespräch. Dieses Kapitel kann man als Hinweis auf eine schon weit fortgeschrittene Militarisierung[28] der katholischen Landschaft gegen Ende des Kaiserreiches lesen.

Nach dem Krieg wird in einem Dorf [Rönkhausen] nach sechs Jahren erstmals wieder ein Schützenfest mit ‚Kiärmisse' gefeiert.

---

[27] Kurioserweise erzählt der ehemalige Hütejunge Franss später als Gymnasiast (‚Studént') beim Besuch eines Freundes, der Vater habe im Keller tausende Zigaretten aus der Inflationszeit gelagert (Kapitel „*Studäntentuig*"). – Im ‚wirklichen Leben' wurde Wageners jüngster Bruder Fritz nach bescheidenen Anfängen mit mobilem Verkauf ein erfolgreicher Großhändler für Tabakwaren.
[28] Vgl. zur Geschichte des deutschen Militarismus: WETTE 2010. – Nach 1900 waren nationales und militaristisches Denken im katholischen Milieu viel stärker verbreitet als zur Zeit des ‚Kulturkampfes' zwischen Preußenstaat und Kirche (zuvor gab es eher antimilitaristische Polemiken aus katholischer Feder: BÜRGER 2016a).

Wagener schildert auf anschauliche Weise das Festgeschehen. Vorab wünscht der Priester auf der Kanzel allen frohe Stunden, warnt aber eindringlich vor unmäßigem Alkoholkonsum. Hütejunge Hännes muss nach Aufforderung der Tante am reich gedeckten Mittagstisch die gesamte Predigt noch einmal repetieren.

Auf der Kirmes können Hännes und die kleine Elisabeth (Bättken) sich ein Puppenspiel anschauen: Kasper, ein plattdeutschsprechender Bauer, verdrischt den jüdischen Viehhändler Nathan, weil dessen Sprache ihm nicht gefällt, und dann auch, weil dieser ihn – angeblich – über's Ohr hauen will.[29] (*Nathan* hat einen ‚schwarzen Bart' nebst ‚krummer Nase', und kann weder Platt noch richtiges Hochdeutsch sprechen.) Bezeichnenderweise ist es der Teufel (!) höchstpersönlich, der schließlich auf brutale Weise Kasper bei den Attacken auf den Juden Nathan zur Seite steht. Die meisten Leute im Publikum sind hellauf begeistert, mit Ausnahme der kleinen Elisabeth[30]: ‚Bättken aber hatte keine Freude daran; ihr tat der arme Jude leid.' – Hier liegt ein drastisches literarisches Zeugnis zur – nahezu obligaten – Judenfeindlichkeit im kölnischen Sauerland vor.[31] Wagener selbst merkt in einer Fußnote 1943 an: „Wenn inzwischen nicht 1933 gewesen wäre, hätte ich ein besonderes Stück ‚Jiudenhandel' geschrieben; dieser Abschnitt ist 1927 geboren." Man könnte das so deuten, dass er Auslassungen über ‚Judenhandel' unter den Bedingungen im ‚Nationalsozialistischen Staat' für nicht opportun hielt. Aus Wageners Verlagsproduktionen bis 1942 lässt sich jedoch nicht die Neigung erkennen, zumindest aus Rücksicht auf die gleich-

---

[29] Die Schablone des ‚unehrlichen jüdischen Viehhändlers' ist grotesk, denn es gab durchaus kein ‚jüdisches Monopol' und jeder Händler mit allseits bekanntem unfairen Geschäftsgebaren wäre binnen kurzer Zeit ‚bankrott' gewesen.
[30] Zu ermitteln wäre, ob der Name „Bättken" (kleine Elisabeth) schon in der Erstfassung von 1927 steht. Falls nicht, könnte man darüber spekulieren, ob Wagener hier im Jahr 1943 den Einspruch gegen die brutale Behandlung eines Juden bewusst mit dem Namen seiner Ehefrau Elisabeth verbindet.
[31] Vgl. meine Studie zu „Judenbildern" in der Sauerländischen Mundartliteratur bis 1918: BÜRGER 2012, S. 553-740 und 749-788. – Für den Bereich der Gemeinde Finnentrop außerdem: HENKE 2017, S. 41, 95-96, 139, 148-150, 163, 165, 169.

zeitige Judenverfolgung keine plattdeutschen Texte mit judenfeindlicher Tendenz zu verbreiten.[32]

Auch andere Minderheiten kommen in „Ächter de Kögge" nicht gut weg. Der „Hambummel", offenbar ein heruntergekommener Tagelöhner, hat es nur auf Geld bzw. Schnaps abgesehen – und ist nicht arbeitsfreudig.[33] Die umherziehenden „Kötten", das steht bei einem Hausiererbesuch von vornherein fest, wollen mit abgekarteten Tricks Diebstahl begehen und verdienten es, dass man den Hund auf sie hetzte. Verbreitete antiziganistische Vorurteile kommen zum Tragen.[34] Der benutzte Terminus „Kötten" ist in diesem Zusammenhang längst Pauschalbezeichnung für *alle* Menschen des Straßenlebens, sogenannte ‚Zigeuner' – d.h. die im deutschen Faschismus massenmörderisch verfolgten Sinti oder Roma – eingeschlossen. Ursprünglich bezeichnete „Kötten" jedoch nur Vertreter der Wander- und Kleinstgewerbe, die oft aus ‚alteingesessenen' Familienverbänden des Sauerlandes stammten und als Lebenskünstler – ohne Dach über dem Kopf – ihre Familien unter schwierigsten Bedingungen über die Runden brachten.[35]

Nicht zuletzt enthält das Werk „*Ächter de Kögge*" auch sprach- und kulturgeschichtliche Hinweise zur plattdeutschen Mundart. Die Sprechweise der Tante macht den Kindern bewusst, dass die Heimatsprache von Ort zu Ort deutliche Unterschiede aufweisen kann. Plattdeutscher Lieblingsdichter des Protagonisten (Ferdinand Wagener) ist der berühmte *Münsterländer* Augustin Wibbelt

---

[32] Vgl. BÜRGER 2012, S. 617, 625 und 702-703: Texte von F.W. Grimme, W. Kathol und J. Hennecke im Verlagssortiment (zu wohlwollend hingegen noch: BÜRGER 2010, S. 709).

[33] Wagener hat dieses Kapitel allerdings 1927 während seiner krankheitsbedingten Krise laut Anmerkung wegen des eigenen Minderwertigkeitskomplexes geschrieben: „Ich selbst kam mir damals als ‚Hambummel' vor."

[34] Vgl. BÜRGER 2013, S. 561-594 („Lustig ist das Zigeunerleben"?).

[35] Vgl. die umfangreiche Studie in: BÜRGER 2013, S. 161-312 („*Kötten*" und „*Hiärguattsgäste*"). – Eine ausgesprochen wohlwollende und solidarische Einstellung gegenüber den sogenannten ‚Fahrenden' nimmt die Mundartdichten Christine Koch (1869-1951) ein: DAUNLOTS NR. 72*.

(1862-1947). Zu den saisonalen Kuhhirten aus der Stadt, die es in der Zeit ab dem ersten Weltkrieg offenbar gibt, gehört ein kleiner Karl Fröhlich aus Dortmund, der sich durchaus nicht ohne Erfolg im Plattdeutschsprechen übt und Spottverse sogar fehlerfrei rezitieren kann.

2. GRAUTE HOCHTEYT. Geschichte einer westfälischen Bauernhochzeit im Sauerland (1929): Das Werk[36] erschien 1929 im ‚Sauerlands-Buchhandel' in Arnsberg in kleinem Format – ohne festen Einband. Es erzählt in der ersten Abteilung alle ‚Phasen' einer Bauernhochzeit, enthält im Mittelteil Hochzeitsgeschichten (u.a. Mundarttexte von Grimme) und schließt mit einer Sammlung von Hochzeitsliedern. Wolf-Dieter Grün schreibt: Mit diesem Buch tritt Ferdinand Wagener „erstmals dem Namen nach als Verleger auf. Die *Graute Hochteyt* nimmt Bezug auf die Hochzeit des Kaspar Hesse (*11.02.1885 in Kuckuck, † 11.06.1973 in Finnentrop) aus dem Nachbarort Kuckuck im Jahre 1924. Eine familiäre Verbindung zu seiner Hebamme Theresia Hesse bestand wohl nicht. Es ist für Wagener eine Gelegenheit, mit großer Fabulierlust und dem ihm eigenen Humor, heimatliche Charaktere und Gebräuche so zu schildern, wie ihm ‚der Schnabel gewachsen ist', nämlich auf Platt. [...] Aber die ihm ebenso eigene Ernsthaftigkeit bewog ihn wohl, die volkskundlich orientierten Abschnitte ‚Hochzeitsbräuche im Sauerland' und ‚Bauernhochzeit in Nord und Süd', in dem er Sitten und Gebräuche aus dem Sauerland mit denen des Schwarzwaldes in der Nähe seines Studienortes Freiburg im Breisgau vergleicht, einzufügen. – Die Aufnahme der eigentlich wenig dazu passenden Texte von Betty Schneider in das Buch spricht für verkaufsfördernde Überlegungen in Bezug auf seinen inzwischen begonnenen Buchhandel, wofür auch die Anzeige für deren Werk ‚Am rinnenden Bronnen – Skizzen und Novellen' am Ende des Bändchens spricht. Möglicherweise wollte er sie auch unterstützen, da er sie wohl von Freiburg her kannte. Sie ‚wohnte 1929 in Freiburg und ist Ende

---
[36] WAGENER 1929a.

der 1970er Jahre in Freiburg vereinsamt und arm verstorben' (E-Mail von Frau Christa Wagener vom 28.02.2016). – Scherenschnitte aus dem Büchlein, die sich auf *Dat Laid vam Pastauer seyner Kauh* beziehen, gab es auch auf einer Postkarte zu kaufen. Theresia Schneider berichtet, dass *Die sauerländische Bauernhochzeit* von der Westdeutschen Rundfunk AG Köln (WERAG, Vorläufer des WDR) in Kuckuck am 23. Juli 1933 auf Wachsplatten aufgenommen und am 31. Juli 1933 gesendet wurde (Schneider 1991). Über den Verbleib der Wachsplatten ist nichts bekannt. Eine Anfrage beim Deutschen Rundfunkarchiv ergab, dass die Platten wahrscheinlich nach der Sendung vernichtet wurden. (Mitteilung von Frau Marion Gillum, DRA, 28.10.2015). In der Programmzeitschrift der WERAG für den 31. Juli 1933 heißt die Sendung ‚Bauern wollen Hochzeit halten. Eine Hörfolge aus Rheinland und Westfalen', gesendet im Jugendfunk um 15.50 Uhr (Mitteilung von Frau Muriel Favre, DRA, vom 02.11.2015)."[37]

Der Werdegang des Büchleins „*Graute Hochteyt*" lässt sich so nachzeichnen: Ferdinand Wagener stellt, wie schon beim Abschied anlässlich der Nordamerika-Auswanderung des Bruders 1923 (s.o.), für Festanlässe in seinem Umfeld gerne geistige Gaben zusammen. Zur Familiengründung des Nachbarn Hesse im Jahr 1924 steuert er als Gelegenheitsdichter Plattdeutsches bei. Für fünf Texte ist im Nachlassband eigens vermerkt: „Op Friggersfaiten", „De Briutwagen", „De Briutbidder", „Hiushiewen" und „Fangen" sind „Gedichte zur Hochzeit von Kaspar Hesse, [später] gedruckt in ‚Graute Hochteyt'."[38] 1928 schreibt Wagener ei-

---

[37] GRÜN 2017 (Vorab-Textfassung vom 1.3.2017). – Vgl. zur Radiosendung ‚Hochzeit im Kuckuck' 1933 (unter Beteiligung des befreundeten Mundartdichters Jost Hennecke) auch: WAGENER 1933; WAGENER 1942, S. 25-29 (mit Verweis auf zwei weitere plattdeutsche Radiosendungen im Sauerland am 26.5.1934 und 9.5.1935).
[38] WAGENER-NACHLASS 1943c. Die jeweils verzeichneten Datierungen verweisen alle auf September 1926. Laut amtlichem Eintrag hat Kasper Hesse jedoch schon am 1. Oktober 1924 standesamtlich geheiratet (Mitteilung W.-D. Grün, 22.3.2017). Die Gedichtdatierungen aus einer Zeit mit Krankheit und Bedrückung weisen also auf eine spätere *Neubearbeitung* hin. – Ebenfalls aus früherem Fundus stam-

nen begeisterten plattdeutschen Report über die Heimatbund-Tagung in Förde, auf der eine – schon stark ‚volkskundlich' inszenierte – „Biuernhochteyt" aufgeführt wird.[39] In den späten 1920er Jahren gehört eine künftige Verehelichung längst mit zu seinem *eigenen* Lebensentwurf, das Thema „Hochzeit" bewegt ihn nicht nur ‚heimatkundlich'. Nach Erscheinen des Buches über „Klosterbrunnen" (s.u.) arbeitet der Werkstudent in Freiburg mehr, als es seine Kräfte zulassen: „Ich wandte mich an einen Studienfreund in der Nähe der Universitätsstadt, und dieser vermittelte mir einen Sommeraufenthalt bei einem Schwarzwaldbauern ohne gegenseitige Vergütung. Es war eine herrliche Ferienzeit oben im Schwarzwald; ich half ernten, machte heimatliche Studien und ließ die Studierbücher in der Stadt. Vielmehr plagte mich der Geist wieder, etwas zu gestalten: ich griff zu einem heimatlichen Stoff, den ich längst vor mir liegen hatte und gab ein zweites, kleineres Heimatbuch heraus. Der materielle Erfolg war nichtssagend, da ich selbst nicht in der Heimat sein konnte."[40]

Anlage, Vorwort und Beigaben zeigen, dass „*Graute Hochteyt*" auch ganz praktisch als Festbuch für Vortrag und Gesang auf Hochzeiten gedacht war.[41] Das Werk spiegelt wohl kaum realistisch eine typisch sauerländische Hochzeit der 1920er Jahre. Dies

---

men weitere Gedichte im Büchlein „Graute Hochteyt" wie: Kasper dai schwuatte; Dat Miäken iut'm Siuerland.
[39] Nachzulesen dann wieder in „Graute Hochteyt" (also auch in dieser Werkausgabe) unter der Überschrift: *Heimat und Hochzeit*. – Im Herbst des gleichen Jahres veröffentlicht Wagener auch einen zweiteiligen Beitrag über sauerländische Hochzeitsbräuche in der ‚Mescheder Zeitung': WAGENER 1928.
[40] WAGENER-NACHLASS 1931. – Der hier allein in Frage kommende Band „*Graute Hochteyt*" ist also ein Versuch, unter Heranziehung vorliegender Texte 1929 zeitnah an den Erfolg der Klosterbuches anzuknüpfen. Der Vertrieb vor Ort ist jedoch nicht gewährleistet, da der Autor die Heimatlandschaft nicht selbst bereisen kann.
[41] Im Nachlass befand sich auch ein kleinformatiges Liederheft (Wagener-Volkslieder), das der Verleger entweder für das Publikum des Bühnenspiels „Graute Hochteyt" (WAGENER 1934) oder schon früher als ‚Mitsingheft' (zu: WAGENER 1929a) für Hochzeitsgäste angeboten hat.

gilt insbesondere, wenn wir uns den Bräutigam als kleinen oder ‚mittleren' Bauer vorzustellen haben.[42] Wagener gestaltet gemäß ‚Volkstums-Ideal' eine durch Brauchtums-Riten strukturierte mehrtägige Hochzeitsfeier aus schon vergangenen Zeiten, die so in den Jahren der Weimarer Republik im Sauerland gar nicht mehr gefeiert wird. Eigens wird im „*Nosprüek*" der Wunsch ausgesprochen, der ‚echte Bräutigam' Kasper möge mit dem Nachwuchs, wenn er kommt, Platt sprechen. So ganz selbstverständlich ist das nicht mehr zu erwarten: „*... et is van Dage sau ne Krankhait met diäm Hauduitsk-Kuiern*". – Die Mischung der Geschichten im Mittelteil des Buches ergibt wohl nicht erst aus heutiger Sicht eine unfreiwillige Komik. Friedrich Wilhelm Grimme steht mit seinen plattdeutschen ‚Frigge-Stückskes' aus den 1860er Jahren mit beiden Beinen auf dem Boden. Seine Mundartschwänke enthalten durchaus auch etwas von wirklichkeitsnahen Sozialskizzen. Dann aber kommen in der Auswahl salbungsvolle, alles in eine erdenferne Idealität rückende Erzählungen von Betty Schneider über den Liebesbund der Ehe.[43] Das Sakrale mündet in eine ‚heilige' Totalergebung der Frau, der „*Ewigen Magd*". Wer beide ‚Textsorten' – Plattdeutsches und Hochdeutsches – nacheinander laut liest, kann sich ein Vergnügen besonderer Art bereiten.

---

[42] Die Hochzeit des Nachbarn Kaspar Hesse war eine bedeutsame Anregung, doch eben diesen Kaspar Hesse lässt Wagener im Rahmen der Nachgeschichte (Abschnitt „*Nosprüek*") mit einem Einwand zu Wort kommen: „Awwer dat is jo gar nit wohr, bat diu do van mey vertellest." (Aber das ist ja gar nicht wahr, was du von mir erzählst.) Der Autor beschwichtigt: „Mainst diu dann vlichter, iek härre deyne Hochteyt schriewen? Iek hewwe ne Hochteyt iut allen Teyen vertallt met allen schoinen Bruiken, un 'n bietken hewwe iek auk bey dey fungen." (Meinst du denn vielleicht, ich hätte deine Hochzeit beschrieben? Ich habe eine Hochzeit aus alten Zeiten erzählt mit alten [oder: allen] schönen Bräuchen, und ein bisschen habe ich auch bei dir gefunden.)

[43] Man beachte, dass Wagener in seinem Gedicht „*Ich lieb dich nicht ...*" vom 29.10.1931 zwei Jahre später ausdrücklich seine ganz persönliche Abneigung gegenüber dem hochdeutschen Wort „Liebe" zur Sprache bringt („das *Wort* ist es, das kann ich nicht ertragen") und die plattdeutsche Alternative vorzieht: „Ick hewwe diek wahne geern!" (Ich habe dich wahnsinnig gerne.)

3. FREI NACH DER GESCHICHTE VON KLOSTER BRUNNEN (1929): Wageners – früheres – Buchprojekt „*Kloster Brunnen in Geschichte und Erzählung*"[44] verbindet auf glückliche Weise solide Geschichtsschreibung und ein Konzept für populäre Heimatliteratur. Der von Vinzenz Pieper besorgte Einband zeugt von einem hohen ästhetischen Anspruch, dem auch die Gestaltung des Innenteils gerecht wird. Den mühevollen, letztlich aber sehr erfolgreichen Weg dieses Buches hat Wolf-Dieter Grün schon in seinem Einleitungsbeitrag erhellt (→S. 24-25). Der geschichtlichen Darstellung folgt im Werk eine Abteilung mit Erzählungen. Wagener selbst hat hierfür zwei plattdeutsche Prosatexte mit weithin fiktivem Inhalt verfasst: Im Jahre 1732 grassiert vor Weihnachten eine „Brustfieber"-Epidemie in der ganzen Umgebung; die Kapuziner von Klosterbrunnen gehen bei ihrer Seelsorge bis an die Grenzen des Möglichen; die Zahl der Totgeweihten in Salwey und anderswo ist so groß, dass das Altarsakrament schließlich sogar aus Eslohe und Wenholthausen herbeigeholt werden muss (*Berichten*). – Die Gründung des Kapuzinerklosters haben ein Hütekind aus Brenschede mit Namen Maria und der Schäfer von Becksiepen in einem ‚Gesicht' vorausgesehen; auch für die weitere Klostergeschichte ist von Menschen mit Sehergabe zu berichten (*Schichtern*).

4. ESSEL [Sauerländer Heimattag 1931 in Eslohe]: Schon 1928 hat Ferdinand Wagener (Growen Fiänand) sich durch einen auch im Buch „Graute Hochteyt" aufgenommenen Bericht (→S. 392-394) als plattdeutscher Chronist auf einem Heimattag des gegründeten Sauerländer Heimatbundes (SHb) ausgewiesen. Sein Beitrag „*Essel*" über die Esloher SHb-Tagung im ‚Mescheder Heimatblatt' vom 7.8.1931 setzte diese Übung der plattdeutschen Berichterstattung zur Heimatbewegung fort[45]: Die Zeiten sind sehr schlecht, alle müssen sparen. Als Höhepunkt der sehr „katholisch" angelegten Tagung 1931 und überhaupt der *gesamten* Heimatbundar-

---
[44] WAGENER 1929b, S. 112-119.
[45] WAGENER 1931a.

beit seit Herbst 1921 gilt eine plattdeutsche Predigt von Domprobst Dr. Johannes Linneborn (1867-1933) in der Pfarrkirche St. Peter und Paul, auf die die Leute aus Eslohe und der Umgebung schon Tage im Voraus mit Spannung gewartet haben.[46] (Als potentiellen Kandidaten für die nächste plattdeutsche Predigt im Folgejahr nennt Wagener den Zelebranten, Pfarrer Mönig von Eversberg.) Nach der Messe findet die Feier zum 100. Geburtstag des aus dem Esloher Küsterhaus stammenden Dichters Joseph Pape (1831-1898) statt, wobei dieser als Verfasser plattdeutscher Novellen und – unter patriotischem Vorzeichen – noch mehr als „Sänger deutscher Einheit" gewürdigt wird.[47] – Der Berichterstatter setzt als persönlichen Kommentar folgendes Votum hinzu: Die Herrschaft des Geldes müsse endlich wieder in die Schranken gewiesen werden, denn Vorrang gebühre dem Menschen – und der Kunst. – Zum Rechenschaftsbericht von Vikar Franz Hoffmeister gehört die Mitteilung, dass 4.000 Menschen die Heimatbundzeitschrift beziehen. Pfarrer Mönig bricht unter Berufung auf Pape eine Lanze für die ‚ernste' Mundartliteratur und meint, vor allem die Frauen seien schuld am Schwinden des Plattdeutschen. Abends kommt Papes Stück „Wider den [Hexen-]Wahn" in Eslohe zur Aufführung. ‚Growen Fiänand' kann sich einen Seitenhieb auf das moderne Theater in den Städten nicht verkneifen. – Am Montag folgen noch Sachausschuss-Sitzungen. Wagener lobt das ehrenamtliche Engagement, plädiert aber gleichzeitig für einen *hauptamtlichen* Mitarbeiter des Heimatbundes, der vom Einsatz für die gute Sache auch leben kann. Eine hitzige Debatte zum Thema ‚Heimatbund und Künstlerkreis' wird nur vage angedeutet. Der Berichterstatter sympathisiert jedoch mit dem Künstlerkreis[48] und empfiehlt seinen Lesern speziell auch den

---

[46] Vgl. zur Geschichte des „plattdeutschen Gottesdienstes" im Sauerland: BÜRGER 2006, S. 568-632; BÜRGER 2007, S. 217; BÜRGER 2010, S. 491-496; BÜRGER 2012, S. 32-42.
[47] Vgl. zum Pape-Gedenken im Jahr 1931: SAUERLÄNDER HEIMATBUND 1931; BÜRGER 2007, S. 227-228.
[48] Es kann sich hierbei um ein rein finanzielles Streitthema gehandelt haben; die von F. Hoffmeister 1931 besorgte Neuauflage von J. Papes plattdeutschen Novel-

Bilderkauf bei einheimischen Malern. Er selbst will ‚für unseren Herrgott und unsere Heimat leben und sterben'!

5. DAT DAUPEWATER (1937): Dieser Text aus dem Band „Künstlerschaffen im Sauerland"⁴⁹, ein Schwank aus dem katholischen Milieuleben in der Tradition F. W. Grimmes, ist etwas Singuläres innerhalb von Wageners Mundartwerk. Sein Inhalt bestätigt Georg Wilhelm Friedrich Hegels Auffassung vom ‚Materialismus' in der katholischen Frömmigkeit: Die Frau eines Dorfküsters reinigt vor dem Pfingstfest das Taufwasserbecken gründlich, weil der Pastor ihrem Sohn gegenüber den Zustand des Gefäßes gerügt hat. Auf diese Weise hat sie jedoch unbedacht das unter aufwändigem Ritus soeben neu geweihte Taufwasser der Gemeinde ‚entsorgt'. Die gesamte Küsterfamilie sowie die ins Vertrauen gezogene Haushälterin des Priesters sind in höchsten Nöten. Keiner traut sich, dem Pastor Meldung zu erstatten. Der Vorschlag, stillschweigend einfaches Weihwasser als Ersatz zu nehmen, wird verworfen. Wer wollte es auf sein Gewissen nehmen, dass möglicherweise alle Kindtaufen des Jahres ungültig gespendet werden? Schließlich erklärt sich ein herzensguter Küster aus der Nachbarschaft bereit, heimlich eine Flasche mit benefiziertem Taufwasser abzugeben. Das Subversive an diesem Schwank besteht darin, dass die Laien gemeinsam eine Lösung finden, die beiden Geistlichen der beteiligten Dörfer hierbei aber gar nicht eingeweiht werden.

6. [Beigabe!] DE FALSMÜNZER. Von Rektor Ferdinand Wagener (1871-1931): Diese plattdeutsche Erzählung aus dem Kalender

---

len entsprach nicht dem erklärten Ziel, *lebende* Autoren zu unterstützen (vgl. BÜRGER 2007, S. 227). Es gab indessen durchaus *ideologische* Spannungen, denn über den Künstlerkreis versuchten besonders stark völkisch ausgerichtete Aktivisten nach 1928 mehr Einfluss auf den katholisch-zentrumsnahen Sauerländer Heimatbund zu gewinnen; 1933 betrachteten sich diese Kräfte als Sieger und der Künstlerkreis bejubelte das Hitler-Regime (vgl. BÜRGER 2007, S. 249-252; DAUNLOTS NR. 60*; DAUNLOTS NR. 61*; bes. DAUNLOTS NR. 69*, S. 12-14).
[49] WAGENER 1937, S. 111-114.

„*De Suerländer*" für 1923, die im Untertitel als ‚gelungene und wahre Geschichte' bezeichnet wird, stammt vom namensgleichen geistlichen Onkel, in dessen Mescheder Haushalt Ferdinand Wagener während seiner Schulzeit vom April 1916 bis Juli 1922 gewohnt hat. Der Oheim, Rektor der ‚Höheren Stadtschule' von Meschede und 1916-1919 auch Seelsorger im riesigen Kriegsgefangenenlager am Ort, gehörte schon einer ‚nationalpatriotischen' bis nationalistischen Priestergeneration an.[50] Er wurde 1921 in den ersten Vorstand des neugegründeten ‚Sauerländer Heimatbundes' gewählt und ist nach seinem Tod als sozial engagierter Zentrumsmann in Erinnerung geblieben. Es liegt nahe, hinsichtlich religiöser, politischer, heimatbewegter und plattdeutscher Neigungen einen nennenswerten Einfluss auf den Neffen anzunehmen. Dass der Zögling später die Priesterlaufbahn abgebrochen hat, dürfte allerdings kaum seinen Beifall gefunden haben.[51] Der 1922 entstandene Text „*De Falsmünzer*"[52] zeigt, dass der Geistliche auf Platt lebendig und humorvoll zu erzählen wusste. Der Inhalt: Ein begüterter, stets zu Streichen aufgelegter Bauer verhilft einem armen Mütterchen mit krankem Sohn zu einer neuen Ziege, doch der von ihm gewählte Weg des Helfens bringt ihn fast in ernste Kalamitäten. Im Hintergrund steht das Modell einer patriarchalen Fürsorge der Besitzenden gegenüber den Allerärmsten, nicht aber ein sozialpolitisches Konzept von Gerechtigkeit. Sympathieträger in der Erzählung ist ein denkbar gutgelaunter Wohlhabender!

---

[50] Vgl. W. Neuhaus in: BÜRGER 2016b, S. 21-28; NEUHAUS 2017. – Vgl. auch den kriegerischen Geist schon der katholischen Mundartdichter Westfalens zur Zeit des 1. Weltkrieges, darunter Wageners Lieblingsautor Augustin Wibbelt: DAUNLOTS NR. 50*.
[51] Vgl. WAGENER-NACHLASS 1931 (Text →IV.4).
[52] WAGENER-REKTOR 1923.

III. AUSGEWÄHLTE HOCHDEUTSCHE GEDICHTE

1. POESIEALBUM [1922-1927]: Dieser Nachlassband[53] mit „Jugendgedichten", dessen *plattdeutsche* Texte in Abteilung I dargeboten werden (→S. 103-138), überschneidet sich hinsichtlich des zeitlichen Rahmens mit der nachfolgenden Sammlung „Gedichte 1923-1940". Er enthält überwiegend „Gelegenheitsverse", die der Verfasser wohl nur für einen Rückblick auf die Anfänge seines Schreibens neu zusammengestellt hat. Der junge Wagener leidet – wie schon angemerkt – daran, dass ihm nahestehende Menschen das Land verlassen. Im Gedicht *„Ein Mahnruf zum Abschied"* (11.4.1922), das er „scheidenden Deutschen" widmet, verarbeitet er dies anlässlich des Abschieds von zwei Schwestern vor der Überfahrt nach Amerika in Form einer pathetischen Ermahnung zu Vaterlands- und Heimattreue. Nicht nur nationalistisch, sondern revanchistisch-kriegslüstern fällt der Text *„Franzmann, raus!"* (17.1.1923) aus, den laut Vermerk keine Zeitung abzudrucken ‚wagte': „…mit Eisen sprechen wir und Blei […] / Die einz'ge Hoffnung, die besteht, / kommt, wenn die Säbel blinken". Die Heimatideologie des angehenden Theologen verdichtet ein Text *„Mein Dichterheim"* (24.1.1923), in welchem das geliebte Sauerland wörtlich als „höchstes Gut hienieden" (!) besungen wird. Der positiven eigenen Bewertung im Rückblick wird man entgegenhalten müssen, dass diese Verse durchweg bekannten Wortschablonen einer ‚ausgeliehenen Beheimatung' folgen und am allerwenigsten so etwas wie ein persönliches, individuelles Zeugnis enthalten.

Seinem acht Jahre älteren Freund Franz Spielmann (Jg. 1894) widmet Wagener zur Primiz das Gedicht *„Der Neupriester"* (10.1. 1923); die maßlose theologische Überhöhung der priesterlichen Idealgestalt steht in Kontrast zu einem plattdeutschen Pendant (→S. 132-135), spiegelt aber z.T. wohl auch die vorherrschenden Anschauungen im katholischen Milieu des frühen 20. Jahrhunderts. Erwähnenswert ist, dass Wagener sich trotz seiner Ent-

---
[53] WAGENER-NACHLASS 1943d.

scheidung für den Priesterberuf als „kleiner Troubadour" der Nachbarstochter Maria Spielmann betätigt (*Ein Märchen*, 7. September 1923). Die entsprechenden Verse handeln bezeichnenderweise von einer Glücksuche ohne Erfüllung. Von Friedrich Wilhelm Grimme lässt sich Wagener – ähnlich wie später auch Christine Koch – zu einem Text „*Der Brief an das Christkindlein*" (18.10.1923) inspirieren. Die Strophen sind an den ausgewanderten Bruder Joseph gerichtet. Der übersieht laut Anmerkung jedoch den scherzhaften Gehalt und hört aus der Dichtung nur den jüngeren Bruder als „Bettelstudenten" mit leerer Geldbörse sprechen.

Auch drei Gedichte aus den Krisen- und Krankheitsjahren 1926/1927 sind in der Auswahl aus dem ersten bearbeiteten Nachlassband nachzulesen. Wagener stellt sich – verschlüsselt – als eigensinnigen Menschen vor, der auch mit siebzig (!) Jahren noch einsam geblieben ist und allen Erwartungen nicht gerecht wird: „Soll er sterben, tut er's nicht; / soll er leben, kann er's nicht" (*Der Trotzkopf*, 26.7.1926). Im Krankenhaus richtet sich das Mitgefühl der Schwester offenbar besonders auf die „*Die armen Blumen*" (6.7.1926), die von zwei männlichen Patienten durch Achtlosigkeit getötet worden sind. Der Text „*Hermann, dem Erretter Deutschlands*" (Februar 1927) ist – wider Erwarten – nicht patriotischer Natur, sondern gilt dem Tuberkulose-Forscher Hermann Fecht.

2. GEDICHTE 1923-1940: Diese Auswahl *hochdeutscher* Gedichte aus dem 1943 in Königsberg zusammengestellten Nachlassband[54] umfasst Texte aus allen Lebensphasen nach Abschluss des Abiturs. Das erste von zwei frühen Gedichten (*Die beiden Hirsche*, 1923) wird vom Verfasser selbst als politisch und „antikriegerisch" (!) bezeichnet. Zum Gedicht „*Weihnachten*" (1923) erläutert er rückblickend: „Mit theologisch-religiösen Gedanken gehe ich an die politischen Zeitprobleme." Die Sehnsucht nach einem Heiland und die Friedensbotschaft der Weihnacht werden hier in

---

[54] WAGENER-NACHLASS 1943c.

den historischen Zusammenhang der römisch-imperialen Besatzung des „Judenlandes" gestellt. (Zeitgenössisches Bezugsthema ist ohne Zweifel die französische Ruhrbesetzung 1923.) – Die sich anschließenden Textbeispiele aus den Jahren 1926 bis 1928 spiegeln wieder lebensgeschichtliche Bedrückungen und Entwicklungen nach dem gravierenden Ereignis der Freiburger Vergiftung. Wir sind aufgrund der hinzugefügten Kommentare Wageners hinsichtlich der biographischen Hintergründe und Bezüge nicht auf Spekulationen angewiesen: Wagener ringt während der Krankheit verzweifelt mit einer Entscheidung zwischen resignativer Erwartung des Endes und dem eigenen Willen zum Leben (*Der Tod*, 22.6.1926; *Lebensmüde*, 20.12.1927). In seiner dichterischen Verarbeitung einer Zeitungslektüre zeigt sich eine Hinwendung zum weiblichen Geschlecht, welches zunächst als überlegen und gefährlich – wie eine Tigerin – empfunden wird (*Das Weibchen*, 5.2.1928); Wagener selbst ist zu dieser Zeit ein sehnsuchtsvoller, aber auch hilflos-ohnmächtiger Mensch (*Sehnsucht*, 11.2.1928). Wenig später entscheidet er sich für eine Abwendung vom priesterlich-ehelosen Lebensentwurf, wie der Kommentar zum Gedicht „*Das Leben*" (26.2.1928) erhellt: „Mit diesem Gedicht beende ich wohl die Theologenzeit, da ich mir die Zukunft in einer Familie denke." Das „Tigerweibchen" wird jetzt durch ein freundlicheres Bild ersetzt: „*Du Pony, du wildes!*" Wagener schreibt explizite Liebesverse (*Du Sonnenschein*), leidet aber – laut späterem Selbstbekenntnis – beim Umgang mit Mädchen bzw. jungen Frauen „an seelischer Verkrampfung". Für einfühlsame Verse erntet er einen Kuss (*Du Tapfere*). Eine Angebetete entscheidet sich für einen Eintritt ins Kloster, doch der Dichter will deshalb mit dem Herrgott nicht rechten: „... wenn ich auch zehnmal sterbe" (*Du Gottesbraut*).

In Texten ab 1931 begegnen wir dann einem frohen, verliebten Paar im Dämmerlicht (*Spitzweg – Pirschgang*, 18.10.1931) und einem Dichter, der wenige Wochen vor seiner Hochzeit von ‚furchtbarer Sehnsucht' nach der abwesenden Verlobten heimgesucht wird (*Das Bild ohne Ende*, 9.12.1933). Das Gedicht „*Luna, wenn ich tot bin ..."* (18.10.1931) zeugt gleichermaßen von eigentümlichem Witz und von einem unbefangenen – nicht mehr schwermütigen – Verhältnis zur menschlichen Sterblichkeit.

Am 29. August 1940 schreibt Wagener ein Jahrzehnt später im Gedicht „*Deutsche Wacht*" folgende Schlussverse: „... Kameraden an der Front! – / Gerne wär' ich bei euch draußen, / würde Kampf und Sturm gewohnt." Dieser Text und der 1943 vom Verfasser hinzugefügte Kommentar belegen, dass der Mescheder Verleger keineswegs wider Willen zum Soldatendienst eingezogen worden ist: „Das erste Kriegsgedicht. Die Sehnsucht des Dichters zu seinen Kameraden wurde dann auch im Februar 1941 erfüllt."

3. „HÄSCHEN" UND ANDERE TIERE: Die mit dieser Überschrift versehene, während der Soldatenzeit 1944 in Pillau (russisch: Baltijsk; litauisch: Piliava) entstandene Sammlung von „Sommergedichten"[55] ist Wageners letztes bekanntes Werk, und der Verfasser hat sich von ihm – unter schweren seelischen Bedrängnissen – wohl so etwas wie die Vollendung seiner Dichtkunst erhofft: „In dem Werke meines Lebens / fehlt ein kleines Rädchen noch. – – [...] / Kurz vor meinem Lebensabend wollt' mein Lebenswerk ich sehn" (*Die große Erfindung*, 5.9.1944). Dem Kenner des Wagener'schen Verlagsprogramm bleibt nicht verborgen, dass der auch auf dem äußeren Umschlag des eingebundenen und nachgelassenen Maschinenskripts zu lesende Haupttitel dem Titel des zweiten Bandes einer vom Dichter verlegten Jäger-Trilogie[56] zum Verwechseln ähnlich ist. In Pillau, dem Einsatzort des 42jährigen Soldaten aus dem Sauerland, scheint man von den Abgründen des deutschen Rasse- und Vernichtungskrieges im Osten kaum betroffen zu sein. Stattdessen warten an heißen Sonnentagen ganz unkriegerische Irritationen am Wasser (*Sonne, Meer und heißer Sand*; 10.7.1944): Die Wehrmachtsangehörigen lassen sich am Strand bräunen, und beide Geschlechter necken

---

[55] WAGENER-NACHLASS 1944.
[56] Nämlich: *Unser „Hänschen" – und andere Tiere* (BAHNE 1942a).

sich im Spiel wie Kinder. Exotik und Badefreuden bestimmen die freien Stunden: „Auch mir ward diesmal als Soldat / der Sommer nicht zum Leiden." (*Wo gibt's denn so was?*, 3.8.1944) Ferdinand Wagener ist auf eine junge Militärangehörige aufmerksam geworden. Dies versteht er selbst als rein *geistige* Angelegenheit, die mit *väterlichem* Fürsorgesinn erklärt werden kann und doch auch künstlerisch inspiriert. Eine Untreue gegenüber der Familie in der Heimat kommt für ihn nicht in Frage. Die verwirrende, belebende und dann zutiefst leidvolle Erfahrung eines seelischen Aufgewühltseins ist Hintergrund für die Entstehung der weitaus meisten „Sommergedichte" des Bandes. Bei der Lektüre der in unserer Werkausgabe dargebotenen, sehr kleinen Auswahl zu dieser Textgruppe empfiehlt es sich, nicht der – beibehaltenen – Anordnung des Verfassers zu folgen, sondern den vermerkten Datierungen.

Eine zweite Gruppe von Gedichten kreist thematisch um die biographisch so bedeutsame Heimatfrage: „Heimat! Auch der hohe blaue / Himmel muss darinnen sein ... / Heimatwesen zu ergründen / tief und wie der Himmel weit / ist Beruf mir. Werd' ich finden / einmal es in dieser Zeit?" (*Der Abendhimmel*) Im Traum kehrt der Dichter zurück zu seinem Kindheitsort und erhält auf seinem Weg von einer unbekannten Maid aus der Nachbarschaft einen unschuldigen Musenkuss (*Der Traum-Kuss*). In einem weiteren Traumgesicht steht ein Heimaturlaub vom Soldatendienst an, doch eine plötzliche Erkrankung zwingt zum Bleiben am Dienstort: „Rückreisen geht nun doch kaum!" (*Die ewige Reise*) Wiederholt wirft Wagener, unsicher geworden, die Frage auf, worin denn eine haltbare Beheimatung besteht, um dann doch wieder auf heimatideologische Stereotypen und Vorurteile zurückzugreifen. In bloßem Besitzen kann Heimat sich nicht erschöpfen (*Was ist Heimat*). Bleiben die Herzen, wie Augustinus schon schreibt, unruhig, bis sie endlich ohne Waffen in Gott Ruhe finden? (*Die ewige Heimat*) Den heimatlosen Suchern, um deren Inneres letztlich nur Gott weiß, predigt der Dichter: „Mann, geh in Dich, such' Dein Wesen / draußen nicht; es ist nur hier: /

Wirklich wirst Du nur genesen, / wenn Du Heimat find'st in Dir!" (*Heimatlos*)

Was hat es mit der konkreten Heimat auf sich? Ein Obstbaum aus dem Jugendparadies kommt Wagener in den Sinn (*Der Kirschbaum*), ebenso das reiche, dem Städter – angeblich – unbekannte Nachbarschaftsleben der Dorfheimat (*Nachbarschaft*). Auch die Sprache der Herkunft bleibt bedeutsam: „Und sprich die Muttersprache leise, / wenn niemand mit dir ist: / Am wundervollsten klingt die Weise, / wenn du ganz einsam bist." (*Die Muttersprache*) „Größtes Heimweh unsres Lebens / geht wohl in die Kinderzeit; / und das Weh ist nicht vergebens, / ist sie uns doch Seligkeit"; doch „[m]uss ich schuldbewusst bekennen, / dass die Kindheit stumm in mir" (*Heimweh*). Einst hat der Dichter sich aus einer dunklen Deelentür des Elternhauses ein Kreuz fertigen lassen: „Auch ein Kreuz hab' ich zu tragen / aus des Vaters Erbe schon" (*Das schwarze Kreuz*). Der Sonntag bleibt noch immer ein Urbild jenseits des Krieges: „Sonntag ist es, ist ein Zeichen, / dass sich Frieden, Heimat eint; / lasst uns froh die Hände reichen, alle Mann, ob Freund, ob Feind" (*Der Große Augenblick*). Die Menschen „denken nicht an Krieg und Morden" (*Stille Schönheit*). Leider läuten im Krieg keine Glocken zum Kirchgang (*Kirchgang*). Statt Messe kann der Soldat nur einem Wortgottesdienst ohne Amtspriester beiwohnen, was seiner Ansicht nach vor Gott lediglich den guten Willen unter Beweis stellen kann: „Gott ist doch dem Kriege fern!" (*Laiengottesdienst*).

Für die regressiven Heimatbesitztümer steht das Bild der Eichentruhe aus Vätertagen (*Die Heimat-Truhe*). Auch wenn der Seemann das Meer als Heimat und Hüterin eines „Geheimnisses" betrachten kann, so vermag Wagener zufolge die industriell geprägte Stadt mit ihrem Lärm und Erzeugerstreben keine wirkliche Beheimatung zu schenken (*Heimat Stadt*; vgl. *Heimat Meer*). Das ländliche Arbeiten mit seinen ruhigen Kreisen stehe hingegen unter dem Schutz von Natur und Gott (*Heimat Land*). – Die alten heimatideologischen Komplexe sind 1944 noch immer überaus mächtig; deshalb bleibt das spürbare Ringen um ein neues philosophisches und künstlerisches Verständnis von ‚Heimat' gleichsam auf halbem Wege stecken. – Wagener hält fest an dem, was er als Lebensauftrag versteht – und trägt sein Selbstbild als unverdrossener, opferbereiter Heimatarbeiter vor (*Heimatarbeit*):

> Als ich einst zur Heimat wachte
> auf mit einem Urgefühl,
> als mit Arbeit anfing, dachte
> wesentlich ich nur an Spiel.
> [...]
> Schwer, ob leicht – – ich muss nun schaffen,
> Heimat spenden ohne Rast. – –
> Ob im Frieden, ob in Waffen:
> Heimat, Du hast mich gefasst.
> [...]
> Um sie Menschen mitzuteilen
> in der schweren Kriegeszeit. – –
> Alles, Menschen nur zu heilen,
> bin zu geben ich bereit.

Indessen melden sich gleichzeitig Zweifel, welche Beständigkeit hier denn angesichts der kriegerischen „Katastrophenzeit" überhaupt noch erwartet werden kann: „Und Kultur von tausend Jahren / sinkt für immer in den Schutt; / Güter, die uns Heimat waren, / schwimmen in der Todesflut." (*Heimatwert*) Wagener versteht sich als Künstler, der ein Leben lang Tag und Nacht „für das Volk schafft". Doch ein solcher Einsatz darf für sich scheinbar nichts erhoffen: „Wie sind doch, die Künste schaffen, / in die Lieb' des Volks gestellt! / Wird, da klirren nun die Waffen, / *einer* danken in der Welt? [...] Hat je einer meinem Streben / Dank und Liebe zugebracht?" (*Künstlererlebnis*) Zuflucht bietet da offenbar nur ein Idealbild des einsamen Einsiedlers, der keinen „Menschendank" sucht und letztlich nur Gott verpflichtet ist (*Der Einsiedler*).

Ende August 1940 hatte sich der sauerländische Verleger danach gesehnt, zu „Kameraden" an die Front zu kommen (s.o.). Wie Wolf-Dieter Grün bereits in seinem biographischen Beitrag (→S. 41-42 u. 47-48) dargestellt hat, folgten dem Einzug zum Soldatendienst im Februar 1941 schon bald tiefe seelische Erschütterungen. Gegen Ende der Grundausbildung musste Wagener sich deshalb wochenlang einer Behandlung im Königsberger Militärkrankenhaus unterziehen. In der letzten Gedichtsammlung gibt es einige wenige Stellen, die den Wunsch nach Kameradschaftserfahrung ausdrücken, diese aber nur vage umschreiben (*Die Bootsfahrt; Kameradschaft*). Doch schon im Friseursalon des Standorts werden jüngere und attraktivere Kameraden bevorzugt bedient (*Frei – nach Gefallen*). Der ‚Intellektuelle' bleibt ein Einzelgänger: „Kameraden lachen, spielen; / jeder sehe, wo er bleibt. / Ich bin einer unter vielen, / der nur träumt und liest und schreibt. [...] / Heimatlos ist Krieges-Schalten; / sei Dir eigner Kraft bewusst!" (*Musik am Abend*). Die bittersten Erfahrungen kommen im Gedicht „*Soldatenglück*" zur Sprache:

Nein, am wenigstens in Zeiten
hatte Glück ich als Soldat;
keiner sah die guten Seiten
bei mir, keine gute Tat.

Immer wurde ich gescholten;
krank wurd' ich ob solcher Not:
„Glückssoldat"? – Nichts wird vergolten!
Und Soldatenglück ist Tod.

Die Gedichte des Jahres 1944 bestätigen auch bisherige Mitteilungen, dass Wagener seinen „Glauben an militärischen Erfolg und den Sinn des Krieges längst verloren hatte"[57]. Auch wenn in einer bestimmten Nacht das Blitzen der Geschütze „wie Feuerwerkes Pracht" wirkt (*Nächtliches Feuerwerk*), so mag er den Lärm von

---

[57] WIETHOFF 2002, S. 67; vgl. GRÜN 2017.

tausenden Flugzeugen in der Ferne nicht (*Abendmusik*). Am 25. August 1944 stürzt ein blutjunger feindlicher Pilot ab. Wagener schaut in das schöne Gesicht eines Mannes, dessen blutiger Mund nie wieder küssen wird (*Der tote Feind*[58]):

Ersten Toten dieses Krieges,
sah ich heut' am Tag des Herrn. - -
Ist es Zeichen eines Sieges,
dass mir grober Hass liegt fern?

Bald vielleicht wird man schon melden,
dass wir sind im Himmel Freund',
nur verschied'ner Mächte Helden,
die geschaffen uns zum Feind'.

Vor den Leiden von Soldaten bleibt der Kundige „oft bescheiden still" (*Kriegsopfer*). Dem Schwager gesteht Wagener: „Krieg ist doch ein böses Spiel" (*Wanderer am Ufer*). Im Gedicht „*Abschied von der Einsiedelei*" schaut er am 1. September 1944 zurück. Die bisherige Soldatenzeit war auch eine Phase der dichterischen Betätigung, wobei ‚Kameradenmusik' immerhin oft ‚Stimmung verbreitet' und ‚die Arbeit übermalt' hat. Das Lebenswerk konnte gesichtet werden: „Etwas werde ich behalten: / Meine Lebensarbeit will / ich als Einsiedler verwalten. - / Nachher bin ich friedvoll still." - Wie ein Abschied vom Dichten wirkt auch eine Liebeserklärung an die seit Studientagen treue Schreibmaschine (*Die liebe kleine Monica*). Im letzten Text der ganzen Sammlung deutet der Dichter, den Ruf zur eigentlichen Kriegsfront an (*Abschiedskonzert*):

---

[58] Vgl. hierzu das Gedicht „*Freunde - Brüder*" des im 1. Weltkrieg ums Leben gekommenen Joseph Anton Henke (1992-1917) aus Finnentrop-Frettermühle: HENKE 2017, S. 197.

Kameraden stehen auf der Bühne da,
diese war ihr Inhalt sonst und Leben. – –
Ihre Uniform schreit nach dem Kriege nah,
unterbricht ein kulturelles Streben.
[...]
Tränenvoll steht meine leere Seele,
meiner Haare Blond wir nun durch Grau verdrängt,
unerreichbar ist, was ich erzähle – –
Wie die weite Ferne grausam mich beengt!

Ferdinand Wagener ist als Teilnehmer des deutschen Angriffskriegs gen Osten ums Leben gekommen. Sein in unsere Werkausgabe nicht aufgenommenes Gedicht *„Klare Entscheidung"*[59] vom 22.7.1944 endet mit der Strophe:

Dem Tage voran geht ein Morgenrot,
bringt Ahnungen düster und Sorgen:
Vielleicht sind wir alle, bin ich bald tot
im klar-kalten Dämmermorgen.

---

[59] WAGENER-NACHLASS 1944, S. 29.

IV. Autobiographisches, Heimatprogrammatik, Ideologie

Die letzte Abteilung erschließt Texte aus der Feder von Ferdinand Wagener, die nicht zum Corpus der Dichtungen gehören – darunter zwei längere Manuskripte, die hier erstmalig zugänglich gemacht werden. Die Kurzbiographie aus Wageners Dissertation (→IV.1) ist eine maßgebliche Quelle für unsere Angaben zu Ausbildungsstätten und Studienzeiten. Ein Essay über plattdeutsche Sprichwörter des Sauerlandes aus der Heimatbundzeitschrift „Trutznachtigall"[60] (→IV.2) zeigt, wie harmlos Wagener im Jahre 1927 ein heimat- und leutekundliches Thema abhandeln konnte. Dass die kleine Auswahl an Sentenzen mit dem Hinweis auf „Tiefe und Schönheit eines Volkscharakters" eingeleitet wird, muss allerdings auch dem übertrieben erscheinen, der sich am Terminus „Volkscharakter" nicht stört.

Eine bedeutsame Quelle zur Darstellung der Biographie ist das von Christa Wagener (Freiburg) transkribierte Nachlass-Manuskript *„Student – Leben – Zukunft"*[61] (→IV.3). Dieser undatierte Text ist mit einiger Wahrscheinlichkeit nach der Anfang 1931 erfolgten Promotion, aber noch vor der Machtergreifung der Nationalsozialisten entstanden. Der Verfasser führt aus, dass neben einer Erkrankung auch weitere Faktoren („fehlender Materialismus", einige nicht näher bestimmte „andere Gründe") zum Abbruch seines Theologiestudiums geführt haben, und dass dieser Schritt ihm in seiner Familie einen schweren Stand beschert hat. Die anschließende Verbindung von ‚Heimatidealismus', wirtschaftlicher Betätigung auf dem Feld ‚Buchhandel' und Promotionsvorhaben wird als ein – durchaus schwieriges – „Werkstudententum" charakterisiert. Wagener hält sein Konzept eines „heimatlich-wissenschaftlichen Buchhandels" für die Heimat, das auf nicht näher erläuterte Widerstände stößt, gerade in der wirtschaftlichen Notzeit für bedeutsam und macht nachdrücklich

---

[60] WAGENER 1927*.
[61] WAGENER-NACHLASS 1931.

einen „volkserzieherischen Anspruch" geltend. Indessen bleibt das Programm eines neuen Buchhandels in den Ausführungen sehr vage und farblos. Eine endgültige Entscheidung für das Sauerland als ausschließlichen Lebensmittelpunkt ist noch nicht gefallen. Der junge Buchhändler kann sich vorstellen, nach Konsolidierung seines Heimatunternehmens in eine Universitätsstadt zurückzukehren, um eine „Buchhändlerwerkgemeinschaft unter den Studenten [zu] gründen". Dachte er hierbei an ein genossenschaftliches Modell zur ‚Selbsthilfe'?

Eine für die regionale Geschichtsschreibung ungleich wichtigere Quelle ist das nachfolgende, bislang ebenfalls unveröffentlichte Nachlassmanuskript mit dem Titel „*Deutsche Heimatarbeit. Ein Lehrgang der Heimatpflege*"[62] (→IV.3), entstanden 1933 oder 1934. Ferdinand Wagener hat sich nach der Machtergreifung der deutschen Faschisten ‚volkserzieherisch' betätigt – oder plante dies zumindest. Die genannte Quelle enthält das Ergebnis seiner diesbezüglichen Vortragsvorbereitung, d.h. die Inhalte, und führt zwingend zu einer neuen Bewertung des sauerländischen Verlegers, die viel deutlicher ausfallen muss als die wenigen kritischen Ansätze, die bereits vorliegen. 1933 hat sich ein beträchtlicher Teil des deutschen Katholizismus zur Mitwirkung am Aufbau des ‚3. Reiches' entschieden, was seit einem Hochland-Aufsatz von Ernst-Wolfgang Böckenförde aus dem Jahr 1961 nicht mehr bestritten werden kann.[63] Ferdinand Wagener gehörte zu den Katholiken, die den ‚Neuen Staat' bejahten, und ist aufgrund seiner jetzt zugänglichen Ausführungen sogar den ausgesprochenen ‚Brückenbauern' zuzuzählen. Seine ideologische Programmatik für den ‚zeitgemäßen' Heimatlehrgang ist durchsetzt mit ‚brauner' Phraseologie, zeugt von einem ausgeprägten – vielleicht an Heidegger orientierten – Irrationalismus und enthält u.a. folgende Aussagekomplexe:

---

[62] WAGENER-NACHLASS 1933.
[63] Vgl. zum Aufsatz und seiner Wirkungsgeschichte: BÖCKENFÖRDE 1988.

a. Jenseits von „Stubengelehrsamkeit" der Altertumskundler, „falschem Romantizismus" und „Separatismus" soll Heimatarbeit durch und durch als *„deutsche* Heimatarbeit" verstanden werden: „[W]esenhafte deutsche Menschen werden, – und dann für unser Volk mit unserem eigenen Herzblut bis zur letzten Hingabe arbeiten. *Das sei ein Schwur!"* „Die deutsche Familie, die arische Rasse ist es, die die Frau und Mutter hüten und weitergeben muss; das deutsche Land und die deutsche Existenzmöglichkeit ist es, die der Mann erwerben und verteidigen muss." Grundlegende Leitbegriffe sind „Blut und Scholle" sowie „deutsches Volkstum". Bei der Kritik am sogenannten „Materialismus" einer jüngeren Vergangenheit wird explizit die rassistische Deutung übernommen: „[D]ie wenigen anders*rassigen* Geldmenschen haben das Geld auf uns gehetzt, weil wir diese Fessel freiwillig anerkannten."[64] (Jeder hörte damals heraus, dass Wageners diffuse Kapitalismuskritik sich gegen ‚die Juden' wandte.)

b. Der neue Staat bietet laut Lehrgang ideale Voraussetzungen: „Volkstum" ist „der geistige Gemeinschaftsbegriff, die heimatliche Zusammengehörigkeit, wie Rasse die körperliche blutsmäßige Einheit darstellt, wenigstens den Gesichtspunkt, von dem [aus] das Volk gesehen wird (denn wir wissen, dass die Rasse nicht nur für Blut und Körper eine Rolle spielt!). Es ist nicht zufällig, das[s] der Nationalsozialismus die deutsche Heimat mehr als eine andere Staatsverfassung fördert. Es gehört zum Wesen dieser Erretter Deutschlands, wie es zum Wesen der deutschen Heimat gehört, selbst das Wesen der nationalsozialistischen Selbstbesinnung zu sein."

d. Zentral ist das Ideal des *Kampfes*: Hitler habe die „Illusion der ‚friedlichen Eroberung der Welt durch die Wirtschaft' als „größten Wahnwitz der deutschen Geschichte" verurteilt. Pazifistische Zivilisationsideale (von Liberalen) sind eine „Lebenslüge".

---

[64] An anderer Stelle des Manuskripts entzieht sich Wagener scheinheilig einer Stellungnahme zur neuen antisemitischen Staatsdoktrin: „Schuldige für diese Lebenslüge [des Materialismus] im Volk oder in einer *volkfremden Rasse* zu suchen, ist hier nicht meine Aufgabe."

Bezogen auf die Heimatarbeit macht Wagener geltend, dass deren Träger zwingend „Kämpfer" sein müssen: „Das Volkstum lebt und es lebt in und durch den *Kampf*. Wo kein Kampf, da ist kein Leben, da geht auch das Volkstum verloren."

   e. Der neue Staat verlangt freudige Bejahung: „Wir geben den Volksgenossen das, was ihnen gebührt. Wir geben auch *frei und gern* dem Staate, dem neuen Reich, was ihm gebührt. Dem deutschen Volke aber gehört unser ganzes diesseitige Leben, soweit es diesseitig ist. Dadurch aber, dass wir dem deutschen Volke gehören, gehören wir der Welt und Gott!" [Im Terminus ‚diesseitig' kommt noch ein Vorbehalt zum Ausdruck, wie er auch bei extremen Rechtskatholiken obligat gewesen sein mag.] 1923 hatte Wagener noch die ‚Heimat', das ‚geliebte Sauerland', als „höchstes Gut hienieden" bezeichnet (s.o.). Diese Stelle hat hier ‚das deutsche Volk' eingenommen.

   f. Während der Sauerländische Gebirgsverein[65] (SGV) ob seiner immer schon auf das ‚Praktische' zielenden Ausrichtung gelobt wird, werden die Heimatbünde der Weimarer Zeit scharf kritisiert: „Sie waren oft nur zu Liebkind im marxistischen Staat, d.h. sie hatten politisch überhaupt kein Gesicht. So durften sie das verheißene Land des neuen Reiches sehen, aber nicht hinein." Der frühere Sauerländer Heimatbund [SHb] „wirkte oft cliquenhaft und deshalb gemeinschaftsstörend". Wagener verschweigt zwar nicht sein ‚Herkommen' aus dem SHb, distanziert sich jedoch entschieden von dessen „Kuhhandel und Krämerpolitik": „Ich selbst habe mich nie dazu gerechnet. Ich bin lieber aus dem Heimatbund ausgetreten." Heimatbewegte Kreise, die eine Umstellung 1933 nicht für erforderlich halten, da sie „die deutsche Heimat immer gepflegt" hätten, irren sich. Denn: „Unsere heutige Umstellung und vor allem der geistige Umbruch ist so elementar und urgewaltig, dass sich *jeder* umschaut und besinnen muss." (Im Klartext: Die Treue zum ‚alten SHb', dem wohl katholischsten Heimatbund in ganz Westfalen, ist aufgekündigt.)

---

[65] Vgl. zur frühen und nahtlosen Gleichschaltung des SGV die entsprechenden Ausführungen in: CRONAU 2009.

g. Die alten „Gemeinschaftsstörungen" sind aber nunmehr ausgeschlossen, „da der Staat die ganze Heimatarbeit in die Hand genommen hat. Sie ist letzthin dem Reichspropagandaminister zu unterstellen. Die deutsche Heimat allen lebendig zu machen, dass sie ein jeder blutmäßig weitergeben kann, ist die schönste Aufgabe der deutschen Propaganda." Der Staat hat das unbedingte Recht zur Gleichschaltung (man könne „Heimat und Staat sogar *verheiratet* denken"). Er „wird auch den Heimatbund weiterführen" und es darf damit gerechnet werden, „dass auch im Sauerland bald diese Aufgaben [der Heimatbewegung] gewissenhaften Personen übertragen" werden.[66] Wenn Wagener sich für eine Aufhebung der überkommenen konfessionellen Landschaftsgrenzen ausspricht, so kann man das natürlich in den Kontext seiner verlegerischen Vision stellen (Region als Absatzmarkt). Faktisch bedient er damit aber das Entkonfessionalisierungs-Programm der Nationalsozialisten, die die „schwarze" (katholische) Prägung der Heimatarbeit im kölnischen Landschaftsteil ausgeschaltet wissen wollten.[67]

h. Auf die Manuskriptabschnitte zu *konkreten* Themenfeldern der Heimatarbeit braucht nicht näher eingegangen werden, denn sie fallen weitgehend „inhaltsleer" oder belanglos aus. *Warum*

---

[66] In der Tat vertraute der ‚Staat' dann einem Nationalsozialisten wie *Herbert Evers* (1902-1968) die Führerschaft der gleichgeschalteten Heimatbewegung an (TOCHTROP 1975, S. 36-38). Dieser frühe katholische Weggefährte Hoffmeisters in der ‚Vereinigung studierender Sauerländer' und im Heimatbund rühmte sich rückblickend, schon 1920 das Hakenkreuz als Symbol völkisch-nationalistischer Kreise getragen zu haben: THIEME 2001, S. 41-43 (das ganze Werk zur Person, zur Täterschaft in der NS-Zeit und zur unglaublichen Karriere von Evers auch nach 1945: als KAB-Redner und 1954 einstimmig gewählter Stadtdirektor von Neheim-Hüsten – jetzt ohne jedes Parteibuch). – Im Vorwort zum Kalender „Der Sauerländer" für 1939 werden dann die Landräte Herbert Evers und Karl Bubner als ‚Heimatführer' schreiben: „Der Gedanke, das Sauerland als eine Einheit zu sehen, das ‚cuius regio, eius religio' durch die Symphonie des gleichen Blutes, der einheitlich gebildeten Landschaft übertönen zu lassen, hat sich gelohnt."
[67] Später begründet Wagener sein Votum für eine Aufhebung der landschaftlichen Konfessionsgrenzen ausdrücklich mit einer „*rassischen*" Einheit des Sauerlandes: WAGENER 1938, S. 5-6 (s.u.).

etwa die Beschäftigung mit der sauerländischen Mundart so überaus wichtig sein soll, erfährt man nicht. Wageners „Blut- und Boden"-Heimat ist unbedingt eine *ländliche* Heimat und aufs Engste mit dem Bauerntum verbunden (es „sollte die Äußerung ‚Mistbauer' als schwerste Lästerung im neuen Reich geächtet werden"). Damit steht er kulturpolitisch der ‚Rosenberg-Richtung'[68] nahe, und es kann nicht verwundern, dass wir am Schluss seines Manuskriptes eine „aus tiefster Überzeugung heraus" ausgesprochene Empfehlung zugunsten von Rosenbergs nationalsozialistischem *„Kampfbund für deutsche Kultur"* finden. In welchem Lager[69] sich Ferdinand Wagener 1933/34 während der entscheidenden Gleichschaltungsvorgänge befand, steht nach solchen Voten zweifelsfrei fest.

Zu seinem Werk *„Graute Hochteyt"*[70] hat Ferdinand Wagener eine Spielbearbeitung verfasst, die 1934 auch als Matrizendruck[71] vertrieben wurde. Die in dieser Veröffentlichung mit aufgenommenen Rezensionen zeigen, dass Wageners „Bauernhochzeit" als plattdeutsches „Volksspiel" wirklich in Westfalen aufgeführt wurde und in der Presse – namentlich auch seitens des „Fachberaters" im *NSDAP Gau Westfalen-Süd* – sehr positiv aufgenommen wurde (→IV.5). – Nach jahrelangem Ringen um die berufliche Existenz hat der Verleger hier die Erfahrung machen können, dass seine ‚Heimatarbeit' öffentlich gewürdigt wurde.

Wageners wohl bedeutendstes Mescheder Verlagsprojekt ist die zwischen 1936 und 1938 in fünf Bänden erschienene ‚Volksbuch'-Reihe *„Das Sauerland"* gewesen.[72] Einige seiner eigenen Texte zu

---

[68] Vgl. zum Richtungsstreit im Nationalsozialismus: BÜRGER 2015.
[69] Vgl. zum Flügelkampf im Sauerländischen Heimatbund gegen Ende der Weimarer Republik: DAUNLOTS NR. 60*; DAUNLOTS NR. 61*. Zur Gleichschaltung ab 1933 und zur vorübergehenden Überführung ins Rosenbergs Kampfbund: DAUNLOTS NR. 69*, S. 12-14.
[70] WAGENER 1929a.
[71] WAGENER 1934.
[72] DAS SAUERLAND Bd. I-V.

dieser Reihe werden in unserer Werkausgabe dokumentiert (→IV.6). Dass die Verwirklichung eines solchen Unternehmens damals viele Konzessionen des katholischen Verlegers und ein gehöriges Maß an Opportunismus erforderte, steht außer Frage. Doch wie sollen wir heute entscheiden, welche Aussagen lediglich auf das Konto „Opportunismus" und welche auf das Konto „Überzeugung" gehen? An Deutlichkeit stehen einige Passagen dem uns schon bekannten regimetreuen „Heimatlehrgang" (s.o.) nicht nach. Im 1936 verfassten Geleitwort zur ganzen Buchfolge erklärt der Herausgeber die Ausweitung des Heimatgebietes auf die ganze – jetzt nicht mehr nach konfessionellen Gesichtspunkten getrennte – Landschaft mit „Gründe[n] der Rasse und der Volksverbundenheit. Obschon geschichtliche Grenzen jahrhundertelang das Sauerland durchzogen und es *in das kurkölnische und märkische trennten*, so wohnen wir doch in einer geschlossenen Gebirgslandschaft, im südwestfälischen Gebirgsdreieck, und *wir sind zusammen Sachsen*, Nachkommen eines alten, heldischen Geschlechtes." (Das naheliegende Thema ‚Konfession' wird an dieser Stelle stillschweigend übergangen.)

Die Leitfrage zum Band „*Geschichte des Sauerlandes*" (1938) lautet: „*Wie haben die Sauerländer dem Vaterlande gedient?*"[73] Zur angewandten Methode, so Wagener, gehört hauptsächlich „die zusammenhängende Erklärung der Tatsachen aus den Charakteren der Führer und aus der Rasse des Volkes, das früher einmal von heimatlicher Erde geformt ist." Die herkömmliche [also von Humanismus und Aufklärung geformte] Geschichtsschreibung anhand schriftlicher Quellen gilt als überholt; nunmehr stützt man sich z.B. auf archäologische Funde. Denn: „Die Zufalls- und Bewahrfunde, die hier gemacht sind, gelten uns als Deutschen heute mehr als jene geschriebenen Quellen, in denen südländische Rassen unsere Vorfahren von ihrem Gesichtspunkt aus schildern."

---

[73] Eine kritische Untersuchung zu Wageners Darstellung der „*Geschichte des Sauerlandes*" (WAGENER 1938) liegt m.W. noch nicht vor.

Radioaufnahme Juli 1933: J. Hennecke (mit Hut) und F. Wagener (mit Kappe).
Zeichnung aus: Wagener 1942, S. 25; Foto aus: Wagener 1933.

Nicht ausgewertet worden sind für die Abteilung IV.6 Aussagen der Fachautoren von einzelnen Teilen. Der geistliche ‚Volkskundeforscher' Dr. Heinrich Schauerte betont im Vorwort zu seinem „Brauchtums"-Band z.B. noch nach Veröffentlichung der Enzyklika „Mit brennender Sorge": „Unsere nationalsozialistische Staatsführung führt wieder hin zum gesunden Vätererbe"[74].

In seinem Geleitwort zum Verlagsprogramm „Bücher deutscher Heimat" (→IV.7) schreibt Wagener im Kriegsjahr 1940: „Heimat ist Ruhe und Frieden, aber wir müssen erst in tapferem Kampf uns diese Heimat wieder erringen, die uns durch jahrzehntelange Mißwirtschaft verloren gegangen war."[75] – Im biographischen Band zur Werkausgabe von Jost Hennecke präsentiert er 1942 eine Sentenz aus dem Nachlass des Remblinghauser Heimat- und „Arbeiter"-Dichters, die zum katholischen Arrangement mit der ‚Neuen Zeit' denkbar gut passt (→IV.8): „*Dem Herrgott hörig, / Der Gemeinschaft pflichtig, / Und seinem Volke blutsverbunden, / So steht der deutsche Mann im Raum. / Dabei wird Land und Volk gesunden.*"[76]

Der katholische Verleger Ferdinand Wagener galt in Dienststellen des nationalsozialistischen Staates politisch trotz seiner Bereitschaft zur ideologischen Zusammenarbeit nicht als „zuverlässig".[77] Anfänglich hatte er sich ab 1933 wohl die schönsten Aussichten für seinen beruflichen Lebensentwurf als Anwalt der Bücherwelt im Sauerland ausgemalt. Diesbezüglich konnten einige Verlagserfolge – insbesondere ab 1936 die Buchreihe „*Das Sauerland*" – ja auch wie eine Bestätigung wirken. Im Jahr 1940 wollte Wagener noch gerne „zu Kameraden" in den Krieg ziehen.[78] Doch die uns zugänglichen Nachlass-Bände (1943/44) aus

---

[74] SCHAUERTE 1937, S. 6.
[75] VERLAGSPROGRAMM 1940 (erste Umschlagseite innen).
[76] WAGENER 1942, S. 11-12.
[77] KNEPPER-BABILON / KAISER-LÖFFLER 2003, S. 30-31 und 44.
[78] Die Bejahung des Vernichtungskrieges gen Osten war auch im katholischen Milieu der Regelfall. Vgl. auch den Hochpreis, den der sauerländische Funda-

der Soldatenzeit zeugen weder von Kriegsbegeisterung noch von nationalsozialistischer Gesinnungstreue. Wagener war betrogen worden und hatte sich – allererst – selbst betrogen ...

Mitnichten war der ‚Heimat-Idealismus' des Mescheder Verlegers ‚unschuldig' und unpolitisch.[79] Dies gilt allein schon deshalb, weil die heimatideologischen Komplexe ein klares politisches Sehen verhindert haben. Worin bestand schließlich – trotz aller ‚Konzessionen' – die beibehaltene Treue zur Kirche? Die referierten Tribute an wahnhafte Vorstellungen von „Rasse" und „Blutsverbundenheit" lassen sich nicht mehr mit dem Katholischen zusammenreimen. Aber angesichts der fehlenden – oder schlechten – Vorbilder in den deutschen Kirchenleitungen und auch wegen der einflussreichen rechtskatholischen Propagandisten der westfälischen ‚Stammesideologie' gab es 1933-1945 nur bei wenigen Christinnen und Christen ein entsprechendes Problembewusstsein.

Die Geschichtsschreibung zur Weimarer Republik hat „sich stark auf die Avantgarde und die massenkulturelle Moderne konzentriert und die Heimat- und Gebrauchsliteratur nur am Rande" berücksichtigt.[80] Die Erscheinungen einer regen Regionalkultur waren gerade auch im katholischen Teil des Sauerlandes sehr

---

mentaltheologe Eduard Stakemeier (1904-1970) – im Theologiestudium ein Freund F. Wageners – noch 1942 öffentlich aussprach: BÜRGER 2016a, S. 126.

[79] Wie ein zur ‚Spitze' des Westfälischen Heimatbundes zählender, durch und durch katholischer Heimatideologe – mit vielen Berührungspunkten zu völkischen Anschauungen – sich ab 1933 bis hin zur ‚Unterscheidbarkeit' auch an Sprachgebrauch und spezifische Inhalte der deutschen Faschisten angeglichen hat, zeigt Karl Ditt mit vielen Primärquellenzitaten in einer gründlichen Arbeit über den Sauerländer Dr. Wilhelm Schulte, Ahlen (1891-1986): DITT 2016a. – Schon beim Heimattag 1931 in Eslohe war es die Rede von Dr. W. Schulte gewesen, die Ferdinand Wagener „am besten" gefallen hat (WAGENER 1931a).

[80] HOERES 2014, S. 157. – Vgl. zur „Kultur in Westfalen während der Weimarer Republik" – „zwischen Heimat und Moderne" – die exzellente Darstellung: DITT 2016b.

stark ausgeprägt. Durchaus ‚quasi demokratische' Intentionen[81] (Blick auf Leben, Kultur und Alltagssprache der ‚Leute') verbanden sich hier mit einer starken konfessionellen Tendenz, rückwärtsgewandten – antimodernen – Komplexen[82], stadtfeindlichem ‚Heimattrutz' und z.T. auch ausgesprochen völkischen Konstruktionen. Beim Blick auf die nahen Kulturgestaltungen ist es gar nicht zwingend, populäre ‚schlichte Erzählungen' gegen eine ‚elitäre Dichtung' auszuspielen oder umgekehrt. Entscheidend ist die Frage, ob die ‚schlichten Erzählungen' irgendwie ein *wirkliches* Leben und Heimatsuchen ansprechen oder ob sie – gemäß ideologischer, angstbetäubender Schablonen – unter Leugnung aller Widersprüche einer nur ausgeliehenen und erfundenen „Heimat" das Wort reden.

Die erfundenen, ausgeliehenen und erlogenen Trutzburgen der heimatbewegten Komplexe – unter dem Vorzeichen von sogenanntem „*Volkstum*" – waren der Boden, auf dem sich ab 1933 eine mühelose Gleichschaltung oder Selbstgleichschaltung vollziehen konnte. Wer sich schon aus rein ökonomischen Gründen zu Opportunismus ‚gezwungen' sah, vertraute den Brücken[83] in

---

[81] DITT 2016b, S. 117: „Abgesehen von diesem Regional- und Lokalstolz kam in der Heimatgeschichte und der Hochschätzung der Heimatkultur auch ein quasi demokratisches Bedürfnis zum Ausdruck: Denn als geschichts- und kulturwürdig galten den Vertretern der Heimatbewegung nicht mehr nur die Leistungen bedeutender Persönlichkeiten, sondern auch die Schöpfungskraft des ‚Volkes', so wie sie sich in den Zeugnissen seiner ideellen und materiellen Produktion niederschlage. [...] Es verwundert deshalb nicht, dass nicht nur die Heimatgeschichte, sondern auch die Heimatkunst und -literatur mit ihren schlichten Darstellungsweisen und gemeinschaftsorientierten Zielsetzungen breiten Kreisen der Bevölkerung ungleich zugänglicher war als etwa die als elitär und unverständlich empfundenen, die Hässlichkeit und Sozialkritik nicht scheuenden Kunstwerke der Moderne."
[82] NEUHAUS 2009.
[83] Nämlich jenen Brücken, die die Hochschätzung sogenannter ‚Stammeseigentümlichkeiten' und der bäuerlich geprägten Heimatkultur unversehens in eine Bejahung der ‚Blut- und Boden'-Weltanschauung verwandelten. – Weithin gilt noch allzu pauschal, die ‚Brückenbauer' hätten sich hinsichtlich der Möglichkeiten zur Kooperation ohne Identitätsverlust auf tragische Weise geirrt. Da es eine einheitliche ‚reine Lehre des Nationalsozialismus' jedoch nicht gab und eine

eine ‚Neue Zeit' allzu gerne. Dies zeigen auch programmtische Manuskripte und ‚Sachtexte' von Ferdinand Wagener, nicht jedoch seine uns bekannten Gedichte und Erzählungen. Der Mescheder Verleger war zutiefst von der Heimatbewegung der 1920er Jahre geprägt. Seine in dieser Werkausgabe erschlossenen Dichtungen enthalten gleichermaßen heimatideologische Konstrukte (Idealisierungen oder ‚Wunschbilder') und Zeugnisse einer biographisch verankerten – konkreten – Heimaterfahrung. In seiner Lyrik kommt daneben an manchen Stellen auch ein ‚existentielles Dichten' – bis hin zu innerer Erschütterung – zum Vorschein, das sich ideologischen Einordnungen entzieht und noch heute Leser berühren kann.

Scheidung völkischer Anschauungen von bestimmten NS-Fraktionen und von Heimatideologen oft nicht gelingt, erscheint mir dies unsachgerecht. Ein wichtiges Unterscheidungskriterium ist natürlich weiterhin mit der Frage verbunden, ob jeweils die *NS-Rassenideologie* ganz oder teilweise übernommen wird bzw. der Sache nach längst im eigenen ‚Volkstum-Kosmos' enthalten ist.

ERSTE ABTEILUNG
GEDICHTE IN SAUERLÄNDISCHER MUNDART

Handschrift zum Gedicht „Silväster"
(Wagener-Nachlass 1922/1928)

POESIEALBUM
Meine ersten Gedichte
[1922-1926]

ANMERKUNGEN
(Geschrieben am 1. Juli 1943)

Es ist manchmal ganz köstlich, auch etwas nützlich, wenn man nach 20 Jahren einmal wieder die eigenen Jugendgedichte durchliest und durcharbeitet.

Man erinnert sich seines eigenen Lebens, sieht seine eigene Entwicklung und lernt die Korrekturen kennen, die das Schicksal eingeschrieben hat.

Vor allem ist es mir anhand der Gedichte auch möglich, die *Stimmungen*, die mich in der Jugendzeit beseelten und bestürmten, gut rekonstruieren zu können. Daraus sehe ich, dass meine Gedichte wahr sind.

Nicht immer sind die späteren Gedichte die besten. Auch unter den Früharbeiten sind einige, – wenn auch nur wenige –, die gut, durchgereift und durchgedacht und druckwert sind. Auch bei meinen heutigen Versen sind viele, die für die Welt belanglos und darum druckunwert sind.

Gelegenheitsgedichte sind es alle, die ich in der Frühzeit machte, meistens auf eigene Anregungen, oft auch auf fremde Bestellungen.

ZUR REIFEPRÜFUNG

II. DIE KRANICHE DES KEBEKUS

Vey harren Helden; jäider gau
op seyne Weyse. Siupen
konn wahn Kebekus, dat vey sau
dofüär mochten verkriupen.

„Niu kumm, Fiänand, biu is et nau?"
sau saggte hai; iek saggte:
„La, la; et gäiht nau liuter sau!"
– „Mey gäiht et *li*la, sachte!"

„Et is en schrecklech Liäwen hey,
me könn sau ganss versiuern;
en gurrer Alle höört derbey!" –
Do harr' iek ne am Kuiern.

„Hiäst't saggt. Dai Sak' verstoh iek ganss.
Et wass vüär grad' acht Dagen,
do heww' iek, Fritz und Nowers Franss,
wuat Gurres hatt füär'n Magen.

Äis gaffte't Bäier irgendbo,
sau taihn, twiälf Glas beyniäwen –
dann biättre Taxe, Schnäpse – o,
do gaffte't äis en Liäwen.

Beym andern was et äis nau feyn;
do konnen vey äis sitten,
do dranken vey blauss liuter Weyn
no feyner Luie Sitten.

Do heww' vey auk nau'n „Schopeskopp"
in allen Ehren maket;

un as' iek woll no Hiuse rop,
do harr' iek et gutt raket.

Vey sohen duwwelt wual derbey,
doch konn iek mey wuat halen:
– Segg födder nix! – se mochten mey
bar hundert Mark betahlen.

Dai hundert mochten auk dertau;
et genk naumool an't Siupen.
Antleste woore't mey doch flau:
Vey mochten häime kriupen.

Sau gengen vey no Hiuse rop;
biu mannegmool vey fellen,
– vey harr'n ja sau ne schworen Kopp –
dat well iek nit vertellen.

Am andern Muarn saufoorts dervan
harr' iek ganss wahn de Grippe. –
Niu segg' mey doch, biu kann me dann
se häl'n in sau'ner Sippe?

Un nau acht lange Dage drop
drofft' iek nix drinken ase Water;
äis gistern konn iek stohen op,
was nau sau maie ase'n – Kater.

Doch düese Saken draffste nit
in't Bäierbauk rinschreywen!
Un süss, iek segge't dey, et giet
der wuat met düsen Feywen.

Niu gutt, vey sind am Landgericht;
niu goh diu hien bit moren;
doch sin iek dey äis iuter Sicht,
dann giet et nau ne Schworen.

Sau genk hai hien, dat imme Sinn. –
„Diu sasst der nix van si-egen",
dacht' iek un genk tem Bahnhuaf rin,
„– do hiäst diu ne bey kriegen.

Doch bat is dat ne schliemen Mann,
sau siupen un krakelen!
Bat dai nau äinmool weren kann?
Diäm kann nau Vieles fehlen!"

Sau hiät hai't selwer mey vertallt. –
Un niu taum Schlusse siät vey us:
„Gutt drinken! Prost! Doch äinte – halt:
Nit all te wahn as' Kebekus!"

[*Anm. F.W.:*] Wohl mein erstes plattdeutsches Gedicht. Dieser Zeit voraus ging die Veröffentlichung plattdeutscher Skizzen in der „Mescheder Zeitung". – Es steht viel vom Saufen in meinen ersten Dialektgedichten.

III. RUNDGESANG
[Über die Schüler der Gymnasialklasse] [...]

Wagener: Luie, kürt doch alle platt,
et is wuat deraane.
Konn ey't auk nit alle glatt!
Chor: Hört doch mal den Wochinär*:   *[Wagener]
Spricht wie ohne Zähn' der Bär
/: und will uns belehren! :/
[...]
Meschede, den 15. bis 20. Februar 1922

[*Anm. F.W.:*] Auch im „Rundgesang" ist weniger der Witz die Hauptsache als die Charakterisierung meiner Mitschüler. [...] Wagener. Ich war wegen meines Heimatfanatismus' bekannt. In der rechten Bierzeitung heißt es: ‚Ein guter Mann ist Fädinand / (In Klammern: Hoch das Sauerland!) / ... rott't er aus mit Stiel und Stumpf / Vereine all: nur VsS ist Trumpf!' [VsS = Vereinigung studierender Sauerländer]

TRIUREGE WIUT
(Luien, dai futtlaupen wellt)

O Heer, bat is dat ne laiwe Naut!
niu gatt use twäi besten Fröndinnen daut.
- Doch näi, sai gatt in en frümer Land;
awwer dat is nau schliemer, dat is jo bekannt.

Herrjo, bat heww' iek ne Wiut!
Iek könn sai sau raine schmeyten riut;
doch jo: sai gatt jo van selwer all ball',
un dann is et met user Fröndskopp all.
Me wäit jo, biu dat sau liuter gäiht,
wann äiner do hingen in der Welt rümmestäiht;
un dann äis - imme reyken Amerika,
me wäit jo - do - jä - ja - - - -
dann denket sai nit mehr an te Hius;
un sind se blaus do, dann - sau bius:
Dann sind se auk ganss iutem Siuerland riut.
Herrjo, bat heww' iek ne Wiut!

Niu, Miäckens, niu höört, biu well ey dann
do kuiern, biu an de Luie ran?
Ey konnt jo wual en gutt Plattduitsk;
doch do verstatt se nau niumool hauduitsk! -

Doch näi, sai höört niu äinmool nit;
dann wachte, dat me ugg äis mool richteg bitt!
- Et is jo all alles ganss richteg bestallt.
Niu gott auk hiene, bohiene ey wellt!

Do met mey is et iute;
un niu hall' iek de Schniute.

Steinsiepen - Weuspert, den 19. April 1922

[Anm. F.W.:] „Imme reyken Amerika" - Es ist durch den VDA bekannt, dass die meisten Auswanderer nach USA dem Deutschtum verloren sind.

VERSTROISTUNGE
(Meinem Bruder Joseph gewidmet.)

Et wass vüär tiämleck siewen Wiäcken,
– iek wäit et jo nau ganss genau –
do gaffte iek dey dat Verspriäcken.
Et weert niu balle Teyt dertau,
sau's Stücksken vamme Tiun te briäcken;
doch wachte, iek sin niu ganss gau:
Taum Namensdag nau wuat te baien,
is nix; iek well diek födder laien.

Sey stille, troiste diek bit moren!
Un suih dat in: Vey sind jo nau
nit ferrig met der Prüfung woren.
Jo, 't is niu würklech nit mehr frauh,
un doch sind vey nau nit im Kloren;
't is wohr, et is en Unglück sau. –
Trotzdiäm, dat vey't no haugen brachten,
weert nixen saggt; vey muet nau wachten.

Diäshalf is hien de Lust taum Dichten
un alle friske Liäwensmaut. –
Iek härr' dey süss sauviel te bichten
– et legg't jo äinmool in dem Blaut –
un möchte bey mey selwer sichten,
miek selwer triän oppen Faut:
Van Schuld hett viele nit ne klaine, –
doch iek sin auk nit *richteg* raine.

De Feri'n sin'k terhäimen bliewen
un hewwe do verdaint meyn Braut – – –
Sau hiät met mey't et Schicksal driewen
un – Kebekus; diäm höört de Daut!
O könn iek iämm' blaus äinen giewen – –

Doch näi; dotau sin iek te graut.
Hai hiät jo seynen äig'nen Siägen.
– Guatt, foier iänn' op rechten Wiägen!

'n Roman dovan, diän well iek maken;
– un dai kann weren nau recht lank –
denn sieker ments düär sülke Saken
terügge kümmet meyn Gesank.
– Un dann kannst diu deyn Laid nau raken;
as' äister bist diu met dermank.
Un dann well iek et Beste huappen. –
Dat Schlechte is nau sau indruappen.

Meschede, den 27. April 1922.

SINNSPRUCH
Gerecht und recht ist zweierlei:
Gerecht dem Gericht
und recht dem Gewissen.

Meschede, den 25. April 1922.

[Anm. F.W.:] Unser Abitur wurde „kassiert", weil im Griechischen gemogelt wurde, das [was?] Kebekus verriet, weil er selbst durchfallen sollte. Ich trug sehr schwer an diesem Schicksal. Daraus [...] – ist dieser Sinnspruch zu verstehen!

HÄNNES
(Meinem Bruder Johannes zum Namenstag.)

Schoin, jo schoin is et do biuten
imme frisken, grainen Biärg;
ächter jäidem Busk ne Twiärg
stäiht un kucket diär de Riuten.

Denket Hännes auk sau bo?
Stäoht un stäiht sau füär siek do,
kucket hiemelbloe Droime,
denket gar nit an dai Boime,
dai hai rümmehoggen sall.
Äin'ge Teyt hai stäiht sau all,
denk't an weye, früm're Saken; –
oder söll hai Verse maken?

Na, 'n Westfalen heww' vey hey, –
un do höört sauwuat derbey;
Sau äin weltvergiättend Droimen
höört tau siuerländsken Boimen.
Schlank, doch kräfteg hai do stäiht,
unnerdiam de Teyt vergäiht.
– Raue Hoor' van echtem Schlage,
krius gekruiselt alle Dage.

Niu, sau'n Ärger suiht me gohn
bey iämm' üwer't lange Stohn;
spigget düchteg in de Fuiste,
fänget aan te hoggen wuiste. –
Awwer Schreck, bist geck, im Dreck
legg't de Haut un fluiget weck:
Iänn' harr'n klainer Splitter druappen.
– Hännes kümm't hervüärgekruappen;
ruiheg, sacht' kritt hai ne op,
drück't ne fäster oppen Kopp,
settet aan, met Wiut te hoggen.
– Halt, niu härr' hai ball' de Kloggen
siek am riuen Stäine strofft – –
 „Sin iek niu dann ganss verkofft?
 Sau gatt födder nit de Saken,
 muot äis Kaffäipause maken:
 Kaiffäidrinken! Vaar, kumm hey!"

Äinen Satz; hai wass derbey,
fenk gehöreg aan te iätten;
harr' äin Bueter op half giätten,
as' de Vatter kam dertau. –
Lach're dai sau'n bietken gau,
dachte wual: de Lust verluaren
weert no'm Kaffäi nigg' gebuaren;
saggte: „Woll an't Omes wier
gohen us sau'n hungreg Dier?"
– Diän Witz mool de Hännes machte,
dat hai'n Vaar'n taum Kaffäi brachte. –

Hännes saggt': „Näi, dütmool nit;
awwer hey, niu kuck mool düt:
Heww't van Häime knapp bemiätten.
Bist diu saat, wann diu düt giätten?"
Dobey räik're hai ganss schlau
iämm' dat halwe Bueter tau.

Dütmool harr' de Schelm doch stiäcken
auk den Vaar'n: „Dat is kain Riäcken:
't klennste Stück, de klainste Mann;
un niu maak diek do ments ran!"
Saggte't, kräig dat andre Bueter,
lait dem Hännes seyn Geknueter,
dai do, Nigges hurkend, saat
un seyn halwe Bueter aat;
droffte niu ganss sieker gloiwen:
dütmool woll de Vaar *iänn'* oiwen.

„Halt, sau is dat nau nit wiäst!
Wäisst diu, biän diu vüär dey hiäst?
– Vaar, niu suih, do tüsken 'n Aiken,
bat söll do dai Hase saiken?"

Foortens käik de Vaar dorop – –
Half harr' hai seyn Bueter op;
harr' siek all de Hänne riewen,
woll dat andre Hännes giewen.
Awwer sau ne Giänebeck
nahm et sey vüärhiär all weck,
as' hai nau am Hasen sochte:
Lanksam, schmeydeg hai siek bochte,
saggte: „Jo, niu is hai weck!"
laip dann – sau ne Gnäisebeck –
glünskend met dem Stück dodenne,
aat dat alles nau tem Enne.

No sau'm dücht'gen Kaffäi dann
genk et an de Aarbet ran.
Hännes heel wier in met Gluimen,
bat terügg' hai was düär Suimen;
un diär seyne Starke Fiust
fell nau männ'ger aisker Kniust.

Frisk un grain, – de Biärg matt stiärwen
irgendbo füär reyke Iärwen.

NB: As' Brauer woll iek dey düt maken.
Doch fingest diu dorinn' ne Haken, –
vergiätt!, vergiew' mey, gief diek drinn:
Iek harr' et sieker nit im Sinn.

Meschede, den 21. Mai 1922.

[*Anm. F.W.:*] Es ist eine wirkliche Charakterisierung meines Bruders: Die Wageners haben alle einen faustdicken aber trockenen Humor! – Mit dem Johannistag war das Schützenfest in Serkenrode verbunden, das wir mitfeierten.

JUPP
(Meinem Bruder Joseph gewidmet.)

Et wass mool 'n Keerl, dai herre Jupp,
sau'n recht' un schlechten Junkgesellen,
Süss gutt un lustig imme Club;
dovan well iek niu wuat vertellen.

As! Kind woll hai all Schreyner weren
un klopp're siek de Finger platt.-
Jo, dat deh hai absunders geren
un gräin dann, wusst' nit, üwer bat.
As' „Stift" hai woorte wahn gelahrt;
un unner strengen Mesters - Augen
schlaug kainen Naal hai mehr verkahrt:
Hai konn't van ungen un van haugen.
Im Kreyge hiät hai auk viel nützet;
un eger 't raue Vaih* rinkam,   *[Revolutionäre]
hiät hai Berleyn recht gutt beschützet - -
Doch as' dat kam, hai 'n Affschäid nahm.
No'm Kreyg wass hai in Pottland dann,
nit lang - ne ganssen Hiärwest kainen. -
„No Holland!" kam't op äinmool an:
Do konn hai jo viel mehr verdainen.
Hai hiät't riskäiert, hiät et raket;
Hai schick're Geld un naumool Geld:
Hai hiät siek do 'n Vermüegen maket
un kam dobey auk diär de Welt.

Niu maket vey us op de Assen,
wellt iämm' beym Bungen* op bo passen.   *[Bauen; andernorts:
- Doch Vüärsicht! Giet hai süss ganss gau   Buggen]
dey 'n Schupp un segg't: „Konn nix dertau!"

Äin Siuerlänner, frauh un echt,
sau turnet hai op diäm Gerüste;

hai legget Balken schoin terecht,
un kainer is, dai 't biätter wüsste.
Niu flött hai, singet, kloppet drop.
– De Owendklock'! – Jupp kritt de Saken,
den Haut hai stülpet oppen Kopp,
un, ümme seynen Frönd te raken,
is fix hai oppem Platz derbey.
Hai hiät ne auk fix riuterrohen – –
Niu hingerhiär: „He, Karl kumm hey!
  Vey muotet doch tehaupe gohen. –
Iek well dey helpen: Diu riss iut?
Äis well vey us ne Klainen hiewen.
Wo gäiht et dann van Numm'dag riut?
– He, Wäiert, mass us äis wuat giewen:
Sau äint' – nau äint' – genaug, niu halt!
Dat giet doch wier Maut in't Liäwen,
sau'n Schnäpsken, warme un doch kalt.
Wäisst wuat, bey düsem schoinen Hiäwen,
bey düsem wunderbaren Wiär
wellt vey an't Meer doriutergohen;
un dann äin Bad sau niäwenhiär!"

Dat hett dai baiden dann auk dohen. –
Et is sau'n richteg Frönnepaar,
Sau as' me sai nit vake greypet:
Dai gatt beynäin sau hott as' haar,
vertellet iärk, bann bo wuat kneypet.
Bai well, dai kann sai dann auk saihn
sau anderthalwe Stunne later
terügge kummen frisk un rain
vam kauhlen, schoinen Meereswater:
  „Niu goh't dey gutt bit Moren, Jupp!
Et wass van Dage schoin do hingen. –
Doch näi, van Owend is jo Club;
do konn vey us dann wierfingen."

Un sau sai gatt vanander do;
sai segget awwer iärk nau, biu se
ter Teyt iärk driäppen wellt un bo – –
Un dann gäiht jäider foorts no Hiuse.
Do saiket Jupp de Mandoline:
Un unner seynem Regimänt
giet düse Toine, schoine, fine;
det wunderschoine Instrumänt.

Dobey hai denket dann in Truie
an Häime, Häimat, Siuerland,
an Ellern, Braiers, alle Luie,
dai iämm' verwandt sind un bekannt.
Hai denket auk, bann't leste hai schriewen:
Taum Duenerwiär! Lank, lank is't hiär. –
Niu matt et awwer pucks wuat giewen;
hai saiket Inket un de Fiär
un schreywet: „Liebe Eltern! Lange
ich konnt' nicht schreiben. Wenig Zeit!
Doch seid nur ja um mich nicht bange;
ich lebe hier in Sicherheit.
Ein schönes Leben bei dem Wetter
hier in der weiten schönen Welt!
Man kann's sich's denken gar nicht netter.
Ich schicke dann noch etwas Geld. –
Mein Vater! Etwas sorg' mitunter,
denn Weihnachten kauf ich ein Haus.
Die Sorgen werden immer bunter:
Ich weiß nicht mit dem Geld hinaus!"
Niu Schluss!

Bai jiuchet dann do biuten?
Jupp kucket riut un denket: Bah,
dat sind wual wier sau alle Schriuten! –
„Ach, Fräulein Hansen, Sie sind da!
Ich komme gleich sofort hinunter,

um dann ein bischen mitzugehn.
Wie geht es? Immer noch recht munter?
Ja? – Wie? – Ich kann nicht recht verstehn!
– Nur sehen, ob ich noch am Leben? –
Und haben für mich keine Zeit? – – –
Wie schad'! – Ich hätte etwas eben. –
Auf Wiedersehn – nicht allzu weit!"
Sau – wiäg; 't is gutt; iek heww' te daune:
Füär dai heww' iek sau kaine Teyt!
Däi kucket liuter blauss no'm Lauhne;
un dann giet et met iär blauss Streyt. –
Et hiät gariut nau kaine Eyle,
dat iek en Miäcken faste hell.
Et diuert jo nau äine Weyle,
bit iek et wäit, dat iek äint' well.
– Sau futsch!

Suih, äin Studänte schicket
äin Dankesschreywen an miek ran;
un dodiär wier saufoortens blicket,
dat naumool hai Geld briuken kann.
Diäm schreywet Jupp niu auk nau wier
un dait in 'n Braif auk Geld derinn:
  „Diu biss jo äin ganss schrecklech Dier;
  doch iek well naumool nit sau sin!"
Feyfdiusend Mark hai schicket Vaaren
un schicket baie Braiwe aff. –
Sau aff un tau well hai auk sparen!

Doch niu is't Teyt; nit fehlen draff
hai imme Club. Sau twäi, drai Wiäcken
is liuter 'n Owend. 't is schoine sau.
Me kümm't bey Frönne un bey 'n Miäcken.
Et giet dann auk wual 'n Spielken nau. –
Jo, 't gäiht do nau ganss lusteg ümme,

äin Gruissen, Springen rund un rümme,
un Drinken bey diäm durst'gen Wiär.
Jupp well nau 'n Kaartenspiel bo maken;
un 't hiät iämm' auk nau gurren Fuck! – –
Bey allen düsen vielen Saken
me seggen matt: – Hai hiät et druck!

NB.: Bekannte Namen un auk Seyen
optrocken heww'k vüär deynen Augen;
bekuck sai dey genau van Weyen
un segg' mey, bat do nit söll daugen.
Doch sösst diu diek bo selwer fingen
un diek in deynem „Jupp" do saihn, –
niem't ments nit krumm vüär allen Dingen
un lote miek in Rugge taihn!

(Meschede, den 28. Juni 1922)

[*Anm. F.W.:*] Das Gedicht voller Phantasie soll meinen Bruder in Holland schildern. Der Freund ist Joseph Ruiter.

USE ABITUR

Juni, Juli in düem Johr
wass us – dat is allen klor,
dai 't Examen, auk all weyt
maket hett – ne Prüfungsteyt.

Stoihnend sitt' iek, were klaiker,
briuke büffelnd meyne Baiker,
lehre, bat dat Tuig well hallen
ratswiäg bit taum Ümmefallen;
kreyg' van „Schultze" äinen Band,
„Kaegi", „Féaux" mey ter Hand
un dai andern, ümme ball'

fast te seyn füär jäiden Fall.
Denn et giet äin schwoor Examen;
all diäräinte vey nit kamen:
Äiner hiät us ohn' Gewieten
fräch un schändleck rinnerrieten.
Käbekus, wiärümm' hiäst dohn?
Konn dat gar nit anders gohn?
Soll'n vey deyne Schuld un Last
niähmen all op usen Bast? - - -
- Vey auk konnen 't biätter maken,
bann vey nit op falske Saken
us verlaiten un verlaggten,
bann vey gutt de Saken machten. -
Wier heww' vüär Kuartem niu
vey dat „Schriftliche" in Riuh
ohne Mogeln ferrig bracht,
biätter ase 't äiste macht. -
Un niu gäiht et an't Studäiern;
matt dobey meyn aarme Häiern
zappeln, rümm' siek dräggen, straiken:
Naumool well iek et versaiken.
Keem doch ball mool Beschäid!
Balle weert et mey doch läid;
un me gäiht kaput dervan,
wäit nau liuter nit: boran!

Endleck andern Muarns dono
kam äin Braif van uawen do:
„Moren kumm' iek do verbey!"
- O, dann is Examen hey!
Suih mool, Hageldunerbessmen
- Friet den Stiel metsamt dem Bessmen! -
alsau weert et hauge Teyt,
dat iek loot van meynem Fleyt.
Van Numm'dag gäiht es blauss spazäiern;

dann well iek't naumool prowäiern:
Gäiht et schaif, dann is et hiene,
goh as' Aarbaier dodiene.

Dunerkeyl un Sapperlaut!
Bat wass dat ne laiwe Naut:
As' vey in de Schaule rin
kamen, nix mehr imme Sinn,
genk dat hey – dohien gerieten;
jäider woll nau fix wuat wieten:
Alle wören opgedrägget,
liuter hien un hiär gewägget.
– Dann genk et met dös'gem Kopp
in der Prüfungsbude rop. – – –
– Wuat, dai woorten nau befräit;
auk diän andern woort't nit häit.

Ferrig alle in twäi Stunnen
wören; do harr'n vey gewunnen.
„Sau, niu konn ey häime gohen;
alle heww' ey jo bestohen!"
Alle, alle kummen diär –
Bat äin Glück, o Dunerwiär!
Alle hett den Liäwenspass,
bat gafft' dat ne grauten Spass.

Niu no'm Hiusmester gerieten
und fix in den Wichs geschmieten:
Stürmer, Kött fix aangetrocken
un dann: Pedell an de Klocken!
„Leb denn wohl, Gymnasium ...!
Endleck sin vey frey – larum ..."
Aarm in Aarm vey trecket iut:

Luie, kuck't tem Finster riut!
Un dann no der Post gelaupen,

Drucksaak-Freymarken te kaupen, –
un dann Bäier, naumool Bäier ... –
Häime gäiht et äis ümm' väier.
Affgenuammen, liuter druck;
alle hiät nau gurren Fuck,
denn de Feyer, auk der Nacht
schoin un lank is üwerlaggt.
Auk de Lehrer hett iärk fungen,
un diän weert ne Rede schwungen:

„Ey hett met us diär hey hallen;
nümmes is niu rin hey fallen:
Dofiär usen besten Dank
all diär use Liäwen lank!
Un füär uggen gurren Lauhn
drinket vey ne Portiaun."

Dann latt vey sai hauge liäwen,
– auk äin „Prost" wu[a]l nau doniäwen.
Dann gatt vey us wier leggen:
Sai hett us niu wuatt te seggen.
Auk sai frögget iärk, heww't Spass:
Gutt de Prüfung maket wass;
un sai wünsket allen Glück, –
un dann kümmet nau äin Stück:

„Nohricht heww' vey niu dotiegen
vam Verräter – pfui! – kriegen:
Alle Schuld hiät Strof' op Eren!
Bat söll iut diäm Keerl nau weren?
Väier Mond' hell hai us op:
Sauviel matt hai sitten – Topp!
An diäm Dag, as' vey befräit,
hiät hai kriegen diän Beschäid."

Duiker! Dat konn'n vey gutt raken.
Bravo! Bann't auk andre Saken
sind: Hai hiät 'n Richter fungen.
Dat is gutt diäm hoihnsken Jungen.
Jo, 't is gutt! Of et wuat batt?
Harr' siek doch genaug all schad't,
harr siek weyt genaug all bracht;
niu hiät hai genaug ball' macht!

Vey sind niu berüchtigt woren,
heww't ne Raup, ne rechten schworen. –
Dat berühmt vey weet – –, ne Froge:
Dai legg't nau nit grad' sau noge!

Steinsiepen, den 19. Juli 1922.

SINNSPRUCH:
GIEGENSÄTZE

Sai statt do affseyt
ganss ruiheg un frey;
un Stürme un Streyt,
dai sind grade hey!

Arnsberg, den 5. Juli 1922.

[*Anm. F.W.*:] Die Zwischenzeit zwischen dem 1. und 2. Abitur war eine schicksalschwere Zeit für mein empfängliches Gemüt. (Die Verse sind meistens sehr wertlos!) – Kebekus wurde wegen Notzucht zu 3 Monaten Gefängnis verurteilt und als solcher von der Wiederholung der Reifeprüfung ausgeschlossen. Ich habe ihn nie wiedergetroffen. Später soll er nach Amerika ausgewandert und als Schmuggler erschossen sein!

KASPER, DAI SCHWUATTE
(Nowers Kasper!)

Twäidiusend Johre is et all,
do trocken innen Hiärguatts Stall
– Geschenke harr 'n sai auk en paar –
dai Melchior un Balthasar
    un Kasper, dai schwuatte.

Sai wollen saiken iären Heern;
tehaupe unner 'm hellen Steern
äis keemen twäi do, – harren Spass;
dann kam de drüdde un et wass
    de Kasper, dai schwuatte.

„O Kasper, graute Astronom,
un bat diu bist nau süss füär'n Kroom,
bo graute Tahlen sind derbey:
Van niu masst diu us foiern hey,
    o Kasper, diu schwuatte!"

Et kuiere auk de Melchior:
„Jo, klauk bist diu, dat is wual wohr;
doch segg', biu gäiht et süss dey nau
un biu diär laiwen, jungen Frau?
    Segg', Kasper, diu schwuatte!"

Auk Balthasar fenk wier aan:
„Niu gief diek äis an't Riäcknen draan!
Biu lange maitet vey nau gohn?
Diu suihst dat jo im Steern stohn;
    segg', Kasper, diu schwuatte!"

Doch Melchior saggt': „Restet kuat!
Diu hiäst doch wual te drinken wuat?

Dann pack mool uappen, rück mool riut:
- De beste Biuer giewet iut,
   de Kasper, dai schwuatte."

„Un denkest diu dann mool im Laid
terügge", - baie saggten sai 't,
„in Kuckuck, deynem Hauchpalast
diek liuter drüwer fröggen sasst,
   o Kasper, diu schwuatte!"

Un Kasper, 'n schwuatter, heller Kopp,
no Bethlehem sai fauer' rop
un konn dann wier häime gohn. -
Un niu heww' iek 't Vertellen dohn
   van Kasper, diäm Schwuatten.

   * * *

- Bat segg'st diu: Schwuatt wöör Melchior!
- Un diu bist schwuatt! - Dat gäiht doch nit!
Dat is doch allen richteg kloor;
Et is doch mehr as' äiner witt,
   o Kasper, diu schwuatte.

Dann gäfften't *väier* Küning' niu,
denn twäi sind witt, un twäi wöör'n schwuatt!
Biu härr'n vey't Fäst „*Drai*küning'", biu?
- Niu dann: Diu biss un bliss niu kuatt:
   KASPAR, DAI SCHWUATTE.

Steinsiepen, den 8. Januar 1923.

[*Anm.* F.W.:] Kaspar Hesse war so recht ein Nachbar, an dem man seine Dichtkunst auslassen konnte, der alles hinnahm und auf alles eine Antwort wusste.

FRITZE
(Meinem Bruder Friedrich zum Namenstag)

O Blagenteyt, o Blagenteyt,
bat harr'n vey do Wiälldage;
viel Spiel, Plasäier - - auk mool Streyt,
- bann schliem, - - ne Üwerlage!
- - - - - - - - - - - - - - - - - - - -
Niu kucket, biu de Fritz do stäiht!
Hai is am Üwerleggen;
alläine kuiert hai: „- - et gäiht!"
Me höört wual Luie seggen:
  „Diän Fritze beschitt se
  bit haugen in de Spitze!"

„Niu gäiht et! jau sau matt
de Höhle weren maket;
bann dann de Wänne richteg statt,
dann heww' iek et schoin raket.
Mey nix, dey nix kuack' iek mey
dann selwer alle Broen."
Äin Foss, dai höört dat, denket sey:
(Me kann dat wual verstohen!)
  Diän Fritze beschitt se
  bit haugen in de Spitze!

Fritz stellet düchteg niu deraan,
an't Hoggen, Stäiner springet;
un balle hiät hai 'n wännig Bahn.
Me höört, biu hai all singet:
- „Jöss, Kraiken Bättken, Dunerwiär!
Ey Kögge, well ey rümme!"
- Dai kucket hinger iämme hiär
un denket: „Jo, biärümme? -
  Diän Fritze beschitt se
  bit haugen in de Spitze!"

Fritz matt me'm Bungen hören op.
„Un bann ments in der Eeren,
Luftschlüätter", dat segg' iek dorop,
„nit wellt van selwer weren!"
– „Niu, Luchs, hess, krigg de Kögge dey
un beyt sai in de Bäine!"
– Dai *gäiht*, beym Laupen lätt hai't bey
un denket an dat Äine:
    Diän Fritze beschitt se
    bit haugen in de Spitze!

Niu matt hai selwer hingerhiär,
de Kögge rümmedreywen.
Hai loipet, schennet diär un diär:
– Me söll bey 'n Köggen *bleywen*.
Niu joihlt hai, fället dann terdiäll;
do küm't dat junge Hittken,
stäiht triureg do un denket wual,
– un lecket iänn' en bittken:
    Diän Fritze beschitt se
    bit haugen in de Spitze!

Un as' de Fritz do toistet feyn,
do gäiht hai wier an't Bungen.
Op äinmool küm't de Brauer seyn,
harr' lang' iänn' socht – un fungen,
un fröget: „Bat giet dat do dann?"
– „ne Hütte, 'n Herd, o viel Plasäier!
Jo sau un sau; dat küm't nau draan!"
De Brauer denk't: „O Bäier – –
    Diän Fritze beschitt se
    bit haugen in de Spitze!"

Dann segget hai: „'t is Water drinn,
wesst diu do drinn versiupen?

Biu kümmet et dey innen Sinn,
in't Water rin te kriupen?"
- „Jöss, Dunerwiär, dat stemmet jo:
Bat is dat do ne Braie!"
Do stäiht de Fritz, segg't selwer bo:
- Niu kuckt, do segger't baie:
„Diän Fritze beschitt se
bit haugen in de Spitze!"

Steinsiepen, den 22. Januar 1923

[*Anm. F.W.*:] Das Gedicht zeigt meinen Bruder [Fritz (1908-2011)], den jüngsten, als einen Pfifikus. Auch diese Charakterisierung war echt: er musste viel Lehrgeld bezahlen, hat dann aber das Leben gemeistert, wie es auch hier nicht anders zu erwarten ist. (Oft habe ich das Gedicht in Paderborn vorgelesen!)

KUHHIRTENLIED
(Zum Abschied Maria Spielmann!) →vgl. S. 454-455.

Hier sitz' ich, schwitz' ich, mühe mich
und sinne; fange an zu dichten!
Ach, käm mir Schönes in den Sinn,
dass schnell ich könnt' das Werk verrichten.
Kein Dichter bin ich, groß noch klein;
und doch soll jetzt gedichtet sein.

Kögge, ruiheg soll ey sin,
Verse well iek maken!
Friättet; awwer spliärt mey dann
do nit in de Büske rinn,
dat iek bey diän schworen Saken
ugg doch richteg haien kann!

Da der Franzose steht im Land,
sind wir - im eignen Lande verbannt -,

gar viele wenigstens gezwungen,
da Mühe sich an Mühe reiht
und noch kein Ende abzusehen,
zu ziehen von der Heimat weit.
– Und Krankheit, Krieg und Hungersnot,
sie drohen uns und bitt'rer Tod.

    Halt! – Bo sind de Kögge nau?
    Heyhien, Duners, stiärt nit sau!
    „Blesse", alle Stiärhacke,
    diu bist liuter vüärne-aan.
    Kreyg' iek diek, diu olle Kracke,
    gäiht et schliem dey sieker draan.

Und deshalb willst du auch jetzt ziehen
aus deiner Heimat Klingelborn,
willst deiner Jugend Land verlassen,
der frohen Freude Lebensborn – – –
Am Zwölften schon in diesem Mond
willst du dich anvertrau'n dem Meere,
das dich – wenn es dir's Leben schont –
mit einem fremden Land bescheret;
und fremde Häuser, Kirchen, Dome,
sie türmen sich am fremden Strome.

    „Roisken", jo sau is et do. –
    Doch niu kumm mey nit te noge!
    Denk an't Friäten laiwer! Goh!
    Klauk bist diu jo ohne Froge. –
    Awwer düt is nix fiüär diek;
    sau klauk sin alläin ments *iek*!

Ja, soviel weiß ich heute schon:
Du bist ja nicht im Ungewissen
betreffs der Stelle, Unterkunft – –

– Doch wir, wir werden dich vermissen.
Denn wenn du fort bist in der Ferne:
Wir werden dich verlangen sehr;
und wie's auch ist, und wie's auch sein mag:
Wir haben die „Marie" nicht mehr.

„Steern", suih endleck heww' iek diek!
Lange hiäst diu ärgert miek,
gäihst do in diän Growen Roggen – – –
Haar, heyrümme, wesst diu hey;
well dey äinen runnerhoggen!
– Na, diu kümm'st van selwer mey.

Du wirst ja sicher mir nicht hören,
wenn ich dich halten wollte ab;
– und ließ mich sicher selbst betören,
wenn ich so könnte grad' wie du
weit nach Amerika von hier
zu guten Anverwandten fahren
und dort – statt ein'ger Mark Papier –
in echten Dollers könnt' verdienen.
– Man hört ja viel von diesem Geld:
Der Dollar hält, regiert die Welt;
ohn' ihn ging alles drüber, drunter:
– Und doch, trotzdem der Boller Herr,
wird's jeden Tag bei uns noch bunter – –

„Bunte", diek harr' iek vergiätten. –
Un diu stösst, diu fräche Oos,
an diär schoinen Hütte rümme – – –
O, iek gönne dey van Hiätten
Klöppe, biätter as' vam Kloos,
foortens, dat diu wäisst, biärümme.

In reichem Maße wünsch' ich dir
viel Glück und Heil im fernen Lande. –

Ich weiß nicht, welche Gründe mir
zum Bleiben könnten noch einfallen.
Da die Franzosen du nicht fürchtest,
wirst auch vor'm Meer du bangen nicht;
denn schlimmer wird das Meer nie werden
als der Franzosen Hohngericht.

Vor Arbeit bist du auch nicht bange:
Bei deiner tüchtigen Gestalt
wirst du ertragen alle Mühen,
wenn noch so schwer sie kommen bald.
Noch eins: kein Trinken gibt es drüben,
Kein Bier, nicht dunkel und nicht hell.
– Das wird dich sicher auch nicht rühren:
Dann trinkst du aus dem Wasserquell.

„Bieckseypeske" siup nit te wahn
iut diäm klainen, kloren Sprink!
Andre Kaih sind nit sau flink,
wellt doch sieker auk nau draan,
siupen iärk de Bäste vull. –
Dier, diu mäkest et te dull!

Dich halten will ich also nicht;
es ist ja auch nicht meine Pflicht. –
Doch Eines möcht' ich dir noch sagen:
dass du doch von dir hören lässt, –
in Not nicht nur von bittren Klagen
– die haben wir ja selbst genug –,
nein, dann und wann in deinem Glück
an uns denk einen Augenblick.

Amerikaner – nach Erfahrung –,
die glücklich sind und werden reich,
sie denken nicht mehr an die Heimat.

Wie's darum steht, bleibt ihnen gleich;
Geschäft und Geld ein jeder denkt:
dem Heim jedoch wird nichts geschenkt. –
Ansnahmen gibt es ja davon,
dass Stiftungen von drüben kamen;
selbst neue Glocken sind geschenkt.
– Nun ja, das sind ja auch Ausnahmen!

   „Hitte", krist diu 'n Hals nit vull?
   Do im frümer'n Grase schlauern – – –
   Gleyk krist diu den Puckel dull
   vull van Klöppe mehr as't Fauern – – –
   Placks'. Do hiäst diu äinen kriegen;
   dai genk würklich nit dertiegen.

Maria, siehst du, unsre Kühe
sich geben gar ansehnlich Mühe,
dass sie nicht stören mein Gedicht;
da ist es nun auch deine Pflicht,
zu sorgen – denken – schreiben – schicken – –
– Nun ja, ich sag' es dir ganz schlicht –
mal Geld, in Dollers oder Stücken
zu einer Schell für Hans, den dicken.

   Oder, „Schimmel" wöllst diu laiwer
   hewwen eine Schell' füär diek?
   Springest üwer alle Aiwer;
   liuter läss diu miek im Stiek,
   liuter loipest diu mey futt – – –
   Dofüär is de Schwiepe gutt.

Es dämmert kühl der gold'ne Abend,
die Küh' sind wiederkäuend satt;
der Hirt, am frischen Quell' sich labend,
zur Heimkehr sich gerüstet hat.

Und nun ist Schluß mit meinem Denken:
Vollendet soll sein das Gedicht. –
Ich will es dir zum Abschied geben;
entzückend, groß und schön ist's nicht.

 Kögge, kummet alle, alle!
 Hü „Hans", „Hans" hü! Diu vüäropp!
 Gatt niu häime intem Stalle!
 – Iek met meynem schworen Kopp
 well op düt Gedicht niu schlopen:
 Moren kritt 't dat lesste Wopen.

* * *

 Hoi, hoi, hoi, hoi, häime, hoi, hoi!
 Hoi, hoi, hoi, hoi, häime, hoi!
 Alle Kögge sind niu saat;
 jäide, dai dün Numm'dag fraat.
 Diär, dai nit hiät friätten,
 gönn iek Schmacht van Hiätten.
 Hoi, hoi, hoi, hoi, häime!
 Hoi, hoi, hoi, hoi, hoi!

Steinsiepen,
den 24. August, 1. September 1923.

[*Anm. F.W.*:] Auch ein gutes Gedicht, das wohl auf Anregung des Kuhhirten von Spielmann entstanden ist, aber durchaus eigen empfunden ist, ein wirklicher „Kuhreigen". Es liegt mehr darin, als ein Fremder daraus lesen kann. – „Bieckseypeske": Spielmann hatten wirklich eine solche Kuh, die so nach ihrer Herkunft benannt war, – wie wir Kartoffeln hatten, die wir „Siräkenrnür" [Siärkenroüer? = Serkenroder] nannten.

TAU DER PRIMIZ! AD PRIMISSAM! ZUR PRIMIZ!
(Glückwunsch in 3 Sprachen für Hub. Vetter)   →vgl. S. 447-450

Kennest diu nau dat Stäinseypen
un dai Vetters Wies' dobey,
bo vey maker'n Flaitepeypen
un de Kögge horr'n dobey?
    Kennst diu nau dai schoine Frälle
    dicke in diäm daipen Kump?
    Harr' an Lenge wual ne Iälle! –
    Un van Dage sind sai stump.

Denkest diu an Fiulebueter,
Schluwwerhiärmen, Kuckuck nau?
O, et gafft' äin wahn Geknueter,
bann te Schaden genk de Kauh!
    Harr'st ne Kauh, en Schööpken, Hittken;
    un dat sin tehaupe drai.
    Awwer't is doch men äin bittken;
    denk an miek: iek harre – Kaih.

Gafften't dann mool Streyereyen,
– diu wöörst stärker as' iek nau –
mochte iek derunner leyen:
O iek main', iek schrigg're nau!
    Do konn iek Respäkt wual kreygen:
    Klain wass iek, un graut wöörst diu. –
    Doch iek matt ganss stille schweygen,
    bann iek denken sall an niu!

Awwer no sau taihn, elf Johren
– Höör et un verstoh 't genau! –
sin vey sau viel eller woren,
– un do genk et födder sau:
    Iek kann miek nit mehr beklagen:

Mehr as' diu miek heww' ick diek
do in Pottland wier schlagen,
– wual gaffte't kain'n bloen Striek.

Denn dat wass beym eernsten Spielen,
– bey diäm wahne schworen „Schach";
wann nit liuter, doch tau vielen
Moolen mak're iek diek „matt".

    * * *

Magnum fecit magnus deus
servum sacri sui te;
et, quod es amicus meus
capis carmen nunc a me.

Quasi panem non sacratum,
vinum celebratum nec,
solum sed praefiguratum
tulerit Melchised[e]ch – – –

Quasi caderit de sede
Heli mortuusque sit,
ejus colle et non pede
fractum esse scriptum sit – – –

Ita sis, amicus rarus
scriptus in annalibus,
sisque carus, valde clarus
in multis Aequalibus!

Magnus sis, sed non bibendo
neve voluptatibus,
sed vivendo et scribendo
et dicendo melius.

Neve agas in culina
vitam, sed ecclesia!
Semper fume nev' „Flor fina",
sed labora alia!

Tibi inde ne sit cura
aurum atque pretium;
sed divina culta dura,
neve mercatorium!

Et si bovem es sortitus,
nil is boni est pro te – –
Neve vende, sic vult ritus;
dare malle tum pro me!

   * * *

Froh und freudig ist der Tag!
Froh ob der errung'nen Würde
und der Arbeiten Ertrag
steht er, 's Hauses *zweite* Zierde.

„Heil und Sieg und reiche Beut'"
und ein glückliche[s] Gelingen
wünsch' ich dir von Herzen heut';
– lasset froh die Gläser klingen!

Aber Eines hab' ich noch
gar gewichtig auf dem Herzen;
und ich muss es sagen doch,
wirst du es auch nie verschmerzen.

„Pueri sunt pueri"
hast du einst zu mir gesprochen;
– nun ich war es, *bin* es nie,
und es wird dir schwer gerochen!

Hör' und merk: Du hast gelacht!
Und da[s] mag ich nimmer lieben:
Dein Roman, eh' er gedacht,
wird der meine schon geschrieben.

* * *

Für die Heimat schaffen wir;
darum seien wir zufrieden!
Und ich wünsche gerne dir,
dass viel Glück dir sei beschieden!

Und in deinem hohen Amt*,
das mit Versen ich nicht schreiben
kann, weil es zu lang benamt,
möchst du noch recht lange bleiben!

*Vermittlungsstelle für sauerländische Volksabende der Vereinigung studierender Sauerländer zur Pflege des heimatlichen Wesens.

Steinsiepen, den 19. Januar 1924

[*Anm.* F.W.:] Ein respektloses Primizgedicht, das aber dem Tone nach auf den Adressaten passt.

USE HÄIME
(Paula Hesse ins Stammbuch!)

Dat Schoinste, bat us Guatt hiät gafft,
is bey Gesundhait use Häime;
Jo do is use Glück un Kraft,
un nümmes söll't sau lichte loten.

En schoin, nett Hius, 'n schoinen Huaff!
– Bai söll't sey wual nau biätter wünsken! –
Un viele Länner, bann auk gruaw',
en schoinen Biärg met Aikenboimen!

Un imme Stalle all dat Vaih,
dai Kögge, Hauhner, Gösseln, Fiärken – –
Am Alldag owend is me mai'
van Aarbett; sunndags gäiht' no Kiärken.

Äin jäider Biärg, äin jäider Baum,
un alles hiät us wuat te seggen,
äin jäides Muisken imme Stall';
kain Stäinken latt vey äinfach leggen.

   * * *

Un niu, – jo wual, de mäisten gatt,
nit men de Jungends [sic], auk de Miäckens;
un alles nix, un nixen batt:
Sai wellt partiu niu all' van häime.

   * * *

Bai nit an Häim' denkt un schreywet nit mehr,
– dat segg' iek strackiut – do gief iek nix füär.

Steinsiepen, den 16. April 1925.

[*Anm.* F.W.:] Paula Hesse folgte ihrem Bruder in die Schweiz, wo sie heute noch lebt.

IEK

„Fiänand" hait iek, „Growen" sin iek.
Dat vey frögger 'n „Von" hett hatt,
kann iek nau nit riuterkreygen;
Lichte gloiw' iek awwer dat.
   Liuter käik iek rinter Höchsten,
   as' iek klain vüär langer Teyt;
   nau is et nit biätter woren:
   Noge schlecht, gutt saih iek weyt.

Fräch un eigensinnig wass iek
un auk vake krank dobey;
'n kitzken is et biätter woren,
Vieles is auk *nau* bey mey.
   Liuter matt iek wuat erliäwen:
   Goh iek drai Schriet viär de Diär
   – in der Stadt un oppem Lanne –,
   liuter kümmet bo wuat vüär.

Klaine Saken (suiht nit jäider):
Biu de Kauh den Ruien bitt;
Graut' Malhör, bat miek – nit vake,
awwer diäste hädder – ritt.
   Niu saih iek in Stroten, Huisern
   'n Daut am Dag un in der Nacht:
   Mensken, Piärre un auk Hauhner,
   dai äin Auto ümmebracht.

Viel heww' iek all üwerstohen;
awwer *hai* draap miek nau nit.
Loot de Peyne, Krankhait kummen,
bann de Kopp men haugen blitt.
   – Frögger harr' iek viel Kuraaske:
   Aarbai'n bit tem Enne riut

woll iek; awwer 't is nit groen.
-Niu is dempet meyne Wiut.

Klain, ganns klain sin iek niu woren. -
Vüär mey imme tauen Braif
legg't dat Enn'; iek mak't nit uappen:
Bann't dey recht, Heer, is 't mey laif.

Peckelsheim, den 7. Juli 1926.

[*Anm. F.W.*:] Man liest, dass ich in meiner Selbstbeschreibung nicht überheblich bin. Hier kommt außerdem meine Krankheit auch zum Vorschein, da ich überall den Tod sehe - und auf ihn warte.

T: Wagener-Nachlass 1943d.

Das Wandern ist des Müllers Lust
„Zum Abschied meinem Bruder [Josef] gewidmet"

[1923; Auszug mit hoch- und plattdeutschen Texten]

Vorwort

Das Büchlein „Das Wandern ist des Müllers Lust" will eines jungen Mannes Drängen zum Glück und zur Ferne und seine Verwirklichung ausdrücken. Es folgt demselben von der Abschiedsfeier auf allen Phasen des Abschieds, auf der Reise bis zur Stelle, wo er neue Arbeit findet. Dort hört das Wandern und das Büchlein auf.

Da der betreffende junge Mann, wie es nun eben bei der Jugend Sitte ist, nach Amerika eingeladen wird und sich nach etwa 4 – 5 Wochen schon auf dem Dampfer befindet, so ist das Werkchen eine 2 – 3 wöchige Arbeit und macht schon deshalb auf Schönheit, Korrektheit, Vollständigkeit und Kunstfertigkeit keinen Anspruch. Zudem ist es ein Erstlingswerk, das noch wenig Erfahrung in der äußeren Wirklichkeit und in der Dichterwelt wiederspiegelt.

Es ist dem Auswanderer selbst gewidmet und will ihm überall ein lieber Begleiter sein; und uns, die wir daheim bleiben, soll es eine Erinnerung sein an den mutigen jungen Mann und seinen Abschied. Ihm dagegen soll es in schweren wie in allzu fröhlichen Stunden sowohl vor unüberlegten Schritten zurückhalten als ihm auch sagen, dass in der Not liebe Freunde in der Heimat mit ihm und um ihn trauern und besorgt sind, und dass im Glück er auch der Heimat gedenken soll, wo bangende Herzen sich um ihn sorgen und auf Nachrichten warten.

So nimm denn deinen Weg, du Wanderbüchlein, und wandere über Berg und Tal, zu Wasser und zu Lande mit dem, dem du gewidmet bist! Gewähre Trost und Erquickung denen, die dein bedürfen.

1923   Am Feste des hl. Joseph.
        Der Verfasser.

[*Anm. F.W. 1943*:] Wegen der Arbeitslosigkeit wanderte [mein Bruder] Joseph aus. Ein Hesse hatte ihm den Bürgschaftsschein geschickt.

ABSCHIEDSFEIER

Anfang
Luie, niu gäiht et loss. Niu weert dai Sake offiziösell. Bai niu kuiern well, matt äis das [dat] Miul uappendaun.
[...]

Kurze Ansprache
Liebe Festteilnehmer!

Das ist eigentlich kein Fest, an dem einer Abschied feiert. Aber uns Deutschen liegt das nun einmal so im Blut, alle Lebensabschnitte mit einem Feiertagskranz zu umgeben. So haben wir, bzw. mein Bruder Joseph, nun viele Verwandte und Bekannte geladen.

Als meine Aufgabe habe ich es betrachtet, zu den geistigen Getränken einige geistige Freuden zu spenden, die ich säuberlich und weitläufig aufgeschrieben habe.

Niu lustert mool!

[*Anm. F.W. 1943:*] Die Abschiedsfeier ist recht theatralisch ausgestaltet. Die Lieder sangen wir als Theologen gern in Paderborn und in der VsS [Vereinigung studierender Sauerländer]. Vieles mutet hier als Bierzeitung an, inbesondere die [→] Bekanntmachungen [...].

AN JUPP

Jupp op deynem haugen Sitz,
näi, bat bist diu stille lange,
ohne Lust un Spass un Witz:
Oerntleck weert't mey vüär dey bange.

Kuckest üwer'n ganssen Diss,
wahne vull van Drinkesaken,
un bist doch nit richteg friss:
Segg' doch, bat wesst diu hey maken?

„Affschäid feyern foort ter Stunn'
well iek unner diän Verwandten;
un et keemen rop un runn
auk de Frönne un Bekannten!"

Affschäid feyern, hiäst diu saggt?
Dat is doch äin triureg Dingen. –
„Weert de Lesste gafft un bracht!"
dat söll doch wual biätter klingen.

Söll't sau'n Namensdag nit seyn?
Dann könn'n vey us biätter fröggen,
schmeckre schoiner us de Weyn,
spüärten vey nix van diän Möggen!

Denn vey sind nit triureg geern,
bann us hiät kain Unglück druappen; –
un auk dann well vey't nit weern,
druoff vey doch wier Biättres huappen.

Weer' niu munter! Un dann fest
putz diek op un fixe make!
Use Affschäid kümm't telest, –
draan diu denken sasst nau vake.

Paderborn, den 10. März 1923

Rechts- und gerichtsverbindliche Bekanntmachung
(Fortsetzung)

Paragraph 6
Regeln bey der Feyer:
Abschnitt 1: Allen Luien weert aanbefuahlen, siek ne gurren Maut, ne gurren Awweteyt un ne gurren Magen mettebrengen.
Abschnitt 2: Jäider kann sauviel greynen, as' hai Lust un klain Geld hiät.
Abschnitt 3: Sai sollt sau harre singen, as' sai konnt, sollt iärk awwer wahren, dat ne de Stemme nit wiägfluiget. Diän Mannsluien weert saggt: se söllen nit gar te harre schriggen, dat me de Frauluie auk kreysken höört.
Abschnitt 4: Schmoiket weert nit. Iutnahmsweyse druower'et blaus dai, dai 't konnt.
Abschnitt 5: Drunken weert auk nit. Awwer Gift matt vertilget weren; diärümme weert drunken, bat hey is.
Abschnitt 6: Bai keinen Platz mehr amme Diske hiät, draff derrunner gohen; et fällt altmools en Bröcksken aff.

Paragraph 7
Regeln taum Häimegohen:
Abschnitt 1: Jäider sall oppen Faiten un nit oppem Koppe häime gohen!
Abschnitt 2: Alle sollt dann balle te Berre gohn un diän Kater, diän sai hett oder nit hett, iutschlopen!

[6. Lied]
Namensdagslaid
(Melodie: Der Kaiser ist ein lieber Mann)

De Joseph is ne laiwen Keerl;
hai dain're bey der Gard',
hai wass dobey ne graute Peerl,
hai wass saugar „Train – ard".

Do fi're auk mool Namensdag
wual imme netten Meert
diär Nacht un Dag met graut' Behag:
bat hüpp'lere seyn Heert.

Hau gaut en mannig Gliäsken Weyn
sey in met grautem Maut;
O Heer, bat is dat wunderfeyn;
hai stont op gurren Faut.

Un as' hai dann no häime genk – –
Näi, näi, bat wass dat do?
Bat hai auk alles aanefenk:
Dai Welt, dai jucklere jo!

Dai Buagenlampe harr'n hell Lecht;
hai fenk te kuiern aan:
„O Sunn', bat tüst diu schoin un recht
sau stännig deyne Bahn."

„Et drägget siek de gansse Welt;
sai drägget siek ümm' diek. –
Et drägget siek dat gansse Feld;
un faste stoh blauss iek!"

Dann peck hai diän Latüchtenpool:
„Niu schmeyt miek doch nit rüm'!
Bat schwaimelst diu? Niu loot dat mool!
Herrjo, iek falle ümm'!"

Hai kam met grautem Ach un Krach
bey Taihne all in't Hius:
Dat wass dai schoine Namensdag – –
Do laggte hai – sau biuss!

De Joseph is ne laiwen Keerl;
hai dain're bey der Gard',
hai wass dobey ne graute Peerl,
hai wass saugar „Train – ard".

(Paderborn, den 10. März 1923)

[*Anm. F.W. 1943*:] Joseph diente im letzten Halbjahr des Weltkrieges in Berlin als Trainsoldat. [...] Joseph war bei Schreinermeister Bange in Meschede in der Lehre, war nach dem Kriege in den Kunstwerkstätten Stadler in Paderborn und zog von dort nach Holland, wo er bis 1922 blieb.

[7. Lied]
ET WASS ENMOOL ... [o.T.]

Et wass enmool sau'n allen Schneyder,
sau'n dummen Schneyder;
un dai Schneyder harr' sau ne schoine Hitte,
sau ne nette Hitte;
un dai Hitte harre sau schoine Ohren,
sau nette Ohren – do main're dai dumme Schneyder:
    Dat gäfften schoine Kaffäischolen,
    dai Hittenohren.
Ei potztausend Schneiderlein!
Ei denn, so möcht ich kein Schneider mehr sein!

Un dai Hitte harre sau'n schoin Näsken,
sau'n nett Näsken – do main're dai dumme Schneyder:
    Dat gäfften schoin Blaumenväsken,
    dat Hittennäsken.

[10. Lied]
ET WÖÖR'N MOLL ... [O.T.]

Et wöör'n moll drei Tambiurn,
et wöör'n mool drai Tambiurn,
dai gengen in nen Wald spazäiren. ...

SCHLUSS

Diän Luien weert saggt, niu endleck iäre Trännenstrullen äin bitken intehallen, dat siek niu Joseph äismool richteg iutgreynen kann.
Dann sollt sai alle no iämme hienegohn, iämme gurre Nacht wünsken un viel Glücke derinne, – iek maine: in Amerika.

[III. Abschied] [...]
ABSCHIED VON DEUTSCHLAND →vgl. S. 450-452

O Deutschland, stolzes Vaterland,
so schön und frei gewesen;
von deinem Reichtum, alten Stand
wir können nur noch *lesen*.
Und denken muss zu dieser Zeit
ich immer an Franzosenneid.

Der letzte Grund des Wanderns ist,
weil Deutschland ist geschlagen,
man vom Verdienst nicht leben kann
in diesen schweren Tagen.
Der Abschied wird im deutschen Blut
zum Hass und zu Franzosenwut.

Entwaffnet hast du uns im Sieg
durch unsre eig'ne Treue;
verloren war noch nicht der Krieg.
- Nun ist entbrannt aufs neue
dein alter Hass, der Teufel dein:
besetzt den schönen, deutschen Rhein!

Der schöne Wein, der deutsche Rhein,
- besiegt (?) von Frankreichs Waffen? - -
Die Herrscher sollen nunmehr sein,
des Franzmanns schwarze Affen*? - -   *[rassistisch für:
Es soll nicht sein, es darf nicht sein;   schwarze Söldner]
o Deutschland, schrei ein lautes „Nein!"!

Wir hätten keinen Blücher mehr,
wir könnten nichts mehr machen;
der Platz des alten Fritz sei leer? - -
- Du musst die Wut entfachen:
Wenn einig sind wir dann und treu,
kommt Hindenburg aufs neu.

Nun willst du gar die Industrie,
das deutsche Volk verderben. - -
Du wirst sie nie bekommen, nie,
Eh' wird der Deutsche sterben.
Das Kohlensyndikat ist fort,
hinaus zum weit entleg'nen Ort.

Es wächst die Not, das deutsche Weh,
die Waren täglich steigen:
Das kommt von dem Poincaré,
dem sich die Welt soll neigen.
Die Witwe ruft, die Mutter schreit:
Die Kinder hungern; 's geht zu weit!

Es schreit der Mann voll Not und Schmerz,
der an der Arbeit stehet.
Ergreifen muss es jedes Herz:
Entrüstungssturm, der wehet.
Ohnmächtig steht der Deutsche da;
er ruft um Hilfe fern und nah'.

Er ruft's der Welt, dem Völkerbund,
er ruft: der soll befreien.
Er nennt die Not, das Weh, den Grund,
ihm Heer und Hilf' zu leihen.
– In Tiefem Schweigen liegt die Welt
und fällt nicht ein in das Vergelt.

So muss ich ziehn zum andern Reich
aus Deutschlands grossen Trümmern;
die Abschiedsmusik ist zugleich
von Hunger Kinder-Wimmern.
Ich schreie, stoße mit dem Fuß:
Das ist ein traur'ger Scheidegruß!

Doch eins ist wahr und viel genannt:
Es ändern sich die Zeiten!
Sie kommt, da wir dem Frankenland
den Untergang bereiten.[1]
Wir kennen die Geschichte schon
vom großen Herrn Napoleon.

Steinsiepen, den 17.1./19.3.1923

---

[1] [Der nächste deutsche Krieg ist also schon eine ausgemachte Sache; pb.]

NACHTRÄGLICHE ANMERKUNGEN
(Am 26. Juni 1943 geschrieben)

In den Jugendgedichten klingen vor allem die Werte Familie, Heimat und das Auswanderungsproblem immer wieder an, auch im „Poesiealbum". Hier ist in kurzer Zeit ein erstes fertiges Buch entstanden, das eine Abrundung in sich hat und einen Zweck, nämlich auf der Abschiedsfeier meines Bruders am 18. März 1923 vorgelesen zu werden.

In großer Leidenschaft wurde das Buch in kurzer Zeit zusammengestellt, in 2 Exemplaren ausgefertigt und kurz vor der Abreise meinem Bruder übergeben.

Die Titelseite dieses Buches ist:

Das Wandern ist des Müllers Lust
Gedichte von Ferdinand Wagener

Erste Auflage / Handschriftlich signiert
2 Exemplare
1923

Druck und Verlag von
Wagener
Steinsiepen – – – – New-York.

Die Bücher in Folioformat (1 habe ich mir selbst eingebunden!) erhielten kleine Initialzeichnungen und Schlußvignetten, die auch von mir gemacht wurden. – Sie sind nicht besser als der Text, würde ein strenger Kritiker sagen ([Franz] Hoffmeister).

Mit meinem Bruder verknüpfte[n] mich lange Zeit, als ich noch in Meschede war, besondere Beziehungen. Er schickte mir von Holland seine Spargulden, die ich zur Bank brachte, – wo sie dann der Inflation zum Opfer fielen. Später kaufte Joseph ein Haus. Als er nach Amerika auswanderte, verkaufte er es wieder: Der Erlös machte die halbe Überfahrt aus.

T: Wagener-Nachlass 1943b.

Mundartgedichte 1922-1931

(Gesammelt Königsberg 1943)

Anmerkungen zu den „Gedichten"
(geschrieben 1943)

Diese „Gedichte" waren zum Druck bestimmt und sind auch zum größten Teil in Zeitungen gedruckt worden.
 Im Original ist es schon interessant, die Schrift zu beobachten. Im Jahre 1922 (bis 23. Januar 1923) schrieb ich eine zierliche (lateinische) Kinderschrift. Im Jahre 1923 auch noch eine sehr jugendliche – und leserliche Jugendschrift.
 Seit dem Jahre 1929 hat sich die Schrift stark verändert. Vom Oktober 1927 schrieb ich mit meinem Füllhalter eine recht markante, eigenwillige Schrift.
 Die ersten Gedichte sind leichte, oft leichtsinnige Spielereien mit Formen ohne rechten Inhalt. Nur die Dialektsprache gibt ihnen einige Besonderheiten und Inhalt.
 Einige Natur- und Tiergedichte sind etwas besser, aber auch noch zu leicht empfunden.
 Erst die große Tragik meines Lebens, die Vergiftung am 2. Nov. 1925 gab meinem Leben eine sehr ernste und schwermütige Note, die sich in den Gedichten klar abhebt.
 Von da an werden die Tiergedichte besser. Und fast immer kleide ich meine Gedanken in Fabeln und alltägliche Tiergeschichten, in denen sich auch ernste, lebensmüde, philosophische Gedanken einschleichen.
 Die Widmung auf Seite 2 [DIÄM BAUK!] gibt dem Buch die Bestimmung und vor allem auch die volkstümliche Note, die ich für die Dialektsprache auch heute noch aufrecht halte.

DIÄM BAUK!

Diu kannst nit mehr terhäimen seyn,
diu masst niu gohn op Raisen
im Sumer waarm, im Winter kalt,
masst schwäiten un masst fraisen!

No Teydungen et äiste goh';
do masst diu gutt vertellen!
Un bliff men nit bey Seyte stohn:
Sey gruaf; sai latt diek gellen.

Diu möchtest seyn sau feyn akroot,
sösst seyn as' Gift sau saite,
dat nümmes större siek den Kopp – – –
Goh futt! – Dodrop iek flaite!

Jo, äxtre men de Luie viel;
diu drawwest sai auk oiwen. –
't is noireg mannegmool un gutt;
dat kannst diu mey wual gloiwen.

Un kümmest diu terügge äis
un hiäst kain Bauk te drücken: –
Dann masst diu naumool riuter gohn;
dat Bauk, dat matt äis glücken!

Steinsiepen, den 14. August 1926

DE SCHULTE UN DE „CENTRÄLER"

„Holla, niu kuck: de ,Centräler' all do!"
Sau saggte vüär Kuartem im Siuerland bo
'n Schulte un stonk foorts op vamme Iätten

– grade tem Enne harren sai giätten –,
saat siek dann schoin in 'nen Suargenstauhl rin,
käik in de Teydung', bat Nigges wass drin:

„Schnai bläif te lange im Suerland leyen;
süss wören auk allerhand schlechte Teyen.
Düchteg mool genk et im Raichsdage hiär;
auk bey 'n Franzausen wass wier schlecht Wiär,
harren van us wier genaug Geld nit kriegen,
hoorten nit op use Grünne dotiegen."

Dat konn diän Schulten niu ärgern ganss wahn,
geren genk hai diän Franzausen deraan.
Uewer diän Ärger woll'n Schlööpken hai hallen,
't Blaat wöör me balle ten Hännen riutfallen; –
soh hai do haugen nau diär seynen Brill,
dat de „Centräler" vam äisten April
kost're twiälf Mark. „Duiker, dat is te wahne!
Blitt hai am Opschlohn niu äiweg deraane?
Näi, Centepröhler, dat is dann deyn Lauhn:
Schreywe saufoort an de Redaktiaun,
lote miek iuter Reyge riutstreyken.
Sauwuat, dat miärke, is blauss füär de Reyken!"
– Un hai wass auk im Augenblick proot,
schräif usem Arn[s]biärger 'n Affschäid saufoot.

Jo, Prostemoolteyt, as' hai füär seyn Häiern
foorts no diäm Äisten nix harr te studäiern,
woll auk de Schloop nit no Middag geroh'n,
schmecken deh auk nit de äinzegste Broh'n,
nümmesen konn hai no'm Äisten mehr leyen. –
't genk nit; hai mochte trotz duierer Teyen
wieten dat Nigge.

Ter Post genk hai rin;
mannige Blaar hai soh, harr' im Sinn:

'n billiget woll hai bestellen; te duier
wören sai alle, ohn' viel Gekuier
nahm hai dat alle. Iämm' woorte bekannt:
Jäides nit schräif iutem Siuerland!
Saggte do:

„Kummen sall doch de ‚Centräler',
bann hai auk nau sau'n grauten Skandäler,
pässet hai doch in dat bergiske Land,
– 'n Hauhn oppem Neste – dat is jo bekannt.
Harre, jo harre wöll iek et beduiern,
bann hai niu opbestallt wöörte van 'n Biuern;
matt hai doch auk metten Teyen metgohn
un as' all Andres im Preyse opschlohn.
Sind jo niu üwerall ganss schlechte Teyen;
doch de „Centräler" is liuter te leyen.
Streyen matt hai ümme seynen Bestand;
weyser' ne diärümme nit van der Hand!
Billiger is hai as' andere Blaar,
foiert sau gutt, asse't gäiht, seyne Kaar;
doch matt hai balle im Preyse wier steygen:
Streyket ugg diärümme nit iuten Reygen!

Siuerland, un bat dorinn', alle Luie,
hallet doch usem „Centräler" de Truie!

Iek hewwe't äinmool deroone mool dohn; –
niu lot' iek alles, men iänn' nit wier gohn.

Steinsiepen, den 19. April 1922

Das Gedicht ist in seiner Originalfassung von einem Anton Schültke-Endorf geschrieben, von mir nur reichlich verbessert.

DE PHOTOGRAPH IMME SIUERLANNE

Sau äinige Dage vüär Christdag kam
de Franss, äin Studänte, no Hiuse.
Am Owend dat Woort hai ganss geren nahm
un laug un vertallte dann, biu se
et frögger do liuter harr'n driewen
vüär Johren sau sess oder siewen. – –

Et giet imme Siuerlanne Luie nau,
dai sind gar nit dumm – dat segge iek frauh –:
Sai konnt saugar photographäiern,
– bat iämm' nau genk üwer't Studäiern! –
Do sind niu wual Dinge passäiert,
vertallt' iek äis gistern nau 'm Wäiert:
(bey diäm hai am laiwesten hien siek saat;
et woorte iämm' mannigmool wuat lat'!)

Sau wass et vüär äinigen Johren:
do soll iek do biuten imm' Goren,
do hingen im Duarpe bey biämen
'nen Keerl un 'nen Ruien affniähmen.
    „Niu Tüenes, sett' diek ganss schoien heyhiär.
    Iek matt jo wual bey düsem duistern Wiär
    lang' knipsen. – Dat hiät nix te seggen! – –
    De Ruie matt heyhien siek leggen.
    Do liet hai. Niu stoier' diek nit mehr deraan!
    Dat Stillhallen gäiht niu all balle aan;
    dai Immen do sollt diek nit stiäcken, –
    iek well der mool gar nit met riäcken.
    – Sau, Ruie, niu loot doch dat Blieken!"
De Tüenes, dai hiät ne äis strieken. –
Dann knipsere'k – Ruiheg! Ruiheg! – O Schreck!
Niu bast doch op äinmol de Ruie weck:
Hai harre wual Muise bo ruacken

un woll iänne foorts an de Knuacken. – –
Dat Bield wass kaput. Na, Ruie, kumm hey,
diu sasst niu doch äinmool richteg derbey!
Vey muot't et wual naumool sau maken;
dann weert vey et sieker doch raken.
– Sau genk et naumool wier van Vüärne aan – –
Prost' Moolteyt! Bat kritt se miek dütmool draan.
– De Ruie bläif rüggeleck leyen;
niu moch' siek de Keerel beweyen!
Na, Duiker, bat is mey dann düt füär'n Vaih –
de gurren Dinger, dai sind awwer Drai:
Et genk alsau naumool – Niu! – Awwer, biuss!
De Ruie, dai krassere siek ümme ne Lius;
de Keerl awwer raip (Niu hüört doch, näinäi):
„Et hiät miek niu schuatten, auwäih, auwäih!"
un hell siek de Nasenknuacken:
Iänn' harre ne Imme bo stiäcken.
Dann frogere: „Is dai niu auk kaputt?"
Iek saggte nix, schmäit meyne Platten futt,
behell blauss dai lesste terügge
un mak'r' hinner iämm' seynem Rügge
wuat Bieler mey blauss van diär äinen:
met siewen Aarmen, feyf Bäinen.

Dat Frännsken, dat woll mool met user Kauh
te Biele un stallte siek op ganss schlau;
iät woll der wual geerne op reyen,
– doch sauwuat, dat drofft' iek nit leyen.
Sau hell hai se faste dann amme Kopp;
iek saggte: „Niu ruiheg, niu pass diu op!"
– Hai tracht' se „Hott hü!" in de Schniute;
doch do wass 't me'm Stillhalten iute.

En andermool wass et ne ganssen Tropp,
dai woll beynäin op ne Platte drop;

iek wäiss ne auk allen de Steyen,
sai drofften iärk nit mehr beweyen.
 „Doch gatt dann auk sauviel in't Kästken rin?"
 - „Niu Menske, bat kümmet dey innen Sinn:
 Bat dao nit sall ganss rinnergohen,
 dat kann op der Eeren nit stohen!
 Nun bitte recht freundlich! Et Miul matt tau!
 Den Kopp in de Hoih un kucket recht gau!
 Suih diu hiäst dey wual 'n Täiwen tebruaken,
 sau schaif stäihst diu op anderthalf Knuacken!
 Niu halt! Bat is dann te lachen do draan?
 De Duner haal ugg; gleyk weer iek äis wahn!"
Sau mochte iek liuter nau stuiern,
und endleck, do laiten sai't Kuiern;
un iek wass auk all ganss lange proot,
do genk et dann födder auk ganss akroot.
 „Niu ruiheg!" Iek knips're sau sachte
un dachte mey: ‚Holla niu wachte:
 Füär meynen Ärger do loot iek ugg stohn,
 diän ey diär diän Unsinn mey hewwet aandohn.'
Met Knipsen wass iek tem Enne;
iek genk awwer nau nit dodenne.
 „Sau Rugge, nit öhmen un passet op;
 nit gnäisen, nit lachen, sau dat de Kopp
 weert scharp", - un sau twinteg Miniuten,
dat alle sau wören derbiuten.
- Van Schwäit un Aarbett sai wören naat;
un endleck do harr' iek et auk recht saat
un klapp're meyn Kästken beynäine;
doch dai gengen nau nit vanäine.
Do „Ferrig!" saggt' iek. En „Häh" üwerall,
Söchten, Beweyen, dat genk diär all.
Sai froger'n: „Niu weyss, biu vey woren!"
 „Jo, dat saih iek selwer äis moren.

Denn weyss iek et niu, is de Platte kaput!"
– Dat glofften sai auk; un sai gengen futt.

Steinsiepen, den 8. Mai 1922

Recht leichtsinnig! Es gibt verdichtete Anekdoten aus der Zeit meiner Amateurphotographie wieder.

EPILOG TAU BEULES „HITTENDOKTER"
(Ein Nachruf zu Beules Tod!)

– un schutte iären schworen Kopp. –

Awwer äin paar Dage drop
wass sai recht gesund wier woren,
wiepl're wäggend metten Ohren,
hupps're, kleet're, storr' met Wiut,
bat iär kam, tem Wiäge riut;
kuckere sau stolt un stiuer,
stonk auk jömmers op de Liuer. –
Wass dann nümmes bo te saihn,
dann wass sai met äin, twäi, drai'n
Sprüng'n im Goren, un dann draan,
woorten Bäiten affgeblaan.
– Dobey woorte sai met Schliägen
wual bedacht, – un doch diäswiägen
deh sai't wier. – Et is sau'n Vaih:
Giest iär Kläi, – sai suiht bo Hai,
nasket sai – iek well't dey seggen! –
't Hai un lätt den Kläi do leggen.

Amme schoinen Muarn ümm' niegen
harr' dai Hitte Kleine kriegen,

väier Stück op äinen Schlag – –
Denket ugg, ba[t] dat ne Dag!
Un dai Hitte, vull Plasäier,
fraat niu Hai, en gansset Faier,
sprank sau dull un wass sau wahn,
wass ganss schrecklech glücklech draan.
– Awwer wäih, am andern Muargen
gaffte't wahne graute Suargen.

Kam dat Fräulein diär de Diär,
– Häh –, bat is dann düt füär Wiär?
Laggt' de Hitte, woll nit siupen,
woll vüär Peyne siek verkriupen.
 „Heer, o Heer, bat is dat Dier
 wahne krank; dat grätt nit wier!"
Helpen konnen kaine Pillen,
nutzen dehen nit Kamillen,
auk kain Kaffäiboihneken;
alsau mocht' de Dokter henn!

Niu woll hai siek nit verkuiern,
woll dai Hitte 'n bittken stuiern,
saggte dann: „Schliem is et nit,
 schwoore Krankhet sai nit krit.
 Jo, dat kann getraust iek seggen,
 saiht sai men do rüggelk leggen:
 Hiät sai iäwend kainen Schmacht,
 weert der nix terechte macht.
 – un dann hiät sai, suiht me haugen,
 wahnen Schloop nau innen Augen."
Ganss tefriähn me'm Beschäid
wass wual Friedchen nit. „Bai wäit?"
 „Denn sai kucket niu sau triureg,
 un dat Bläddern lutt sau schiureg;
 denket wual: ‚Iek hewwe't dohn;

jo iek sall der wual tau gohn.' "
Dat konn't Fräulein nit iuthallen,
't Düppen lait't ter Eeren fallen;
genk saufoorts tem Stalle riut,
sochte nau am lessten Kriut,
ümme doch nau wuat te maken.
- - - - - - - - - - - - - - - -
Helpen konnen kaine Saken.
Futt de Medizin iät gaut - -
Äine Stunn' - de Hitt' wass daut. -
Sau dat Stück tem Enn' is gohen,
use Dokter harr't nit rohen.
    - Un dai klainen Hittkes daun
    mochten sai in Pensiaun.

(Meschede, den 10. Mai 1922)

Das ist sowohl ein Nachruf [auf AUGUST BEULE, geb. 1867 und gestorben Weihnachten 1923!] als auch ein wirklich Ereignis, als uns in Meschede die Ziegenmutter einging. (Mein Onkel sagte darauf: Eigene Gedanken müsste man bringen, nicht andere Gedanken weiterspinnen!)
[Text von August Beules „Hittendokter" in: Mundart-Anthologie IV, S. 173-176.]

BEY STURM AN DER SPERRE

Endleck frey, de Aarbett dohen,
frauh heww' iek sai hinger mey;
Niu kann iek mool riuter gohen,
- stohe an der Sperre* hey.   *Hennetalsperre
No diär schlechten Luft der Stuawen
kann me dai do biuten luawen. - - -
Düchteg huilt de Wind dohiär:
Schoin bey hiemelbloem Wiär
trecket diär dat Tuig hai däfteg;
dobey scheynt de Sunne kräfteg.

- Un bey all diäm schoinen Hiäwen
bat äin Pulsken, Briusen, Liäwen!
Kunterbunt un kruiz un quiär
gäiht et do allüwerhiär.
In diusend schoinen
kriusen Toinen
pälsket un palsket dat Water herbey;
dat kruiselt siek, kringelt,
dat springet un ringelt
niu fix rund un rümme - -
Dann hauge, schwoor:
As' bann me suiht ganss junge, viele
Hitteböckske frisk beym Spiele:
Witt in de Hoih sai springet beynäin,
stautet iärk, laupet dann wier alläin.
Sau witt schuim't et hauge,
fällt schwuatt wier terügge,
schuiwet un hesset siek nöger.
Niu lanksam, niu fixer
et riusket un siuset,
bann't nöger briuset.
Op un diäll,
op un diäll
gäiht et seyne Weyse.
- Dai labändigen Wogen,
sau schwoor un sau schiureg;
sai gatt üwer alles un schwemmet heraan.
Niu sind sai am Platze,
niu sind sai herbey:
An de Muier et klätskert
un pulsket un plätskert
un schuimet un huilt
un sprützet terhoih: - - -
Dai Muier, dai juckelt un schwaimelt.
- - Niu amme Tauern

dat Water siek strecket,
in de Hoih et siek recket;
et kleetert un lecket:
Niu ritt et ne loss un niehmet ne met,
hai foiert un dansset un schwemmet met.
Un wier in de Hoih
dann gäiht et terügge;
un Wogen met Segeln,
dai kummet ne niu in de Maite. ‒ ‒
Niu sind sai beynäin.
Un derüwer, derunner:
Sai bitt iärk un kritt iärk un balget iärk rümme.
As' bann äin paar Ruiens im Streye
iärk liuter ümme siek selwer weltert. ‒
Dann wier riuteäin
un födder terügge. ‒ ‒ ‒
De Sunne scheynt kloor,
un dat unrugge Water,
dat blitzet un schimmert
un löchtet un flimmert
in allen Lechtern un Farwen.
‒ Me suiht siek nit saat
am labändegen Naat.

Wahne tütt de Wind am Rocke,
kräfteg greyp iek tau dem Stocke,
goh' un kucke no der Iuer, ‒
make miek dann van der Stey';
viel te lank all stonk iek hey!
‒ O biu schoin is dau* Natiuer.   *sic

Meschede, den 28. Mai 1922.

Naturgedichte. ‒ Ich arbeitete in der Zeit wirklich gern und viel, so dass der Stoßseufzer S. 12 [„Endleck frey"] verdient ist. Es ist hier versucht, in dem Dialektreichtum von Vokalen und Diphtongen Naturlaute wiederzugeben.

KREYG IN SIUPENHAGEN

Schulten Fritz wass häime kummen
met me schoinen un nit dummen
Miäcken un nem Sack vull Geld.

Bat do käik im Duarp de Welt!
Wollen iämm' en Stänn'ken brengen,
rin tem Wäiertshius sai gengen,
[ü]werlaggten, biu un bo. – –
Nowers Franss wass auk all do,
woll neysgiereg auk metmaken,
wusst' süss nix van sülken Saken,
hell siek liuter dovan feern,
drank auk nit besonders geern.

Dütmool genk et nit ganss droige.
„Düen Dag äinmool iek miek boige;
brenget mey nau äinen raan!"
saggt' hai; alle stemmer'n aan:
„Bättken, Bättken, brenk nau'n Fättken!"

Sau dai Siupgesank op Bättken,
dai sai do bedainen mocht'.
Grad' sau'n Versken harr'n sai socht,
bat sai liuter wier saggten,
bit sai unner'n Bänken laggten.
Sau't auk dütmool födder genk,
bit äis äiner aan mool fenk:
  „Muot äis't Rappeln nau prowäiern!
  Dann konn vey füär Geld kaffäiern,
  bann't beym reyken Onkel gäiht,
  dat et iämm' weert schwuatt un häit!"
Doch dat diu're Franss te lange;
hai stonk op un saggt' nit bange:

„Näi, vey wellt niu endleck gohn!
Bat soll vey hey dann nau stohn?"

Äiner, dai im Duarpe machte
liuter Streyt, stonk op un saggte:
   „Alle droige Drückepinn,
   suih, iek well dey luinsk nau sin!
   Diu wesst us hey wual wuat seggen?
   Goh diek doch dohiene leggen!"
Hai schlaug Franss dann an den Kopp,
dat dat Blaut foorts stonk derop.
Andre keemen, woll'n iänn' hallen;
do genk et äis recht an't Knallen:
Bäierpötte siuser'n hiär
ganss un half ter Stuawe diär.
Bat äin Springen, Fallen, Siusen,
Explodäiern, Knallen, Briusen;
Builen, Blaut bey jäideräin;
Flauk un Schennen genk diäräin.
   „O herrje, niu sin iek druappen;
   dofüär heww' sauviel iek suappen!"
Liuter kam nau nigge Wiut. –
Äiner woll ter Stuawe riut:
   „Duner, Bomben, Trummelfuier!
   Düsen Spass betaal vey duier."

Dai Schandarme kam do rin:
„Teufel, Ruhe! Alle hin ..."
„Au!" sau'n Schlag spuar hai nau kännen;
dai kam nit van schlechten Hännen.

Doch dai wass nit oppe't Miul
fallen, un hai kräig nit fiul
siek de Süäppers amme Kragen,
schurr' sai ase klaine Blagen.

Jo, füär dai niu woorte't krius,
mochten all in't Sprützenhius.

Schulten Fritz dat auk fix hoorte;
örntleck sachte iämm' et woorte:
 „Dat is jao sau schliem nai* nit,   *sic [nau?]
 bann dai auk mool 'n bittken kritt.
 Sau ne wahn versuapp'ne Bande
 is füär't gansse Duarp ne Schande.
 Un dobey nau fräch, verkahrt. –
 Doch niu sind sai gutt verwahrt."
Endleck gengen alle Biuern,
iärre Luie te bediuern,
tau dem Sprützenhiuse ropp,
stallten siek dorümme op,
frogeren: „Bat heww' ey maket,
dat me ugg hey haugen raket?"
Do vertallten sai't niu frey;
äiner satt auk nau derbey:
 „Luie, latt men all dat Klagen;
 düt wass Kreyg in Siupenhagen!"
Alle lacher'n do ganss wahn. –
Doch dai Süäppers wören draan,
mochten alle düchteg tahlen;
Ärger, Spott sai konnen halen
niäwenbey iärk. – Franss dai mocht',
harr' hai doch en Aanfank socht,
tahl'n apart füär siek nau feyne. –

Siup nit! Goh nit bey sau Schweyne!"
Dat is dai Moral vamm' Stücke.
Kater, Streyt, in't Geld ne Lücke
giet et allen graut un klain. –
Un me kann an Franss all saihn:
Mocht' hai't auk sau gutt nau mainen,

konn der doch nix bey verdainen;
un met seynem gurren Root
mak're Kreyg un Streyt saufoot.

Meschede, den 29. Juli 1922.

Veranlassung gab eine Schlägerei in Schliprüthen, von der mein Bruder Joseph, der aus Holland in Urlaub gekommen war, mit blauem Auge heimkehrte. (Gedr. 21.11.24 H. 67)

KASPER OPPEM OSSENHANDEL

Innnem* Juli konn't wual sin - - -   *In'nem
Hännes saat am kallen Uawen.
- Klopper' 't do? - „Herein! Kumm rin!"
raip biän rinter kaulen Stuawen.

   „Kualbiärgs Hans, biu gäiht et dey?"
   saggt' dai, „kannst diu gutt betahlen? -
   Iek heww' grade 'n Oesken frey;
   kannst et dey saufoortens halen!"

Kasper, auk äin Händler do,
harr' wuat saihn un harre liutert:
   „Preys is gutt; doch frey iek goh;
   hal't dey, bann't nit lange diuert!"
Dai Besaik van Hännes genk;
Kasper socht', ne sey te kleggen,
draap ne auk, un aan hai fenk,
iämme düt un dat te seggen,
saggte schmeydig imme Taun:
   „Kumm doch, drink dey äis ne Klainen!
   Wesst diu mey dat Oesken daun,
   kannst dey taihn Mark mehr verdainen."

„Use Oesken is nau frey",
saggt' dai, „doch iek well niu laupen.
Bai et äiste is bey mey,
diäm well iek et wual verkaupen."
Un hai harr' et harre saggt:
Kualbiärgs Hännes drofft et wieten.
Dai harr' sey all sauwuat dacht,
harr' siek foorts in'n Wichs rinschmieten.
Loss me'm Flizipee hai trock.

Dat harr' Kasper wier ruacken,
pot're fix im andern Rock
op't Motorrad seyne Knuacken,
druchte, dat hai balle fell,
piustere un schnauw ganss wahne.
- Hännes trachte, bat et hell;
hai wass sieker schliemer drane.
Niu am Auwer schauw hai rop,
Wiäg te knäppen, Wiäg, diän krummen.
- Kasper bläif doch haugen drop,
lait diän Motor födder brummen.
- Op der Hörr' stäig Hännes fix
op de Kaar, lait rinner siusen,
un hai drofft verlaisen nix:
Kasper kam auk aan te briusen. - -

Un hai hoor nit dat Geflait,
un hai hoor nix van diäm Johlen:
O, et biestert meyn Gemait,
bat niu kümmet, iut te molen:
Baie gleyk un wahn in Wiut
keemen aan grad' as' twäi Gecke;
Kasper mochte weyken iut,
bochte stracks do rinter Hecke.
- - - - - - - - - - - - - - -

– Wupp, – äin Hauchsprunk, dann in 't Daipe
flaug hai, – 'n richteg Mesterstück!
– Iutem Watergrawen raip he.

   „Duner, suih; iek heww' nau Glück",
dachte Hännes, „loot ne leggen!
Do dai Luie imme Hai
weert iämm' all, bat noireg, seggen!"
Un hai wass sau äin, twäi, drai
fix wier futt un iut ter Fulter
grad', as' bann hai nix härr' saihn.

Un dai Luie beym Gepulter
kucker'n biestreg rintem Wiär,
kucker'n iärk ganss rund un rümme:
   „Bo kümm't dat Gewitter hiär?"
kucker'n iärk dann naumool ümme,
un do sohn sai iänn' do leggen
imme Water – quacksteg naat –,
rümmespatteln, – duawen, – kleggen:
Bit an't Leyf hai drinne saat.
   „Jömmers, Kinners, Mensken, Laupen!
   Spaike suiht me wual bey Nacht – –
   Näi, suih, Kasper, diu döss 't Raupen!
   Keerl, bai härre sauwuat dacht?"
Un sai laipen nao iämm' hiene,
paker'n iänne amme Kopp:
   „Hallet faste, trecket diene!"
trock'n ne iut'em Water rop.

– Kasper soh, dat hai nau Liäwen
harre no diäm kallen Bad;
un [as]' hai dai Luie niäwen
sey all soh, do saggt' hai dat:
biu hai dat do maket harre;

Hännes härr' de Schuld am Fall. –
Awwer nit ganss viel et barre:
Wahne, wahne lacher'n all.
- - - - - - - - - - - - -
Hännes harr' et richteg raket,
un hai harr' seyn Haihnken rofft;
woll niu saihn, bat Kasper maket
harre, as' hai 't Oesken kofft.
    Kasper raip iämm': „Bann 'k diek rake – –"
Iut der äisten wahnen Wiut
– Hännes kannte wual dai Saken! –
kümmet kain Mool Gurres riut!
Nix mehr loss füär iänn' wass do,
woll sey niu drop äinen drinken.

Kasper sey seyn Rad besoh, –
mochte domet häime *hinken*.

Steinsiepen, den 5. Januar 1923

Enthält eine wirkliche Begebenheit von zwei ‚Marketendern' von Weuspert. Ursprünglich war es ‚Hinderk'; später wurde es zur Hochzeit im Kuckuck auf ‚Kasper' umgetauft! (Gedruckt in ‚Graute Hochteyt'!)

WAU, WAU!

Bey Schulten wass Diäskerey,
biuten ne Schniggerey – –
Thäidörken bus'lere frauh
in diäm geduaskenen Strauh,
    raip dobey: *Wau, Wau!*

Hai tiärere wahn verkahrt
diän Ruien, – dat harre hai lahrt;

bus'lere sey dann terlest
richteg en Riuengenest,
 raip auk nau: *Wau, Wau!*

Twäi Ingänge harre hai draan,
hell Wache et äiste wahn,
bliekere ganss in der Wiut
iut diän twäi Ingängen riut,
 bliekere: *Wau, Wau!*

Do kam Schulten Max dertau
van ächten in't Nest rin gau – –
Alles dat Schriggen halp nix,
düchteg bäit hai 'n in de Büx':
 Thäidor raip: *Wau, Wau!*
 Max, dai bäit: *Hau, Hau!*
 Thäidor gräin: *Au, Au!*

Steinsiepen, den 5. Januar 1923

Erinnerung an die Jugendzeit, da wir als Kinder gern in dem gedroschenen Krummstroh herumwühlten. (Gedr. April 24/H 62)

JOMER

Diäm Ruien Luchs seyn Heer wass daut;
äin Schlag, dai nahm iämm' 't Liäwen – –
de Triuer ümme iänn – wass graut,
auk Luchs wass ganss derniäwen.
 Hai fraat nix mehr, hai saup nix mehr;
 hai dachte blauss an Jomer.

Unruiheg laip hai hien un hiär,
bat sai auk aan all fengen;

dann galp're vüär der Kammerdüär
un wass nit wiäg te brengen.
    Hai fraat nix mehr, hai saup nix mehr;
    hai dachte blauss an Jomer.

Un as' de Düär mool uappen wass,
do konn hai rinnerlaupen;
do harre hai wual triur'gen Spass. -
Et barre gar kain Raupen.
    Hai fraat nix mehr, hai saup nix mehr;
    hai dachte blauss an Jomer.

Sai woll'n iämm' giewen wual ne Wuast,
doch hai lait sey nix seggen;
Mielk soll hai hewwen füär den Duast,
un hai bläif ruiheg leggen.
    Hai fraat nix mehr, hai saup nix mehr;
    hai dachte blauss an Jomer.

As' dann de Heer begrawen woor,
do woor hai faste bungen;
van weyt me do dat Galpern hoor:
Et hiät ganss schiureg klungen.
    Hai fraat nix mehr, hai saup nix mehr;
    hai dachte blauss an Jomer.

Am Owend konn hai frey wier gohn, -
do wass hai auk verschwunnen;
un bat sai auk her drümme dohn,
sai hewwet ne nit funnen.
    Hai fraat nix mehr, hai saup nix mehr;
    hai dachte blauss an Jomer.

Hai fank de Spuar van seynem Heern
un laip no'm Grawe hiene;

ban[n] kalt auk schäin de Owendsteern,
hai genk der nit mehr diene.
   Hai fraat nix mehr, hai saup nix mehr;
   hai dachte blauss an Jomer.

Am andern Muarn beym äisten Raut - - -
No 'm Kiärkhuaf gengen Luie:
Do fangen sai diän Ruien daut. -
Hai starf van Jomer, Truie.
   Hai fraat jo nix, hai saup jo nix;
   hai dachte blauss an Jomer.

Steinsiepen, den 9. Januar 1923

Einem solchen Hund ist irgendwo (in Hamburg) ein Denkmal gesetzt. Das las ich und sah die Abbildung in einer Illustrierten; daraus wurde dieses Gedicht. (Gedr. März 24/H 54)

PAPA, BAT SALL IEK DAUN?

Kläimes wass drai Johre alt
un recht düchteg, fett un stiuer - - -
Winter wass et un recht kalt.
- Kläimes wusst' nit op de Diuer,
bat hai liuter aarbai'n söll,
genk no'm Vaar, bat dai wual wöll:
   „Papa, bat sall iek daun?" -
   „Scheyte krassen ase'n Hauhn!"

Äis tefriähn me'm Beschäid,
wass hai'n wänneg do am Nölen;
dann woort't iämme wier läid,
fenk all wier aan te gröhlen.

– Ganss erbiärmleck, söcht're daip;
dann taum Vaar wier laip:
  „Papa, bat sall iek daun?" –
  „Scheyte krassen ase'n Hauhn!"

Nit tefriähn me'm Beschäid,
woor hai fräit un trampl're wahn
un nau mehr, – bat iek nit wäit.
Hai wass jao auk schliem wual draan:
Bat hai soll, dat woll hai nit;
bat hai woll, dat soll hai nit:
  „Papa, bat sall iek daun?" –
  „Scheyte krassen ase'n Hauhn!"

„Kläimes, ruiheg sasst diu seyn!
Süs kannst diu alleyne bleywen. –
Na, dann kumm mool met mey feyn:
Vey wellt us de Teyt verdreywen!"
Richteg: Vaar wass op do stohn,
pack're Kläimes aan beym Gohn:
  „Iek un diu un vey twäi baien
  wellt us diär de Scheyte laien!"

Steinsiepen, den 22. Januar 1923

[„Scheyte krassen ase'n Hauhn!":] Ist eine wirkliche Redensart aus meinen Kindertagen, die der Vater auch gebrauchte. Sehr naturalistisch. Dabei heißt ‚Scheyte' nur Schmutz, Dreck. Aber doch wurde das Gedicht wegen dieses Wortes von der feinfühligen Zeitung nicht gedruckt.
[Veröffentlichte Fassung mit abweichendem Titel *„'n Lästsack"* in den Arnsberger ‚Ruhrwellen': Wagener 1926b.]

HITTE DUTZ!

Bättken woll de Hitte haien,
raip de Mömme; dai saggt' "Jo".
Un iät genk, met iär te laien,
tiärere sai liuter bo:
    Hitte dutz!

Imme fetten, gailen Grase
fraat de Hitt' siek trummeldick.
Bättken sprank iär vüär der Nase
rümme, saggte sau füär siek:
    Hitte dutz!

Endleck woll't de Hitte wiärn.
Dat woor diär dann doch te dull:
Sauwuat konn sai nit verdriän,
makere, van Wiut ganss vull
    de Hitte dutz!

Bättken laggte in der Scheyte
tüsker Nieteln, Disseln do,
harr' am Kopp ne graute Pleyte. –
Dofüär mak're 't liuter bo:
    Hitte dutz!

No der Mömme laip et hienne:
"Iek sin schietrig üwerhiär,
Hitte hiät miek stott derdiene;
gief iär Schnäcke doch dofüär:
    der Hitte ditz!"

Mömme wass all oppem Wiäge:
"Diu sasst hewwen deynen Lauhn!"
– Bättken kräig naumool de Schliäge:
"Wesst diu auk nit wier daun:
    Hittes dutz!"?

„Miärk dey född er nette dütte!
un niu heww' mool laif dat Dier!"
Bättken genk wier no der Hitte;
awwer't makere nit wier:
   Hitte dutz!

Steinsiepen, den 23.I.1923

<small>Ebenso naturalistisch. Zuerst hieß das Kind ‚Graitken', wurde aber bei der Veröffentlichung unter ‚Ächter de Kögge' (12.6.25) in ‚Bättken' umgetauft.</small>

LABÄNDEG BEGRAWEN

Grautes hiäst diu saihn un leyen,
Arnsbiärgs stoltes Grofenschluatt:
Fäste, graut tau allen Teyen,
– dann im Kreyg wier klain un kuatt.

Dobey van Gefang'nen Klagen,
lange Dage, Johre wual,
dai de Graf in Kreygesdagen
schmäit in't daipe, duist're Hual.

Heinrich lait sai all vermuiern
do labändeg daip im Turm;
streyeg wass hai, viel in Fuiern,
harre liuter Kreyg un Sturm.

* * *

Äiner, dai do ungen laggte,
ruiheg, liuter met Geduld,   (Vitus?)
dai nit klag're un nix saggte;
un doch wass hai ohne Schuld.

Faste an diän Remmekeyen
saat hai triureg an der Wand,
dachte an dai allen Teyen,
dachte an seyn Häimatland.

Bischof Norbert, seynem Heeren,
harren sai de Schuld tausaggt:
Gottfried harr' füär Kurköln geeren
gafft seyn Schluatt met aller Macht.

Dat konn Heinrich nit vergiewen,
lait diän Norbert faste daun
in der Wewelsburg; un bliewen
wass hai hey. Ne schoinen Lauhn!

* * *

Do, – bat äin geföhrleck Biusen;
Böllerschüete dunern hiär,
Blosen, Laupen, Foiern, Siusen
hoor hai diär de Eere diär.

In diän Muiern, bat äin Brummen!
Iätten kräig hai auk nit mehr:
söll niu wual wuat And'res kummen?
Woor hai frey? – Hai wünsker't sehr!

Doch konn hai sey dat nit denken.
– Vake harr' dat gohen sau.
Iämm' wöör doch kain Dag mehr wenken;
un hai woorte triur'ger nau:

„Herr, nit meyn, näi, blauss de deyne
Will' geschaih! Maak stark meyn Blaut!
Niem van mey nit futt de Peyne:
Sai te driän, gief mey Maut!

Awwer meynem laiwen Heeren,
dai nau schliemer leyen matt – –
Iänn', o Heer, loot frey doch weren!
Iek well leyen; iämm' gief dat!"

Stille woorte't dann do unnen;
blauss de Ratten, Muise do
harren siek tehäupe funnen – – –
Süss was 't duister, muffeg, loh.

Do, – äin Rappeln as' van fasten
Brocken; – düär dat Lechtluack rin
kam wier Iätten, hai konn't tasten,
schmeck're: 't mocht wuat Gurres sin!

„Bat söll dat niu wual beduien?
Heww' vey'n niggen Heeren hey?
Oder – bat höör iek füär Luien:
Is bai stuarwen? – – Gelt et mey?"

Dann hoor hai amm' Kittken briäcken. –
„O, niu gäiht et in nen Daut! –
Alles well iek dey verspriäcken:
Heer erlois' miek iut *diär* Naut!"

Doch dann woor hai wier gedülleg
(Lecht kam diär de Muier rin!)
– Bat woll't iämm'? Hai wass nit schülleg!
(Dann fell ganss de Muier in.)

Äis nau blind vam hellen Lechte
soh hai nit, bai kam do raff. –
Endleck fank hai siek terechte.
(Seyne Keyen knäip me aff.)

Dann genk hai – – (taum Daut, in't Liäwen?
Soh hai kaine Sünderkaar?)
Näi, blauss Gottfried stonk derniäwen
un nau and're Luie, 'n paar.

Gottfried fenk niu aan te kuiern:
„Frögg diek endleck: Diu bist frey.
Ach, bat hiäst diu hinner Muiern
allert; niu gäiht't biätter dey!

Heinrich, use Heer is stuarwen, –
schliemer iek nau seggen matt:
Äiweg is hai wual verduarwen,
bann't as' M[e]nsk betrachte dat.

Ümme miek niu te versoihnen,
'n wahn graut Fäst, dat gaffte hai.
Diusend keemen, iämm' met schoinen
Woor'n te seggen allerlai.

Doch hai woll mey nix vergiewen;
schrecklech is't, bat iek all soll. –
Awwer iek sin faste bliewen,
heww' nit dohen, bat hai woll.

As' hai soh: Hai könn nix maken,
dat iek niemools deh sauwuat,
hiät hai dann met wahnen Saken
flauket usem Hiärreguatt.

Do hiät hai de Strofe kriegen. –
Wüärme bey iämm' saihn diu sasst:
Alles Laid is nix totiegen;
Liäwend iämm' dat Leyf tebast."

Vitus schrock niu wahn tehaupe:
„Schülleg is niu stuarwen dai,
schliemer as' bai ohne Daupe!"
Und dann fuaskend frog're hai:

„Un biu gäiht et meynem Heeren
Norbert op der Wewelsburg?
Is hai nau gesund? – op Eeren?
Is hai do nau in der Burg?"

„Wahne schliem dai mochte leyen",
saggte Gottfried, „is niu frey.
Saihn sasst diu iänn' op der Steyen,
heww' ne halen loten mey.

Awwer bat soll vey hey stohen?
Gohen wellt vey rop in't Schluatt:
Do statt nau de schoinste Broen. –
Doch treck diek äis ümme kuatt!"

Un hai gafft' me nigge Kläier;
un dann seeten sai siek daal.
– Nummedags, sau tiegen väier,
kam auk Norbert dann taum Mahl.

Jo, dai harre schrecklech leyen:
seyne Hoore wören witt.
Awwer niu wöör'n andre Teyen;
bat wass wiässt: et scharre nit!

Hai soh in dat Guatts Gerichte.
Bat wass dat äin Wiersaihn!
Triureg, – doch auk frauh un lichte:
– Guarres Luie weert nit klain.

* * *

Guarres Müelen konnt wual malen
lanksam, – awwer wahne feyn. –
Un sai weert diän Sünder halen,
loot ne auk verstiäcket seyn!

Steinsiepen, den 28. Januar 1923

Eine Geschichte aus der Zeit, als vom Arnsberger Schloß aus noch regiert wurde. Mein erster Versuch, eine plattdeutsche Ballade zu schreiben. Das Original ist hier verbessert und gekürzt!

KUMPENEY

„Nero" herr' hai, haien soll hai
diärteg Hauhner, dat nit dai
picker'n op, bat gistern sägget.
– Schaden mäk't viel Hauhnervaih.
    Nero awwer denket sey:
    „Biätter is us Kumpeney!"

Nero saat wual an der Ecke;
doch hai kuckere in't Wiär,
bliek're gar nit no diän Hauhnern.
Un hai riäck're sey dohiär:
    „Twinteg Egger mehr et giät;
    feyftaihn iek alläine friätt'."

„Maket nit sau'n graut Spektakel!
Krasset, kackelt nit sau wahn!"
– Doch de Mömme harr' 't all miärket:
Aarmer Nero, diu masst draan:
    Feyftaihn Egger Nero well;
    – twinteg kritt hai oppet Fell.

Äine Schale, kaine Egger
fank de Nero 'n andern Dag.
- Un dobey soh 't nau de Mömme;
un hai kräig wier Schlag op Schlag;
denket niu bedrüppelt sey:
„Kumpeney is Lumperey!"

Peckelsheim, den 2. Juli 1926

[Anmerkung zum hochdeutschen Gedicht, das diesem Text im Manuskriptband vorausgeht: „Hier sieht man den gewaltsamen Einschnitt in meinem Leben, die Vergiftung. Aus dem Wachsen des Gedichtes bis zur letzten Strophe sieht man meinen Willen, der Verzweiflung Herr zu werden."] Heilung fand ich in den Tierstudien, die ich seit der Zeit viel betrieb. Ein kleiner Seitenhieb auf Menschen, die einem helfen wollen und sollen (Krankheitserfahrung!).

SOTERDAG

't is Soterdag, un jäider putzet:
De Mömme schruppet Stuaw' un Gank;
de Mannslui' heww't dat jo nit geeren:
Sai muot't vüär't Hius dann op de Bank.

't is Soterdag, un jäider wäsket,
saugar de Goise imme Kump:
Et maket siek dai Allen raine,
un auk dai Jungen, klain un stump.

Sai flauet, frögget iärk im Water;
et is jao gar nit kalt un fräit:
Me kann sau nette dorinn' pulsken. -
Un biuten scheynt de Sunne häit.

Dai Grauten weyset et diän Klainen:
„Niu wasket ugg, dat jau nix blitt,

kain Pläcksken; 't is jo moren Sunndag:
dann muot't ey blenken rain un witt!"

Sai stiäcker 'n Kopp ganss daip in't Water
un pälsket, dat et üwer 'n Kopp
tehaupe flütt, – un as' sai raine,
do kleetert sai dem Auwer rop.

Hai glünsket, wägget metten Flüegeln,
sai wieppelt fröndleck mettem Steert;
Dai Blagen krägget van Plasäier,
heww't Spass, dat sai all grötter weert.

Dann statt sai alle in der Reyge,
weert droige an der Sunne ganss.
– 'T is Soterdag un moren Sunndag:
No 'r Kiärmiss' gatt vey dann un Danss!

Peckelsheim, den 8. Juli 1926

[Das Gedicht ‚Soterdag' gehört zu den] Vogelstudien, die ich mit einem Rendant i.R. in Peckelsheim machte.

MONDSCHEYN

Iek genk diär Feld, diär Biärg, – diär Nacht;
– iek goh' sau late geeren –
am Hiemel genk de Vullmond op
met seynen vielen Steeren.
   Dat Feld sau graut, dai Welt sau weyt:
   As' Silver suiht me't blenken;
   „Is't Eere nau, is't Hiemel all?" –
   me kann't sey gar nit denken.

Et is sau graut un doch sau still,
me höört dat Gras wual wassen;
et is sau hell un doch nit hell,
me kann op nixen passen.
   Schwuatt is de Biärg: iek matt derdiär,
   diän Paad kann'k nit verlaisen;
   am Wiäge hiär de Bieke flütt:
   Dat Water gäiht op Raisen.

De Boime riusket schmeydeg hiär,
de Biek' is am Vertellen;
me suiht in jäidem Busk ne Spauk – –
Dai Bange lätt dat gellen.
   Iek hewwe men Plasäier draan;
   me kann siek auk wual fröggen:
   't is ruiheg un taum Droimen gutt;
   't is kauhle un am Döggen.

Iek kumme op der Hörre aan
un saih meyn Huisken leggen:
Bläik scheynt dat Lecht un hell de Wand. –
De Mondscheyn lätt dat gleggen.
   Ganss anders suiht et iut am Dag! –
   Iek bläif nau lange stohen
   un soh mey't nigge Huisken aan,
   – un heww't nau vake dohen.

Peckelsheim, den 17. Juli 1926

Heimat- und Heimwehgedanken in Peckelsheim an mein Heimathaus. (Gedr. 31.8.27 unter ‚Ächter de Kögge'!)

FRÖNNE

„Briun", de Ruie, „Minz", de Katte,
harr'n tehaupe iäre Jungen:
Väier Minzkes un drai Bruinkes
wören do; un uawen, ungen
   wass diusend Plasäier.

Alle sprangen diär de Stuawe,
alle konnen iärk gutt leyen,
alle wör'n in *äiner* Kiste,
konnen all iärk kium beweyen,
   harr'n diusend Plasäier.

Alle Minzkes, Briun un Bruinkes
woor'n verkofft an äinem Muargen.
Men de Katte un *äin* Bruinken
bläiwen do un harr'n vüär Suargen
   nit diusend Plasäier.

Doch sai woorten biätt're Frönne:
Muise fenk iämm' niu dai Alle
jäiden Middag; un hai fraat sai,
un sai schnurrte, harren balle
   wier diusend Plasäier.

Äinen Dag – tau wass de Balken –
harr' sai kaine Muise kriegen.
Hai woor boise, bäit sai in 'nen
Steert un laip un harr' dotiegen
   nit diusend Plasäier.

Doch de Katte fenk wier Muise,
Bruinken konn sai wier friätten;
woorten niu äis gansse Frönne,
harr'n – dat Fröggere vergiätten –
    wier diusend Plasäier.

- - - - - - - - - - - - - -

Niu verdriätt ugg, Luie, ase 't
Katten, Ruiens daut hey 'n Stücke,
„diän't gehöört süss men te daune", –
un ey hewwet hundert Glücke
    met diusend Plasäier.

Peckelsheim, den 18. Juli 1926

Wohl die Notiz in einer Zeitung gab Veranlassung dazu.
(Gedr. 21.8.26/H. 140!)
[Veröffentlichte Fassung: Wagener 1926a]

OP FRIGGERSFAITEN

Droimen dait hai bey der Aarbett;
doch am Sunndag is hai feyn:
Hauge, stolt gäiht hai ter Kiärken – –
Do matt wual wuat ächter seyn!

Büx' is büegelt, rain is't Schmeysken,
strack is hai as' 'n Bessmenstiel;
Vüärnehm kuiert, gruisset, gäiht hai:
– Kasper, et is viel te viel!

Biu siek men de Schnurrboort kruiselt,
un biu kemmet hai de Hoor!
– Diu stäihst wual op Friggersfaiten,
Kasper; segg mey, is dat wohr?

Schnaalfett friättet iärk de Kögge,
un de Huaf is sau akroot;
Piärd un Kuske löchtet örntleck:
- Füär de Briut is alles proot!

Steinsiepen, den 3. September 1926

[Dieses Gedicht sowie „De Briutwagen", „De Briutbidder", „Hiushiewen" und „Fangen" sind] Gedichte zur Hochzeit von Kaspar Hesse, gedruckt in ‚Graute Hochteyt'.

DE BRIUTWAGEN

Iek halle diek op
un loot diek nit foiern – –
Iek giewe diek frey
un well diek nit stoiern,
giest diu mey 'n gutt Drinkgeld;
dann kannst diu dohiär:
iek wünske dey Siägen
un Glück un gutt Wiär.

De Piärre sind maie
un trecket nit aan;
dai Leyne is faste
un drücket sai wahn.
- Jo, gief diek men drinne;
et gäiht nit sau biuss:
- Un treck men diän Geldbuil, -
dann kümm'st diu no Hius!

Schönstatt, den 23. September 1926

DE DAUD

Egger fraat de Hauhnerruie;
sachte mak're siek derbey. –
Hai woor schoin un gutt un stiuer,
säggten doch de Luie mey:
    Et is te dull!

Jo, et wass ne tahmen Ruien,
fraat dey sieker iut der Hand;
bann diu stramm Kummando gafftest,
druchte hai siek an de Wand:
    Hai wass sau bloi!

Egger fraat de Hauhnerruie;
un dat wass dai krumme Naut.
Diärümm' mochte hai draan gloiwen,
diärümm' mocht' hai in nen Daud.
    – Süss wass hai gutt!

Stramm woor hai niu kummedäiert,
un hai druchte siek ter Eerd';
vüär de Blesse kam de Flinte,
– un hai wiepler' mettem Steert – –
    Hai käik sau trui!

Hai harr' naumool Spass un lach're.
– Dann gafft' et ne wahnen Knall:
Nero saggt' nix, mak're nix mehr,
fell inäin; dann wass et all:
    Niu is hai daut!

Am Rhein, den 25. September 1926

Solch ein Todesgedicht verfasste ich am schönen Rhein, immer noch ein Zeichen meiner deprimierten Gemütsverfassung.

DE BRIUTBIDDER

'n gurren Dag in't Hius, ey Luie.
'n Griuss soll'k seggen van der Briut:
In feyf Dagen härr'n sai Hochteyt,
dann söll'n ey doch kummen riut.

Auk de Blagen söll'n ey brengen,
Vaar un Mömme muot't derbey;
daut dat Hius men oppen Balken,
dann is alles sieker hey!

Bat sall iek der Briut bestellen?
Tau der Hochteyt kumm ey jo!
Biuviel Mann well ey dann schicken?
– Tau dem Middags sin ey do?!

HIUSHIEWEN

Met Guatt inäin heww' vey niu timmert
diän Kuckuck, deynen Hauchpalast.
Viel Glücke, Kasper, dau'k dey wünsken,
dat liuter diu diek fröggen sasst!

Steinsiepen, den 30. September 1926

„FANGEN"

Hallet stille, Briut un Bruime!
– Soll'n ugg seggen äis ne Griuss,
soll'n ugg alles Gurre wünsken,
eg' ey gatt in ugge Hius.

In der Kiärke, in der Misse
hiät ugg Guatt tehaupe gafft. –
Geld un Glücke wünsket alle
hey, Gesundhait un auk Kraft.

Denket an de Süsters, Brauers,
denket an de Blagenteyt!
Dau* heww' ey terügge loten;   *sic
un sai is un blitt niu weyt.

Awwer seyd diärümm' nit bange!
Weert et ugg auk äinmool schwoor:
Use Hiärguatt helpet liuter;
gloiwet dat, 't is sieker wohr.

Hauge sollt dai baien liäwen,
lank tefriähn un gesund!
Alle Luie, rund un ümme,
wünsket Glücke – diusend Pund!

Glücke, Mann un Frau !!!

Steinsiepen, den 26. Oktober 1926

DAT MIÄCKEN IUTEM SIUERLAND

Et was ne Maad im schoinen Siuerland.
Sai harre nix; sai liäw're van der Hand:
Iär Lauhn füär schwoore Aarbett wass nit graut,
De Biuer, bo sai bey wass, wass in Naut.

Sai härre lichte kriegen grötter'n Lauhn
bey andern Biuern; doch sai woll't nit daun:

Sai woll diän Biuern loten nit im Stiek,
vergaat dorüwer awer selwer siek.

Sai wass auk nette, wahne, üwerhiär;
en mann'ger reyke Jung' käik niäreg diär Diär.
Doch iär wass liuter kainer nau nit recht:
„denn reyk un aarm beynäin, dat pess siek schlecht."

Sai härre lichte kriegen mann'gen reyken Mann. –
Sai nahm antlest' diän aarmen Küättersmann;
niu harr' hai sai, un sai harr' iänn', un harr'n en Duätt:
Süss nix un nix; *niu* harr'n sai baie wuat.

Steinsiepen, den 17. September 1927

Wohl mein bestes Gedicht. Anregung gab mir ein Abend in der ‚Unitas'. Weshalb sollen andere Landschaften nur solche Heimatlieder haben? – Erst viel später ging mir auf, dass es das Lied meiner Mutter ist. „Dies ist eine Schladderadatsche" sagt Josefa Berens. (Gedr. in ‚Graute Hochteyt'!)

HÄIMEDREYWEN

Hoi, hoi, hoi, hoi, häime, hoi!
Hoi, hoi, hoi, hoi, häime!
Alle Kögge sind niu saat,
jäide, dai dün Numm'dag fraat;
diän', dai nit heww't friätten,
gönn iek Schmacht van Hiätten.
Hoi, hoi, hoi, hoi, häime!
Hoi, hoi, hoi, hoi, hoi!

Hoi, hoi, hoi, hoi, häime, hoi!
Hoi, hoi, hoi, hoi, häime!
De Kögge, dai strecket iärk,

bölket no mey;
de Kälfkes, dai lecket iärk,
stött iärk dobey.
Hoi, hoi, hoi, hoi, häime!
Hoi, hoi, hoi, hoi, hoi!

Hoi, hoi, hoi, hoi, häime, hoi!
Hoi, hoi, hoi, hoi, häime!
De Ruie, dai blieket all,
loipet no'n Kaih'n;
de Sunne, dai weyket all:
Ball' kann'k nix saihn.
Hoi, hoi, hoi, hoi, häime!
Hoi, hoi, hoi, hoi, hoi!

Hoi, hoi, hoi, hoi, häime, hoi!
Hoi, hoi, hoi, hoi, häime!
Hoi, niu gatt doch häime all!
Bieset fixe in 'nen Stall!
Düchteg Mielk soll ey niu giewen,
dat me 'n Oemmer nit kann hiewen.
Hoi, hoi, hoi, hoi, häime!
Hoi, hoi, hoi, hoi, hoi!

Hoi, hoi, hoi, hoi, häime, hoi!
Hoi, hoi, hoi, hoi, häime!
De Sumer is rümme;
de Hiärwest wass butt:
Dat Dreywen is ümme;
de Blaumen sind futt!
Hoi, hoi, hoi, hoi, häime!
Hoi, hoi, hoi, hoi, hoi!

Meschede, den 4. Oktober 1927

[Häimedreywen...] dichtete ich als Schluß von ‚Ächter de Kögge' (gedr. 10.10.27).

MOPPEYCHENS HOCHTEYT

Muarns is hai an 'n Floih te fangen,
putzet siek dann feyn un gutt,
driet den Steert naumool sau hauge
üwer 'n Huaf; – dann is hai futt.
– Middags is hai steyf van Dreck.
    Moppey, segg mey, bist diu geck?

Bat söll wual dai Ruie maken?
– Hai well no diän Nowers gohn:
Bieset stüäreg dann düär't Düärpken,
blitt dann an den Ecken stohn:
    Schoin is 't nit!

Niu sind 't all ne Masse Ruiens;
alle laupet met iämm' loss:
Klüngels „Nero", Threisens „Waldmann",
„Lump" un „Fix" un Schwuattens „Foss":
    Schoin is 't nit!

Un sai kalwert, fraichelt, kritt iärk,
un sai blieket, knurret, bitt;
un sai weltert, springet, stritt iärk,
un sai laupet, krasset, ritt:
    Schoin is 't nit!

Un sai laupet diär de Biärge,
daut doch kainem Hasen wuat;
Boime ritt sai balle ümme,
un dobey dat wahne Duätt:
    Schoin is 't nit!

Drüttaihn Wiäcken sind niu rümme – –
Moppey wier im Stalle blitt,

fänget Luise, Floih un Muise,
- bit hai väier Junge kritt;
mäket schoin dat [N]estken proot
füär dai Klainen: 't is 'n Stoot.

4./5.I.[19]28

Wieder sehr naturalistisch; aber so ist nun die Natur. Ich kann in diesem Treiben der Hunde nichts Schmutziges finden!

SILVÄSTER
(bo iärk Hasen un Fösse „Gurre Nacht" segget)

Knaidaip Schnai hiät et niu schnigget,
un dann is et klockenhell:
Alle Hasen weert maraude,
lösser liuter weert dat Fell:
　Dobey is Silvester.

Unner klainen Christbaumdännen
hiuket hungreg feyftaihn Stück
nau verschüchtert van der Dreyfjagd;
- dat sai liäwet, is nau'n Glück.
　Dobey is Silvester.

Awwer Hunger is ne Peyne.
Auk dai Hasen spuaren dat.
Iutem Duistern inn'en Mondscheyn
mak'ren sai siek oppen Paad.
　Dobey is Silvester.

An diän klainen Baukenlöcken
busel'rn sai no'm Stücksken Fras',
knapper'n an diän Baikenbünnen,
fangen auk bo 'n Spierken Gras.
　Dobey is Silvester.

Laipen van nem Lock no'm Löcksken,
dann in't Seypen no der Biek';
– 'n Lüäcksken wass bo imme Eyse –
süepen do un frögger'n siek.
    Dobey is Silvester.

Andern Muarn wass viel Geträmpel
in diäm Schnai op Niggejohr,
lange Pää un viel gekrasset:
Hasenstappen, -spuaren, -hoor.
    Dat wass niu Silvester.

Lippspringe, den 6./7. Januar 1928

[Wieder war in meinem Gesundheitszustand eine Verschlechterung eingetreten ...]
Mehr ein Gedicht meiner Verfassung als ein Tiergedicht: Verzweiflung und Todessehnsucht geht in stille Resignation über.

DAT KARUSSELL

Kiärmiss' is in usem Duarpe;
't Schoinste is dat Karussell:
Diusend Lechter, hundert Piärre;
foiern draff, bai kann un well:
    Liuter rümme, liuter bunter;
    rund un puckleg is de Welt!

„Lux", dai klauke, andern Dages
bitt siek selwer in nen Steert,
foiert Karussell alläine:
Kuck, bat hai dat fixe lehrt:
    Liuter rümme, liuter bunter;
    rund un puckleg is de Welt!

Un hai dansset, knurret, blieket,
bann de Steert verluaren gäiht;
mäket selwer seyne Museyk,
nümmes, dai m' im Wiäge stäiht:
    Liuter rümme, liuter bunter;
    rund un puckleg is de Welt!

Bat hai schwaimelt, bat hai schwanket; –
fank doch äis ne Pause aan!
Bums! do legg't hai oppem Rügge;
doch hai stellet naumool draan:
    Liuter rümme, liuter bunter;
    rund un puckleg is de Welt!

Bat me schwaimelt, bat me schwanket,
hiät me äis dat Foiern dohn! – –
„Lux", dai kruipet unner'n Uawen,
lätt dat Friätten Middags stohn!
    Liuter rümme, liuter bunter;
    rund un puckleg is de Welt!

Lippspringe, den 21. Februar 1928

Der Refrain ist maßgebend: Wirrung und Melancholie ist die Stimmung.

ICH LIEB DICH NICHT ...
[... *lieber plattdeutsch* ...]

Sei froh! Ich bleib'! Und freue dich,
ich kann dich gar nicht lassen.
Ich weiß es gar nicht, wie mir ist:
zum Lieben oder Hassen.
Ich lieb' dich nicht. Elisabeth;
doch hab' ich Dich so gern.

Ich lieb dich nicht: du bist so hart;
– und doch zu weich zum Leiden.
Ach so, das ist's: Du bist kein Mann. –
Sei Weib und Mann uns beiden!
Ich lieb dich nicht, Elisabeth:
doch hab ich dich so gern.

Ich lieb dich nicht, das *Wort* ist es,
das kann ich nicht ertragen;
ich drück es lieber plattdeutsch aus,
wenn ich zutiefst was sage. –
Ich lieb dich nicht, Elisabeth:
– *Ich hab Dich furchtbar gern!*

Steinsiepen, den 29. Oktober 1931

Gehört in ‚Des Lebens Mai'! Die Mundart ist doch die Seelensprache, und der letzte Vers müsste einfach heißen: Ick hewwe diek wahne geern!

T: Wagener-Nachlass 1943c.

DE LAIFDE HÖÖRT GAR NIT OP
Gedichte an meyne Frau

Aanfangen im Johr 1936

MEYN DRÜDKEN!

Äin Märchen heww iek saihn un hoort
Un hewwet auk erliäwet:
Äin Miäken, aarme, doch vamm' Lann',
Dat kam mey aangesch[w]iäwet.

Et wass sau schoin un richteg guet,
Iek harr' et laif en bietken,
No'm Namen fraug iek, do saggt' iät:
„Dann seggen Se men Drüdken!"

Iek woor't nit loss bey Dag un Nacht,
Denn dat deh wäih, – un biu! –
Niu wäit iek et, niu sin iek frauh:
– *Meyn Drüdken* –
dat biss diu!

Hamm, 4. Febr. 36

Eineinhalb Jahr hatte ich wegen übler Erfahrungen und Quertreibereien keine Zeile geschrieben, bis ich unter dem Nichtschreiben zusammenbrach. Mein Theaterspiel „Graute Hochteyt" [→IV.5] in Wallen brachte mir den Umbruch.

DUITSLAND
UN SIUERLAND

Iek main're liuter, laiwe Frugge:
Iek soh in dey dat duitske Land. -
Iek hewwe Duitsland wahne geren,
Doch harr' iek äinen schworen Stand:

Vey sind doch hey im Siuerlanne,
Et is en Dail, doch is et feyn,
Et is et Häime, iek sin't selwer,
Düt Land, dat konnst Diu mey nit seyn!

Iek main're dat, doch is et anders:
Iek stiärw füär't Häime, segg' iek dey!
Doch briuke iek nit mehr te saiken:
Dat duitske Häime biss diu mey!

Lippstadt, 4 Febr. 36

Dazu der Brief: Meine Allerliebste! Seit heute ist meine Liebe zum Sauerland keine unglückliche mehr, kann es nicht mehr sein. Urplötzlich ist mir eine Offenbarung geworden. Ich liebe dich wie noch nie! Du kannst weiter helfen. Ich werde es Dir erklären. Wir werden wieder ganz froh werden!

IEK MATT PLATTDUITSK KUIERN!

Iek wass sau harre schlecht deraan,
Kain Mensk' well miek verstohn,
Iek wöre sieker woren wahn,
Sau konnt't nit födder gohn, -
- Iek matt plattdu[i]tsk kuiern!

Bann iek dann mool bey Mensken wass,
Dai kuiern konnen platt,
Dann harr' iek liuter grauten Spass, –
Iek heww et vake hatt.
– Iek matt plattduitsk kuiern.

Un bann iek meyn Theater hoor,
Dann wass't datselwe auk:
Geck van Plasäier iek dann woor,
Sau ase't stäiht im Bauk.
– Iek matt plattduitsk kuiern.

Diu hiäst't terhäimen doch auk laart,
Diu hiäst doch kuiert platt;
Diu hiäst dat Gurre dey bewahrt, –
Iek frog' diek, segg mey dat:
– *Vey wellt plattduitsk kuiern!*

Lippstadt, 4. Febr. 36.

BAI WELL MEY WUATT?

Niu sin iek frey un stolt un stur,
Iek wass jo twiärss un krank.
Niu suiht de Welt ganss anders iut
As' heyvüär johrelank.

Niu sin iek frauh un fröchte nix,
Un kumm't se mey auk all
Van Pottland, Arnsbiärg un Berleyn, –
Sai gatt auk wier ball'.

Bat Guatt mey schick're in der Naut,
Äin Miäken sait et is:
Iek sin sau frauh, iek fröchte nix,
Bann diu men bey mey bliss.

Lippstadt, 5. Febr. 36.

Anm.: Aus dem Umbruch ist eine frohe Selbstbefreiung geworden. Die Anordnung der Gegner in „Pottland [Paderborner Land], Arnsbiärg un Berleyn[": hier] ist Arnsberg und Berlin in bewusste Nähe gebracht.

DANKEN!

Meyn laiwe Drüdken, *Danken* is
Dat Schönneste im Liäwen,
Dat Biälen, Biän, Laiwen kann
Me stellen äis doniäwen:
Dat Danken is de Säile.

Iek danke dey, dat diu mey höörst,
Iek dank dey schoin un feyn;
Iek danke dey, dat diu sau biss,
Diu kannst jo guet men seyn:
Iek well dey äiweg danken.

Iek danke Guatt, hai gaffte mey
En Miäken schoin un raut;
Sau as' et domaols, wass et niu:
Hai räit miek iuter Naut. –
Niu well vey baie danken!

Lippstadt, 5. Febr. 36.

MEN *ÄIN* LEYF ... ?

Näi, Drüdken, dat is nit genaug,
Bann vey im Berre legget;
Un iek bey dey, un diu bey mey,
Un nümmes äin Woort segget.

Jo, vake jo, dat Kuiern dait
Et auk nit ganss alläine:
Vey sind tehaupe men *äin* Leyf,
De gleyken Kopp un Bäine,

Daiselwen Blagen, men *äin* Hiätt',
Un bann gesund un häile
Vey lachet un us ganss verstatt,
Dann auk daiselwe *Säile!*

Hamm, 6. Febr. 36.

HÄIMEGOHN ...

Dat saggte de Vaar doch, sa' hai starw:
„Niu well iek häime gohn!"
Un as' me dat gar nit recht verstonk,
„Iek well in'n Hiemel gohn!"

Diu biss niu alläine, et deh dey wäih,
Et hiätt auk mey läid dohn.
Doch wöörst diu auk frauh, hiäst't selwer saggt:
„Hai is in'n Hiemel gohn!"

Diu biss niu in Schwuatt, et stäiht dey guet,
Met mey masst' alläine stohn;

Doch heww vey us laif, bit tem Enne tau,
Dann well vey auk häime gohn!

Hamm, 6. Febr. 36.

Ein spätes Beileid [zum Tod des Schwiegervaters], zugleich Aussicht, dass dieser letzte Weg doch der schönste ist.

IEK DROIME ...

O deh mey dat wäih, un et deh mey sau guet,
Diu kaamst in meyn Berre en bietken,
Diu frogerest triureg un doch auk sau sait',
Niu droimest diu sieker van Drüdken?

Iek droime sau viel, et wass alles sau schwoor,
Un niu sin iek wach wier woren;
Doch sey mey nit triureg, iek blif dey jo trui,
Sau gistern, sau düen Dag un moren!

Un niu sin iek frauh, dat iek main', 't wöär en Draum,
Niu lache auk diu, äis en bietken,
Iek hewwe diek laif, as' 'k nau niemools heww' hatt,
Un droime van dey, meynem Drüdken!

Hamm, 6. Febr. 36.

Du bist auch meine Künstlerliebe, in Dir habe ich alles. Da ich aber den Namen Elisabeth nicht poetisch genug in das Plattdeutsche übersetzen kann, nenne ich Dich „Drüdken", nicht wahr?

ET GÄIS* US SCHLECHT ... *[gäiht?]

Bat heww iek nit all alles dohn,
Et woll, et woll nit groen,
Kain Geld un Glücke un kain Häim',
Jo, et hiät schlecht us gohen.

Kain Häime, Hunger un kain Rot,
Füär't Häime well iek stohen;
Bat heww iek schannt un flauket all,
Un't is nau schlechter gohen.

Un doch, daut schmachtet sin vey nit;
Vey het us laif un sohen
De Blagen, dai gesund un stark. –
Et könn nau schlechter gohen.

Gelsenkirchen, 6. Febr. 36.

USE HANS

„Düt alles is use", segget de Breylsken
Un statt oppem haugen Biärg.
– Iek saike herümme, iek hewwe men diek,
Un dann heww vey'n klainen Twiärg.

Hai is men nau klain, doch gesund un lusteg,
Dat is use laiwe *Hans*;
Hai hiät wuat van mey, un hiät wuat van dey,
Un dai, dai höört us ganss.

Un „Siehste" segg't hai, dat hiät hai van dey,
Un't Danssen doch sieker auk;

Dai Baikerlaifde hiät hai van mey,
Territt auk en mannig Bauk.

Un „Auto" seggt hai, bann äinte bo foiert,
Un settet den Finger terecht,
Pil op, – doch füär miek, do segget hai „Onkel",–
Un dat, dat pässet mey schlecht.

Neheim, 8. Febr. 36.

Ossendumm

O Drüdken, diu hiäst liuter recht,
Bann vey vamme Liäwen kuiert;
Gedanken sin 't, un Volkes Naut,
Dai meyne Laifde stuiert. –
Dann sin iek Ossendumm.

In deynem Leyf hiäst diu et all
Un in diäm gurren Hiätte;
O niem miek vake in 'nen Aarm,
Dat iek et nit vergiätte
Un sey nit ossendumm!

In Laifde hiäst diu liuter recht,
Diu Mömme, Frau un Briut;
Kumm, Foi're miek un blif bey mey,
Dann hall iek et doch iut,
Bann iek auk ossendumm.

Neheim, 8. Febr. 36.

DE ALLERBESTE

Bann iek dat sau bedenke, dat et
Viel schoine Frauluie giet op der Welt,
Dai auk guet sind, trui in der Laifde,
Stark un gesund un auk brenget Geld, –

Diu biss un bliss doch meyn Drüdken alläine,
Diu biss de beste, dai et giet,
Diu biss de schönneste, truieste, rainste;
Daut diäm, dai mey wuat Anderes siet.

Diu biss de beste, dai mey gefället,
Nit üwerhaupt ( ), doch sieker füär miek,
Diu schoine, diu laiwe, diu saite Frugge,
Sin iek dann auk de Keerl füär diek?

Endorf, 8. Febr. 36

( ) Auch als Liebesdichter bin ich kein romantischer Esel. Es genügt mir auch vollauf, wenn Du, Drüdken, die Beste *für mich* bist.

USEM ELMARKEN!

Bat is dat doch sau schoin terhäimen,
Do biuten is et jo sau kalt;
Klain-Elmar, diu kannst drinne bleywen,
Taum Riutgohn bist diu nau nit alt.
   Schlop, schlop, meyn laiwe Kinneken,
   Do biuten wägget en Winneken.

Bat is dat Liäwen doch sau nette,
Bann wai nau in der Waigen liet. –

Men Täten, Schlopen, Kacken matt hai,
Un Lachen, bann h' de Pulle kritt.
   Schlop, schlop, meyn laiwe Kinneken
   Un lach in deynem Sinneken.

Niu schlop, bann diu mool grötter wassen,
Dann masst' de Kögge haien mey,
Dai Ossen, Kögge, Kälwkes alle,
Äin Kalw, dat höört dann äxtro dey.
   Schlop, schlop, meyn laiwe Kinneken,
   Bann graut, dann krist diu 'n Rinneken!

Eslohe, den 11. Febr. 36

ÄIN WUNDER?!

Biu is et passäiert? – Äin Film wass et man
"Vergissmeinnicht"! Kann me do lehren?
Iek saat do und dachte. – Bo wass et geschaihn!
Biu 't taugenk, kann iek gar nit erklären.

Iek wäit et jo selwer nit, nit mool dat,
Dat düse Film wual wuat dochte.
Doch äiner stäiht buär us, dai alles wäit,
No diäm alles sin sau mochte.

't wass alles sau lichte, sau kloor un sau lecht,
Im Mai ase blögget de Tulpen.
Iek wäit et jo nit, biu 't passäiert is,
Men Drüdken, diu hiäst draane hulpen.

Eslohe, den 12. Febr. 36

DAT KRUIZE

Iek woll nit *dichten*, Johrelank,
Iek sin tehaupe fallen.
Iek woor sau boise, woor sau schlecht,
Un konn 't nit iut mehr hallen.

Dat Kruize harr iek schmieten aff,
Dat Kruize is meyn Dichten. –
Dach harr iek födder nau de Last
Un konn nit op miek richten.

Hiärrguatt, iek well meyn Kruize niu
Met dey, as' diu, wier driägen
Füär use Volk un füär de Welt; –
Giew diu men deynen Siägen.

Iek woor sau frey, iek woor sau licht!
Niu help auk diu en bietken.
Dann gäiht et all, 't is schoin saugar,
Bann diu mey helpest, Drüdken.

Eslohe, den 13. Febr. 36

DE JUNGE MÖMME

Iek hewwe nit dacht, dat Hierot wöör
Nau schoiner as' 't Verluawen.
Jo, Hochteyt, weert im Hiemel macht,
Un Siägen kümm't van uawen.

Diu biss sau sait, gesund un schlank,
Diu Kind, diu Frau un Mömme.
Dat *Häime* bist D', iek saike nit,
Iek wüsste nit, wiärümme.

Diu biss sau nette, üwerhiär
Un biss auk sau gerecht.
Schoin naak'neg auk, men äinte nit,
Diu kannst jo nit sin schlecht.

Sau as' diu wöörst, sau biss diu nau, –
Bit op diän äinen Finger.
Diu biss sau sait, gesund un weerst
Met jäidem Blage jünger.

Eslohe, den 13. Febr. 36.

Use Drüdken is krank!

Op äinmool nachts, do kräig et 't Fraisen
Un Hals- un Koppwäih auk derbey –
De Kopp sau häit, de Bäine keller –
Niu, Drüdken, blif im Berre mey!

Äis lach're *Hans*, un stonk am Berre
Un trock de Mömme amme Ohr.
Un as' dai gräin, mocht hai auk greynen,
Un lait siek gar nit stuiern mehr.

Dat *Elmarken* laggt' imme Kuarwe
Un lachre nit und gräin auk nit.
Hai aat nix mehr un wass am Dösen.
Bat weert, bann dat sau födder blitt?

Iek selwer harr kain Lust taum Iäten
Un harre harre Hiättepeyn;
As' Drüdken dann am achten Dage
Stonk op, – mocht iek im Berre seyn!

Eslohe, den 14. Febr. 36.

SAU'N SCHELM

Äis, do woll hai liuter greynen,
Bann de „Nina" küssere iän nau;
Konn all balle nit mehr öhmen
Hans, Diu laarst dat Küssen frauh.

Niu vertrecket hai all 't Muilken,
Settet siek in Positiuer,
Drägget saite seyne Augen,
Un dann is hai op der Liuer:

Gistern Owend woll hai lehren –
Hai pess op un käit [*käik?*] sau nett,
Biu dat Küssen dehn de Ellern, –
Un dann lach're hai siek fett.

Un hai nahm us baie Köppe,
Druchte se liuter wier anäin,
Liuter wier, bann vey nit paus't härrn,
Wöör'n vey niu nau sau tau *drai'n*.

Eslohe, den 15. Febr. 36.

BLECK

Bat is dat füär äin Plasäier,
Bann de Hans äis badet weert,
Bann hai bleck im Water sittet,
Un siek wahne schreckleg bärt.

O, bat löchtet iäm de Augen,
Un bat pälsket hai im Naat,
Dat hai ächtern Ohm wual kümmet.
As' hai gistern drinne saat,

Woor de Küeke ball' en Schwemmbad
Un de Mömme quaksteg naat.
Hai im Faat saat balle droige:
Alles Schennen nixen batt.

Bann vey mool ne Wanne hewwet,
Sett iek Drüdken un den Hans
Bleck tehaupe in dat Water,
Konnt iäk dann besprützeln ganss.

Eslohe, den 16. Febr. 36.

IEK MÖCHTE MOOL WECK – –

Ach, liuter terhäimen is mey nit recht,
Iek möchte auk mool verraisen!
Nit liuter im waarmen, müllmegen Hius,
Iek möchte auk äinmool fraisen!

Iek möchte mool wier in de Stadt
Un Huiser saihn un Geschäfte,
Met Luien, vernünftegen, kuiern en Woort,
Un Danssen, bann sauwuat do gäffte.

Iek möchte no'm Meskede-Windbuilnest
Un schlündern op der Sperre,
Bann iek en schoin nigge Seydenkläid
Un gurre Schlittschauh härre.

Jo, goh men, meyn Drüdken, diu kümmest jo wier!
't is Fastnacht un nixen verbuän.
Hiärnoh is et hey dann naumool sau waarm
Terhäimen bey Vaar un bey Suehn.

Eslohe, den 18. Febr. 36.

HÄIME

Iek konn diek nit vergiätten,
Diek Siuerland, sau hart,
Bo iek gebuärn un liäwe,
Un batt iek *laiwen matt*,

Un niu is äin Vergiätten,
Bo iek diek nigge fank,
Nit müeglek un kain Unglück, –
Meyn *Glücke* liäwenlank.

Diu gäihst met mey, meyn Häime,
Un bann iek flüchten sall
In Elend, Naut un Krankhait, –
Diu biss meyn Glücke *all*.

Meyn Glücke, graut un störeg,
Sau schoin, as' Drüdken is,
Sau sait' un äiweg nigge
Diu mey as' Drüdken *bliss*.

Meschede, den 20. Febr. 36.

Niu is et do!

Bann weert et sin? Bann weert et sin?
Dat wass ne lange Froge. –
De Teyt genk lanksam johrelank,
Un endlech wass et noge.

Niu is et do, vey sind beynäin,
Vey wellt te Berre gohen; –
In meynem Diu, in deynen iek,* *[sic]
– Tehaupe heww vey't dohen.

Niu is et do, de äiste Mann,
Diän vey erschaffen drofften;
Niu is dat alles Würklechkait,
Bat vey süss wünsker'n, glofften.

Eslohe, den 21. Febr. 36.

MAMA-MAMA-MAMA-MAMA-MAMA-MAMA-MAMA!

Dat äiste Mool un siewen Mool
Saufoort hiätt use Hans
Niu „Mama" saggt. Bat denk ey wual,
Dat Drüdken vull Plasäier ganss!

Dat äiste Mool un siewen Mool –,
Bat hiätt dat te beduien?
Beym Kuckuck sind et siewen Johr,
Sau as' et hett bey'n Luien.

Sau mass diu wachten siewen Johr!
Bo op? Do sin vey blind!
Op't Friggen? Oppen twedden Mann?
Näi! Doch wual oppen *Kind*?!

Eslohe, den 21. Febr. 36.

TUFFELNSCHELLEN

Jo, liuter kannst diu Tuffeln schellen!
O Drüdken, hiäst diu't guet,
Ganss graute, klaine, dicke, dünne –
Sau klaine as ne Nuet.

De Mömme schellet, Papa schellet, –
Un iek schallt' liuter met:
Van Schichtern woor vertallt un Grüggel.
O Drüdken, wass dat nett!

Steinsiepen, den 24. Febr. 36.

GOH MEN!

Drüdken segget: „Goh doch men,
Iek sin doch alläine
Vake un verstoh dat all.
Mak diek op de Bäine!"

„Bat wesst diu dann maken hey
An diäm langen Sunndag?
Bann iek bleywe üwer Nacht,
Kumme wier äis Mundag!"

„O, iek gohe an de Luft
Met diän baien Blagen!
Goh un kumm tefriän häim',
Licht in Kopp un Magen!"

Do sin iek no'n Ellern gohn,
Brachte G[r]uiss' an alle.
Doch iek heww viel an diek dacht,
Wass terügge balle.

Eslohe, den 25. Febr. 36.

FASTNACHT

„Goh men!" hiätt dat Drüdken saggt,
„Kumm auk balle wier!"
Un iek genk no Fastnacht dann,
Schiäm're miek kain Spier.

Hopsawalzer, Polkadanss,
Un äin wahn Plasäier.
Schinkenbüeters un ne Schnaps
Gaffte't, Wurst un Bäier.

Frauluie in Fastnachtsstoot,
Geck, sau dat se reern,
Konn me küssen, biu me woll,
Geck konn me auk weern.

Un iek brachte häime äint',
Bleck un licht en bietken.
Un iek wäit nit, bat iek woll,
– Do wass et meyn Drüdken!

Eslohe, den 25. Febr. 36.

KUMM, DRÜDKEN, KUMM!

Kumm, meyn Drüdken, aarme Dierken,
Kumm no mey, iek hall diek waarm,
Kumm, diu stäihst jo sau alläine
In diär grauten Welt sau aarm!
    Kumm, Drüdken, kumm!

Kumm, meyn Drüdken, klaine Drüdken,
Iek sin stark un stur un echt!
Näi, iek stoh jo auk alläine,
Mak et kainem Mensken recht!
    Kumm, Drüdken, kumm!

Kumm, vey wellt tehaupe gohen,
Bungen us ne waarmen Heerd!
Kumm, iek matt 'nen Mensken hewwen,
Dai mey un diäm iek wuat weert.
    Kumm, Drüdken, kumm!

Kumm, iek hewwe diek sau geerne,
Gief mey 'n Kuss un blif mey stohn!
Heww miek laif un weert vey maie,
Dann well vey te Berre gohn!
    Kumm, Drüdken, kumm!

Eslohe, den 25. Febr. 36.

FASTLOWEND TERHÄIMEN

Fastelowend is en Fäst,
Feyert hewwe 't äinmool iek;
Do fank iek miek wier terecht',
Un iek hewwe fungen *diek*.

Drüdken, wass dat nit en Fäst,
As' iek 't äiste Mool diek saihn?
As' iek diek dann häime bracht',
Jo, do wass et all geschaihn!

Wöörst diu 'n laiwen Fastnachtsgeck!
Balle schräiw iek Braif op Braif
Un Gedichte, – un auk niu
Schreyw iek, un diu biss mey laif.

Drüdken, as' iek häime kaam
Gistern, schoin harrst d' alles ruggt,
Het an alles wier dacht
Un us anenander druggt.

't wass en wichteg-schworer Dag!
Anders wöört, bann diu nit häst
Glofft mey domools, – jo niu blitt
Fastelowend *use* Fäst!

Eslohe, den 25. Febr. 36.

FASTEN

Bann dann Askermiddewiäke
Kaam, dann wören ruiheg vey,
Wören eernst un het beroen,
O, dann wöörst auk Laif diu mey!

Aandächteg as' Süster, Brauer
Gengen vey diär Busk un Feld.
Grad' sau lichte is't, iek gloiwe,
Bann me eernst niem't de Welt!

Un vey fröggern us op Austern,
Op dat schoine Austernest;
In diäm schoinen Münsterdale
Drücker'n, küsser'n vey us fest'.

Eslohe, den 25. Febr. 36.

T: Wagener-Nachlass 1936.

* * *

Lose Blätter

DRÜDKEN UN JÜPPKEN

Drüdken, iek hewwe en Rätsel:
„Bann hiäst diu Namensdag?"
Nit diän im Winter iek maine;
iek maine diän Froihjohrsdag!

Dreywen un Blaumen im Froihjohr
biuten un in usem Blaut. –
Junk sin vey, blank un tefriähn:
Glück hewwet vey un auk Naut.

Niu is en Fästdag, mey Drüdken:
Namensdag hiäst diu op Jupp.
Gief mey nen Kuss, äinen saiten,
un äinen festen drup.

Drüdken un Jüppken, dat is wuat,
baie op *äinen* Dag.
Segg mey, bat sall dat, bat well iek,
segg mey saufoort: „Iek mag!"

Giet et en Jungen, dann Jüppken!
Schoin is dat doch, nit wohr?
Giet et en Miäcken, dann Drüdken,
Lisbeth dobey! – Wass et schwoor, –
　　　　dat Rätsel?

Auf Fahrt, den 20. März 1936

SCHRANKEN

Drüdken, vey bunget niu Schranken,
un dann terbriäcket vey sai.
Drüdken, heww laif miek un liuter!
Drüdken, segg niemools mey: „Näi!"

Drüdken, bann diu niu de Büxe
aane hiäst, is et mey klor:
Well vey men küssen us, mehr nit;
Geist well vey sin! Is dat schwoor?

Laif heww vey us, un niu liuter,
liuter un liuter nau mehr:
Schaffen, erschaffen, dat well vey.
O, un dat frögget miek sehr.

Dorinne legget Erloisunk,
un dai briuke iek wahn. –
Drüdken, diu masst miek erloisen! –
Drüdken, niu denke doraan!

Auf Fahrt, den 20. März 1936

Als ich schon verheiratet war, kam durch die Aufführung meiner „Grauten Hochteyt" ein neuer Liebes- und Liedersturm über mich. Diese beiden Gedichte [*Drüdken un Jüppken; Schranken*] gehören in die Sammlung „De Laifde hööt gar nit op". – Aus dem Spiel mit Drüdken wurden Liebesgedichte für meine Frau.

T: Wagener-Nachlass 1943c, S. 82-83 [Anhang „Lose Blaetter aus allen Winkeln zusammengestöbert"].

ZWEITE ABTEILUNG
PROSA IN SAUERLÄNDISCHER MUNDART

Obersalwey 1942 (Archiv Museum Eslohe)

ÄCHTER DE KÖGGE!
Ein Sommer bei den Kuhhirten im Waldbauernhof

[1925/1927;
neu gesammelt 1943]

KUHHIRTENROMANTIK
[Hochdeutsche Einleitung
des Verfassers]

Kuhhirtenromantik? – Gibt es so etwas? Man ist im Alter gern geneigt, alles das, was man in der Jugend erlebt hat, als schön anzusprechen, als bare Freude, als Frieden und lauter Sonnenschein. Und doch hat die Jugend genau so ihre Kämpfe, ihre Leiden, ja ihre Verzweiflung wie das erwachsene Alter. Wenn ein Kind weint, sieht es eben die Welt als trostlos und freudeleer an.

„Ich freue mich!" sagte unser Schwesterchen, meine Tochter so gern. Aber als sie einmal aufstand (sie hatte wohl schlecht geträumt), sagte sie: „Ich freue mich gar nicht mehr!" Und es war auch nichts mehr mit ihr anzufangen. Widerspenstig war sie. Dabei standen ihre Augen voller Tränen, sie flossen über; es war ein stummes Weinen, wie ein solches auch bei einem erwachsenen Menschen nicht trostloser wirken kann. Das einzige Gute in der Kindheit ist, dass man schnell vergisst. Ich konnte mein vierjähriges Töchterchen ablenken; und als ich sie (es war im Urlaub) mit auf einen Gang in die Kleinstadt nahm, war die Traurigkeit bald vergessen: sie strahlte wieder und sagte: „Ich freue mich!"

(In dieser Weise können wir Erwachsenen allerdings von den Kindern lernen: Härten und Wunden des Lebens schnell zu vergessen und uns auch am Kleinen zu erfreuen!)

Als ich noch die Kühe hütete[1] (es war in der Volksschulzeit), war das nicht nur Spiel und Freude, sondern Arbeit für uns, eine Arbeit, die wir neben den Schularbeiten und dem weiten Weg zur Schule zu versehen hatten. Oftmals mussten wir die Schulbücher mit „ächter de Kögge" nehmen; und kein Lehrer nahm Rücksicht bei einem Nichtkönnen der Schulaufgaben auf die Entschuldigung: Wir *mussten* die Kühe hüten!

Ja, wir *mussten* die Kühe hüten! Ob es hoher Sonnenschein war oder der Regen strömte, ob die Kühe bei Gewitterschwüle ihre Schwänze wie Fackeln zum Himmel hoben und durch die Wälder barsten, dass wir schweißtriefend hinterherrennen mussten, oder ob wir in kalten Mai- oder Oktobertagen uns zitternd in dicke Mäntel hüllten. In Wind und Wetter standen wir draussen; aber selten führte das zu einer Krankheit; wir wurden vielmehr abgehärtet.

Meistens weideten wir das Vieh in Bergmulden, in „Siepen", im Buschwald und [in] jungen „Schonungen", wo das saftige Berggras von den Tieren gern genommen wurde und aromati-

---

[1] Nach fast zwanzig Jahren, mitten im Kriege, in dem ich selbst als Soldat stehe, mitten in der großen Besinnung und Planung meines Lebens, finde ich zu meinem Manuskript „Ächter de Kögge" zurück, das ich als Student geschrieben habe. – Ich würde heute nicht mehr alles so schreiben und *könnte* es auch nicht. Jede Zeit auch im Leben eines Menschen hat ihren eigenen Stil und ihre eigene Stimmung. Es war damals ein Schreiben, fern der Sorgen und Notwendigkeiten eines praktischen Lebens. – Auch heute stehe ich noch zu meinem Manuskript. Es hat Unebenheiten in der Sprache. Gewisse Herren würden sagen, ich spreche eine platte Sprache. Gemach! Ich bin und will kein Feinmechaniker in der Dialektsprache sein. Es gibt dann eben sehr viele wunderbare Worte, die man dann nicht gebrauchen darf. Wir sind Gott sei Dank oft derbe und drastisch, von keiner städtischen Gefühlsduselei infiziert. Aber Leben, gesundes Leben herrscht bei uns. Andere werden sagen, dass ich zu wenig Humor habe, dass sie nicht genug lachen können. Auch mit denen will ich abrechnen. Für mich ist die plattdeutsche Sprache nicht nur zum Lachen da. Sie ist mir Seelensprache, und meine Seele habe ich darin geoffenbart. – Es sind viele Selbsterkenntnisse darin; manches ist „gedichtet", aber so, dass es wirklich ist. – Beispiele, nach denen ich mich genau richten konnte, hatte ich vor 20 Jahren nicht, und habe ich heute nicht! – Die meisten Skizzen waren 1925 und 1927 in der Mescheder Zeitung veröffentlicht.

sche Milch und Butter bei den Milchtieren (wenn auch nicht in der Menge wie bei den Tieren auf saftigen Wiesen) hervorzauberte. Und doch war es eine einträgliche Zugabe an die Kleinbauern, dass sie in den Waldrevieren ihr Vieh weiden *durften*. War es ein Recht? Brief und Siegel standen nicht darauf, aber durch Gewohnheit war es verjährt. Die Kleinbauern hielten mit grosser Entschiedenheit daran fest. Schon im vorigen Jahrhundert kam es zu einem langwierigen Prozess wegen einer Hudegerechtigkeit. Er fraß viel Geld, brachte den Kleinbauern an den Rand des Abgrunds und konnte schließlich nicht zu Ende geführt werden, weil der Kleinbauer nicht mehr bezahlen konnte.[2] Aber sie weideten weiter!

Und doch war es, die Kuhhirtenzeit, eine schöne Zeit und auch eine fruchtbare. Wir lernten die Natur und Heimat kennen; Spiel und Brauchtum durchzog das Hirtenjahr. Als ich schon auf der höheren Schule war und durch ein Heimaterlebnis zur Heimat neu erwachte, war es diese Jugendzeit, die mir das Leben lebenswert machte, die mich zum Schreiben brachte, und die für [*mich*] grundlegend wurde zur eigenen Lebensgestaltung.

Wenn der Tag aus dem Tale sich erhob, die Sonne über den Morgennebel stieg und Nebelschwaden aus den Wiesen kochten, ging unser Weg zur Schule in das über eine halbe Stunde entfernte Kirchdorf. Spät zum Mittag waren wir wieder daheim. In den meisten Fällen hieß es dann im Sommer und Herbst: Mittagsessen, Schularbeiten, Kaffeetrinken – und heraus mit den Kühen!

Steil bergan trieben wir oft das Vieh in die Berge, wenigstens solange der erste Grasschnitt in den Wiesen noch nicht getan war. Tief unter uns stieg der Rauch aus dem Schornstein unseres einsam gelegenen Heimathauses. Wir standen hoch über dem alltäglichen Geschehn, wußten etwas Bescheid um Geschick und Wetter. Wenn aber die Schatten der Nacht stiegen und die letzten Sonnenstrahlen von dem höchsten Berg uns gegenüber – dem

---

[2] Der Prozess konnte nicht weiter geführt werden, weil der kleine Mann nicht mehr zahlen konnte. Das hat sich bis zum Jahr 1939 noch nicht geändert; dafür ist mein Eisenbahnprozess der beste Beweis!

Hömberg – Abschied nahmen, trieben wir das Vieh zusammen und mit dem Ruf „Hoi, hoi, häime!" ging es dem Heimathaus im Tal zu. Wir näherten uns der Erde aus unseren romantischen Höhen der Kindheit und Übersicht. Kaum wurde ja darüber gesprochen, was wir oben gespielt, gesungen und gedacht hatten.

So war das Leben in unserer Jugend, – und wahrscheinlich schon lange vorher. Das Haus ist die Heimat eines aussterbenden Gewerbes gewesen, der Köhlerei; es ist Anfang eines neuen Standes, des Anbauers; es ist eine Siedlung, bäuerliche Ansiedlung, Rodung, die sich vielleicht in 100 Jahren der Entwicklung zu einem lebensfähigen Erbhof emporgearbeitet hat. Solange das aber noch nicht der Fall ist, lebt man von kleinem Früchtebau, Viehweide in den Wäldern, und Holzfällen und -bearbeitung in den Bergen.

Meine Eltern stammen beiderseits aus kleinen Landhandwerkerfamilien. Keine von ihnen war im Haus geboren, das mich als Erstgeburt aufweist. So war es nicht eine anererbte Schollenverbundenheit, die meinen Vater an das kleine Besitztum fesselte. Er trug oft schwer an dem Schicksal des kleinen Mannes, immer nach der Pfeife der Großen tanzen zu müssen. Auch der kleine Mann hat einen Stolz, der wahrscheinlich sehr viel größer ist, als man sich gewöhnlich vorstellt, sicher aber größer, als er von den Großen anerkannt und geachtet wird.[3] Es ist auf der anderen Seite viel schwerer, sich das Vertrauen eines kleinen Mannes zu erwerben als umgekehrt. Vielleicht hängt das mit der sozialen Entwicklung der Neuzeit zusammen.

Klagen konnten wir aber nicht; jedenfalls hat es uns Kindern an nichts gefehlt. Als die ersten schweren Jahre, von denen wir nur später brockenweise hörten, vorüber waren, wurde das zum Leben Notwendige auf eigenem Acker gezogen, Kleidung und „Kolonialwaren" wurden aus dem Lohn der Waldarbeit bestritten. Es war die gute und treue Mutter, die immer mit großem

---

[3] Der Stolz des kleinen Mannes ist nicht immer berechtigt: Wir müssen uns alle als Diener führen: Herrenmenschen sind ihre eigenen Sklaven.

Lebensmut und guter Zuversicht ins Leben schaute, Tag und Nacht tätig war und noch ein Lied auf den Lippen hatte.

Jahrzehnte dachte der Vater vor allem daran, sich in einem Dorf näher bei Leuten eine andere Heimat zu suchen. Jahrzehnte war es meine Lebenspein, dass dieses Eiland der Heimat unserer Familie und mir verloren werden könnte. Soviel ich konnte, stritt ich für meine Heimat. Oft hatte ich den Vater gegen mich; aber immer hielt die Mutter zu mir, bzw. zu unserer Heimat. Nirgends würden wir es besser finden, meinte sie. Und heute kann ich mit großer Dankbarkeit gegenüber meinen Eltern und Geschwistern die Sicherstellung meiner Jugendheimat im Schoß unserer Familie feststellen.

Wenn es auch heute meine eigene, reale Heimat nicht mehr ist, wenn es vor allem nicht die Heimat meiner Kinder ist, so ist und bleibt doch Steinsiepen meine Dichterheimat, das Land, in dem ich singen und schreiben kann, das Land, von [dem] ich sagen und dichten werde.

Als Kind habe ich dort nicht anders gelebt als andere Kinder der Kleinbauern auch. Ich lernte die Freuden und Leiden der Hirtenbubenzeit kennen. Ich lernte auch – wenn auch nicht so stark wie mein Vater – die Nöte des kleinen Mannes kennen. (Vielleicht rührt aus dieser Jugendzeit noch meine heutige starke Verbundenheit mit den einfachsten Menschen, die so stark ist, dass ich von den Reichen nichts sagen und schreiben mag!)

Später wurde es das Land der Ferien und der Ruhe.[4] Die Landarbeiten wurden für mich Erholung und Sammlung neuer geistiger Kräfte. Und noch heute ist es so: Es war kein Sommer für mich, wenn ich nicht bei den Erntearbeiten daheim dabei war. Die beste Erholung, meine alljährliche Badereise war die Fahrt ins Heu. Ich arbeitete, dass ich ganze Tage keinen trockenen Faden am Leibe hatte. Und der rinnende Schweiß war für mich von derselben Wirkung wie bei anderen Leute die Reise ins Seebad.

---

[4] (Verbesserung): Später wurde mir Steinsiepen das Land der Ferien und der Ruhe.

Bald kam dann freilich auch das Dichten hinzu. Gab es mal des Wetters wegen, oder weil eine Ernte im Fach war, einige Tage Ausspannung, dann saß ich auf meiner Kammer (wie man bei uns daheim die Schlafstube nannte) und schrieb und schrieb.

Das ist noch heute so: Steinsiepen ist für mich heute noch das Land der Ruhe, des Friedens, der Ausspannung und Kräftesammlung. Oft nehme ich Frau und Kinder mit; es ist eine Freude für mich, meiner Familie das Land meiner Kindheit zeigen zu können; es ist mein Wunsch, dass meine Kinder diese Landheimat kennen und schätzen lernen.

Ob mir das gelingen wird?

Da darf ich mich nicht zu großer Hoffnungen hingeben! Man kann nicht die eigene Jugend, man kann vor allem das Heimaterlebnis, wie es mir in letzter Größe selbst erst später wurde, nicht lehrhaft oder erziehungsweise weitergeben. Es fehlt da[(s)nn] das Ursprüngliche.

Ich kann mich erinnern, dass einmal der Universitätsprofessor Dr. Hubert Grimme auf einem sauerländischen Heimattage, der zu Ehren unseres größten Heimatdichters Grimme veranstaltet wurde, erklärte: „Jetzt, nachdem ich die Liebe und Verehrung des sauerländischen Volkes für meinen Vater gesehen und erlebt habe, weiß ich erst das Werk meines Vaters zu schätzen. Ich habe das früher nicht erkannt!"

Meine eigenen Kinder legen in jugendlichem Alter schon scharfe Kritik an dichterische Werke: Ist das wohl wahr? Wahrheit und Dichtung ist die grosse Scheidung. Aber für mich ist meine Dichtung auch wahr! Ja, wenn ich immer unwahr und zwecklügnerisch wäre, als Dichter kann ich nicht lügen!

Im Film „Sophienlund"[5] sagen die Kinder ihrem Dichtervater nach der Erklärung ihrer Familienverhältnisse: „Die Heimat, die du uns geben wolltest, ist eine zusammengelogene und zusammengedichtete Heimat: Das ist für uns keine Heimat!" Wenn auch die Umstände nicht auf mich zutreffen, die Worte eignen sich leicht!

---

[5] (Verb[esserung].) Der Abschnitt „Sophienlund" kann im Druck wohl fehlen!

Meine Hoffnung ist aber, wenn die eigenen Kinder groß sind, wenn vielleicht eins zur Landheimat zurückfindet (was mein Wunsch wäre!), dass sie dann im vorgeschrittenen Alter die Einstellung und Arbeit des Vaters anerkennen werden.

Im Alter findet sich alles zusammen. Da nähern [sic] sich Geschlechter und Generationen. Über allem aber steht das Leben und die Natur, die im Kreislauf des Jahres immer zu ihrem Anfang zurückfindet.

Und das Jahr begann für uns Hütebuben mit dem 1. Mai. Meistens um diese Zeit kam das Vieh aus den Winterställen in die freie Natur. Nachdem sie sich ausgetobt hatten, war es leicht, zu hüten, da es überall fettes Frischgras gab.

Wir aber fertigten aus Bast Flötepfeifen und Schalmeien, machten weiße Topfbesen und ließen den Frühlingsübermut in lustigen Spielen aus. Es wurden neue Hütten oder Erdlöcher gebaut, die uns im kommenden Hütejahr bei Regenwetter Unterschlupf bieten konnten.

Kam erst der volle Sommer, so wurde der Schatten hoher Laubbäume gesucht; wir kletterten wie Eichkatzen darin herum, ritten auf schlanken Birken und jauchzten in die Welt, dass die daheim ins Wetter sahen und sagten: „Et giet Riänen, de Kauhhäiern luret!"

Dann kam die Erntezeit dazwischen, die das Viehhüten zur Nebenarbeit herunterwürdigte, wohingegen alle Hände im Heu, beim Roggenmähen oder Hafermähen, erst recht aber beim Kartoffellesen verlangt wurden.

Im Hohen Herbst, wenn die Wiesen frei waren und kühle Winde durch das Tal zogen, wurden Feuerchen zum Wärmen und Kartoffelrösten angezündet; wir sprangen durch undurchsichtigen Rauch vom grünen Tannenreisig oder rauchten Strohhalme. Wenn es noch kälter wurde und auch die Felder frei waren, wurde das Vieh oft aus dem Haus gehütet: man sah einmal nach und trieb am Abend heim und spielte mit dem Gedanken an Nikolaus.

In die Hirtenromantik fielen die kleinen (für die Jugend aber großen) Feste wie Kirchfest und Kirmes, die oft beim Kühehüten besprochen wurden. – In unsere Hirtenzeit fiel auch das Völkerschicksal des ersten Weltkrieges, den wir in jugendlicher Phantasie sahen, und der uns Anlass zu neuen Spielarten wurde.

Juni 1943

Hütejunge mit Ziegen, Wenholthausen um 1930
(Archiv Museum Eslohe)

ÄCHTER DE KÖGGE!
EIN SOMMER BEI DEN KUHHIRTEN IM WALDBAUERNHOF

VÜÄRSPRÜÜK[6]

De Winter is rümme,
de Wiesen sind grain:
Niu kuck diek men ümme,
kannst't Wassen jo saihn!
Teyt is't niu taum Riuterdreywen,
balle is de äiste Mai. –
Kain Dier draff im Stalle bleywen;
Häieren, gatt bey dat Vaih!
   Kögge riut
   Kälfkes riut,
   Hitten riut!
Alles matt riut!
Kauhhäier derbey!

Hellbloe is de Hiäwen:
De Sunne, dai scheynt,
un alles is Liäwen.
   Bai is, dai do greynt?
Blesse, Roisken, Hiättenblaume,
dat sind use Kögge all!
Gatt no'm Flaitepeypenbaume,
gatt niu fixe iutem Stall!
   Kögge riut
   Kälfkes riut,
   Hitten riut!
Alles matt riut!
Kauhhäier is hey!

---

[6] Erstdruck 29.4.1925.

Et gatt all de Peypen;
iek briuke kain Bauk,
mak' Happen im Seypen
un Trüättelken auk.
Happen, Flaitepeypen maken, –
nümmes draff mey dat verbai'n.
Kräggenschuacken, schoine Saken
gitt et bey diäm Köggehai'n.
    Kögge riut
    Kälfkes riut,
    Hitten riut!
Alles matt riut!
Spass gitt et hey!

    De Vuielkes singet,
    dat gellet auk mey.
    De Hasen, dai springet:
    de Kögge derbey!
Besmen spleyten, Wolwer saiken,
Höhlen bungen* graut un feyn,   [*sic; statt: *buggen*]
rümmekletern oppen Aiken
imme waarmen Sunnenscheyn!
    Kögge riut
    Kälfkes riut,
    Hitten riut!
Alles matt riut!
Kauhhäier is hey!

    Dat Vaih iutem Stalle,
    no'm Schmantbiärge ropp!
    Niu dreywet se alle
    bit haug' oppen Kopp!
Haiet schoin niu alle Kögge,
dat et auk de Kinder lehrt:
Bey diäm Vaih is't ugge Mögge,
dat et trummeldicke weert.

Kögge riut
 Kälfkes riut,
 Hitten riut!
Alles matt riut!
Kauhhäier derbey!

Bann me mool eller weert, dann denket me nit mehr sau viel vüärwes un hiät kaine grauten Aanschliäge mehr.[7] Me denket awwer vake terügge: „Bat wass dat schoin, ase vey nau klain wören un de Kögge haien mochten. Do harren vey kaine Suargen ase men dai, dat de Diers alle beynäin bliewen un owends trummeldieke wören, bann se innen Stall keemen."

Niu, bo vey sau fifteg, sässtig Johr alt woren sind, sind andere Teyen, un vey hewwet viel metmaket. An langen Winterowenden un imme Sumer am Sunndagnummedag gatt dai jungen Luie riut; vey muetet terhäimen bleywen un 't Hius haien. – Dann heww' vey Teyt taum Droimen. Bat wass dat ne schoine Teyt; bat heww' vey dumme Dinger maket, absunders, bo vey nau am Zienhaan wuneren! Do mochten vey de Kögge liuter in diän schaiwen Biärgen haien. Do maineren vey auk: Et wöör doch netter, bann me in diän Wiesen haien könn, oder bann me üwerhaupt nit haien möchte, bann me dat gansse Vaih op de Waie dreywen könn. Hiärnoh denket me anders: Jo, bann me kain nette Vertellebauk hiät, et is kalt, un me kann auk süss nix daun, dann is et langweyleg. De Kögge oppen Wiesen haien, do hewwe iek nix füär üwereg; do kann me nau nitmool „Juckele, juckele Birke" daun. Un gar kaine Kögge haien, näi, näi, dat matt furchtbar langweyleg seyn!

Bo vey de Kögge horren, do wass nau de Teyt, bo me met Schmengedüppens ümmegenk. Dat wass dai gurre, alle Teyt; un iek wäit nau recht gutt, biu schoin dai wass. Äinmool wass et all

---

[7] Ich versetze mich in das Greisenalter, eine dichterische Vorstellung, über deren Grund ich heute nichts mehr weiß. „Zienhaan", auch eine dichterische Gestaltung. Ich wollte damals nicht offen schreiben.

stockeduister, un vey harren de Kögge verluaren; vey harren us beym Spielen ganss verliuert. Niu mochten vey alle saiken un raipen van äinem Biärge innnen andern: „Muis, Muis!" Endleck bölkere äin Dier un vey fangen alle imme Dännenbiärg. Sai laggten do ruiheg un wören trummeldicke.

KRAMÄNZELTEN[8]

Do sind sau viele Saken, dai me vertellen kann; me wäit gar nit, bo me aanfangen un ophören sall. – Na, iek well van vüärne aanfangen!

Et wass imme April, awwer all en bittken late. Hai wass twäi-un'nhalf Johr alt un namere siek Albert, plattduitsk äinfach „Biärz".

Lange wass et sau waarme nit wiässt ase an düsem Dage. De Sunne schäin sau nette, un dai klaine Quiälgäist konn't imme Hiuse gar nit iut-hallen. De Mömme woll liuter met me riutgohen, – awwer de Goren ...

Sau makere hai siek alläine op de Söcke. Äinmool wass de Ruie wahn amme Blieken un woorte nit eger tefriähn, bit ne de Mömme vüär de Diär deh; de Diär bläif op der Gläipe stohen. Ase de Mömme fleyteg amme Tuffelnschellen wass, genk Biärz ächter diäm Ruien hiär. Diäm Schuimeliepel harre hai in der Hand un de niggeste Teydunge, dai iämme de Braifdriär gafft harre. Biärz wass üwerhaupt ne gelahrten Jungen un harre awwer auk ne Kopp dofüär. Ase hai frögger äinmool biän soll, konn hai nix un woll äis en Bauk hewwen. Me gaffte iämme dat dann; un do konn hai't: Awwer imme Bauke stonk nix van diäm Biän drinne.

---

[8] Erstdruck 29.4.1925. – Die Erzählung stammt aus Dichterischer Vermengung von Begebenheiten aus dem eigenen Leben und dem meiner Brüder. Vgl. die vielen Ausdrücke für Weinen im Dialekt: Grainen, joihlen, drammen usw.

Ass et Middag woor un de Mömme dat Iätten ferrig harre, fell iär op äinmool schwoor oppe't Hiätte, bo dann de Biärz wual seyn könn.

„Biärz, Biärz!" raip sai.

Awwer de Biärz bläif iute; auk de Nowers harren iänne nit saihn.

Ase amme Middag de Kauhhäiern häime keemen, was dat Äiste: „Heww' ey Biärz nit saihn?" Näi, auk dai harren diän Jungen nit saihn un hoort. – sai mochten dat Middages ohne Biärz iätten, un lichte wass dat nit. Et gäiht nix dovüär, bann me alle Luie tehaupe hiät.

Amme Nummedag genk et an't Saiken. Un niu fell auk äinem Kauhhäiern in, dat hai van Weyem wuat oppem Wiäge saihn harre. Äinmool, vake wass dat hienfallen un wier opstohen. Et härre auk en Hase seyn können, mainere hai. „Näi, dat is Biärz wiässt", saggte de Mömme.

Et wass gutt; awwer vüär Kaffäiteyt füngen sai diän Jungen doch nit. Dono hoor äiner en Greynen mirren imme Biärge. Dat wass de Biärz. Hai drammere nit mehr harre; all lange mochte hai joihlt hewwen un wass dervan aff.

Hai harre all ne recht langen Paat ächter sey un wass maie woren. Do harre hai siek ne schoinen, seygen Haupen taum Sitten iutsocht un harre et schlecht raket: in diäm Hüegel wören Kramänzelten, balle sau graut ase Ampeten. Ase't diän niu ungen te duun woorte, wören sai riutkummen un kraupen an Biärz rümme. Dat schringere; awwer Biärz wass sitten bliewen un harre wual dacht, dat dat Joihlen alläine holpen härre.

„Dat is dofüär! Dofüär bist diu alläine riutgohen!" schannte de Mömme. Awwer sai wass doch frauh, dat sai diän Jungen wier fungen harren. Schnäcke bruchte de Biärz nit, dofüär harren iänne de Kramänzelten stiäcken.

Twäi Stunne hiärnoh wass Biärz all wier amme Süster, bat anderthalf Johr eller wass, räit et in den Lössen un raip:

„Hahne, Henne, Mius oder Foss?"

Bättken – oder biu me van Dage füär Elisabeth segget: Elli – hell dütmool stille un lait sey wuat gefallen. Süss saggte 't altmool foorts „Mius", – un dat Spiel wass tem Emne, oder iät deh dat spassege Spiel üwerhaupt nit.

Awwer niu – de Kramänzelten harren den Biärz jo hatt –; do mochte iät sey all wuat gefallen loten.

„Foss?"
– „Iek lote diek nau nit loss!"
„Hahne?"
– „Iek reyte diek an der Mahne!"
„Henne?"
– „Iek gohe nau nit dodenne!"
„Dann Mius!"
– „Katte, – do biuss!"

Biärz roffte gehöreg un lait dann loss. – Dai Kramänzelten harre hai all wier vergiätten. – Iek wöll, me könn van Dage auk nau sau lichte vergiätten! –

Biärz genk all balle wier riut, awwer nit weyt. Ase de Hauhner in't Berre gohen wollen, laip hai ächter diän hiär un raip:

„Ka – ka – ka – kai:
Haihnken, legg mey'n Ai!"
– „Bann de mey nix te friätten gist,
dann legg' iek dey auk kain Ai!" –

Ase hai selwer in't Berre soll, mochte de Mömme äis mettem Stock dröggen:

„Biärz, bat hiät de Klogges dür Johr bracht?"
„– 'n, 'n Stock!"

Bann sai dat saggte, dann bruchte sai nix födder te seggen; Biärz wusste Beschäid. An düsem Nummedage harre hai awwer all te viel hoort, dat iänne de Mömme ümme dai Kramänzelten bediuere, un hai saggte:

„Mömme, van Dage is de Raue doch nit noireg? Düen Dag hett miek de Kramänzelten stiäcken!"

Maidag[9]

„Rümmeleggen, alle Kauh;
moren is Maidag!"

All vake harre dat dai Kauh hören mocht, bit et sau weyt wass. Niu wass hai üwer Nacht kummen; de Wiesen wören grain woren, un de Marienblaimekes wören de äisten un mäisten Maiblaumen. Dai sind sau klain un äinfach, dat se siek schiämet, de Köppe hauge te strecken un diärümme seyge op Eren bleywet: awwer grade diärümme sind sai sau schoin.

Nümmes harre Teyt un dachte an Marienblaimekes imme Marienmonat, saugar Biärz nit. Graine Birken is eger wuat füär de Blagen. Do harre Franss, de Kauhhäiere, gistern ächter'n Köggen äine metbracht; dat soll'n Maibaum giewen.[10] All lange harre hai gutt oppasset, dat de Mömme ments haugen un ungen en klain Luack in de Egger makere, bann sai mool äinte in den Kauken oder in de Eggerbueter deh. Iek gloiwe, hai härre am laiwesten hatt, bann de Hauhner Egger laggt härren, bo men haugen un ungen en klein Luack drinne wöör un süss nix. Dai härre hai foorts briuken konnt; sau mochte hai liuter ächter der Mömme iärem Viärdauk stohen un wachten.

„Niu maak mool fix, dat diu de Egger herbey krist", raip Franss dem Bättken, „iek matt gleyk äis de Kögge no der Waie dreywen, eger iek in de Schaule gohe." – Hai harre diän Maibaum oppen Fiulshaupen plantet, un dai staak do wisse. Witte Bessmen harre hai auk all sesse oder siewene deraane hangen. Niu kaam Bättken met twäi Dutzend runden Eggerschalen.

Biärz wass auk all oppe un woll helpen. Ase hai soh, bat Bättken deh, halere hai sey auk Egger. Awwer hai halere kaine Schalen ase Bättken in seyner Kappe, un hai satt sai auk nit sau schoi-

---
[9] Erstdruck 25.5.1925.
[10] Hier stimmen die Namen nicht. Biärz und Franss fügen sich nicht ein in das Gesamte. Biärz muss wohl Hännes heißen, oder Franss ist ein anderer als der spätere; und Biärz wird nicht mehr erwähnt?!?

ne dohiene ase Bättken; – hai halere vulle Egger, stulpere vüär'm Haupen un lait dai Kappe loss: De Egger hotteleren ase dicke Knippels vamme Fiulshaupen. Twäi kräigen te viel met; Biärz mochte dai foorts no der Mömme brengen.

„Sau, twäi sind kaput? Dann giet et Eggerbueter", saggte sai, un Biärz makere en bedrüppelt Maidagsgesichte. Hai (awwer men alläine) wass mehr füär gurre Bueter un woll van Eggerbueter nix wieten.

Franss harre diän Maibaum fix ferrig. 'n paar van diän Nowers Klennesten keemen auk derbey un dansseren drümme rümme. Dat diuere awwer nit lange.

„Franss, diu masst metten Köggen dreywen!" De Mömme lait de Kögge all riut. Ase Franss sey nau imme Hiuse seynen Haut sochte un auk süss nümmes grade beym Maibaume wass, genk de „Blesse", dai 't äiste iutem Stalle kaam, an diän Maibaum. Äis leckere sai un nuckere näi; sai wass an de witten Bessmen groen; dann fraat sai 'n paar schoine, graine Blaar vam Maibaum aff. Do kaam Franss metter Schwiepe iutem Hiuse. Do kräig de Blesse füär dat Schnöggeln nau wuat metter Schwiepe, awwer men äinmol; dofüär konn sai te fix laupen.

No ner halwen Stunne keemen de Hauhner un wollen diän äisten Mai feyern. Sai flaugen amme Baume rop un oickeren iärk de Eggerschalen rinner. De Hahne kräig foorts ne gansse Schale un tookstere sey de Hauhner beynäin. Dat dicke, greyse Hauhn schnappere iämme de gansse Schale wiäg, un niu dai anderen Hauhner ächter diäm dicken, greysen hiär, liuter ümme'n Maibaum rümme.

Auk dat Plasäier harre en fix Enne. Äin Hawek harre dai Hauhnerversammlunge iuter Höchte saihn. Ase dai sau druck amme Picken wören, un kain Menske vüär'm Hiuse, stüättere hai rin, stracks vüär't Hius un nahm dat jüngeste, beste Hauhn met in de Luft. Alle Hauhner kriskeren wahn; awwer eger de Mömme iutem Hiuse kam un diän Hawek verjagen konn, wass et all te late. Bättken wass ganss triureg, sank dann awwer:

Hawek, Hawek, Kuikendaif,
hiäst deyn'n Vaarn un Mömme nit laif!

Un niu kam auk nau de Ruie „Fix" no'm Maibaum. Hai wass nau jung, un junge Ruiens muotet wuat taum Fämmeln, Beyten un Terreyten hewwen. Sau is et lichte te verstohen, dat dem Fix am besten de witten Bessmen gefellen. Hai wass sau lange amme Tüeseln, bit hai äinen ungen harre. Dat de Baum antleste ganss schaif stonk, un dat auk nau 'n paar Eggerschalen dervan aff fellen, dat bläif diäm Ruien äindaun. Bann hai ments nit sau ossendumm wiäst wöör un met diäm Bessmen stracks inter Küke laupen wöör; hai woll domet unner'n Herd un födder gräwweln. Dat soh de Mömme, un dai wass nau üwer diän Hawek verbaust; dat kaam diäm Ruien nit te Gurre. Sai räit iämme diän Bessmen iuter Schniute und gaffte me äinen domet, dat hai harre galpere. Fix wass „Fix" ohne Bessmen unner'm Herd.

HAPPEN, FLAITEPEYPEN, TRUÄTTELKEN UN WITTE BESSMEN[11]

Ase Franss Middages iuter Schaule kam, konn hai balle nit sau lange wachten, bit de Mömme met diäm Vaih ferrig wass.

„Mömme, van Dage well iek in nen Biärg haien", raip hai un halere siek de Schwiepe iuter Ecke.

„Diu könnest auk ungen in't Wiesenseypen haien", mainere de Mömme, „et is nett droige düen Dag."

„Näi, loot miek in nen Biärg haien, iek well Bessmen spleyten!"

„Na, et is miek jo äindaun, awwer pass op de Kögge un suarge, datt se saat weert!"

---

[11] Erstdruck 25.5.1925.

De Nowers Kasper dräif met seynen Hitten auk in nen Biärg. Diärümme wass de Franss auk sau hieweneg oppe't Biärghaien wiässt.

„Äis well vey fix Happen un Flaitepeypen maken, dann maket vey Bessmen", mainere Kasper.

„Dat konn vey daun", saggte Franss, „vey muotet awwer saihn, dat jäider mehere Happen met anderen Toinen hiät, süss lutt dat nit schoin."

Sai sochten ne Flaitepeypenbaum, trocken iäre Bussbaummesser iuten Büxentasken. An jäidem Messer wass ne Noise; dodiär harren sai ne Packesfaam trocken un de Messer annem Knaupe fastebungen. Niu schnäit sey Kasper äinige Tölle aff un gaffte auk Kasper wuat met dervan. Dann genk et an't Kloppen.

Dat Kloppen gäiht viel biätter un fixer, bann me alle Verse dobey singet. Un Kasper sank füär siek hien: Sippe, sappe, Sunne ...

Dat konn Franss awwer nit gutt hören un hai dällere [*döllere*] dötüsken:

Kättken laip taum Biärge rop,
woll Saap halen;
as' dat Kättken wier kaam,
harr't ne witte Büxe aan.

Kasper wass liuter en wänneg grüäwer ase Franss. Boise wass hai diärümme nit; awwer droimen, ase't Franss altmool deh, dat kam bey Kasper nit vüär.

Do kaam dai lange Hesse
met diäm langen Messe,
schnäit diäm Kättken 'n Hals aff. –
Do raip dat Kättken:
Miau, meyn Hals is aff.

Dat wass eger wuat füär Kasper. Bat dat alles haiten soll, wussten sai selwer nit. De Hauptsake wass, dat dat Happenmaken genk.

Un et genk gutt an düsem Dag. Äi[s] makeren sai lange dünne Happen; dai gengen ganns hell. Dann keemen dickere un stümpere, un de Stemmen woren liuter grüäwer. Hiärnoh klopperen un schnäiten sai Flaitepeypen. Do konn me liuter diän Taun ändern; jenodiäm sai dat Holt, bat in der Peype wass, vüärwes oder terügge schauwen. Un wier sangen sai:

Hiärmen, schloh Diärmen,
schloh Peypen, schloh Trummen:
De Kaiser well kummen
met Schüppen un Hacken
un Hiärmen insacken.

Ase dai baiden iäre Musikwiärke ferrig harren mochten sai äis alles diärprowäiern; dann trocken sai metten Köggen födder un keemen in äinen Biärg met klainen Dännen, vielen klainen Büsken un Birken dotüsken. Dai konnen sai iärk kreygen; denn dai mochten doch iutruat weren, dat dai klainen Dännen Luft kriegen. Franss un Kasper spalleren iärk ne dicken Haselstock un gengen an't Bessmenspleyten.

Dai dünnen Birkentölle woorten diär diän Haselstock trocken; de Bast genk met aff, un de Birken stöngen balle met witten Spittkes do, dai de Kauhhäiern dann met iären Bussbaummessern affschnieten un op äinen Haupen laggten. Dobey sangen sai un vertallten, un äin ümme'n andern mochte bai no'm Vaih saihn.

Franss vertallte: „Diu, Kasper, äinte mäket mey Spass: Iek hewwe awwer viel Birkensaap in düsem Foihjohr kriegen, 'n half Dutzend Flasken vull. Liuter, bann iek in de Schaule genk, hewwe iek de Flasken metnuammen, un no der Schaule wören se vull. Niu hewwe iek sai alle in de Ere grawen. Of dai niu wual balle gutt sind?"

Kasper wass nit füär Birkensaap. Hai möchte[n] ne nit, un seyne Hoor wössen auk sau. „Iek sin am mäisten frauh dorüwer", saggte hai, „dat iek sau viel Bessmen splieten hewwe. Use Vaar kann balle gar nit sau viel inbingen, ase iek make. Wäisst diu, do kann me wuat bey verdainen. Iek niähme füär äinen witten Bessmen, diän iek ase Pottbessmen verkaupe, feyftaihn Pänninge un hewwe all ne ganssen Haupen Geld verdaint. Iek gloiwe, dat iek mey mool sau'n Blosehöörn kaupe, ase Droimesn [sic] Wilm äinte hiät!"

„Drawest diu dat dann?" frogere Franss. Un Kasper nuckere jo.

De Teyt genk fix rümme. Franss fank nau tüsken diän klainen Dännen äinen klainen Viuelbiären- oder Flaitepeypenbaum, dai do auk an der verkehrten Steye stonk.

„Diän well vey mool droige maken!"

Hai schnäit van ungen no haugen schräi liuter ümme diän Baum rümme un trock dann dai dünne Bünne aff. Niu konn hai sey füär't Lesste auk nau ne Truättelke maken.

„Franss! Franss!" – Sai raipen.

„Jo?"

„Häimedreywen!"

„Dat harre iek mey all dacht", saggte Franss. „Dat Engeldesheern-luien is all verbey; et weert all grimmeleg!"

Sai fengen aan, de Diers beynäintehalen un driewen häime. Dobey süngen sai:

O Hännes, bat ne Haut;
o Hännes, bat ne Haut!
Dai Haut, dai hiät en Daler kostet,
– Daler kostet, Daler kostet, –
un is doch siewenunvertig Faut!
– – –
Hoi, hoi, hoi, hoi, häime!

Sai dölleren sau harre, as' sai konnen. Dotüsken harren sai iär Gedeh met diän Happen, mannigmool väiere tehaupe, un met diän Flaitepeypen, dat de Kögge de Steerte in de Höchte hafften un imme Steernsgalopp häime bieseren. De Truättelke konn me stunnenweyt hören.

„Et sall wual Riänen giewen", saggten de Luie ungen im Zienhaan, „de Kauhhäiern sind amme Lurren!"

BÄTTKEN[12]

Eger Bättken in de Schaule genk un sau graut wass, dat iät de Kögge haien droffte, mochte 't de Hitten haien. Dat deh iät balle liuter geern, un hiärnoh kräig iät de Hitten auk richteg laif. Dat Lesste wass awwer nit foortens sau. Et äiste wass et liuter met diän klainen Hittkes am Fämmeln un Spielen; iät tiärere auk an der allen rümme, stuiere sai liuter un lait diäm Dier kaine Teyt taum Friätten.

Op äinmool woor dat anders, un dat kam sau:

HITTE DUTZ!

Bättken woll de Hitte haien,
raip de Mömme; dai saggt' „Jo".
Un iät genk, met iär te laien,
tiärere sai liuter bo:
  „Hitte dutz!"

Imme fetten, gailen Grase
fraat de Hitt' siek trummeldick;
Bättken sprank iär vüär der Nase
rümme, saggte sau füär siek:
  „Hitte dutz!"

Un iät mak're liuter hädder;
doch de Hitte woll nit draan.
Wual fenk sai mool met Geblädder,
awwer nit met Stauten aan,
  dai Hitte „Dutz".

---
[12] Erstdruck 12.6.1925.

Endleck woll't de Hitte wiän*. – [*_wiärn?_]
Do woor't diär dann doch te dull:
Sau wuat konn sai nit verdriän,
un et meek van Raaske vull
    de Hitte dutz!

Bättken laggte in der Scheyte,
half, me'm Koppe, in diän Döörn;
düchteg harr't am Kopp ne Pleyte,
denn sai harre graute Höörn,
    dai Hitte „Dutz".

No der Mömme laip iät hiene:
wäis dai schoine Schüärte vüär:
„Hitte hiät miek stott dodiene.
Gief iär Schnäcke doch dofüär,
    diär Hitte ‚Dutz'!"

Dai wass auk all oppem Wiäge:
„Diu sasst hewwen deynen Lauhn!"
– Bättken kräig naumool de Schliäge:
„Wesst diu auk nit wier daun
    ‚Hitte dutz'"?

„Miärk dey födder nette dütte!
Un niu heww' mool laif dat Dier!"
– Bättken genk wier no der Hitte;
awwer't makere nit wier:
    „Hitte dutz".

Ase Bättken domools ümme elf Iuer met diän Hitten häime kam un sey äin düchteg Bueter füädere, kräig et dütmool kainte.
    „Goh, haal äis mool Schlippetten, dat use Muisken imme Stalle wuat te friätten kritt!"
    „Draff iek de Siekel metniähmen?" frogere Bättken.

„Näi, dotau is et Gras all te graut!"
- Bättken genk. Iät harre wual kainen gurren Schniuwen dertau, un et genk lanksam. Awwer en Schnaal kümmet auk bo; - un Bättken harre Hunger.

De Kuarf woor vull un iät kam häime.

De Mömme schurre ruiheg diän Kuarf iut. Bättken fenk fräch aan: „Niu well iek awwer en Bueter hewwen!"

Do saggte de Mömme grade sau fröndleck, ase Bättken fräch wass: „Use Schweyne möchten sau noireg nau 'n Kuarf vull Disseln hewwen. Wesst diu wual sau gutt sin un halen äinen?"

Bann de Mömme sau kuiere, dann wusste Bättken grade sau gutt ass dai anderen Blagen, bat de Iuer schlagen harre; - dann stonk de Weyser sieker op halwer drüttaihne. Grade sau fröndleck, ass de Mömme dann wass, grade sau fix wusste sai, bo de Raue wass.

Un doch mochte Bättken - dotau wass iät te verbaust - äis nau seggen: „Iek hewwe awwer all lange kaine Disseln mehr saihn oppen Wiesen; dotau is et Gras te graut!"

„Niu awwer mool fix!"

De Mömme woll all saihn ..., un Bättken dräggere siek fix rümme taum Gohen.

„Diu sasst auk gar nit in de Wiesen gohen un do imme Grase schlauern. Goh an diän Auwer unger'm Biärg!" raip sai.

In twinteg Miniuten wass Bättken met diän Disseln wier do; un niu konn et met Franss, dem Vaarn un der Mömme un met diän klaineren Blagen auk Middages iätten. Awwer äin richteg Gekuier, ase 't süss met der Mömme tuätteln konn, kräig iät an düsem ganssen Nummedag nit testanne.

Owends imme Berre dachte 't nau an diän verdraitlecken Dag: „Bovan kümmet dat, dat de Mömme düen ganssen Dag sau boise wass? - Hiät sai de Hitten sau laif, oder kann sai miek nit iutstohen?"

Iät fank nit diän Grund, dat et de Mömme richteg maket harre; awwer iät genk niu anders met diän Diers ümme.

* * *

Ase Bättken eller woor un in de Schaule kam, droffte 't auk met ächter de Kögge gohen. – Dat genk awwer ments an Sunndagen; alldages mochte 't terhäimen helpen aarbaien.

Pinkesten gengen awwer alle ächter de Kögge. Dobey wass auk nau Besaik iuter Stadt kummen, un Blagen wören auk derbey. Dai mochten jäides Johr ümme Pinkesten in't Siuerland. Nowers Kasper, dai op Pinkesten nit haien bruchte un dai Schulten Blagen iutem Duarpe, dai de Kögge liuter op de Waie driewen, keemen auk. Niu wören genaug Luie taum Spielen do.

Sai sochten iärk ne schoinen, glaten Baum iut, dai ümmehogget was, un hellen Schaule. Et wass doch viel netter, bann sai selwer Schaule dehen, ass bann sai diäm Lehrer puräiern mochten. Bättken mochte Lehrerske seyn; awwer iät gaffte liuter sau spassege Frogen op, dai nümmes beantworten konn. Do woor iät no der n[i]ggesten Maude affsatt, un Franss woor Lehrer. Dai konn et biätter un verstonk auk dat Frogen. Bann äiner mool nit oppassere, dann schlaug hai awwer drop, dat de Spöne flüegen, un dat et richteg wäih deh. Dat woor vielen, absunders diän Miäckens, fix läid un met diäm gar nit schoinen Reym ‚*Lehrer, Lehrer; Bessmenstiel, / schlätt de Blagen viel te viel ...*' laipen sai futt.[13]

„Loot da[i] men laupen", saggte Franss, „iek wäit wuat, bat viel netter is". Un sai gengen no'm Flaitepeypenbaume. De Miäckens gengen in de Wiesen, sochten iärk Blaumen un makeren van Ruienblaumen (Keyenblaumen) un Marienblaimekes nette Struisse un Kränsse. Dat gefell diäm Miäcken iuter Stadt wahne, un iät saggte äin – üwer't anderemool: „Et is hey doch viel schoiner ase in der Stadt!"[14]

---

[13] Über den Text „Lehrer, Lehrer, Bessmenstiel" hat sich mein Vetter Franz Hellhake aus Antfeld, der Lehrer ist, schwer gekränkt. Hier daher die Kürzung! [Voller Text des Spottverses nach A.J. Henke, Sauerländische Volkspoesie 1913: „Lehre, Lehre, Beßmenstiehl, / Slät de Blagen viel te viel; / Viel te viel is ungesund, / Lehre is en Swinehund." Lehrer, Lehrer, Besenstiel, / Schlägt die Kinder viel zu viel; / Viel zu viel ist ungesund, / Lehrer ist ein Scheinehund.]
[14] Unterschied von Stadt und Land, der mir damals schon aufging; ich vertrat immer das Land und die Landheimat.

Dai anderen saggten sau recht nix do drop. Sai maineren awwer doch wual, dat et in der Stadt, bo me liuter Züge saihn un Musik hören könne, doch mehr Plasäier gäffte.

Bättken sochte imme Seypen Vergissmeinnicht. Dai brerre iät terhäimen nette op ner Kaffäischole iutenäin, laggte 'n Stäin op de Stengeln un gaut jäiden Dag friss Water derbey. Dann wasseren dai Blaumen richt op; un et woorte en schoiner Kranss, balle ase füär Engelkes oder Kummenekanten.

De Teyt genk fix rümme. Et wass gutt, dat de Kögge Schellen ümme harren; süss härren sai sieker nau wuat verluaren, un bann et auk mehr Kauhhäiern ase Kögge wören.

PROSSSIAUNE[15]

Draimool imme Johr wass graute Prossiaune im Kiäspel: op Christi Himmelfahrt, Fronleychnam un op Kiärkenpatraun. De schoinste Prossiaune wass op Kiärkenpatraun: Dann keemen twäi Gäisselke iutem Nowerduarpe; dai gengen met, un hiärnoh dehen auk drai Gäisselke de Misse. Dat wass dann absunders schoin un feyerleyk. De Lehrer spielere all liuter 'n paar Dage vüärhiär op der Üärgel dai Laier, dai op Kiärkenpatraun sungen woorten. Et mochte op Kiärkenpatraun gutt un harre gohen, bann dai vielen frümeren Luie do wören.

De lengeste Prossiaune wass awwer op Christi Himmelfahrt. All ne halwe Wiäcke vüärhiär mochten de Schauleblagen helpen, Dännentöppe beynäinhalen, diän Huaf un diän Wiäg vüär der Schaule raine krassen un kiähren. Jo, dat gaffte Aarbett. Awwer de Blagen hulpen geren. Liuter, bann Turnen wass, genk et innen Biärg no Dännentöppen, no Birken un Gelstern. Franss wass liuter vüäroppe.

---

[15] Erstdruck 26.6.1925. – Hier sind die Motive von Schliprüthen und Meschede vermengt; die Handlung ist frei erfunden, die religiösen Stimmungen [...] [u.a. Aloisius un Maria als Lieblingsheilige] sind Selbstbekenntnisse.

„Lehrer, is düen Nummedag wier Turnen?" frogere hai, bo hai doch genau wusste, dat am Diensdag nummedags kain Turnen wass. De Lehrer woll saufoorts auk nix dervan wieten.

Awwer Franss harre ne gurre Nummer bey iämme, un dat nit ümmetsüss: hai konn wuat un deh wuat. Diärümme mochte hai auk de Täiknunge van der Ehrenpote maken un dann iutriäcknen, biuviel Dännentöppe un Birken, biuviel Gelsterblaumen, biuviel Bussbaum un Striepelgrass draan genk.

„Lehrer, vey muotet awwer düen Nummedag wiäg, süss kreyget vey nit genaug, un vey hewwet doch nau liuter de schönneste Ehrenpote hatt!"

„Dann weys mool de Täiknunge!"

De Lehrer bruchte nit mehr viel anders deraane te maken: „Awwer do an diän baien Seyen, biu sall dat haiten – Ave Maria?"

„Näi, dat sind de Aa[n]fanksbaukstawen van ‚Aloisius' un ‚Maria'. Lehrer, dat muotet ey sau loten; dat suiht doch schoin iut, un in de Midde kümmet ase liuter de Monstranz!"

– Dat Aloisius un Maria dai baiden Hailigen wören, bo Franss am laiwesten tau biärre, dat konn hai doch nit seggen!

„Bai düen Nummedag Teyt hiät, dai kann kummen", saggte de Lehrer, ase de Schaule iutgenk.

Et keemen ne gansse Masse Kinner. Bo 't füär de Ehre Guarres genk, harren de Luie Teyt un Lust, un de mäisten drofften wier in de Schaule gohen. Un bat ruimere dat Aarbaien! In twäi Stunnen harren sai genaug Grain beynäin un all twäi Staken wickelt.

Franss konn nau de Kögge haien. Dobey harre hai 't awwer druck: Hai woll Blaumen saiken füär seyn Schild: Marienblaimekes füär „M" un Bueterblaumen füär „A". Et gengen viel Blaumen deraan, un hai hell siek tegange.

Amme anderen Dage, am lessten Dage vüär der Prossiaune, mochten de Kinner owends ümme sess Iuer kummen. Do mochte Franss de Kögge äis vüärhiär haien. „Bann 't moren blauss nit riänt!" Hai kuckere liuter no'm Hiäwen, ase bann hai dai ganssen klainen dünnen Wolken härre futt-kucken wollt. Hai passere gutt op, dat de Ruie „Fix" kain Gras fraat; –dann härre't jo Riänen giewen mocht.

De Kögge wören wuat stüäreg an diäm Nummedag; bann siek wuat im Buske wiere oder ne Hummelte amme Brummen wass, hafften sai 'n Steert in de Hoih un bieseren, dat kain „Fix" un kain Franss metkaam. „Dat kümmet, et legget äin Gewitter in der Luft!"

Diän Owend genk de Aarbett nau fixer. De Jungens mochten de Ehrenpote opstellen un de Miäckens Blaumen iut Wiesen un Gören saiken. Met Ringen un Latten konnen sai schoine Blaumen domet ströggen. Füär Birkenboime an de Strote keemen dai elleren Luie op.

Ase de Jungens häime gengen, wören raue Wolken amme Hiemel.

„Dat is gutt!" saggte Franss, „niu is De Aarbett nit ümmetsüss; niu giet et gutt Wiär: *Owendraut droiget den Paut!*"

Äin Junge mainer', dat möchte ümmegekehrt haiten; awwer Franss machte iämme dat richteg kloor. „Näi", saggte hai, „et matt haiten: *Owendraut droiget den Paut; / Muarnraut füllet den Paut!* Dobey giet et auk nau 'n anderen Sprüük: *Owendraut schwuatt, / giet Riänen wuat! / Owendraut witt / giet Riänen nit!* – Un niu well vey't Beste huapen!"

De Miäckens keemen häime; Bättken wass wuat bedrüppelt: Et wass stiätten un harre siek wäih dohn amme Aarme. –Sauwuat höört auk dobey. De Mömme frogere: „Is dat Kläid häile bliewen?"

„Jo!"

„Dann is et gutt: Dai Aarm is nit schliem, dai sall wual van selwer wier gutt weren."

Et genk frauh iuten Fiären. De Sunne schäin, de Hiemel wass blo, un de Vuielkes süngen naumool sau schoin ase amme Alldag oder gewühnlecken Sunndag. Dat gansse Duarp rauk no Biärg;

näi, dai Birken rüeken nau viel biätter ase biuten in diän Biärgen. No der Hauhmisse, dai an düsem Fästdage sau frauh aanfenk ase süss de Frohmisse, genk de Prossiaune met Pastauer, Köster, Missedainers un allen Luien iutem Duarpe und Buiterhüäwen, dai men iäwen laupen un affkummen konnen. De Kattenköppe biuseren, un de Musik spielere. Dotüsken woorte sungen, knuackenhart; et genk biuten balle nau biätter ase in der Kiärken.

Franss mochte schellen; dat deh hai geren. Unnerwiägens simmeläiere hai viel: „Weert diäm Pastauer dai Monstranz auk wual schwoor?" Vüärges Johr wass nau 'n anderer Gäisselker do wiäst; un sai konnen iärk affloisen.

Üwerhaupt; de Franss dachte in lesster Teyt viel. Dat kaam dovan: de Lehrer mainere, hai könn wual studäiern. De Pastauer mainere: hai möchte studäiern. Un do dachte antleste de Franss selwer: hai wöll studäiern.[16] Niu wass do awwer dai graute Haken bey: Bohiär kaam dat Geld? Dai anderthalwe Kauh gaffte wual sauviel Mielk, dat siek Franss saat drinken konn, awwer nit sauviel, dat hai dovan härre studäiern konnt.

De Sunne stonk amme Höggesten un schäin wahne häit, ase de Prossiaune wier kaam. De Ehrenpote an der Schaule wass wier de schönneste wiäst. Niu wass alles verbey, un de Ehrenpote un de Birken an der Strote nutzeren niu nix mehr. Awwer sai harren diän Feyerdag schoin maket.

Franss bruchte an düesem Dage de Kögge nit te haien; dai keemen op de Waie.

---

[16] Der Abschnitt mit dem Studieren ist gedichtetes Selbstbekenntnis. Mein Onkel in Meschede ließ mich studieren; aber ich war doch Bettelstudent, – ein schweres Los!

SCHEPERHÄNNES[17]

Bättken harre in düsem Johr absunders Plasäier. All lange harre et amme Lämmeken maket. Äis woll de Mömme nix dervan wieten. Awwer Bättken wass niu liuter sau aarteg wiäst, dat de Mömme am Enne doch nit gutt näi seggen konn.

Niu genk Bättken no'm Scheperhännes, dai im Nowerduarpe füär äinen Schulten de Schoope horre.

„Jiä, jiä, Bättken, sau fix gäiht dat nit. Äis matt äin Schoop twäi hewwen. Bann dat Schoop dann en Jöhrlink is un füär twäi kaine Mielk hiät, dann kannst diu äinte kreygen. Jiä! Un dann kumm ginne Wiäcke naumool wier, vlichte all Diensdag; dann well iek mool saihn. Jiä, dat is sau!"

Bättken wass all am Mandage foorts no der Schaule beym Scheper. Awwer dai, oder biätter dat Schoop wass doch nau nit sau weyt.

„Jiä, dat is niu sau. Bat äin richteg Schoop is, dat kann wachten un hiät Geduld. Vey Mensken hewwet vake kaine Geduld. Diärümme kummet dann auk dai vielen Krankhaiten, Streyereyen un Kreyge. – Kumm moren mool wier. Jiä!"

Bättken kaam te late taum Middages, un de Mömme schannte. Awwer am Diensdage wass iät doch wier beym Scheper. Un amme Dunersdag wass et sauweyt.

„Jiä, Bättken, dat is niu dat Lämmeken. Iek härre dey all eger äinte giewen konnt, awwer dat wass äin schwuattet, un diu woss doch en wittet. Un dai schwuatten sind auk viel dümmer ase dai witten. Un diu woss doch äin klauk Lämmeken hewwen." – –

„Näi, hewwen well iek do nix füär. Frögger, jo, do härrest diu mey ne klaine Flaske Schnaps brengen mocht. Awwer van Dage drinke iek nit mehr. Näi, dat dau iek nit. – Awwer in uggen Biärg draff iek dann doch mool haien!"

---

[17] Das erste Manuskript dieses Schäfers von Nagel in Weuspert ging beim „West. Volksblatt" vor 15 Jahren verloren; [Juni] 1943 neu geschrieben! Die Erzählungen des Schäfers auf S. 33/34 [des Manuskripts: Rheinland, Wuppertal] sind wahrheitsgemäß, von meinem Bruder Johannes.

Bättken saggte „Jo" un „Danke" un trock met diäm klainen Lämmeken oppem Aarme aff. Un de Mömme nuckere:
„Niu suarge auk, dat diu dat Lämmeken graut krist. Dat is gar sau äinfach nit!"
Un dat wass nit sau äinfach. Äis wass et gutt. Dat klaine Dier saup ganss gutt van der Happe un wiepelere mettem Steertken, dat et sau ne Aart harre. Awwer dann kaam et anders. Et woor op äinmool dicke, saup nit mehr; am andern Muarn laggte't daut in diär klainen Kiste, dai dat Berre füär dat Lämmeken wass. Bättken gräin; awwer dat Dierken harre de Windsucht hatt, un do is dann nix te maken.
Bättken genk wier no'm Scheper.
„Jiä, dat is niu sau!" saggte dai. „Sau'n Dier kann nit seggen, bann et Hunger hiät. Vey Mensken konnt dat seggen. Sau äin Dier kann auk nit seggen, bann't krank is. Do gäiht et dann genau sau ase bey ganss klainen Blagen. Dai greynt dann, un me wäit vake nit, bat ne fehlt. Jo, iek kenne de Schope; iek wäit foortens, bann äinem Schope wuat fehlt. Iek saih dat foortens, biu se springet. Mäistens kann iek dann auk helpen. Jiä, me matt gutt oppassen! – Awwer do hewwe iek grade gistern wier äin Schoop melk kriegen; dat harre saugar Drillinge kriegen. Wesst diu do äinte van hewwen?"
Un Bättken woll dat. Wier trock et met seynem Lämmeken oppem Aarme aff. Awwer iät wass niu gar nit mehr sau frauh ase't äiste Mool. Un dobey genk et niu viel biätter. Et wass niu all wäärmer; dat klaine Dier konn siek nit verkaihlen. Et saup gutt, et fraat gutt; un et woor graut.

Niu diuert ne lange Teyt, bit de Scheper mool wie[r] in de Nöchde vam Zienhaan kaam. Et wass imme Sumer, do bliekere de „Fix" op äinmool wahn un woll gar nit ophören. Hai harre 't äiste miärket, dat de Scheperhännes met seynen siewenunniegenzig Schopen düär de Büske trock.
Franss was ächter den Köggen. De „Blesse" käik auk op un woll all äinte van diän nysgieregen Schopen op de Höörn niähmen. De Scheper raip:

„Franss, niu wiär mool de Kögge, süss maket sai mey nau 'n Schoop kaput!"

Franss raip: „Ey muotet met uggen Schopen riut. Düt is use Biärg. Hiänoh friättet de Schope dai klainen Dännekes aff, un de Fürster segget, dat härren use Kögge dohen. Un bo de Schope friättet, do well kaine Kauh mehr friätten!"

Awwer dann dachte hai an dat klaine Lämmeken, dat hai imme Froihjohr Bättken gafft harre, wiähre de Kögge ümme un lait den Scheper kummen. Jo, hai genk selwer no'm Scheper. Dai konn liuter gutt vertellen.

„Jiä", saggte de Scheperhännes, „dat is niu sau!"

„Bat is niu sau", saggte Franns un woll diän Scheper oiwen.

„Dat et moren Riänen giet, dat is sau! De Ruie frietet Gras, un de Schope stellet iär auk sau aan. Awwer do verstäihst diu nix van; diu wesst jo auk kain Scheper weren."

„Bohiär wietet ey dat alles", frogere Franss.

„Jiä, iek sin weyt in der Welt wiäst, grade nit in Amerika, awwer doch sau halfwiäges. Do hewwe iek viel erliäwet.

Äinmool was iek met diäm allen Gallus üwer Land un horre met diäm im Rheynlanne de Schope. Vey horren oppem frümeren Kläi; un dai alle Gallus harre miek dotau verfoiert. Ase vey niu owends im Berre wören, frogere miek düse Keerl: „Na, Hännes hiäst diu auk all deyn Owendgebiätt biätt?" Suih, is dat mool 'n spassegen Keerl! Äis verfoiert hai miek, dät iek op frümeren Kläi haie, un dann froget hai miek nau: ‚Hiäst diu auk all deyn Owendgebiätt biätt?'! Süss heww' vey us awwer liuter gutt verdracht."

„Biu is et dann", frogere Franss, „drink ey niu gar kainen Schnaps mehr?"

„Näi, nix un gariut nit!"

„Un biärümme nit?"

„Niu, dat well iek dey seggen", saggte de Scheper, „frögger hewwe iek viel drunken, mehr ase iek verdriän konn. – Do wass iek mool in Barmen, met meynen Schopen, verstäihste! Iek trock met diän Schopen üwer de Wupper. Et wass ne schmale Brügge;

awwer sai wass füär de Schope bräit genaug. Dai keemen derüwer. Füär miek wass dai Brügge awwer nit bräit genaug. Iek fell runner und stracks in de Wupper. Awwer't äiste hewwe iek doch meynen Schnaps rettet, un dann miek selwer. Iek wass op äinmool sau biuss nöchtern ase 'n niggebuaren Kalf. Hiärnoh hewwe iek et dann affluawet, naumool wuat te drinken.

Et bütt mey all vake äiner mool Schnaps aan, auk wual en half Liter. Awwer iek drinke nix, kain Schnäpsken un kainen halwen Liter. Iek well partiu nix mehr dervan wieten. Näi!"

De Franss bläif beym Scheper, un de Scheper bläif am vertellen. De Sunne kletere höchter un liuter höchter amme Hömmerge. Antleste wass sai ganss futt.

„Niu matt iek häime dreywen", saggte Franss. Un auk de Scheper raip: „Tilo, op de Fuar!"

OPPEM BRUNNEN[18]

Mirren in nen Biärgen un ganss tüsken Boimen un Büsken verstiäcket legget en klain Kloisterken. Van Dage is et jo kain Klauster mehr, niu is et men ne Kiärke, ne Schaule un en Wäiertshius. Imme Winter is do, bo iärk de Hasen un Fösse Gurre Nacht segget, nit viel loss; awwer imme Sumer kummet de ‚Sommerfrischler' un Wandervuiele van allen Hiemelsrichtungen. Frögger kamen auk viele Luie iut den Städten, dai do baden wollen; dat Water wirket neemlik Wunder bey allerhand Krankhaiten. Dat wass in diär Teyt, ase ümme't Roierensprink nau de Biärgwiärke im Gange wören. Dat is all lange hiär; men dai allen Luie vertellet nau, un van diän harre 't Franss hoort.

---

[18] [Juni] 1943 geschrieben. Anklänge an mein Buch „Kloster Brunnen", das 1929 erschien. Der erste Ausflug [ist] Tatsache. Auch die Feier des Antoniusfestes am 13. Juni und das übliche Gewitter entsprechen den Tatsachen.

Ase Franss taum äisten Mool no'm Brunnen kaam, wass hai nau recht klain. De Lehrer woll äis dai Klainen nit metniähmen; dai Wiäg wöör ne te weyt. Bai awwer absoliut met wöll, dai könn jo äis terhäimen frogen. Un Franss woll met un kaam auk met.

Ase dai gansse Tropp no'm Brunnen kaam, wass do graut Buchhäi. Et wass ne waarmen Dag, un de Luie seeten biuter dem Wäiertshiuse. Äin Grammophon spielere: *„Schrum, schon wieder ne Flieg' kapot; / schrum, schon wieder ne Tod!"* Liuter un liuter wier datselftige; un hiärnoh konn't auk dai klaine Franss all singen.

Füär dai Schauleblagen gaffte 't Himmetensaap, gansse Oemmers vull. Me nannte dat „Limonade", un Franss mainere nix anders, ase dat hai op ner Kiärmisse wiäst wöör.

Niu wass balle „Antonnes" oppem Brunnen. Dat wass ne grauten Fierdag füär dai Düärper, dai drümme rümme laggten. Auk Franss droffte in düesem Johr mettem Vaar metgohen. All lange vüärhiär fröggere hai siek do drop. Vüär twäi Wiäcken harren sai en klain Kalf verkofft, un dovan harre Franss nau fifteg Pänninge Steertgeld kriegen. Dat harre hai siek füär „Antonnes" opspart un nit in de Spardause don.

Et wass ne schoinen Summerdag. De Vuielkes süngen sau schoin, un de Blaumen blöggeren am Wiäge, in diän Wiesen un op den Waien un in diän Fellern.

De Vaar un Franss gengen an diär Bieckseypen Drifft rop. De Mömme wass all eger gohen; sai woll in de Frohmisse, bichten un kummezäiern. Bättken mochte terhäimen bleywen un 't Hius verwahren. Et genk stark biärgopp, un aff un tau mochten dai baiden en Poiseken stohen bleywen. De Vaar kuiere nit viel; auk Franss frogere nit viel. Hai harre awwer de Augen uappen un käik in de Welt. Dat Bield woor liuter netter, ase sai höchter tem Biärge rop keemen.

Sai sohen weyt in de Welt. Unger 'ne laggte dat Daal met diär Bieke, der Salwägge. Rechts dai hauge Hömmerg; in der Delle födder hingen legget dat klaine Düärpken „Ruien" [*Schliprüthen*]:

me soh diän Tauern van diär klainen Duarpkiärke, dai iut ganss allen Teyen stammet. De Salwägge flütt diär dat enge Daal; van hey haugen soh me äinige Hiuser van diäm Duarpe „Uewernsallwägge", bat seynen Namen van diär Bieke hiät. Links dovan legget dai Homert; un nit alläine düse Biärge, dat gansse Gebirge hiät hey düsen Namen. Unger iännen laggte de Müele, bo de Wiäge no Ruien, Salwägge un Waispert iutenäingengen.

De Wiäg genk van den Fellern in den Biärg, diär Bauken un klaine Dännen. Op der Hörre wass äin Feldstücke, un do keemen de Wiäge van Ruien un Salwägge beynäin. Bann me hey wuat stohen bläif, konn me saihn, biu de Luie iut diän Kiäspeln no'm Brunnen trocken. De Vaar un Franss begruisseren iärk auk met Nowers un gengen an äinem Feldkruize verbey run in't Roierdaal. Äine klaine Holtbrügge genk üwer dat Wäterken, bat nit weyt hey wiäg, oppem Roiernspringe, ter Welt kümmet. Wier äin Kruisse stonk am Wiäge: et wass dat Prossiaunskruisse vamme Brunnen. En Stück vamme Kransse hank nau van Fronleychnam. An düsem Muarn harre all äiner friske Blaumen deraan stiäcken. Vaar un Suen siäneren iärk un gengen diän Wiäg födder, dai niu äin bittken steyget. Diär ne haugen Baikenbiärg, dai frögger taum Klauster hoorte, keemen sai niu balle oppem Brunnen aan.

„Antonnes oppem Brunnen" is Kiärmisse un Wallfahrt. All iut Pöters Teyen kummet de Luie bit iut Naimen un Arnsbiärg. De hailege Antonnes helpet diän Luien, dai wuat verluaren hewwet. Franss seyne Mömme gloffte faste do draan. Sai biärre awwer auk jäidesmool taum Antonnes, bann sai am Saiken wass. Awwer auk jäide andere Naut drachten de Luie no'm Antonnes oppem Brunnen.

Et wören auk in düsem Johr wier viel Gäisselke [do], van Ruien, Salwägge, Ennerpe, Mainkenbracht (bo de Luie auk Klain-Moskau füär segget), Stockme, Ollerpe un anderen Düärpern. Äine Misse is no der anderen; un de Bichtestaihle weert nit lieg bit tau der Hauhmisse.

De Vaar harre all viel Bekannte druappen, un et wass doch nau ne Stunne Teyt bit tau der Hauhmisse. Auk de Mömme fangen sai. Dai wass niu met der Wallfahrt ferrig; sai koffte nau äin Stücke Kauken füär Bättken un woll dann häime gohen: sai mochte dat Middages füär düesen Feyerdag kuacken.

In der Klausterkiärke wass äin ganss schoiner Hauchaltoor drinne. Dat graute Bield drinne mochte Franss liuter wier aa[n]saihn, mehr nau ase diän Antonnesaltoor, bo doch sau viel Blaumen stöngen un Lechter brannten. Un dat Laid vam hailgen Antonnes woorte sungen, un de Üärgel briusere dotüsken.

De Luie gengen nit alle in de Kiärke; sauviel wören do. Un et wass gutt Wiär: niu woorte de Priärge vamme Pastauer in Stockme biuten hallen:

„An düser Steye, bo iek niu stohe", saggte dai, „do hiät vüär twäihundert Johren äin Klausner wuehnt, dat wass dai äiste Mann oppem Brunnen. Dat gesunne Water wass all do; un de Luie keemen taum Baden. Diän woll dai Klausner helpen, un hai woll äin klain Hius un äine Kiärke hey bungen.

Hai mochte viel Geduld hewwen, un hai hiät se auk hatt. Süss härre hai nit in düser vergiättenen un schoine[n] Ecke imme Siuerland sau viel Glücke hewwen konnt.

Iut diär Klausnerhütte woorte äin Klauster.
De Pöters hewwet viel Gurres in der Ümmegiegend dohen. Dann woor dat Klauster vamme Staat wier taumaket.

Awwer de Kiärke is nau hey. De Hiärguatt wirket vamme Brunnen nau liuter Gurres; Wunder dait hai, könn me seggen.

Dat Brunnenwater is giegen Krankhaiten. Un hey in der Kiärke sind Bieler üwer'm Altoor un vüär der Kiärke van der Daupe. De Daupe un de Kiärke is füär de Säile un brenget de Luie in den Hiemel. – Un dotau helpet us auk de hailege Antonnes!"

Franss harre gutt tauhoort; sau ne schoine Priärge un dann biuten wass füär iänne wuat Nigges.

No der Hauhmisse genk Franss an den Telten verbey. Kauken, äine Zuckerstange un äine Tafel Schokolade koffte hai. Hai woll allen terhäimen wuat metbrengen. Ase hai nau äin schoin Spieldingen soh, söchtere hai; niu harre hai kain Geld mehr.

Indiäm soh iänne de Vaar. Dai harre 'n Onkel van Ennerpe un auk äinen Vetter van Naimen druappen, dai metgohen wollen. De Vaar koffte Franss dat Spieldingen, un jäider Onkel laggte nau äin greut [sic] Stück Giäkauken dobey.

Awwer äis gengen sai doch nau no'm Wäiertshiuse rop. De Vaar un de Onkels drünken äin Glas Bäier un Franss kräig wier äin Glas „Limonade". Dann prowäieren alle dai „Heilquelle", dat Wunderwater. Un niu wass et Teyt häime; do wachtere de Mömme met dem Miadages.

Terhäimen wass de Disk desket ase Austern oder Christdag. Dai baiden Verwandten woorten begruisset; an dann fenk dat Vertellen aan. Taum Middages gaffte't schoine Mettewuast, Schinken un Rhabarber. Ächterhiär Pudding met Himmetensaap un Pliumen. Füär'n Kaffäi harre de Mömme auk nau ne Rodonkauken backet. Dat wass wuat ganss Äxtros; Sunndages, bann süss mool Besaik kaam, gaffte't süü[ss] mool Eyserkauken, dai de Mömme fix im Kaukeneysern backere.

An düesem Dage bruchte Franss kaine Kögge te haien. Dai keemen op de Waie; Franss un Bättken spieleren biuten rümme, dehen „Katte un Mius" un gengen auk in de Nowerskopp. Niu kaam balle de Teyt, dat sai Wolwerten un Himmeten saiken konnen; Elweten wören niu all reype, un sai sochten an diän Wiägen un unner'n Büsken.

Do trock siek de Hiemel tau. Et woorte duister; un Franss un Bättken makeren, dat sai häime keemen. Et kaam ase in jäidem Johr: Dat Antonnes-Gewitter.

Äis wass et ganss spasseg blo dobiuten; dann woor de gansse Luft giäll. Un do löchteren auk all de Blitze un kliättere de Duner. De Mömme stiäckere äin gesiänt Lecht aan, un alle fengen aan te biäen, de Lettnigge van allen Hailigen un dat Äivangielen van Johannes.

Wier äin Blitz, dat alle inäinschrocken un dat Kruisse schlüegen. De Duner biusere, dat dat gansse Hius biewere. Dai Blitz harre sieker inschlagen. Un niu fenk et aan te gaiten, dat dat Water am Hius rinstrullere un klaine Bieken iuten Fellern in de Wiese flüeten.

Ase't äis am Riänen wass, harre siek de Gewalt vamme Gewitter balle bruacken. Et gaffte nau äin paar düchtege Schliäge; dann hoor et met Riänen op, un dat Gewitter vertrock siek.

Niu kuckeren äis alle no biuten. De Blitz wass in äinen Biärenbaum schlagen un harre en paar Äste iuttoppet. Süss wass awwer nix geschaihn. De Roggen laggte platt an der Eere.

„Iek wüsste nau kain Johr", saggte de Vaar, „dat vey op Antonnes kain Gewitter hatt härren. Vey harren awwer auk Riänen noireg, un moren konn vey planten. Diäm Roggen dait et nix; dai stäiht wier op, bann't niu schoin Wiär giet."

Un am Owend schäin wier de Sunne.

BLOER HIEMMEL, WITTE WOLKEN[19]

Franss mochte alläine ächter de Kögge; de Suemer genk födder, un de Aarbett woor druck. Düsen Nummedag mochten de mäisten Luie in't Hai, denn et wass ne häiten Dag. – De Sunne staak gehöreg, un dann gitt et balle liuter äin Gewitter. Viel Luie kräigen wuat Hai raie un gengen foorts no'm Middagesiätten met Fuarken un Harken in't Hai; – balle harren sai kaine Teyt, dat sai de kalle Mielk met Verstanne iätten konnen.

Franss dräif de Kögge taum Biärge ropp; un dai Diers wören sau fiul, dat hai liuter de Schwiepe briuken mochte.[20] Men de Hitte harre Spass un Liäwen, sprank lank un twiäss, haar un hott üwer diän klainen Fautpaat un woll liuter de Kögge stauten. Ase't diär ellesten Kauh, diär „Blesse", äin bietken dumm vüärkaam, bläif sai stohen, käik ganss ärgerleck un woll der Hitte met

---
[19] Erstdruck 2.9.1925.
[20] Das Idyll zwischen Kühen und Ziegen stimmt.

diän langen Höörn draan; awwer dat Ümmekucken diuere bey diär allen Kauh sau lange, un dat alles genk sau drömeleg, dat dai Hitte frauh genaug futtlaupen konn. Sai genk niu feyf Miniuten ächter der Reyge, bo iär richteger Platz wass: ächter diäm klainen Kälfken; – un ächter der Hitte kaam de Kauhhäiere. No feyf Miniuten wören alle Diers haugen.

Bat wass dat ne schoine Giegend! De Häiere konn de Düärper saihn, dai twäi Stunne weyt aff laggten, – un Biärge, Luie, bat Biärge: äiner laggte liuter ächter, giegen, buawen anderen. Hai konn dai klaine Bieke saihn, dai unner'm Häime flaut, bit sai un dat lange Daal weyt, weyt futt ächter'm Biärge sik verstiäckere[n]; hai konn saihn, biu de Luie ungen imme Hai wören.

Düen Dag wass Franss wualopp; bann't auk häit Wiär wass, harre hai mehr Liäwen ase süss bey kauhlem. Hai wass balle säu fix ase dat junge Hitten; un bann hai auk nit sau fix springen un sau schoine Twiäss-Sprünge maken konn, dann konn hai doch nau mehr: Hai konn Tutzenboime setten, un hai makere auk foortens, ase hai haugen op der Kuahlgrauwe wass, sess Stück ächter der Reyge. –

Dat mochte wuat beduien, un et deh et auk: hai droffte niu studäiern! De Pastauer woll iämme Stunnen giewen un lateynske Baiker besuargen, alles ümmetsüss. So konn hai wual Spass hewwen; vüär'm Winter soll hai nau aanfangen. „Hui, bat is dat schoin", dachte Franss un kiuchere, „de Pastauer is doch ne laiwen Heeren!"

Franss nahm seyn Vertellebauk; et wass äin plattduitsket van Wibbelt.[21] Hai harre alt mehr van diäm Manne luasen, un dai Baiker gefellen iämme sau gutt, dat hai sey liuter äinte dovan iutsochte, bann op der Schaule Verdailen was. Hai laus sau geern van Biuernhüäwen. Niu harre hai ne schoine Steye in diäm Bauke, – et wass taum Dautlachen: Dai Pastauer met diär „Hohner-

---

[21] [Augustin] Wibbelt war meine Lieblingslektüre: ich habe die meisten Bücher zu Hause bei Tisch vorgelesen. Bei dem Kapitel „Hohnertucht" lachte mein Bruder Joseph Tränen.

tucht", bo de Ruie saugar „Hohnertucht" bedräif. Bat dai Pastauer gutt Beschäid wusste. Op äinmool dachte Franss deraan, dat hai äinmool in äinem Bauke en Bield vamme Gäisselken saihn harre; un dat wass Wibbelt selwer. Franss konn nit anders un mainere, dai Gäisselke möchte auk dai „Hohnertucht" bedriewen hewwen. „Vlichter hiät hai frögger auk mool de Kögge haien mocht ...?"

Franss laggte siek oppen Rüggen in't Gras un käik in den bloen Hiemel; bann auk de Sunne brannte, wass dat doch schoin un haugen op der Hörre auk äin bietken kauhle, bann me stille laggte un de Spitzen van den Büsken an sey hiär trecken lait. Franss droimere ase vake:

Hey haugen im Biärg,
do sin iek sau geren;
do kann iek gesund
un frauh lichte weren.

Iek kuck' in de Welt
un saih viele Biärge
un Luie un Vaih,
sau klain ase Twiärge.

Iek lache sai iut
un frögg' miek doniäwen:
Iek briuk' nix te daun,
kuck' blauss in den Hiäwen!

Witte, klaine, waike Wolken
schimmert haugen buawer mey;
geerne wöll iek ropper kletern, –
doch sai sind sau weyt van hey.

Bloer Hiemel, hauger Hiemel,
bau [sic] biss diu sau kloor, sau rain' – –
Liuter wöll iek imme Liäwen
geerne bloen Hiemel saihn.

Un dai Sunne, bat dai lachet,
bat dai löchtet waarm' un hell;
güllen scheynet iäre Strohlen, –
güllen iek dat Liäwen well!

Biu lange hai do laggt harre, wusste hai selwer nit. Vlichte harre hai saugar schlopen. Sieker wass, dat hai op äinmool opbiestere, ase dat Hitten seynen Leyf ase Sprunkbriätt nahm un ohne Angest un biätteren Aanstand lank un twiäss derüwer sprank. Franss dräggere siek rümme un laggte siek oppen Biuk; do konn iämme dat Hitten üwer'n Puckel springen.

Dat genk sau lange gutt, bit de Blesse, dai Laiekauh, kaam. Ase dai dat gecke Dier soh, do stäig iär de Wiut bit in de Höörn; un dütmool wass sai sau fix un storre dat Hitten sau ekleg vüär de Bollen, dat dat sau pucks in de Knai fell. Do kräig et Respäkt un trock aff. Ganss vüärnehm genk de Blesse no diän anderen Köggen terügge.

Dai kleinen Wölkskes harren siek tehaupe trocken. Weyt wiäg wass ne graute Wolke: unnen wass sai schwuatt, dann höchter schnaiwitt. Sai soh gerade iut, ase bann Bansen Schnai üweräin läggten. Franss mainere auk, dat dat Schnai wör; awwer hai konn siek dat nit erklären, biu et iut ner Schnaiwolke riänen könn.

Anders awwer wass et ungen terhäimen un imme Nowerhiuse: Et woorte hauge Teyt, – dat Hai wass gutt, un dat Gewitter wass nogebey. Dai Nower wass mettem schworen Piärrewagen do; fix räikere dai junge Biuer dai Walen metter Haigaffel op; de Frauluie harkeren raine, nix droffte leggen bleywen. In Franss seynem Häime draggten sai dat bittken Hai in Lakens oppem Koppe häime. Imme Biärge an der anderen Seyte wören Wolwertensaikers; auk dai pecken iär Geschirr beynäin und trocken in Tröppen aff.

Franns käik un käik siek de Augen iutem Koppe. Hai dachte gar nit deraan, dat hai häime dreywen soll, bann't en schwoor Gewitter gaffte.– Et wass niu auk keine Teyt mehr dofüär. Dai Wolken woren dicker un grötter; et woorte duister, de Wind kaam op; et blitzere un dunere, dat de Ere biewere.[22] – Un dann plestere't. Franss soh nau, biu sai terhäimen dat lesste Driägelaken vull Hai häime draggten. De Nower kippere diän Wagen vull Hai in aller Raaske in diär scharpen Drägge ümme un mochte dat Hai niu doch naat riänen loten. – Dann laip Franss imme Steernsgalopp no der besten Dänne. Et riänere nit mehr; – et gaut, ase bann me dat Water met Oemmers vamme Hiemel guatten härre. Un doch bläif et unner diär Dänne et äiste nau nette droige, dat Franss saugar im Vertellebauke födder liäsen konn.

De Kögge wören grade sau klauk ase dai Häiere; sai gengen auk in't Schiuere unner de Boime. Et riänere un gewittere födder. Franss konn nette diäm Blitzen taukucken: Mannigmool schlüegen sai van äiner Wolke in de andere; dann schlaug äin Blitz in de Eere; un äinmool soh Franss auk, biu de Blitz iut der Eere in de Wolken schlaug. Et is wuat Schoines, bann me äinem Gewitter taukucken kann; un bange wass Franss jo nit. All in jungen Johren – bann me iänne frogere: „Bist diu vüär'm Blitzen bange?" – saggte hai liuter: „Näi, vüär'm Blitzen nit, awwer vüär'm Riänen!"

Düt Gewitter wass absunders schliem, denn et kaam üwer'n „häiten Biärg"; awwer et genk fix rüwer, un niu wass de Welt naumool sau schoin. Et woor auk Teyt, dat et ophoor te riänen; dai Dänne kräig Lüäcker, un Franss wass et balle, ase bann hai unner'm Siewe wöör. Hiärnoh woor hai auk nau van ungen naat, ase hai diär dai naaten Schmielen ächter diän Köggen hiär schliären mochte.

Dat wass awwer sau schliem nit, denn hai dräif balle häime. – Un schoin wass et doch wiässt.

---

[22] Welcher der „häie Biärg" ist, weiß ich nicht mehr; die Schwere eines Gewitters hängt im Gebirge aber sehr von der Richtung ab, von der es heranzieht.

STUDÄNTENTUIG[23]

Twäi Johr wören diär de Riuer fluatten, un Franss wass oppe't Gymnasium kummen. Niu konn hai nit mehr ächter de Kögge; Bättken mochte sai vake alläine haien. Bann Franss awwer in de Hiärwestferien häime kaam, dann genk hai liuter wier geern ächter de Kögge.

Et wass ne schoine[n], droigen Sumer, un Franss horre de Kögge. Hey konn hai ne gansse Masse Vertellebaiker diärliäsen; oppe'm Gymnasium kaam hai nit dertau. De Kögge wussten auk saufoort, dat sai ne anderen Kauhhäiern kriegen harren. Bey Bättken konnen sai altmool üwer de Schnoot gohen. Bann Franss awwer raip: „Hey, Roisken, wesst diu ümme!", dann wass dai mäistens sau fix ase Pulver; – süss kräig sai wuat üwer't Kruisse. Et is doch wuat Anderes, bann äin Mann dat Kummando hiät.

Viele Aandacht harre Franss beym Liäsen nit: Moren woll äin anderer Studänte kummen un iänne besaiken. Diäm seyn Vaar wass en hauger Beamter in der Stadt, sau ase me segget „en hauge Dier"; niu woll dai Studänte mool äin paar Dage oppe't Land. Diäm woll Franss awwer doch mool 't Land weysen. Franss wass ne echten Keerel, dat matt me seggen; awwer hai wass Studänte woren, un dat segget alles. Do harren sai Kreyg spielt, un sai dasken iärk dobey, dat et all nit mehr schoin wass. Dovan harre't Franss lohrt. Van vüären soh hai iut, ase bann hai kaine „twäi tellen" könn; van ächten harre hai se awwer fiustedicke ächter'n Ohren sitten.

„Richard", saggte hai amme anderen Nummedag ächter'n Köggen tau seynem Frönd, dai am Muarn richteg kummen wass, „iek well dey wuat vertellen: diu schmoikest sau geern Zigaretten; – diu drawwest et jo nit, dovan aff! – Meyn Vaar schmoiket auk

---

[23] Erstdruck 16.9.1925. – Das Stück soll bewusst ein etwas loses Studentenstück sein, aber auch die Sorglosigkeit schildern. Die Handlung ist frei erfunden. Der Vater, der sonst in meinen Erzählungen etwas stiefmütterlich behandelt wird, ist hier gut geschildert.

geern, un do hiät hai sey in der Inflatiaunsteyt en paar diusend in in de Mueke dohen. Hiäst diu all ächter usem Hiuse diän Hufft saihn: bann diu dotüsken äin Luack grawest, dann kümmest diu fix oppen Gank, dai bit in usen Keller gäiht."

– Franss kann vertellen un laigen ase'n Bauk. Richard wass reyke, kräig awwer nit viel Geld in de Finger un äis recht nit dofüär, dat hai sey härre Zigaretten kaupen konnt; dovan aff lait hai sey awwer lichte äinen opbingen.

Franss kuiere födder: „Bann diu in diän Gank kümmest, dann gäihst diu links siewenunenhalwen Schriet: do statt haugen in nem Luacke ne gansse masse Zigaretten. – Diu wäisst jo, Zigaretten muotet kauhle stohn! Van diän Zigaretten is äine Marke ,Stakemann' dai beste.[24] Bat mainst diu, söllen vey dai mool bestroiwen?"

„Dat is doch Stiählen, un bann sai miek dobey kriegen?" saggte Richard.

„Bat is Stiählen?" frogere Franss. – Me kannte diän fruamen Jungen van Domools gar nit wier; awwer hai harre auk selwer Mögge, dat hai nit iutplatzere, bo hai sau'n Licht harre. „Suih, diu masst dey dai Zigaretten kreygen; dann niemest diu sai ase Geschenk van mey aan. Et blitt dann jo in der Familie; iek hewwe sai dey gafft. Un – bai well us kreygen? De Vaar is düsen Nummedag futt, dat wäit iek sieker. Un süss wäit nümmes van düsen Zigaretten!"

Richard frogere: „Kannst diu dann nit diär'n Keller gohn un halen wuat?"

„Näi, dat gäiht nit! Do is ne starke eyserne Diär vüär, un dai Schlüetel dovan is imme Treckelken. Dat Treckelken is awwer tauschluatten; un diän Schlüetel dovan hiät de Vaar liuter in der Taske. Bann iek niu säggte, hai söll mey diän Schlüetel giewen – un dobey is hai jo gar nit do! – dann deh hai dat doch nit. Höggestens makere hai de Trecke uappen, nehme diän grauten Schlüetel riut un laite miek saiken."

---

[24] Das Wort „Stakemann" erinnert mich daran, dass ich mit meinem Freunde Stakemeier im Konvikt in Paderborn frohe Stunden verlebte.

Richard wusste nix mehr, bat hai nau seggen konn. Hai woll auk nit bange seyn, un iätwas „Räuberromantik" stieket in jäidem Städter drinne. Sau saggte hai, ase Franss iämme nau liuter taukuiere „Richard, niu dau et doch; diu sasst saihn, dat weert schoin!":

„Jo iek dau't; diu helpest doch?!"

„Sieker!"

„Niu saufoort?"

„Saufoort!"

Franss un Richard gengen rintem Buske. Twäi Graweschüppen sochte Franss fix; un dann genk et an de Aarbett. Äis laggte nau ne ganssen Haupen Stecken do, diän sai äis op de Seyte schmeyten mochten. Franss soh liuter tau, dat hai et Wennegste te daun bruchte. Richard schwerre ase'n Bare.

„Iek well mool fix iäwend no'n Köggen saihn", saggte Franss, un futt wass hai. Diäm Nowers Kauhhäiern harre hai all Beschäid saggt; dai harre liuter Spass; bann hai mool „Schinken kloppen" konn, oder – biu hai saggte – „äinen verpetzeln".[25] Franss trock sey fix vamme Vaaren ne Überzieher aan, satte sey ne allen Haut op, deh sey Vaars Karenbrille ümme, kleystere in diän Hufft, wachtere en kitzken un sprank dann, ase Richard fleyteg amme Buseln wass, op ne loss un raip met gruawer Stemme „Iek hewwe ne!"

Do kaam auk dai andere Kauhhäiere un halp. Richard biewere ase'n Espenblaat, mehr van Angest ase van diän Schliägen, dai nit sau harre wören.

„Iek well't nit wier daun", gräin hai. Dat hai siek mool ümmekucket härre, fell iämme gar nit in; – un hai härre doch sieker in seyner Angest Franns nit kannt. Sau balle, ase dai baien iäwend losslaiten, sprank hai futt un laip ase'n Wieserk üwer de Waie in dai Richtunge, bo Franss met seynen Köggen sin mochte. Franss schmäit diän Üwerzieher un den Haut aff, laggte de Karenbrille wier an iäre Steye un laip[t] ächter Richard drin.

---

[25] „Verpetzeln": ein Ausdruck von unserem Kuhhirten Joseph Fröhlich aus Dortmund.

„Richard, Ri – chard! Bo wesst diu dann sau fix hiene? Hiäst diu se?"

Awwer Richard wass nit te hallen; do laip Franss auk sau harre, ase hai konn. Sai drapen iärk bey'n Köggen, dai niu doch alle üwer de Schnoot buasten wören. Do vertallte Richard, bat passäiert wass. Äis brachte Franss de Kögge wier in't richtege Gelaise; dann saggte hai liuter:

„Dat is awwer schliem. Doch maak dey kaine Suarge; iek brenge dai Sake all wier in de Reyge: diu seggest födder nix dervan!"

Hiärnoh dehen Franss un Richard nau äin bietken Kräggenschuacken. Franss woll Richard mool weysen, biu dat genk: Hai laggte siek diäll, streckere Hänne un Faite van sey. Richard mochte op de Hänne triän un siek dann üwer de Bäine liähnen, dai Franss in de Hoih haffte. Dann gaffte Franss met Hännen un Bäinen nen Schupp, un Richard flaug derhiär, ase bann hai härre flaigen konnt. Äinmool schüppere Franss sau harre, dat Richard stracks op de Nase stulpere. Of hai seyne Nase verstiuket harre, wäit iek nit; awwer dat Kräggenschuacken wass iute.

Amme anderen Dage harre Franss äis mehr Aarbett, bit hai Richard sau weyt harre, dat dai naumool „stiählen" woll. Awwer hai wass dann doch wier sau dumm. Dütmool woll Franss derbey bleywen, un dat deh hai auk.

„Iek matt awwer biuter dai Löcke gohen, dat iek biätter saih!"

Do harre hai sey all ne Melkeömmer met Water hienstallt; diän kräig hai sey un raip wier met gruawer Stemme:

„Is hai all wier hey?"

Bat woor Richard fix! Hai kräig awwer doch nau ne gehöregen Schlaut Water met. Franss laip wier ächter me hiär; dütmool stuiere hai awwer nit, hai dräif aan un raip:

„Laup födder, süss kümmet hai ächter us hiär!"

Niu wören Franss un auk Richard tefriähn. Franss harre seyn Plasäier hatt, – un Richard harre de Nase vull. Franss mochte, bo hai men Water soh, äis met dem Water säppeln un alle Luie naat maken; auk dat wass iämme hey wier groen. Richard woll niu van Franss kaine Zigaretten mehr hewwen. Franss soh tau, dat Richard wier droige Brocken an't Leyf kräig. – Hai suargere füär seynen Besaik, dat matt me iämme trotzdiäm loten; un sai wören un bläiwen de besten Frönne. – –

Ase de Ferien all lange rümme wören, frogere Richard oppem Gymnasium diän Franss äinmool: „Hiät deyn Vaar dann vamme ‚Stiählen' üwerhaupt nix saggt?"

„Diu, dat wass iek jo", saggte do de Franss un vertallte dai Geschichte.

Richard woll't äis partiu nit gloiwen!

EN VERTELLEKEN FÜÄR'N SCHLOOP[26]

Bättken wass nau liuter datselftige bliewen. Äinmool harre't de Kögge verluaren; et wass all amme Owend, un et wass alläine bange. De Vaar mochte helpen saiken. Sai wollen all balle wier gohen; do horen sai ganz weyt de Schelle, gengen drop loss un fangen de Diers.

'n paar Dage hiärnoh droimere Bättken – iek maine dat wennegstens, et härre men droimet! – ganss kriuse Saken. Fixer ase süss altmool stonk iät an diäm Muarn op.

„Et is doch nit alles luaggen, bat in diän Märchenbaikern stäiht. Et giet Twiärge, dat is sieker; iek hewwe sai düse Nacht saihn!"

Un iät vertallte: „Iek droimere, iek härre de Kögge verluaren hatt. *Dat* droimere iek men, dat wäit iek selwer; iek stonk op un genk riut. Biuten an diär frisken Luft woor iek awwer wach – un sochte födder an diän Köggen. Iek fank awwer kain Dier. Äinmool genk iek ächten in de Dännen, bo vey frögger dai Hütte

---

[26] Erstdruck 16.9.1925. – Dieses Stück, dem ich eine sehr bescheidene Überschrift gab, ist Phantasie, aber so wahr, wie nur eines sein kann. – Ich las es meinem Bruder Johannes vor; der war überrascht und gestand mir, dass er gerade diesen Traum gehabt hätte.

harren; do stonk imme Buske op äinmool äin klain Männeken, half sau graut ase iek, mettem langen Boort un äinem Oemmerken: sau graut ase meyn Kaffäiköppken. Bat kräig iek ne ostiäregen Schrecken! In der äisten Raaske woll iek foorts futtlaupen; awwer meyne Bäine wören sau schwoor ase Bley, iek konn nit futt. Dat Männeken wass ganss fröndleck; iät lachere üwer't gansse Gesichte, makere 'n schoinen Knix un saggte, iek söll me helpen, Himmeten saiken. Iek saggte, iek möchte de Kögge saiken. Dai fünge iek doch nit alläine, mainere hai; hai wöll mey hiärnoh dann helpen saiken. Do halp iek iämme äis Himmeten saiken; fix wass dat klaine Oemmerken vull. Ase vey dat dohen harren, genk hai met mey in de Eere. Äis wass alles duister; iek mochte miek bücken, dat iek mettem Koppe nit haugen unner storre. Dann kräig iek grade sau ne Schiätte vüär, ase hai äine harre; de Soime wören met Jubiläidalern van 1913 besatt un haugen hiär met Goldstücken. Iek droffte in mannige Kammer rinkucken, bo viel Twiärge wören. Viele wören am Kuacken in klainen Pötten, dai nau nit sau graut wören ase use Ieseldüppen, nit viel grötter ase meyne Spielpötte, dai mey mool dat Christkinneken bracht hiät. Op ner ganss anderen Steye kam iek wier op de Eere, nit weyt van usem Hiuse. Dai Schiätte mochte iek do loten; iek soll nau drai Pund Himmeten saiken un iämme „Klaus" tauraupen, dann wöll hai wier kummen. Dann söll iek mey auk dai Schüätte metniähmen. – Dann wass hai futt; un iek stonk bey['n] usen Köggen unner'm Hiuse."

„Diu kannst us viel vertellen", saggte Franss, ase Bättken ophoort harre, „weys us diän Klaus mool!"

Dat mainere Richard auk, un Bättken woll't geern daun. Iät genk met diän baien an dai alle, kapute Hütte; do wass auk richteg en klain Luack ase van Fössen.

„Do is et", saggte Bättken un fenk dann aan te raupen, „Klaus! – Klaus, kumm! – Klaus, niu kumm doch! – Klaus, du sollst kommen! ..."

Kain Klaus kaam.

Bättken wusste awwer 'n Iutwiäg: „Dai kümmet ments dann, bann iek alläine sin", sagge't, genk loss un lait Franss un Richard do stohen.

IUTFLUG[27]

Der Himmel ist blau, das Wetter ist schön;
Herr Lehrer, wir wollen spazieren gehn!

All vake harren dat de Schauleblagen an de Tafel schriewen; – un dat dai nit alle terhäimen äinen gurren Baremäiter harren, soh me do aan, dat et altmool an diämselftigen Dage ümme taihn Iuer dohiär pleestere, ase bann de Hiemel buasten wöör. Et äiste mainere de Lehrer: „Kinners, dat gäiht nit: Dat Wiär is viel te schlecht, un dann matt auk äis de Hiärwest wennegstens imme grüäwesten dohen sin!" Antleste kahr hai siek gar nit mehr der-aan.

„Un de Lehrer hiät et us doch luawet, ase vey iämme Wolwerten saiken sollen", saggte Bättken.

Endleck gaffte't Wiär, ne gansse Wiäcke. Fix keemen de Hälme, dai all ne lengere Teyt affmägget wören, in; amme Middewiäcke saggte de Lehrer: „Sau, moren wellt vey diän Iutflug maken!"

Dat gaffte 'n Spass! Kainer konn mehr ruiheg op der Bank sitten; un ase de Lehrer äis frogere, bo dann de Raise hienegohen söll, woll jäider wuat Biätteres wieten.

„Dann wellt vey dütmool 'n Iutflug no der Talsperre in Meskede maken; vey hewwet jo altmool do drüwer kuiert", saggte antleste de Lehrer, un alle Kinner wören tefriähn.

---

[27] Erstdruck 5.10.1925. – Der Ausflug ist vor meiner Zeit mit der Schule in Schliprüthen gemacht worden. Es sind hier Motive aus Meschede verwandt, die mir durch 6jährigen Aufenthalt dort geläufig waren.

Amme anderen Muarn stongen all frauh twäi Ledderwagen vüär der Schaule: Et wören Briär üwer de Leddern laggt un graine Büske an de Seyen stiäcken. Op äinen Wagen keemen de Miäckens un op den anderen de Jungens. Balle vertig Luie, Blagen un auk en paar Ellere, trocken met. Bey sau me Feyerdag sind auk dai geern wier Schauleblagen, dai all feyftaihn, sesstaihn Johre oppem Puckel hett. Bättken wass auk derbey; iät harre nau diän Brauer Hännes, dai väier Johr jünger wass: dai fauere auk met. Dai hiät siek süss nau wenneg mellet; awwer niu genk hai auk all vake met ächter de Kögge.

De Wiäg genk üwer Bräimke un Raiste. In Raiste wäis de Lehrer diän Blagen dat kleine Huisken tiegen der Kiärke un saggte, dat Huisken met diäm Strauhdaak söh wahne nette iut, viel biätter ase mannige graute Ställe, dai niu mannigmool bunget wören. „Na, dann is use Hius terhäimen auk schoin", dachte Bättken, „dat is grade sau alt, sau klain un hiät auk en Strauhdaak!"

Dann genk de Raise üwer Nichtingesen, bo dat schoine Kruisse amme Wiäge stäiht, un Enkesen no der Sperre.

„Düt is dai Schossee, dai Napoleon bunget hiät", saggte de Lehrer unnerwiägens, „hey sind 1812 de Franzausen hiär no Russland trocken!"

Dann kaam de Talsperre. Dat Water wass awwer seyge, un me konn't äiste nix ase ne Bieke saihn, dai ruiheg dohiär flaut, ase bann do kainmool mehr Water wiäst wöör. Un doch kaam dat Water, bann de Sperre vull wass, balle bit Enkesen. Me soh dat auk an diäm stumpen Grase, bat do an der Bieke stonk, dat et nau kain Johr alt wass.

Bey Biärghusen stäig de Lehrer vamme Wagen, un auk de Blagen mochten derunner kletern. Dai Wagen konnen lieg no Meskede foiern, dat de Piärre wuat te friätten kriegen.

Fix harre de Lehrer diän Tropp ümme sey; sai stongen alle an der Strote un kuckeren no'm Water. De Sunne schäin vamme bloen Hiäwen un spaigelere siek in diär glaten Talsperre. Et wass awwer doch nit sau waarme, dat de Lehrer oder de Blagen schwerren; dofüär wass et all Hiärwest. Hey un do stonk en Baum, dai all greyse Hoor kräig.

De mäisten Blagen sohen an diäm Dage de Talsperre taum äistenmool. Do vertallte de Lehrer dann, bat dat Water füär ne Zweck harre, dat et ne wahne Aarbett wiäst wöör, dai graute, hauge un dicke Muier te bungen. Dofüär wöör düt awwer auk balle de schönneste Talsperre, dai et gäffte, un et keemen viele Luie iutem Siuerlanne un nau iuten Städten dohiene.

– Bättken droimere.

„Ase de Talsperre nau nit hey wass", vertallte de Lehrer födder, „genk de Stroote viel depper, bo niu dat Water stäiht. Et sind twäi Pulvermüelen do wiässt; amme Wiäge wören en paar Schlagboime, un alle Luie un Piärre mochten en paar Pänninge betahlen, dai dohiär wollen."

– Diäm Bättken löchteren de Augen!

„Frögger wören hey Feller; do aarberren de Biuern, bo me niu ments Water suiht. Do woor plaiget un plantet, säggt un Tuffeln satt; un et gaffte do wuat, bann et auk schaiwe Länner wören!"

– Bättken hell Nase un Miul uappen; dat wass sau recht Water op de Müel bey me: Dat Liäwen unner'm Water. Bann't auk nit viel dovan verstonk, konn iät doch viel dovan droimen.

„Et gaffte hey frögger 'n grauten Biuernhuaf; awwer dai Mann is deroppe aarme woren. Et hoorten sieker sesshundert Muarn tau diäm Huawe. Dai gansse Huaf, dat Hius un de Feller, legget niu unner'm Water; et lutt balle ase'n Märchen", saggte de Lehrer antleste.

– Bättken nuckere ganss van selwer.

Dai anderen Blagen wünneren iärk, bo de Lehrer dat alles hiär wusste. Sai gengen van der Strote, läggten iärk an't Auwer, bo sai biätter dat Water saihn konnen, un aten iär Oomes taum Froihstücke.

Dann gengen sai födder un keemen an de Muier. Bat gaffte't do Augen! Sai mochten ganss derüwwer, un an der anderen Seyte kleteren alle diän Biärg runner, dat sai dai hauge Muier van ungen richteg saihn konnen.

Hiärnoh trocken sai no Meskede, besohen iärk dat graute Denkmool van Siewenzeg un gengen üwer de Riuer no'm Bahnhuawe. Ase sai üwer dai graute Brügge keemen, kräig Engels Fritzken, dai an siek nit grade de klaikeste wass un dobey nau geern wuat saggte, 'n schlauen Infall: „Düt is awwer sieker de Rheyn!" saggte hai un mainere Wunders, bat hai ferrig bracht härre. Do harre de Lehrer sau vake wuat van der Heimat vertallt un niu ... Hai frogere andere, un taum Glücke wören doch de mäisten dofüär, dat dat doch de Riuer wöre. Diäm Fritzken awwer makere['t] de Lehrer äis äxtro kloor un wäis iämme, „bo Köln wass".

Et wass gutt Middag, ase de Lehrer met seynem Tropp vamme Bahnhuawe üwer dai Holtbrügge no 'm Gesellenhiuse kaam. Do harre hai allen ne gurre Iärftensoppe bestallt; – dofüär harren sai iämme Wolwerten socht. Un no diär weyen Raise harren alle gurren Hunger, un et bläif kaine Iärfte imme Potte.

Ase siek alle gutt iutrestet harren, gengen sai no der Kliuse. Bat wass do ne gurre Iutsicht op de Riuer, op Meskede, op de Eyserbaa un Laer. Hiärnoh sochten sai diän Wiäg knapp üwer Meskede diär den Hagen amme Eyskeller verbey. Un do konnen alle naumool Meskede un de Kiärke van haugen saihn. De Lehrer wäis ne auk diän Vogelsang, diän höggesten Biärg bey Meskede. Ümme väier Iuer wass hai wier an der Talsperre.

Dat Wiär harre siek ändert: Wual, de Sunne schäin nau sau nette ase am Muarn; awwer et wass ne scharpen Wind opkummen. Dat gansse Water wass amme Liäwen; un de Blagen mochten iär faste hallen, dat sai nit schweymeleg woorten.

Bättken hell siek am Tiune fast, käik un käik un droimere. – De Lehrer kummedäiere alle op de Ledderwagen, dai auk wier do wören. Hai vertallte nau 'n kitzken vam „Meskeder Wind"; dann genk de Raise häime.

Et wass all duister, ase de Wagens üwer diän lessten Biärg fauern. En paar Steern wören all am klockenhellen Hiemel, un imme Grase löchteren nau 'n paar Johanneswüärmkes.

"Moren briuk ey mool nit in de Kiärke!" Met diäm Beschäid konnen de Blagen häime gohen.

Ase Bättken terhäimen vertellen soll, fenk iät mettem Water, met Twiärgen, un Märchen aan un hoor auk domet op. Bann de klaine Hännes, dai naumool sau kriel wass ase Bättken, nit metgohen wöör, dann härren sai terhäimen nit viel vamme Iutflug hoort.

NAUMOOL VÜÄRSPRÜÜK[28]

Dat Froihjohr is all wier do. Et weert de höggeste Teyt: iek matt wier ächter de Kögge. Awwer äis well iek nau vertellen, biu de Kögge diär'n Winter kummen sind. Äine, de "Hiättenblaume", heww' vey vüär'm Winter verkofft; sai is haugen iuten Biärgen in't Seypen kummen, vam Lanne in de Stadt, un hiät siek do gutt inliäwet. De "Blesse" hiät ne Schwiäre an diän linken Ächterschuacken kriegen un schliepet ne iätwas no; vey wellt sai gin Hiärwest taum Schlachten verkaupen.

Eat Jöhrlingsrind is ne Kauh woren, hiät ne Namen un en Kalf kriegen. "Bunte" is de Name van diär Kauh. Nit sau nette is et met diäm Kalwe. Dai "Bunte" soll äigentleck en Faselkalf hewwen, dat vey wier äin Dier optrecken konnen; awwer sai kräig ne klainen Ossen. Bat well me maken: et kümmet liuter anders, ase me denket. Un bat soll vey met diäm klainen Oesken maken? – Vey wellt et den halwen Sumer metgohen loten ächter de Kögge; dann kritt et de Schlächter.

---

[28] Erstdruck 15.6.1927. – Zwischen dem Schreiben des Vorhergegangenen und dem Folgenden liegt der größte Einschnitt und die größte Katastrophe meines Lebens: die Arsenvergiftung in Freiburg i. Br. Verzweiflungszeiten, die ich meinem größten Feinde nicht wünsche, und die ich nur durch Schreiben in etwa überwinden konnte. – "De klaine Osse" ist sicher Selbstironie, da mein Biername "Osse" war. (Selbstironie und Minderwertigkeitsgefühl nach meiner schweren Krankheit!)

Dat sind jo alle kaine nette Saken! – Awwer an diäm klennesten Kalwe (ohne diän Ossen) is nix deraan; dat mäket würkleck men Plasäier. Diärümme hiät et auk saufoort ne Namen kriegen – „Stump".

DE HAMBUMMEL[29]

Bann äiner nix dait, rümmeloipet un biärrelt, dann is et ne Hambummel. Hai loipet met me terietenen Kierl rümme un schlöpet nachts in ner Schuier oder unner'm Baume. Wuat Luie sind sau dumm un giät diän Rümmeloipers Geld; dat versiupet dai mäistens. Me segget auk lichte: Biämme de Biärrelbuil äinmool waarme woren is, dai schmitt ne nit geern wier futt.

Et wass Middewiäcke – waarme – ümme Middag. Terhäimen seeten se grade bey der kallen Mielk. Do kloppere't en paarmool ganss sachte an de Diär, un rin kaam de Hambummel; et wass awwer auk sau'n richtegen Köttenkeerl, sau'n:

Hännesken,
kuat Wämmesken,
kuat Büxken,
kuat Knai.

Hai hell ümme'n paar Pänninge aan.

---

[29] Erstdruck 15.6.1927. – Es ist nicht Zufall, dass diese Erzählung der Anfang des zweiten Jahres ist, und nur aus meiner Vergiftung zu erklären. Wie nie war ich auf Hilfe und Verständnis angewiesen und fand beides nicht. (Ich habe es mir nie erklären können, dass man in einem Kulturstaat von fremder Hand vergiftet wird und dann keine Hilfe bekommt, wenn diese fremde Hand zahlungsunfähig ist!) Ich selbst kam mir damals als „Hambummel" vor. Der Hambummel preist seine Kopfarbeit, und die Mutter sagt: *Dann sall't wual met der Arbett sau iutsaihn* [...; das] ist wieder Selbstironie und Minderwertigkeitsgefühl.

„Dann kummet rin!" saggte de Mömme, „ey saiht nit iut, ase bann ey vamme Sunndag aan kain Schnapsglas mehr saihn härren. Iek well ugg wuat te iätten giewen!"

Hai makere en Gesichte ase acht Dage Riänenwiär. Vlichte harre hai all beym Nower wuat te iätten kriegen. Awwer hai nahm et doch aan un hoggte auk gehöreg rin.

„Bo kumm ey dann hiär? Ey sind doch nau junk un können gutt aarbaien!"

„Dat well iek auk. Iek kumme van Hawerkusen; do wass iek bey'n Biuern. Niu is mey de Aarbett affgohn, un iek saike nigge. Iek kann alles: iek kann met den Hännen un auk mettem Koppe aarbaien!"

Hai mainere wunders, biu hai siek prunket härre; awwer de Mömme saggte: „Dann sall't wual met der Aarbett sau iutsaihn. Ey konnt us ne halwe Pause Holt hoggen; et is niu allerwiägen druck. Iek giewe ugg dann en paar Grosken; dann konn ey saihn, biu ey födder kummet. Vlichte kann ugg de Kiäspelmester helpen."

Dat wass iämme wier nit no der Müske. Bedrüppelt genk hai no'm Holtklosse un kräig sey de Akes. De Aarbett mochte iämme awwer schlecht van der Hand gohen; vlichte dachte hai auk: hai könn amme Biärreln mehr verdainen. – No ner Verrelstunne wass de Holtkloss lieg un kain Hambummel mehr te hören un te saihn.

De Kögge keemen diän Middag eger riut. Sai mochten ne halwe Stunne bit no der Haue driewen weren. Hännes soll sai haien; Bättken halp iämme dreywen; bit sai an diän Wiesen verbey wören.

Op äinmool biestere de Blesse un sprank no der Seyt. Iut den Büsken kaam de Hambummel un schwaimelere twiärss üwer'n Paat. Iut dem Kierl, dat beste, bat hai aane harre, wäggere en raut Schnuiteplett, de Büxen harre hai terieten, un de Schienpeypen schien' unnen diär. Met der rechten Hand schlickere hai ne Flaske; dai wass nau half vull – un sieker nit van Water. Niu lockere hai de Kögge: „Muis, Muis, muis!"

De mäisten kahren siek nit do draan. Men de Bunte genk op ne tau. Hai kleggere se en bittken üwer de Höörn un kietelere se ächter'n Ohren, un sai – leckere iämme de Schienpeypen aff.

„O diu ostiärege Dier!"

Hai woll sai metter Schnapspulle vüär'n Kopp schlohen; do kaam de Ruie „Fix" frauh genaug un sprank diäm Köttenkeerl in de Hacken. Do genk hai aff, vamme Wiäge, diär de Büske, placks diär't Water op de Schossee tau.

Tiegen der Schossee hell en Köttenwagen; dat wören kaine Hambummels; richtege Zigeuner, Kötten wören't met giälen Gesichtern un Hooren, sau schwuatt ase Pott. De Blagen laggten twiäss diäräin amme Water; me konn't ne awwer imme Gesichte aansaihn: sai dehen diäm Water nix te läie. De Mannsluie makeren van Nueteholt Ledderkes füär de Blaumenpötte un Wolwertenküärfkes. De Piärre gengen in Nowers Wiese."

Hännes käik neype no diän Luien. Sau'n Köttenwagen un domet diär de Welt foiern – dat wöör nau liuter nette, mainere hai. Bann hai mool ganss weyt riut woll, dann woll hai Piärrehändler un Zigeuner weren. Bättken lait iämme awwer nit viel Teyt taum Denken. „Maak fix!" raip et; et woll met kainem Köttenkeerl wuat te daune hewwen.

De Hambummel gaffte siek met diän Zigeuners tegange. Hai nuselere sauwuat in nen Boort, bat wual haiten konn: „Lustig ist's Zigeunerleben ..."

Födder kaam hai nit; et woorte lusteg. Dai Zigeuner pessen iämme op, bekleysteren ne un dann – keemen sai tegange. Fix pecken sai iänne, trocken iämme diän halfwiägs gurren Kierl iut un nehmen iärk de Schnapspulle. Dat wass kain schwoor Stücke Aarbett un diuere auk men twäi Miniuten.

Niu woorte de Hambummel nöchtern un klain. Hai dachte, ohne Kierl könn hai doch nit gutt no'n Luien gohen, un fenk aan te handeln: „Ey sind ganss nette Luie. Gatt mool do haugen in dat Hius, do is wuat te halen; meynen Rock muotet ey mey awwer wier giewen."

De gansse Kötterey verdrachte siek wier, hai kräig seynen Kierl wier, - awwer nit de Schnapspulle, „koffte" ne nau twäi Blaumenledderkes aff un genk hauge un stiuer ase'n Künink üwer de Biärge.

No ner Verrelstunne hoor ne Hännes, dai ächtern Köggen amme Liäsen wass, nau singen:

Iek laupe rümme imme Lann'
un hewwe nix te daun;[30]
iek schlope in diän Schuiern gutt
un iätt' füär Guarres Lauhn.

Sau dumm, sau aisk, sau fiul ase iek is nümmes!
Sau gutt, sau frey, sau schoin ase iek hiät et nümmes!

Sau äin Laid un sau ne Melodie harre Hännes nau nit hoort. De twedde Strophe konn hai nit verstohen; äis wier de drüdde:

Iek sin nit raine jäiden Dag – –
de Fait' wask iek im Paut;
de Bieke is meyn Waskenapp
sau all' acht Dag' ter Naut.

Sau dumm, sau aisk, sau fiul ase iek is nümmes!
Sau gutt, sau frey, sau schoin ase iek hiät et nümmes!

Amme Owend ümme acht Iuer keemen de Kögge innen Stall; do keemen twäi Weywesluie diär de Wiese ropp te schlauern. Et wass sau de Teyt, dat de Luie all im Hiuse wören. Men Hännes soh sai kummen un vertallte't. Terhäimen wussten sai saufoort, bo se draane wören. – Et kaam auk blauss *äin* Menske rin.

„O Mömme, giät mey äin bittken Geld; meyne Kinner hewwet nix te iätten; vey muotet verschmachten. De Heer sall't ugg

---

[30] ... *un hewwe nix te daun* ...Wie furchtbar dieses Wort für einen, der arbeiten will und wegen der Gesundheit nicht kann.

lauhnen – un (ase de Mömme nau kaine Aanstalten makere) iek hewwe auk nette Blaumenledderkes, dat Stück füär feyf Grosken, – un Wolwertenküärfkes, dat Stück ... (de Mömme saggte nau liuter nix). Bann ey mey awwer nix affkaupet un nix giät, dann ... gäiht et ugg schlecht ..." Sau fenk sai aan te dröggen un woll fräit weren.

„Vaar, kumm mool rin und kuiere diu met diäm Menske", raip de Mömme un genk riut.

– Do konn dat Weyf foorts anders kuiern: „Iek hewwe hey sau nette Saken, do konn ey sieker wuat van briuken. – Jä, un dann well me jo auk liäwen. Iek hewwe'n kranken Mann, dai kann süss nix daun ase lichte Aarbett. Un dat well iämme de Dokter auk nau verbaien.[31] – Oder sall iek ugg en kitzken wicken? – Iek wäit alles!"

„Sau", saggte de Vaar droige, „dann bruchtest diu nit rinkummen. Kain Woort is wohr, bat diu seggest. Diu stäihst hey, un dat andere Fraumenske loipet ümme't Hius un saiket an Hauhnersnestern un Hauhnern. Niu awwer märss riut, oder iek hesse 'n Ruien ächter diek! – Fix! Fix!"

Dai Ruie stonk all proot un härre diäm Menske hoorsnoge in de Bäine packet. Do woor't fix un fenk aan te schriggen ase'n klain Blage. Dat andere Menske kaam niu auk van der Miste un halp schennen. Sai konnen würkleck schennen ase Kietelläpper; me kann dai Iutdrücke gar nit wiergiewen. Dobey trocken sai iärk awwer terügge; un de Vaar lait se gewehren un saggte nix.

Dai Zigeuners laiten iärk nit wier saihn, auk de Mannsluie nit. Hännes un Bättken wören auk frauh, dat sai futt wören; awwer ümme dai netten Wolwertenküärfkes deh et iännen doch läie.

---

[31] Der Doktor hatte mir jede Arbeit verboten; siehe hier die Parallele vom Zigeunermann!

KREYG[32]

Vey muotet dütmool en paar Jöhrkes terügge gohen, sau in de lessten Johre vamme Kreyge. Et hällt jo ümme ne Kauhdicke nit. Hännes un Bättken wören nau jünger; sai gengen nau baie in de Schaule, un – iek gloiwe – Franss wass auk nau dobey, sieker in nen Ferien.
  Awwer sau genau, – niemet et kaine Kauh!

* * *

Et wass ne schwore un aiske Teyt, in diäm grauten Kreyge van 1914-18: Imme Winter mochten de Luie fraisen un imme Sumer hungern.[33] Absunders deh et Bättken läie, bann iämme de Rümmeschneyen vüärtallt woren. Me briuket jo nit te gloiwen, dat et härre daut hungern können; awwer iät soll mehr Tuffeln iätten, un dai mochte't nit recht: et wass wuat schnöggeleg. Iät möchte de Kögge haien: Bann't dann do biuten mool sau'n nett raut un schwuatt gesprenkelt Hiärrguattshaihneken fank, dann wass et iämme altmool greynensmoote, un et sank:

Hiärrguattshaihnken,
flaig in'n Hiemel,
haal mey 'n Stücke Braut!

„Süss härr' iek men ne Britzel wollt", simeläiere't; „niu is mey'n Stücke Braut gutt genaug."
  Dat schoine raue – un schwuatt gesprenkelte – Dierken wusste awwer gar nix vamme Kreyge un woll nit in nen Kreyg un auk nit in nen Hiemel. Diäm gefell et bey Bättken ganss gutt.
  „Iek sin sau maie ase'n Ruien", mochte't wual denken un hiukere faste op der Hand, „iek well miek en kitzken resten!"

---

[32] Erstdruck 12.7.1927.
[33] Den Weltkrieg habe ich in jungen Jahren zum Teil begeistert miterlebt, aber auch gehungert, so dass ich krank wurde.

Bättken hell de Hand in de Hoih, dat Hiärrguattshaihneken kraup amme Finger rop; awwer iät woll äis naumool drümme rümme kriupen. Dann flaug et futt. – Bättken konn lange wachten: dat Stücke Braut bläif iute.

Hännes un Bättken sochten nit alläine Wolwerten un Himmeten imme Kreyge; sai sochten auk Viuelbiären ächter'n Köggen. „Dat sall gutt Kriut giewen", saggten de Luie. – Bat wass „gutt" imme Kreyge?! Dat Pund Viuelbiären kostere siewen Pänninge; do konn sey auk en Schauleblage en Dagelauhn maken. Un dann – sau saggte de Lehrer – hölpen sai 'm Kaiser domet, un vey können diän Kreyg gewinnen.

Füär de Saldotenpiärre – dai paar, dai nau im Lanne wören, harren all nau wuat te friätten – sochten de Kinner in der Schaule twäimool de Wiäcke Lauf.[34] Dat wass füär Hännes sauviel ase Kiärmisse; hai konn kletern ase'n Äikerten! Dofüär harre hai ächter'n Köggen sau vake „Juckele, juckele, Birke!" dohen un all mehr ase äinmool 'n schwank Boimeken kaput reyen un juckelt. Niu wass hai liuter 't äiste haugen un kaam dann met diän klainen Bauken un Aiken rin; hai harre Plasäier dobey un nuselere:

„Boimeken, kumm rin,
diu masst in nen Kreyg;
gief mey mool deyn Tölleken:
vey wellt dat fix affblaan!"

Jiä wual, bann sai de Säcke duun harren – Hännes harre seynen Pünsel liuter fix vull –, un de Karen vull wören, dann wören bey mannegen Boimen de Riwwen tebruacken, un dai woren nit wier grain. – De Miäckens mochten in diär Teyt in der Schaule stricken, dat de Saldoten imme Winter waarme Christdagspakäiter kriegen.

---

[34] Laubsammeln gab es immer in der Rektoratschule in Meschede; ich musste das Laub auf dem Boden der Schule oft wenden.

Dann keemen liuter de Hamsterer. De Tiäne hengen diän balle iutem Miule; sau schroh wören dai. „Vey hewwet den Vaaren un twäi Süene im Kreyge, verkaupet us doch en bittken!" hellen sai aan. Un doch droffte me dat nit. Bättken woll iänne dann doch liuter geern 'n Stücke Braut giewen, bann 't et auk laiwer selwer giäten härre; et wass in diär Weyse gutt un „van Giewekusen". - Un bann de Schandarme kümmet?" mainere de Mömme. Awwer dai aarmen Luie kräigen doch vake wuat; me konn nit gutt affseggen.

Absunders de Jungens harren nau Plasäier in düser Teyt. Et wass jo Kreyg, un sai spieleren in jäider Pause in der Schaule Kreyg; - un diän Miäckens deh et vake läie; dat sai nit in den Kreyg drofften. „Räuber un Schandarme" wass auk sau'n Spiel. Äiner genk an de Muier un hell sey de Augen tau; 'n anderer kloppere iämme oppen Puckel:

„Tuck, tuck, tuck, tuck, tuck!
Bat sall *dai* Mann sin?"

Dann saggte dai „Räuber" oder „Schandarme". De Schandarmen mochten de Räuber fangen. Bann niu de Räuber de „Franzausen" un de Schandarmen de „Duitsken" wören, dann wass te „Kreyg" tegange. Wass dann mool äiner maie un woll siek iutresten, dann raipen dai andern: „Nix maie, nix iutresten: marss, vüäraan! 't is Kreyg!"

Terhäimen ächter'n Köggen deh Hännes all lange kaine „Kräggenschuacken" mehr un auk kain „Kaiser un Künink"; et woor men Kreyg spielt. Et wesselere aff; äinmool wass hai duitsk, äinmool Franzause. Amme laiwesten wass hai duitsk; dann konn hai eger drop gohen un dai Nowers Blagen, dai Franzausen wören, mochten draan gloiwen.

Awwer bann hai Franzause wass, mochte hai klain beygiewen: Dai Franzausen drofften jo nit gewinnen! Dann mochte hai vake wachten, dat hai äis wuat met dem Holtsäbel kräig un siek dann daut stellen. „Hännes, laup fix, diu biss jo Franzause, dai muotet verspielen", genk et dann. – Et kaam auk vüär, dat dai Blagen bey'm Spielen in Streyt keemen; dat sai iärk nit met Backes-splieten hoggten, genk et alle tau. Dann wass richteg Kreyg, –un terhäimen gaffte't Büxen te lappen.

Flinten wören imme Kreyge roor; awwer Hännes mochte äine hewwen. Ne Pistole met diän klainen Patroinkes wass iämme nit gutt genaug. De schoinsten Spielsaken sind liuter dai, dai siek en Kind selwer mäket: Hännes makere sey selwer ne Flinte. Äis makere hai ne Flinte, dai genk nit. Dann makere hai ne Flitzebuagen; dai genk, awwer hai konn domet nit driäppen. Antleste makere hai baides tehaupe; do genk et. Hai schnäit Holtpfeile dertau. – Eyserne, dat woll de Mömme nit hewwen! – Niu wören alle Muise un Hasen, Fösse un Üllerke seyne Figgende. Hai nahm seynen Flinte-Flitzebuagen met ächter de Kögge; bann hai dann alläine wass, schaut hai Boime täiken. Dai draap hai auk vake, bann hai noge genaug derbey wass; awwer Üllerke un andere Diers konnen iärk wahren, – un dat dehen sai auk. Äinmool brachte hai ne dauen Luiling vamme Schaulwiäge met häime un mainere: Diän härre hai druappen; dai wöre dann nau futt fluag-gen un do leggen bliewen. – De Mömme gloffte't iämme awwer nit.

In der Schaule woorten Laier vamme Kreyge sungen. Auk Hännes sank dai; un ächter'n Köggen sank hai nau andere, dai nit in der Schaule sungen woorten.

    Use Brauer Melcher,
    dai woll Ritter weren;
    do haar' hai kainen Schnurrboort nit,
    do konn hai kainen weren.
    – Nahm de Mömme 'n Hasenschwanz,
    bank ne dem Melcher unner de Nas':

Hasenschwanz unner de Nas'!
Is dat nit ne schoine Ritterey?
Jo, dat is ne schoine Ritterey!

Use Brauer Melcher,
dai woll Ritter weren;
do harr' hai kainen Säbel nit,
do konn hai kainen weren.
– Nahm de Mömme ne Uawenpeype,
henk se dem Melcher an de Seyte;
Uawenpeype an de Seyte,
Hasenschwanz unner de Nas'!
Is dat nit ne schoine Ritterey?
Jo, dat is ne schoine Ritterey!

Use Brauer Melcher,
dai woll Ritter weren;
do harr' hai kainen Helm nit,
do konn hai kainen weren.
– Nahm de Mömme 'n Soppenpott,
stülpern'n 'm Melcher oppen Kopp:
Soppenpott oppe'n Kopp,
Uawenpeype an de Seyte,
Hasenschwanz unner der Nas'!
Is dat nit ne schoine Ritterey?
Jo, dat is ne schoine Ritterey!

„Hännes konn nau mehr dovan; un hai konn dat sau harre singen, dat de Kögge bange woorten. Bann äiner in der Schaule nit turnen un nit laupen konn, makere hai ne füär aisk un üwel iut, – un dann sank hai geern dat Laid met anderen Namen. De Lehrer droffte dat awwer nit hören. – Dobey wass Hännes selwer de fixeste nit, bann hai auk 'n Riuhbast wass.

Äinmool wass de Kreyg diän Kauhhäiern wahne noge kummen. Dat kaam van der „Jugendwehr"[35]; amme Freydag woorte Hännes gewahr:

Sunndag kümmet van Lütgen-Dortmund en grauter Tropp Jugendwehr in den Ilsmerg. – Alle Jugendwehren iut taihn Kiäspels hey rümme wellt tehaupe kummen un dai Dortmunder riutschmeyten. Sunndag muarn ümme väier Iuer gäiht et imme Ilsmerge in diän klainen Dännekes loss, – dat giet ne graute Schlacht. – Auk Krankenwagens un Dokters kummet met, bann äiner daut oder halfdaut leggen blitt.

„Do muotet vey hiene!" raip Hännes un makere en half dutzend Tutzenboime. „Do muotet vey hiene!" saggte auk Bättken, un Trönen sau dicke ase Iärften laipen iär üwer de Backen vüar liuter Plasäier. „Do muotet vey hiene", saggte auk de Mömme. „Jo, do muotet vey hiene", gaffte de Vaar antleste bey. „Do mouetet vey hi-e-ne!" kräggere de Hahne op der Miste.

Bann siek dat Wiär men hället?! – Dat deh iät. Muarns, ase 't grimmeleg woor, krassere siek de gansse Familige op, auk Nowers keemen, – un dann gengen sai rop üwer de Biärge in nen Ilsmerg. De Schmielen wören naat; et harre gutt dögget. Hännes wass sau klauk un trock sey Huasen un Schauh iut; dann genk hai op blauten Faiten derdiär. In diän klainen Dännekes mochten sai ne halwe Stunne wachten, dann kaam – de Sunne graut un raut diär den Biärg rop te kriupen. Dono keemen de Jugendwehr-Saldoten. Sai söhen ase richtege Saldoten iut in iärem greysgrainen Tuige. Liuter keemen nau nigge Tröppe van diän Dortmundern. Hännes un dai anderen passeren gutt op, – un doch genk iännen derdiär, biu de Jugendwehr iut den Nowerkiässpels in den Biärg kummen wass. Sai harre op äinmool an der anderen Seyte in äinem Hualwiäge Stellunge betrocken.

Et blosere: Hundert un mehr Schüete gengen loss, rund ümme Hännes un seyne Familige. Bättken gräin: „Sai schütt miek daut!" un woll siek in de Büske verkriupen; awwer dat Schaiten deh nümmes wäih.

---
[35] Diese Jugendwehr-Schlacht fand statt.

Do op äinmool: Alle Dortmunder sprüngen op un stürmeren met „Hurra" diän Hualwiäg. Hännes konn alles üwersaihn.

„Dä, do stietet äiner!" – Hai wass awwer nit druappen; hai harre siek üwer ne Dänne stulpert un weltere siek niu in den Schmielen.

„Saiht, do hinket äiner!" – Diän harren sieker andere op de Leydören tracht.

Op äinmol tiegen Hännes ne Stemme: „Na, mool op un ächterhiär!"

„Näi, vey sind maie; vey daut et nit!" wass de Antwort; 'n gansser Tropp van diän Dortmundern wass terügge bliewwen. Et gaffte auk Fiuläxe dobey.

Dai anderen keemen balle an diän Hualwiäg. Wier fellen en paar; foortens keemen de „Krankenluie" van diän Siuerlännern, dräggten dai „kranken" Luie futt un nehmen se gefangen. Ase alle beynäin un diäräin wören, woorte blosen, – un de Schlacht wass tem Enne. Alle keemen beynäin, stallten iärk op un trocken met Musik aff.

„Bai hiät dann niu gewunnen?" – Nümmes wusste dat, un sai sind et auk nit gewahr woren. Awwer dat wass un bläif doch de Birkenbäumer Schlacht imme Siuerlanne, un väiertaihn Dage kuieren alle van diär Schlacht. Hännes sochte dat Feld no ner Flinte aff, ümmetsüss!

De Saldoten harren no der Schlacht in diäm Biärge nau de Misse; et wass jo Sunndag. Dann sind sai no der Fiulebueter, no'm Schluwerhiärmen un no der Willen Wiese trocken un hewwet diän Luien de Krähne lieg drunken. – Dat Bäier wass jo te schlecht. Düt wass dat Enne vam Kreyge.

Himmetensaiken[36]

Hännes wass süss ne gurren Keerl; hai wusste, bat häi woll, wass men en bittken gruaf; De Luie saggten: „Dat giet naumool en Keerl, do sittet 'n Kopp oppe!" – Bättken wass kaine Kanallge.

„Vey können gutt en Küärfken vull Wolwerten briuken", mainere de Mömme, „vey hewwet nau sess Flasken lieg un raine; dai muotet nau vull weren."

„A bat!" saggte Hännes, „niu is Himmetenteyt; balle is de Himmetenkiärmisse verbey. De Wolwerten laupet us nit futt. De Jaust imme Duarpe koipet de Himmeten op; do kann me sey 'n Dagelauhn maken!"

„Na, mey is et äindaun", saggte de Mömme, „dann saik düen Dag ächter'n Köggen Himmeten!"

„Dann well iek awwer auk met", raip Bättken, „iek matt mey nau ne niggen Vüärdauk verdainen!"

Bättken konn fix de Finger krumm kreygen un sey ne Masse beynäinschrappen. Hännes sochte fleyteg, konn't awwer nit fix; dotau wass hai 'n wänneg steyf. Awwer hai wusste Pläckskes, bo Himmeten wössen, – un ohne Pläckske konnt auk am Enne Luie, dai fix saiken konnt, nit viel kreygen. Hännes hell sey de Pläckskes auk beynäin un lait nit lichte frümere Luie drop kummen.

De Kögge keemen frauh riut, dat Hännes un Bättken men jau nau'n Oemmer vull Himmeten saiken konnen. Alle Kögge in der Reyge, „Stump", dat Kalf antleste, un do ächter de Ruie „Fix", dai seynen Steer[t] nette opkränsselt harre, genk et in nen Himmetenbiärg. De Kögge dehen jo diän Himmeten nix te läie; dai fraten iärk an diäm Biärggras dotüsken trummeldicke.

Nau wass nümmes imme Biärge. Awwer de Schelle van diär Blesse harre sieker dai frümeden Luie van diär anderen Seyt herbeylocket. Sess Frauluie iut der Stadt keemen op äinmool

---

[36] Erstdruck 15.8.1927. – Auch diese Skizze ist nach wahren Begebenheiten nachgebildet: Wer beim Beerensuchen eine gute Stelle gefunden hat, hütet sich, das Geheimnis laut werden zu lassen.

ungen iutem Biärge. Hännes un Bättken wören in der Midde, an äiner Seyt Hännes, an der anderen Seyt Bättken, de Kögge dotüsken.

Dai Frauluie söchten nau fleyteg ungen an diän *klainen* Himmeten; awwer sai keemen all födder.

„Dunerbessmen", dachte Hännes, „bann sai nau höchter kummet, dann finget sai hey use dicken Himmeten un düt schoine Pläcksken. Dat draff nit sin. Dat giet süss kain Grätt. Dann sind moren äin Dutzend Luie hey."

„Bättken! Bättken!" raip hai sau harre, dat et de Frauluie ungen hören mochten, „hiäst diu 'n Ruien do?"

„Näi!"

„Bo is hai dann? – Dat is awwer schliem; diu wäisst jo, hai hiät Junge; dann is hai lichte wahn un bitt Luie. Bann hai no dey kümmet, behall ne bey dey!"

„Jo!" – Bättken wusste nit, bo et draane wass.

Ganss unschülleg wass „Fix" draane; dai wass sau fruam ase'n Lamm un deh vake nit äiner Mius wuat te läie. Auk niu wass hai rüggelek un selwer amme Himmetensaiken. Loissleck striepere hai men ganss ungen de dickesten Himmeten aff un fraat sai. – Hai fraat jo alles, Wolwerten, Kasperten, Kierssen un men Sunndags klaine Hasen. Biärümme soll hai kaine Himmeten friätten?

„Fix! Fix! – Fix, kumm! Kumm, Fix! – Ruie, kumm!" Hai raip ne Teyt lank – un dann kaam Fix ganss lanksam op ne tau. Hai wass sau fett ase'n Schnaal van diän Himmeten. Hännes lait ne an sey ropspringen, dat dai Frauluie saihn konnen, bat et füär äin geföhrleck Dier wass. Dann laip Fix fix wier futt un sochte sey Himmeten in't Gummikuärfken. Hännes mochte iänne wier raupen. Dann kuckere hai siek no diän Frauluien ümme. Dat äine Fraumenske wass all terügge gohen un wier bey diän andern. Sai sochten do ungen födder, Hännes un Bättken in der Midde; un kainer saggte wuat.

„Hännes, biu viel Iuer heww' vey äigentleck?" raip do Bättken, „matt iek wual balle häime gohen?"

„Bleyf men nau hey", saggte Hännes, „et is äis siewen Iuer. Gleyk dreywet vey tehaupe häime!" – Et wass awwer nau nit sesse; awwer dai Frauluie, dai do ungen wören un kaine Iuer met in nen Himmetenbiärg nuammen harren, wussten niu äuk ohne Iuer, biuviel et an der Teyt was, oder nit.

„Bättken!"

„Jiä, bat wesst diu all wier?"

„Bättken, wahr de Kögge gutt, dat sai nit do ungen in dai grauten Himmetenstrünke gatt. Moren gohe iek, eger de Kögge riuterkummet, do ungen hiene. Hey is doch nit viel loss!" – Bättken wusste wier nit, bo et draane wass.

„Fix, Fix, kumm hey!" raip Hännes wier. Fix kaam, un Hännes saggte iämme harre: „Fix, blif nette bey mey. Kuschtig! Kuschtig!" – (Fix spronk vüär Plasäier an iämme rop.) – „Fix, diu drawwest hey kaine Luie beyten un aanblieken; dat drawwest diu men terhäimen!" – Fix wiepelere mettem Steert un striepere sey taum Täiken, dat hai't verstohen harre, de dickesten Himmeten aff, dai Hännes grade saiken woll.

Bättken kaam niu no Hännes; et woorte iär vüärnoge dann doch te dull met iämme.

„Hännes, bat is düen Dag met dey loss? Is et dey nit gutt? Hey haugen sind doch biättere Himmeten ase do ungen! Oder hiäst diu do kaine?"

„Diärümme grade hewwe iek dat dohen", saggte Hännes. „Bann iek dat nit sau iutklaikelt härre, dann wören de Frauluie van do ungen niu do haugen; un moren härren vey mehr Himmetensaikers ase Himmeten!"

„Diu kanss awwer auk andern gar nix gönnen", saggte Bättken, diäm en Lecht opgenk, „dai saiket de Himmeten sieker füär iärk taum Inmaken, un vey saiket sai doch men taum Verkaupen!"

Dann raip iät diän Frauluien tau:

„Kummet men hey rop, de Ruie dait ugg nix; hey haugen sind auk Himmeten!"

„Dunerbessmen, dat is awwer schliem dachte Hännes. „Diu biss en Gösseln, Bättken", saggte hai. „Jo, kummet man hey rop", raip hai dann awwer auk", de Ruie is jo'n bittken fräch, niu bo hai Junge hiät. Sau lichte bitt hai awwer doch nit. Bann hai op ugg aan gäiht, giät iämme Himmeten; dai frietet hai geern, un hai dait ugg dann sieker nix!"

Dat wass ne schlechten Traust füär dai Frauluie; sai keemen awwer doch en bittken höchter un laiten iäre Oemmers, dai all balle vull wören, ungen stohn.

„Bättken, pass doch gutt op de Kögge. Is ‚Stump' nau do? De Kögge gatt liuter mehr tem Biärge rin; gleyk gäiht Stump diän Frauluien an de Oemmers!"

„Dat dait hai gar nit", raip Bättken terügge.

„Friätet de Kögge dann auk Himmeten?", frogeren de Frauluie van ungen rop.

„Näi, dat gerade nit, gaffte Hännes terügge, „awwer dat klaine Kalf stulpet ugg de Himmeten ümme un stött de Oemmers kaput."

Dat harre holpen. De Frauluie gengen wier ne Kauhdicke terügge.

Balle frogeren sai wier: „Stemmet deyne Iuer auk? Et is nau sau hell füär half achte!"

„Jo, iek hewwe sai gistern nau opdrägget!", saggte Hännes. – De Frauluie packeren iäre siewen Saken un makeren siek diär de Dämpe.

Bann Hännes glofft harre, hai wöör niu alläine wiässt, dann harre hai siek harre verdohen. No ner halwen Stunne soh hai äinen witten Schlapphaut haugen diär de Büske löchten. Et wass äin Miäcken van Jaust, dai de Himmeten opkoffte. Iät kaam met vullem Oemmer biärgrin.

„Et giet doch nit viel Himmeten düt Johr", raip et, „se sind hey alle sau klain!"

Hännes woor wahn, dat dat Däier grade sau klauk ase hai selwer wass. Niu wusste hai sieker; dat et auk alle dai schoinen

Pläckskes wusste un men andere nit drop loten woll. Hai wass awwer nit oppe't Miul fallen.

„Heww' ey dann do dickere? Bat giet Jaust äigentleck füär de Himmeten?"

„Twinteg Pänninge!"

„Dat is awwer nit viel; segg mool, hai könn doch äigentleck füär dai klainen en bittken mehr giewen!"

„Biärümme dat dann?"

„Jiä, vey muotet doch viel lenger draane saiken; hai verdaint dann doch nau genaug!" Dat wass genaug; dat Miäcken lachere hell op un genk häime.

In der ganssen Ümmegiegend woorte an diäm Owend vertallt, bat Hännes füär ne schliemen Ruien härre.

„Un dai Ruie is liuter imme Himmetenbiärge!" saggten dai Frauluie. „Un do haugen sind sieker nau viel un dicke Himmeten", vertallten sai födder.

„Do wellt vey wual bey kummen", dröggeren de Mannsluie, dai kaine Aarbett harren, „dann gatt vey moren met un niähmet us Oemmers un dicke Knüppels met. O wäih diäm Ruien!"[37]

Amme anderen Dage wass de Biärg ganss schwuatt-witt van Mannsluien un Weywesluien.

„Dat is dey ganss recht", saggte de Mömme, „diu sösst dai Frauluie gistern nit sau viel äxtert hewwen!"

Hännes mochte 'n Ruien terhäimen loten; hai selwer droffte man do saiken, bo dai anderen all wiäst wören, – dofüär harren dai anderen dick Knüppels bey iärk. In der Raaske schurre hai nau seynen Oemmer half vull ümme un verkoffte dai lessten füär'n halwen Preys; denn hai woll saufoort Geld hewwen. – Härre hai nau 'n paar Dage wachtet, do woorten de Himmeten duierer.

„Gint Johr make iek et anders", saggte hai niu.

---

[37] Anspielung auf die Arbeitslosen, die in hellen Haufen zum Beerensuchen kamen.

SCHNIÄLE UN BUNTE OSSEN[38]

Bann ne Schnaal üwer'n Paat kraup, käik Hännes äis liuter no, dat hai wual Scheyte oppem Steerte harre. Harre hai Scheyte droppe, dann wass dat äin schlecht Täiken: et gaffte Riänen. Kauhhäiern maint, et möchte liuter de Sunne scheynen. Niu is et men gutt, dat de Hiärrguatt oder de hillige Päitrus kain Kauhhäiere is, süss könn doch wual mannege Plante verdroigen. Auk mirren imme Sumer matt et altmool riänen. Bann't riänt, is Plantewiär; bann de Sunne scheynt, is et Haiwiär, segget de Biuer ümme Gehannesdag.

Awwer in düsem Sumer wass der doch dat Enne van wiäg: äinen Dag riänere't, den andern Dag gaut et; dat wass de äinzegste Unnerschäid. De Planten stöngen ase junge Boime; awwer dat Hai woor fiul. Ümmehiusten, liuter wier ümmehiusten, bann et mool äin Dag wass, an diäm et riänere un nit gaut. Giälle Pläcke wören do, bo de Hiusten stohen harren. Dat Gras tiegen den Hiusten wass all wier friss amme Wassen.

Hännes mochte auk bey düsem Wiär de Kögge haien. Altmool, bann et gaut, konn hai mool ne Pause wachten, un de Diers keemen op de Waie. Bann et awwer men riänere, dann kräig hai diän dicken Schepermantel ümme, un dann loss met den Köggen. Haugen naat un ungen naat; auk de grauten Bauken und Dännen woorten undicht.

Wass hai säu recht nette amme Liäsen in äinem Bauke van „Herchenbach", dann fell op äinmool äin dicker Druappen mirren op de Seyte; un et wören doch Baiker iuter Bibliothek, bo vüärne drinne stonk: „Lieber Leser, trage für die Reinhaltung dieses Buches gütigst Sorge!" Hännes konn dat all iutewenneg. Uewerhaupt: Hännes wass füär Herchenbach, Franss, dai mool wier in Ferien wass, woll nix dervan wieten; dai bläif bey seynem Wibbelt.

---

[38] [Juli] 1943 geschrieben; der Titel lag schon fast 20 Jahre fest. – [Augustin] Wibbelt und „[Wilhelm] Herchenbach [1818-1889]" waren in der Jugend meine Lieblingsschriftsteller.

„Dat sind alle sau spassege Saken bey Herchenbach", mainere, „do weert de Luie all sau äinfach reyke. Sau wuat giet et imme Liäwen nit. Un dann hänget jo dat Glücke nit vamme Gelle aff; sauwuat dröffte gar nit schriewen weren."

Hännes laggte verdraitleck dat Bauk futt. Et riänere te harre. Niu dachte hai an de Mömme. Dai wass amme Muarn verraiset, in't Hawerland un woll do Kuikelme saiken. Et wass sau'n bietken buawen wiässt, un do mainere de Mömme: niu könn sai doch wual raisen. Bann't richteg gutt Wiär wöör, dann härre sai doch kaine Teyt taum Raisen un Kuikelme-Saiken. Jo, sau is de Mömme: men beym Riänen well sai raisen; dat gurre Wiär is te schade. Bättken wass auk metfauert.

Un niu riäkenere Hännes; sai harren in der Schaule viel met Zügen un Raisen riäcknet.³⁹ De Mömme fauer met dem Bummelzuge und mochte twäimool ümmesteygen. Bann sai niu mettem D-Zug foiere, dai liuter födderfauere, dann könn sai niu balle in Berleyn sin. Un niu wass Hännes met seynen Gedanken in Berleyn. Hauge Huiser sollen do seyn ase imme Duarpe de Kiärktauern. Un Elektrischen sollen do foiern; awwer dai konn sey Hännes gar nit vüärstellen. Doch woll hai liuter mool geern in de Stadt.

Un niu genk Hännes, – awwer nit in de Stadt. De Riänen harre ne stoiert; de Baum hell nit mehr dicht. Niu woll hai't mool met der Höhle versaiken, dai unger der Kuahlgrauwe grawen wass. Hai kaam awwer schlecht aan: In der Höhle stonk van diäm langen Riänen dat Water balle fautdaip; un et säip un säip nau liuter van haugen rin. Un vüär der Höhle op der naaten Eere kraup en bunter Osse. Dat is en ekleg Dier, schwuatt un giäll ase Fuier. Un et kruipet auk abschailek. Aanpacken kann me et gar nit; dat is nau schliemer ase'n Hüppelfuask. Diäm Bunten Ossen gefell et wual recht gutt bey diäm Riänen; süss, bey droigem Wiär, lätt hai siek gar nit saihn.

---

³⁹ In dem Augenblick, als ich dieses am 20.7.[19]43 schrieb, war meine Frau auf der Ostpreußenreise zu mir in Berlin; daher diese spielerische Ausweitung.

Amme laiwesten härre Hännes dat unbediärwe Dier dautschlagen un futtschmieten. Do harre hai awwer hoort, dat sau'n Dier en wahn toh Liäwen hiät, sau'n richteg Kattenliäwen. Auk bey der Höhle wass et an düsem Riänendage nix. Dobey wass iämme de Riänen all düär diän dicken Schepermantel kummen. Un naate Faite harre hai auk all.

Do kaam Hülpe. Franss kaam mettem Schirme un loisere'n Hännes aff. Lange woll hai jo auk nit mehr haien. Awwer Hännes soll saufoorts häime gohen.

Franss harre sey nix te liäsen metbracht. Hai schräif niu mehr un übere an „Stenographie".[40] Do wass de beste Teyt ächter'n Köggen.

Hännes henk seynen naaten Mantel oppen Schoppen tüsken Spinnewiäwen. Diär de Ritzen van den Briärn trock de Wind; dai konn diän Mantel droigen. Op der Muier imme Melm kraupen wille Schweyne; Hännes genk in de Kűeke.

Süss fröggere hai siek bey düsem Wiär op de Kűeke, oppe't Nachtmes, oppe't Vertellen oder Vüärliäsen, bat de Vaar geern makere. An düsem Owend, bo de Mömme nit do wass, wass et auk terhäimen ruiheg un lankweyleg.

– Et wass Riänenwiär allerwiägen!

Kiärmisse[41]

Et was et äiste Johr no'm Kreyge, dat et wier Kiärmisse gaffte.

All väier Wiäcken kuiere Hännes dovan, un auk Bättken woll dohiene. „Jo", saggte de Mömme, „bann ey aarteg sind un de Kögge gutt haiet, dann soll ey no der Kiärmisse.

---

[40] Meine Stenographie habe ich „ächter'n Köggen" gelernt!
[41] Erstdruck 31.8.1927. – Dieser Erzählung liegt die Schützenfestfeier in Rönkhausen zugrunde; die „Tante" war die Schwester meiner Mutter, trägt aber die Charakterzüge der Schwester meines Vaters.

Sai gnöchelere dobey; awwer et wass iär doch half eernst. Hännes käik niu jäiden Owend äxtro dono, dat an baien Seyen de Kuilkes van diän Köggen auk richteg duan wören.

„Dann muoetet ey ugg auk gutt opfoiern bey der Tante; süss briuk ey men äinmool te kummen. Hännes, diu masst diän Liepel biätter packen, bann diu ietest. Bättken kann metter Gofel nau nit richteg ümmegohn!"

Et wass nau viel te lehren, te putzen un te üwerleggen. Awwer dat genk alles gutt, dat Plasäier woor liuter grötter, un de Teyt genk auk rümme.

Et wass ne schoinen Sunndagmuarn imme Sumer. Dat wuat Besonderes loss wass, konn me all do draane saihn: Hännes konn sau fix iutem Berre un de Sunndagesbüxe fingen. Un bat wass hai fix wasket un kämmet! Et wass nau frauh; awwer de Wiäg üwer'n Schluwwerhiärmen wass weyt. Gutt dögget harre et, un diärümme mochte't auk gutt Wiär giewen.

Hännes un Bättken kräihen [*kräigen*] jäider feyf Grosken, un dann genk et mettem Vaar oppen Paat.

Sai wören all lange gohen, eger sai dat Kiärmissenduarp söhen. Fahnen wören an den Huisern, amme Schützentelte un auk an der Kiärke iuthangen. Et genk nit saufoorts no der Kiärmisse, et genk no der Kiärke: sai keemen grade frauh genaug in't Hauchamt. Drai Gäisselken dehen tehaupe Misse, un alle wören 't Frümere. Un sau ne schoine Kiärke, un sau ne schoine Üärgel! De Pastauer hell de Priäcke vamme Kiärkenpatraun. Dann kuiere hai auk van der Kiärmisse. Sai söllen iärk alle fröggen un Plasäier hewwen, awwer sai söllen dat nit te wahn maken. Absunders dat viele Drinken scharre, un dovan keeme alle Unducht.

„Dat hiät de Pastauer mool richteg saggt", fenk de Tante beym Kiärmisseniätten aan, „sau maitet ey et daun. Wäisst diu dann auk nau, bat de Pastauer saggt hiät", frogere sai Hännes.

Dai mochte niu vertellen, un dat deh hai gar nit geern, bo dat gurre Iätten oppem Diske stonk. Awwer tiegen de Tante kaam hai nit aan. Hai kräig auk sau nau genaug van der Feyerdagsküeke met. Bann de Tante iänne nit härre vertellen loten, – iek gloiwe: hai härre te viel giätten. Ase de Reyge amme Puddinge wass, makere Hännes fix en paar lange Sätze un wass ferrig.

„Dat maitet ey auk sau maken", fenk de Tante aan, „gatt mey awwer men jau nit bey äinen stohen, dai te viel drunken hiät un nit mehr wisse oppen Bäinen stäiht, – süss konn ey ugg mool eekleg aanschmiären."

Dat konn de Tante sau eernst seggen, dat et Hännes un Bättken saufoorts luaweren. – Dobey kuiere sai'n ganss ander Platt, ase bey Hännes terhäimen kuiert woor. Bo Hännes „weyt" saggte, saggte de Tante „wiit" ...

No'm Iätten woll Hännes foorts no der Kiärmisse. „Näi", saggte de Tante, „do is nau nix loss. Äis masst diu nau ne Stunne wachten un dann nau ne Stunne; un dann gäihst diu in de Aandacht un dann no der Kiärmisse.

Dann wäiss sai alle Baiker un Gardeynen, bo Hännes gar nix un Bättken men en bittken füär üwereg harre.

„O du lieber Augustin,
Augustin, Augustin,
o du lieber Augustin,
alles ist hin!"

Do biuten sank bai; dat wass awwer kain Menske, auk kain Dier, dat wass ne Spieliuer. Hännes stonk op häiten Kuahlen.

„Bann ey nette aarteg sind, dann druowet ey riutergohen un ugg dat Spielen aanhören. Et is use Nower; do biuten imme Goren sind sai", saggte de Tante.

Dat laiten iärk Hännes un Bättken nit twäimool seggen. Sai gengen in diän Nowers Goren, bläiwen äis in der Poorte stohen un gengen liuter en Schrietken födder; sai wören doch nau en bittken bloi. Ass dai Luie met diär Spieliuer dat söhen, drofften sai ganss noge kummen. Dat wass nette. Äinmool spielere dat Dinges, un dann kuiere't wier.

O Hännes, bat en Haut,
o Hännes, bat en Haut:
dai Haut, dai hiät en Daler kostet ...

Dann wass men Musik, dann kräggeren Hahnen un Hauhner, dann wass Kattenmusik un dann wier andere. Et wass taum Dautlachen. Men dat Laid *‚Am Brunnen vor dem Tore'* wass rächt schwoormaiteg.

De Teyt genk fix rümme, auk de Aandacht. Dann kaam Kaffäi met Kauken un Wittbraut.

Dono woorte iuter Nowerskopp de Künink affhaalt: Vüär sess Johren wass hai (vüär diäm grauten Kreyge) Künink woren. Alle Schütten un Musekanten wören taum Affhalen do. Vüär diäm Küninkshiuse, bat bekränsset wass, blaisen äis de Musekanten; dann kaam de Künink, un de Musik üwerschlaug siek vüär Plasäier.

Stramm ase'n Kaiser genk de Künink no'm Schüttenplatz; Kreyg un Wäihdage wören vergiätten.

Ächterhiär trocken alle Luie, trocken alle Kinner, trocken Hännes un Bättken. De Kreyg harre sau lange diuert, un niu wass düt füär dai baien auk de äiste Kiärmisse. Bat stöngen do Telten met Iätte- un Spielsaken, Schaitebuden, äin Karussell un saugar ne Luftschaukel. Süss wöör nau kainmool, auk nit vüär'm Kreyge, sau'n Luftschiep do wiässt, vertallten iärk de Luie.

„Iek well ugg nau 'n paar Grosken derbey giewen", saggte de Tante tau Hännes un Bättken, „et is düt Johr alles sau duier. Dann maitet ey awwer auk diäm Blinnen do wuat giewen; dai is imme Kreyge blind woren!"

Jo, do saat dai aarme Tropp: „Kriegsblind" harre hai en Schild vüär sey, un hai spielere Dräggeüärgel. Do dai aarme Keerl un hey dat viele Plasäier. Hännes un auk Bättken gafften iämme wuat; Bättken saugar ne Grosken, bo et Hännes met feyf Pänningen deh.

Hännes stonk lange vüär diär Luftschaukel; dai soll wual nau nit ganss ferrig seyn; et woorte nau draane timmert. Dann wenkere äiner, Hännes söll mool rop kummen.

„Wachte hey"; saggte Hännes füär Bättken un genk rop. Hai droffte siek in ne Schaukel setten, mochte siek faste hallen, und dann genk et: Rund is de Welt!

„Bat kostet et dann?"

„Dütmool nix; bann diu naumool metfoiern wesst, taihn Pänninge!"

Hännes genk awwer äis wier no Bättken. Sai wollen äis alle Telten besaihn: Blaumenpötte, Blaumenküärfkes, Blaumenledderkes, klaine Puppen, Pistollen met Patroinkes, Bloshuarn, blinne Iuern. Me konn sey gar nit denken, bat alles do wass. Men äine Kauhschelle sochte Hännes, un dai wass nit do. Auk ne Bude taum Würfeln und Gewinnen wass do; awwer de Tante harre ne saggt, do söllen sai nit bey gohen.

Dann keemen Iättesaken: Bömse van allen Surten, Zuckerbritzeln un Giäkauken. Jo, Giäkauken, sau giäöö [*giäll*], ass bann de Hunig nau drümme rümme sippelere, diän aat Bättken sau geern. Iät stonk sau lange dovüär, bit de Frugge iutem Telte frogere: „Wesst diu äin Stücke metniähmen?"

„Sall iek, sall iek nit", frogere iät Hännes.

Sai keemen üweräin, dat sai iärk äin Stücke dailen wollen und kofften iärk en schointe [*schoinet*].

„Bättken, pass op, do sittet ne Wespelte droppe", saggte op äinmool Hännes un storre Bättken in de Riwwen.

Bättken woor sau witt ase Kalk an der Wand van Angest: Balle härre et ne Wespelte metgiätten un „nen Wespeltennest in nen Magen kriegen", oiwere de Hännes.

Hännes woll geern naumool in de Luftschaukel; Bättken woll awwer nit alläine ungen bleywen, un in't Luftschiep wass iät te bange. Do wass äis schlecht wuat te maken; antleste gengen sai baie äinmool in't Karussell. – Dat wass wuat lieg an diäm Dage; de mäisten Luie wollen mettem Luftschiep foiern.

Do wass op äinmool Liäwen in ner klainen Bude, dau [*dai*] Hännes un Bättken nau gar nit saihn harren. Wahrhafteg, dat „Kölner

Hännesken" harre diän Kreyg üwerstohen un wass ase „Kasperle" aankummen.

Kasperle kaam ase Biuer met langer rauer Nase un kuiere platt. Van der anderen Seyt kaam de Jiude Nathan met me schwuattem Boort un ner krummen Nase[42]:

„Sai kekrüst, hochnobelwerte Herrschaft, Kaspar!"

„Gurren Dag, Nathan!"

„Darf ich dich präsentieren, die sich da unten kommen, sind alle welche aus unsere Lait!"

(Me soh awwer nümmes!)

„Nathan, kuiere plattduitsk oder richteg hauduitsk", saggte de Kasper un gaffte iämme äinen an de Backe.

„Au weih! Hoch sei verehrte Herr Kaspar, hat er sich nichts zu verkaufen?"

„Jo, Nathan, dat hewwe iek; et is awwer en Stootsdier un hiät äis imme vüärgen Johr oppem Raister Market ne haugen Preys kriegen!"

(Ungen bölkere ne Kauh!)

„O Kasper, glauben sie mich: das Dier ist schwer krank, das arme Dier!"

„Bat is met diäm Dier"; frogere Kasper un gaffte diäm Nathan wier äinen an de Backe, dai all biätter saat.

„Das Dier hat sich Dipheritis. Sie müssen es also gleich verschachern, kriegen sich sonst keinen roten Pfennig dafür!"

„Iek well dey Dipheritis", raip Kasper un gaffte diäm Jiuden wier en paar.

„O Kaspar, sei doch nicht so grob!"

Niu kräig et Kasper äis recht met der Wiut. Hai nahm äinen Braken van der Eere, dai balle sau graut ase'n Wiesebaum wass, un dask op diän Nathan, dat et men sau kliättere.

„Au wäih! o-u-u, u-u , o weh, o Vatter Abraham, Vatter Isaack, Vatter Jakob. Helfet mich; ich sein gedroschen!"

---

[42] Wenn inzwischen nicht 1933 gewesen wäre, hätte ich ein besonderes Stück „Jiudenhandel" geschrieben; dieser Abschnitt ist 1927 geboren.

Op äinmool stongen drai Mann imme witten Kläie do; awwer Nathan soh dai gar nit in seyner Raaske.

„Au weh, o je, mein Been, o Vatter, o Belezebub!"

Ganss op äinmool wass de Duiwel do; dai drai witten Luie gengen foorts futt. Niu genk et diäm aarmen Jiuden äis recht an't Fell. Van ächten kaam de Duiwel un trampelere iämme metten Piärreschuacken oppem Koppe rümme; van vüärne wass Kasper amme Kloppen. – De mäisten Luie harren Plasäier und lacheren, dat iänne dat Leyf wäih deh. Bättken awwer harre kain Plasäier; iämme deh dai aarme Jiude läie.

„Au, o – u – u!"

De Jiude gräwwelere inäin. De Duiwel kaam, gaffte Kasper de Hand un gratläiere iämme. Do kaam als wier de Jiude herbey:

„Ich gebe Sie 350 Mark für das Dier, auch 360, auch 370; ich gebe Sie sogar 375 Mark für das kleine Tier!"

„Nix do", saggte de Kasper, „nix do, iek schmeyte diek riut, riut, riut!"

Dann gaffte hai iämme wier äinen mettem Braken; de Duiwel nahm sey diän Nathan met un genk loss. De Kasper harre gewunnen; Nathan kaam nit wier.

Ümme half Siewene kaam de Vaar un koffte nau wuat vamme billigen Jakob. Hai harre mäistens imme Telte siätten und vlichte auk en bittken dansset; awwer de Tante danssere doch nit. Jo, bann de Mömme met wässt wöör; awwer dai harre Hännes auk nau nit danssen saihn!

„Ein schöne Halstuch
für 5 Mark, für 3 Mark,
für 1.50 Mark, für
eine Mark und fünfundzwanzig deutsche Reichspfennige, das sind zwölf un einen halben Groschen, – weil gestern meine Frau Hochzeit hatte!"

Un de Vaar koffte dat schoine Halsdauk.

Bättken un Hännes kofften nau äin Pund Biären und twäi Stücke Giäkauken (dütmool ohne Wespelten!). Niu harren sai wuat füär dai Häimebleywers un mochten niu auk selwer der Kiärmisse Adjüs seggen.

Sai wollen foorts häime.

„Dat giet nix", saggte de Tante, „äis muotet ey Nachtmes iätten; hiärnoh gäiht de Vullmond op; dann konn ey gutt ugge Häime fingen.

DE VULLMOND

Iek genk diär Feld, diär Biärg, diär Nacht;
iek goh sau late geeren. - - -
Am Hiemel genk de Vullmond op
met seynen vielen Steeren.

Dat Feld sau graut, dai Welt sau weyt!
As' Silber suiht me't blenken:
„Is't Eere nau, is't Hiemel all?"
– Me kann't sey gar nit denken.

Et is sau graut und doch sau still,
me hö̈ört dat Gras wual wassen;
et is sau hell un doch nit hell,
me kann op nixen passen.

Schwuatt is de Biärg un hell de Paat,
diän kann me nit verlaisen;
un tiegenhiär de Bieke flütt:
dat Water gäiht op Raisen.

De Boime riusket schmeydeg hiär,
de Biek' is am Vertellen;
me suiht in jäidem Busk nen Spauk:
Bai biestreg, lätt dat gellen!

Iek hewwe men Plasäier draan,
me kann siek auk wual fröggen. – –
't is ruiheg un taum Droimen gutt; –
't is kauhle un am Döggen.

Iek kumme op de Hörre aan
un saih meyn Huisken leggen:
Bläik sche[y]nt dat Lecht un hell de Wand;
de Mondscheyn lätt't sau gleggen.

„Ganss anders suiht et iut am Dag!"
Iek bläif nau lange stohen,
un soh mey't nigge Huisken aan, –
un heww't nau vake dohen.

Hännes ün Bättken gengen vüäriut; et ruimere no häime. Op äinmol bliewen baie pucks stohen: Äin greyser Keerl stonk do mirren oppem Paat, met äiner Hand wenkere hai: „Kummet!"; met der anderen dröggere hai: „Maket, dat ey futt kummet!"
„Iek gohe nit drop aan!"
„Iek auk nit", saggte Hännes, dai süss nit bange wass.
De Vaar kaam, genk drop loss: Et wören drai Holtbüngeln, dai oppenäin laggt wören. – Dat harre dai Nowers Kauhhäiere dohn, dai de Kiä[r]missers harre bange maken wollt.

Amme anderen Dage genk et wier ächter de Kögge, dai no diäm Kiärmissendage harren op der Waie schmachten mocht.

TUFFELNLIÄSEN[43]

Michaeyli verbey,
de Feller* sind frey! (*Wiesen?)

Dat is äin schoin Woort; absunders mäket et diän Blagen Spass, dai in den Hiärwestferien de Kögge haien maitet. Dat Niggeste is in diär Teyt vamme Köggehaien futt; awwer et giet doch naumool Spass, bann de Kögge laupen konnt, bo sai wellt. Me briuket sai men vüär'm Triäthaupe oder vüär'n Kullerawen te wiährn, un me kann sey dobey en Fuierken baiten, dat me nit fruiset.

Terhäimen wietet sai vake, absunders imme Tuffelnhiärwest, nau andere Aarbett. Bann de Kögge gutt gatt, dann segget se:
„Diu masst helpen Tuffeln liäsen!"

Bättken gank et gradesau; iät *woll* helpen. Balle gaffte't Ferien, un et diuere nit mehr lange, do wass de Tuffelnhiärwest do. An äinem Muarn genk Bättken mettem Tuffelnkuarwe loss un halp dem Nower Tuffeln liäsen. „Et gäiht nix dovüär, bann me sey selwer 't Geld verdainen kann", saggte 't muarns tau der Mömme un dachte an dai siewen oder acht Grosken, dai't amme Owend kräig, un dai et sey in de Spardause daun woll. Dann is Tuffelnliäsen jo auk schoin: Wenneg denken un lichte Aarbett. (Bann me nau junk is un siek lichte bücken kann). Bann viele Liäsers do sind, dann giet et auk Liäwen.

An diäm Dage mochte Hännes de Kögge haien. Amme andern Dage genk et ümmergekehrt: dann droffte Hännes Tuffeln liäsen, un Bättken mochte de Kögge haien.

Süss makeren de Luie terhäimen de Tuffeln vake mettem Kase iut. Bättken fröggere siek harre, ase dür Johr de Nower met Piärd un Rissehaken kummen woll. Dat Iutkasen wass iämme doch te

---

[43] Erstdruck 23.9.1927. – In der Jugend verdienten wurden uns einige Mark durch Kartoffellesen.

droige un lankweyleg. Bättken harre auk geern Liäwen, bann't auk selwer kainte maken konn.

Et wass liuter riänereg Wiär wiässt. An diäm Muarn, ase de Nower kaam, harre hai awwer nett droige Wiär metbracht. Et harre riepen, un alles wass witt, ase bann et schnigget härre. Et wass auk en bittken kalt; awwer bann me siek dicke aantrock un Vüärmoggen aandeh, genk et doch. De Nower brachte nau drai Liäsers met, den Knecht, de Maad un den Kauhhäiern. Terhäimen half Bättken, Hännes un de Vaar. De Kögge mochten alläine gohen.

Auk „Fix", de Ruie, woll helpen. Äigentleck soll hai de Kögge haien. Me konn iänne hessen, un hai wiähre de Kögge gutt. Dai grauten Kögge laipen all, bann sai iänne kummen sohen; men dat klaine Kälfken wass nit bange vüär me. Diäm deh de Ruie auk nix; et wass iämme te minn. Bann me iänne do drop hessere, dann knäip hai'n Steert tüsker de Bäine un trock aff. Dat Jöhrlingsrind hessere hai blauss, bann hai gutt schlopen harre. Süss, bann hai nix te hessen harre, genk „Fix" fleyteg diär de Fuaren; hey un do krassere hai auk. Doch sochte hai kaine Tuffeln un krassere auk kaine iuter Eeren, awwer – o wäih, Muisken, bat iuter Eere risset wass oder süss riut kaam. Dann wass „Fix" sau fix ase Pulver, un – ase de Tuffelnliäsers iäre Froihstücke kräigen – do harre de Ruie seynte all hatt.

Bat schmecket dat Iätten do biuten, bann me Tuffeln lieset! Et giet gurre Fläissbüeters! Un dai schmeckeren an diär frisken Luft biätter iut schietregen Hännen ase terhäimen am Diske met netten Kaffäilaken. Dai gurre Kaffäi makere waarme Blaut, un hiärnoh wass nau mehr Liäwen, ase't vüärhiär all wass. Absunders dai Nowers Kauhhäiere kuiere liuter; äin Woort bläif amme anderen hangen. Sau dumm, ase hai kuiere, sau geern deh hai't auk.

„Müeler, Müeler, Mahler!
De Jungens kostet 'n Dahler,
de Miäckens kostet 'n Rattensteert;
dat sind dai Duikers nau nit weert!"

Et diuere nit lange, do raip Hännes van der andern Seyt, bo hai seyne Striepel te liäsen harre, diäm Kauhhäiern tau: „Päiter!"
Ase Päiter siek hören lait: „Bat wesst diu?", do saggte Hännes:

„Iek main diek nit,
iek maine diän andern Päiter,
dai im Keller saat,
Bueter fraat,
Liepel in de Taske staak."

Dobey aarberren baie Kauhhäiern, bann sai auk viel kuieren, ganss gutt. Hännes un auk de Päiter wören balle liuter 't äiste ferrig. Dat Bättken awwer, bat sau wenneg saggte, wass liuter bey diän Lessten. Jäidesmool, bann dat Piär[d] wier beym Bättken aankam, saggte de Nower vake:
„Jiä, Bättken, iek matt doch naumool tausaihn, bat diu füär Tulänten taum Tuffelnliäsen häst!"
Hai halp iär auk vake Küärwe iutschürren un auk liäsen. Süss bruchte hai men te seggen: „Kinners, bücket ugg!"[44] Dat halp all.
Äinmool, ase Päiter all te viel kuiert harre, kaam [Hännes] saugar vüär iänne un raip Päiter tau:

„Päiter, bat jücket diek,
Päiter, ne Flauh?
Päiter, bo huikest diu,
Päiter, im Strauh?"

Päiter woll wahn weren, dat Hännes eger ferrig woren wass. Hiärnoh gaffte iämme Hännes Rätsel op, un dat genk alles beym Tuffelnliäsen; de Finger wören fleyteg, un sai kuckeren beym Kuieren balle nit op.
„Päiter bat is dat:
Dages ase'n Ledderken, / nachts ase ne Schlange?"
Päiter wusste't nit.
„Dat sind Schauhraimen", saggte Hännes.

---

[44] „Kinners, bücket ugg!" – ein Ausdruck eines Bauern in Schliprüthen.

„Bat is dann dat", frogere hai födder: *Vüärn Fläiss un hingen Fläiss, in der Midde Holt un Eysen?"*

Ase dat Päiter wier nit wusste, wäiss Hännes op diän Nower, dai all wier mettem Piärre do wass, un saggte:

„Vüärn kümmet dat Piärd, in der Midde de Rissehaken un ächten de Menske: sau gäiht dat richteg op!"

„Dat wäisst diu awwer nit", saggte niu Päiter: „Et is en Suen van meynem Vaarn, un doch is et nit meyn Brauer!"

„Dat biss diu selwer", saggte Hännes, dai dat Rätsel altmool hoort harre.

Middages gaffte et Graute Bauhnen met Speck. Hiärnoh sohen dai Liäsers tau, of wual nau en Appel oder ne Biäre amme Baume bliewen wass. No ner halwen Stunne Resteteyt genk et wier oppe't Feld. In der Kaffäipause vertallte Päiter van Spaiken:

Ungen in diäm allen Hiuse soll owends, bann et duister woor, en Ruie, sau graut ase 'n Kalf, met tällergrauten Gluaraugen rümmespringen.[45] Bann me dat söh, möchte me op allen Väieren kriupen, süss könn me nit dohiär kummen.

Et wass niu all vüärkummen, dat van düsem Vertelleken äin Tuffelnliäser, dai wahne schichtereg wass, sau in Angest jaget woorte, dat hai owends nit häime genk. Denn hai mochte unbedingt an diäm allen Hiuse verbey.

Bättken konn dai Spaukvertellekes nit verdriän; et genk loss. De Nower soh et auk nit sau geern, dat seyn Kauhhäiere liuter amme Tuätteln bläif, un hai saggte antleste ärgerleck:

„Diu sösst auk men de Hälfte kuiern, dann wöörst diu nit sau schro!"

Dat halp füär ne halwe Stunne.

Et woor wier klockenhell. De Tuffeln kräigen sai an diäm Dage alle deriut. De Mannsluie fauern de Tuffeln häime un schurren sai iut. Hännes mochte de Kögge häime halen; un

---

[45] Der Hund mit den Telleraugen war als Schreckmittel bekannt; Tatsache ist, dass deshalb einmal ein Kartoffelleser von Becksiepen nicht nach Schliprüthen gehen wollte.

Bättken schmäit Bäiten in nen Keller. Dat deh et geern un iät mekere sey allerhand Gedanken derbey, dai nit noireg wiässt wören. Amme laiwesten härre et jäider Bäite nokucket, biu sai in nen Keller flaug oder hottelere un sau iutem Goren in de Banse kaam. Biuten schäin de Vullmond, un et konn diän Bäiten all wuat kalt weren; et wass Teyt, dat dai in Schiuere keemen.

Ümme de Petroleumlampe siuseren de Molkentoiwers un de „fiulen Schepers". Ümme de Lampe seeten auk de Nowers un wachteren nau'n bittken oppe't Iätten. Päiter vertallte wier Spaukgeschichten.

Op äinmool wass hai futt un kaam, de lesste Hiärwestblaume an der Fuarke, wier terügge in de Küeke. Sau wass hai't van Häime gewuent, bann de lessten Tuffeln iuter Eere wören. Hai kuiere vam „Erntedank" un wass auk nit eger tefriähn, bit hai seyn Hälfken harre.

Diän Owend gaffte't Reywekauken un Appele. Dat Fläiss woor roor; et wass jo knapp vüär'm Schlachten.
    Alle harren gurre Liune: Sai harren Spass hatt [*bey diär*] Aarbett – de Tuifeln gutt! –, un sai konnen auk gutt schlopen.

GRAUTE HOCHTEYT[46]

Schmies Kasper woll Hochteyt hewwen. Et harre lange diuert, bit hai sauweyt kummen wass. Niu soll et awwer auk ne Hochteyt füär dat halwe Kiäspel giewen.

Hännes raif sey de Hänne; bey düser Hochteyt soll hai auk nit fehlen. All mannegmool harre hai van äiner grauten Biuernhochteyt hoort un auk altmool luasen (et soll saugar äin Bauk derüwer giewen!); awwer hai harre doch nau kaine metmaken konnt.

Sai wören de äisten Nowers van Schmies Kasper un met der ganssen Famillige inlatt. Do droffte niu auk nümmes fehlen; bann me inlatt weert un nit kümmet, dann is dat ne Belaidigunge, schliemer ase bann me siek mool schennet oder schlätt.

Hännes woll niu awwer auk bey allem dobey sin. Amme Sunndage vüär der Hochteyt wass hai op Schmeyes Huawe un halp Kränsse maken. Känsse wören noireg füär't Hius vüär de Hiusdüär un füär'n Balken, bo de Hochteyt soll feyert weren. Kränsse mochten auk ümme de Briutkutske, diän Kutswagen, dai äxtro schoin putzet wass, dat hai spaigelere un blenkere.

Hännes wass vüäroppe un heel Grain un Dännentöppe iutem Biärge, auk Krawwe[l]ten met iären Spitzen. Dai möchten ümme'n Briutstauhl, mainere Hännes un lachere. Do harre iänne auk all de Schmies Kauhhäiere; sai balgeren iärk en bittken; awwer tiegen diän konn Hännes doch nit aan, un – placks saat hai in diän Krawweten.

„Do, de Bruime in den Krawweten!" lacheren de Miäckens un de Jungens. Hännes besoh sey seyne Winterseyt un mainere, dat wöör doch nix füär'n Briutstauhl.

Niu makere hai siek met anderen Jungens wier oppen Wiäg in nen Biärg, dat graute Wann tüsker iärk. Ase sai terügge keemen, wass all de Kranss füär de Düär ferrig. Ophangen woorte hai awwer nau nit, blauss äinmool prowäiert. Dann kaam hai in nen Keller, dat hai men jau ganss friss wass.

---

[46] [21. Juli] 1943 geschrieben; Anklänge an mein Buch „Graute Hochteyt", das 1929 erschien.

De Kränssemiäkers keemen awwer bey'n gurren Kaffäi; et gaffte schoinen Kauken dobey, un et soh auk all balle iut ase ne klaine Hochteyt. Auk de Bruime lait siek mool saihn un baut ne auk en klain Schnäpsken aan.

„Näi, vey wellt domet wachten bit tau der Hochteyt", kräig hai te hören. De mäisten wören jo nau Blagen, dai nau kainen Schnaps dranken.

No'm Kaffäi genk et wier friss loss. Niu harren sai genaug Töppe un Grain; Hännes un dai anderen Jungens mochten niu diän Frauluien helpen. Sai sangen dobey äin Laid no'm andern; de Jungens gretteren awwer auk an diän Frauluien, dat dai antleste saggten: ohne de Jungens genge et doch fixer. Et woor Teyt, dat Feyerowend woor.

Do spieleren sai un dannseren sai nau, makeren Pfänderspiele un harren diusend Plasäier.

All ne gansse Stunne harre de Hännes un auk Franss, dai niu in den Ferien wass, op den Briutwagen bey der Müele wachtet. Endleck hoorten sai en Gejiuche ümme de Ecke, eger dat sai dai twäi Ledderwagens sohen. Dat wören sai. Kisten un Kasten oppen Wagen, graute Kränsse derümme, keemen sai niu met harrem Juchhee angekutskert.

Hännes trock seyn Säil üwer de Strote, lait sai nogebey kummen un saggte seynen Sprüük:

Briutwagen; halt aan!
Iek halle diek op
un loot diek nit foiern. – –
Iek giewe diek frey
un well diek nit stoiern:
Giest diu mey'n gutt Drinkgeld. –
Dann kannst diu dohiär;
iek wünske dey Siägen
un Glück un gutt Wiär!

De Piärre hellen. Franss schurre diän Fauerluien en Schnäpsken iut; auk diär Näggesken oppem Bocke, dai all wier harre am Jiuchen wass.

– Un niu soll't födder gohn. Näi, awwer äis kräig nau jäider – un et wören nau mehr do ase men Hännes un Franss – en Kassmänneken.

– Un niu soll't födder gohn. Awwer et genk nit. De Piärre wören grade amme starken Stiecke stohen bliewen un trocken nit mehr aan. Hännes un Franss un de Fauerluie pecken in't Rad; awwer et halp nix. De Piärre wören maie van diär langen Tiuer; un de Stieck wass te richt. Auk ohne dat „Fangen" wören sai sieker nit rop kummen. Niu mochten sai äis Vüärspann vamme Nowerbiuern halen; un dai is bey sülken Geliägenhaiten auk nit sau billeg.

Awwer de Vüärspann kaam doch, un de Briutwagen fauere födder bit noge an Schmies Hius. Hey hellt hai wier. Dat Fraumenske oppem Bocke jiuchere wier, dat sey Hännes balle de Ohren tauhallen mochte.

„He – ho! Kasper! Kasper! Kasper kumm!" Un de Bruime kaam balle. Un do mochte hai äis wuat hören:

„De Piärre sind maie, sai muotet äis Hawer hewwen! Vey wellt äis Kauken un en Zuckerklümpken hewwen; vey hewwet sau ne siueren Geschmack."

Bat woll de Kasper maken? Hai brachte alles, auk de alle Mömme nau. Un dai wass reselväiert. Sai begruissere dat Fraumenske oppem Bocke un nahm sau niäwenbey diän Kuarf metten Eggern met: niu mochte de Briutwagen nokummen!

Oppem Huawe woll Hännes äigentleck de Kränsse vamme Briutwagen stiählen; dann härren iärk de Fauerluie nigge maken mocht. Awwer dai passeren gutt op, bit alle Kisten un Kasten afflatt wören, – un do wass et te late.

Auk en Pultern gaffte't vüär der Hochteyt. Dat wass awwer men füär alle Luie iutem Duarpe, un Hännes bläif terhäimen.

De Hochteytsdag harre en schoin Wiär. Hännes wass frauh derbey. De Dage vüärhiär harre hai liuter muarns un auk nummedages de Kögge haien mocht, dat de Waie wier en bittken grain woor un Gras harre füär de Kögge, dai an düsem Dage van muarn bit Owend op der Waie friätten mochten.

Bat wass dat äine Masse van Kutsken, dai in de Misse fauern. Hännes härre gar nit glofft, dat sauviel im Kiäspel wören. Niu, et wören jo auk viele van biutwärts, vamme Huawe, bo de Briut hiär wass, van iären Verwandten un Bekannten.

De Kiärke wass vull ase süss men Sunndages. Dat Üärgel spielere, un de Luie süngen; et wass alles sau feyerleck. Un hiärnoh fauern alle Kutsken, de Briutluie vüäroppe, schoin hingeräin hiär; de Kattenköppe biuseren, dat de Piärre dat Danssen in de Bäine kräigen.

Vüär'[m] Hiuse woor dat Brutpaar „fangen". Bättken stonk do met äinem Nowermiäcken an der Hiusdüär met äinem Glas Weyn:

In der Kiärke, in der Misse
hiät ugg Guatt tehaupe gafft;
Geld un Glücke wünsket alle
vey Gesundhait un auk Kraft.

Hauge sollt dai baien liäwen,
lank, tefriähn un gesund;
alle Luie, rund un rümme,
wünsket Glücke, diusend Pund!
Glücke, Mann un Frau!

Dann dranken Mann un Frau iut äinem Glase; un ase dat Glas an de Eere kliättere, raipen de ganssen Hochteytsgäste:
„Glücke, Mann un Frau!"
Hännes raip naumool äxtro, dofüär, dat Bättken diän Sprüük sau schoin hiär-saggt harre, un de Luie fellen wier in:
„Glücke, Mann un Frau!"

Un de Sunne schäin, un de Vuile süngen, un de Immen schwiärmeren üwer diän Luien, ase bann sai alle härren raupen wollt:
„Glücke, Mann un Frau!"

Sau äin Middagesiätten harre Hännes sey nau nit äinmool droimet. De Diske wören vull; un liuter woor wier wuat Nigges bracht. Bann de Luie äinen Täller lieg giätten harren, woorte dai affnuammen, un et gaffte wier wuat Friskes op nen rainen Täller.

Un dotüsken kaam liuter mool ne klaine Pause. Franss mochte de Hochteydsteydunge vüärliäsen. Do stonk allerlei van Kasper un Drüdken drinne. De Kasper wass en Mann, do saat en Kopp oppe; dovan aff. Awwer hey un do harren sai iänne doch auk mool derbey kriegen. Sau äinmool bey'm Ossenhandel. Kasper lait viel üwer siek kummen. Süss wusste hai jo liuter äine Antwort; hai bläif kainem wuat schülleg. Awwer an düsem Dag löchteren seyne Augen sau; un hai harre nit füär alles Teyt. Seyne Graute Suarge wass jo, dat jäider seyne örntlecke Trachtemänte metkräig. – Un Weyn gaffte't; do saggte Kasper äinfach op alles:
„Na, dann praust!"
Un domet wören dann auk alle Luie tefriähn! Anderthalwe Stunne diuere dat Middagesiätten; dann gengen alle no biuten.

Hännes laip üwer de Waie tüsken diän Köggen rümme un sochte de Briutkauh. Hai harre se fix riutfungen. Bat äin richtiger Kauhhäiere is, dai kennet jo nit alläine dat äigene Vaih.

Dann spieler' hai met diän anderen Kinnern van der Hochteyt; dai driewen iärk op der Waie rümme un saugar met diäm Sunndagstuige in nen Büsken, dehen „Saiken", auk „Bockspringen" un „Blinne Kauh".

Bat wass do? „Höört mool!" saggte Hännes.

Tschinderasse, bumderassa ...

De Musik wass kummen. Niu awwer alles imme Steernsgalopp no'm Huawe terügge. Do wass de dicke Trummel, dai hoor me all weyt; auk dat Blosehuarn mellere siek; de Viggeleyne harre schmeydegere Toine.

Äwwer äis woor Kaffäi drunken. De Diske brecken wier van Kauken. Un dat wass äis recht wuat füär Hännes. Schade, dat hai nau vamme Middages sau saat wass.

De Kaffäi diuere nit sau lange ase't Middages. Diän Luien jückere't in nen Bäinen. Fix woorten Diske und Staihle an de Seyte ruimet; un dann genk et an't Danssen.

Dat wass jo niu nix füär Hännes un Bättken. Van Dage wass dat Danssen füär de elleren Luie. Sieker, et kaam auk mool en Kinnderdanns. Et gaffte awwer auk sau genaug Plasäier. Hännes wass all frauh, bann hai op de Musik hören konn. Dann keemen auk liuter mool wier Laier dotüsken, auk Spiele, dai hai sey aansaihn konn. De Küäckske woor hauge hafft, un de Musik spieler' äxtro dotau.

Et wass all wuat late, ase de Briut de Müske opkräig; met dem Schluffen laipen en paar Frauluie ächter Kasper hiär; awwer dai wahr siek dofüär.

– Un niu woor et Teyt füär Hännes un Bättken, dat sai häime gohen mochten.

Bat bölkeren de Kögge äigentleck sau frauh all imme Stalle? – Hännes räif sey den Schloop iuten Augen. Äuk de Mömme woor wach; et wass Teyt taum Opstohen. Sai wören jo alle op der Hochteyt wiässt; et konn 'ne niu auk äinmool wuat later weren.

All wier bölkere äine Kauh; niu ne andere. Do stemmet awwer wuat nit, mainere de Mömme, stonk op un käik in nen Kauhstall.

„Luie, statt mool fix op; se hewwet us ne Kauh stuahlen!"[47]

Dat wirkere Wunder. Fix wören alle oppen Bäinen, Hännes vüäroppe. De Kauhstallsdiär stonk wagenweyt uappen: de Blesse fehlere. (Et wass nit dai alle Blesse, dai wass verkofft; düt wass en Kalf dervan un't beste Mielkdier.) – Do harren iärk de Daiwe jo de richtege Nacht iutsocht. In diär Nacht no sau ner grauten Hochteyt harren sai ne lichte Aarbett.

„Dat kann nau nit lange hiär sin", mainere de Mömme, „bann vey foorts saiket un de Luie raupet un den Schandarmen, dann

---

[47] Dieser Kuhdiebstahl ist Tatsache und vielleicht überhaupt Anlass gewesen, dass ich das Buch „Graute Hochteyt" schrieb.

kreyget vey se sieker wier!" – De Mömme harre liuter Huappnunge.

Bat wass te maken? Bann auk de Bäine nau schwoor wören, et gangen [sic] doch alle, de Vaar, Franss un Hännes, saugar Bättken. Bättken genk no'm Schandarmen imme Duarpe.

Hännes genk no'm Schmies Kasper. Do soh hai Kauhstappen. As' hai aankam, stonk de gansse Hochteytsschwitte ümme de Blesse un raip: „Kasper, stoh op; diu hiäst ne nigge Briutkauh kriegen!"

Do mochte auk de Hännes lachen; hai nahm de Blesse wier met. Ase de Schandarme kaam, saggte hai füär Hännes: „Diu giest naumool ne gurren Schandarmen!" – Dann genk hai no'm Schmies Kasper an halp, Stümpe vertiären.

TUFFELNBROEN[48]

Äigentleck „brätt" me de Tuffeln jo, eger dat me sai „lieset". Bann sai nau in der Eeren sind, imme Hawerhiärwest, buselt se iärk de Kauhhäiern met Fingern un metten Stöcken riut. Diärümme is düt Vertelleken in der Johresteyt auk eger passäiert ase „Tuffelnliäsen".

Un doch is et läter; mehrere Johre. De Franss, dai vüär twäi Johren nau aff un tau in den Ferien ächter de Kögge genk, is all ne studäierten Heeren, ne Profässer met ner grauten Horenbrille woren. Terhäimen hewwet sai frümere Kauhhäiern iuter Stadt kriegen. Niu „denket" de Kögge; sai laupet nit mehr, sai „rennet"; sai stautet nit mehr, sai „boxet".

De Kauhhäiere van düsem Johr harre diän Namen Karl; dat me ne nit met diäm grauten Karl, diäm Kaiser, verwesselt, segget

---

[48] Erstdruck 10.10.1927.

me füär iänne „Karl dai klaine!"⁴⁹ - Un graut wass hai jo nit, ase hai iuter Stadt kaam; awwer ächter'n Köggen is hai wassen.

„Karl, et is kalt", saggte de Mömme, niem dey'n dicken Rock met, un hey sind en paar Schwiäwelspöne; do kannst diu 'n Fuierken met aanbaiten. Niem diek awwer in achte; bait nit te noge an diän Biärg un goh selwer nit te noge an dat Fuier!" - Et wass würkleck ne kallen Dag, un schwore Riänenwolken tröcken amme Hiäwen.

„Darf iek mey dann ok 'n paar Erdappelle brüten?" frogere Karl. Hai harre all en kitzken platt lahrt, woll niu auk liuter platt kuiern un kuiere half hauduitsk, half platt, - balle sau ächterees ase klaine Blagen, dai terhäimen hauduitsk kuiern muotet un op der Strote platt lehrt.⁵⁰

„Jo, dat drawwest diu", saggte de Mömme un gnäisere.

Süss wass de Karl recht kriel un puräiere auk; men graut wass hai äis würkleck nit, - un Bättken konn hai nit in Rugge loten. Van Dage raip hai all wier:

„Bättken, Bättken!

„Jiä, bat wesst diu dann?"

Un niu foppere Karl, dai klaine:

„Iek maine diek gar nit;
iek maine dat andere Bättken,
bat im Keller saat,
Bueter fraat,
Lieppel in de Taske staak."

(Iek wäit nit, bo hai dat sau fix opschnappet harre; dat konn hai awwer men alläine richteg op platt seggen!)

„Alle Miulopp!" raip Bättken. Iät kahr siek nit deraan; 't konn awwer altmool boise weren, bann hai viel te nixnutzeg wass.

---

⁴⁹ „Karl der Kleine" ist wohl Joseph Fröhlich aus Dortmund. Der „Profässer" trägt das Gesicht eigener Zukunftspläne, als auch Züge meines Vetters Franz Hellhake, der Lehrer ist und so gerne „Kumpestkopp" sagte.
⁵⁰ Ich bin immer dafür gewesen, dass die Kinder zu Hause plattdeutsch lernen. Sprechen sie hochdeutsch, so gibt das nur halbe Bildung.

Karl horre de Kögge, borre sey en Fuierken aan, fenk aan, Tuffeln te broen un passere op diän Ruien „Fix" (dai liäwet nau liuter), dat dai iämme de Tuffeln nit fraat. Alles deh hai tehaupe. Hai harre dat Fuier op der Schnoot van diär Nowers Wiese bott. Un doch gengen iämme de Kögge nau te Schaaen; Frochten harren sai nit besonders vüär diäm Kauhhäiern iuter Stadt. Ganss schliem was et jo niu met dem Haien nit mehr; auk de Nowers wollen kain Graumet mehr in diär Wiese mäggen.

Ase Karl grade ächter diäm Muisken hiär jagere, fraat iämme de „Blesse" (dai junge Blesse) de Tuffeln, dai hai äis affwasket un tiegen diäm Fuier leggen harre. Karl nahm de Schwiepe und hoggte drop; awwer dai Kauh gaffte de Tuffeln nit wier riut.

Karl harre niu kain Plasäier draane un woll nit naumool an't Buseln. Hai halere graine Dännentöppe un deh dai oppe't Fuier. Dat gaffte Damp, ase bann de gansse Biärg amme Briänen wöör. Karl sprank diär diän Damp, metter Müske schnappere hai derno, grade ase't dai anderen Kauhhäieren makeren. Hai harre't van nümmesem saihn: sau dumme Dinger stiäcket van alläine in diän Blagen drinne.

Dai Dännentöppe brannten iut; niu wusste Karl nit, bat hai daun soll. Äis saat hai beym Fuier un kuckere in de Kuahlen; dann nahm hai sey'n Vertellebauk un fenk aan te liäsen; do mellere de Ruie.

Äis bliekere de Fix; dann wiepelere hai mettem Steer[t]e un sprank an äinem Heeren rop; hai harre diän Profässer kannt. Auk Karl kannte iänne all; hai wass jao nau liuter in den Ferien vake do. Niu wass hai men füär düsen Nummedag rüwerkummen: ase hai diän dicken Damp saihn harre, wass hai foorts inter Wiesen gohen.

„'n Dag, alle Kumpestkopp!" saggte hai tau Karl. Dat saggte hai balle füär jäiden; un dobey harre hai selwer sau ne dicken Kopp. Dat soh auk Karl; hai käik neype an me ropper. Awwer hai riskäiere doch dat Woort nit, denn hai wass doch men „Karl dai Kleine".

„Niu haal mool fix Tuffeln", saggte Franss taum Twedden. Dat deh Karl dann auk; hai buselere fix taihn nette Middelmötige iuter Eeren un brachte se. Hai waskere se, un de Profässer Franss stopere sai selwer in't Fuier. Hai riäckere se ganss met glöggenegen Kuahlen tau un hurre sai sau bey, dat me kain Pläcksken mehr saihn konn.

„Süss weert sai nicht richteg gutt", saggte hai tau Karl.

„Die Blesse gäiht zu Schaden, sai hat gar kein Gewissen!" saggte Karl un wiähre äis de Kögge. „Auk dat kleine Dier ‚denkt' schon dran. Et ‚boxt' all dat andere!" Hai genk niu naumool un wiähre de Kögge äis richteg; hai dräif se bit haugen in de Schlaa, dat sai jau nit wier sau fix hey unnen wören.

Et harre awwer auk wuat lange diuert, un ase hai wier kaam, harre de Profässer de Tuffeln all gaar un selwer opgiätten; men anderthalwe bläif nau füär Karl terügge. Karl harre niu awwer auk grauten Awweteyt op sülke Tuifeln; diärümme buselere hai sey naumool wuat iuter Eeren un fenk wier van vüärne aan te broen. De Profässer äxtere iänne nau'n bittken; dann genk hai häime: hai harre nit viel Teyt.

Karl aat met viel Plasäier seyne Tuffeln. Dann draggte hai de Kuahlen met Büsken un Stöcken un Stäinen in en Luack, in sau ne klainen Backuawen, diän hai sey in der Nöchde imme Auwer grawen harre. Dai Backuawen harre auk en Peypenluack. Karl schurre de Kuahlen met Aske tau, stopere auk dat Peypenluack un dat vüärderste Luack tau. Niu konn hai ruiheg häime gohen: Dai Kuahlen bläiwen unger diär Aske bit 'n andern Muarn aane.

Et woor awwer auk höggeste Teyt taum Häimedreywen.

HÄIMEDREYWEN[51]

Düt sall de Nosprüük sin un dat lesste Vertelleken. Terhäimen wellt sai miek niu nit mehr ächter'n Köggen hewwen; sai segget, iek droimere te viel un härre äin ümmen'n andern Dag de Kögge verluaren, bann iek sai hörre. Niu wäit iek nit, of iek ginandermool dat, bat tüsken „Tuffelnliäsen" un „Tuffelnbroen" passäiert is, vertellen kann.

Dat Wiär woor liuter keller; dai Feller wören lieg un dat Köggehaien woor liuter lichter. Me bruchte sai nit mehr te wiährn. Un doch harre Karl nit mehr diän Spass deraane, diän hai imme Sumer hatt harre. Dann harre hai altmool dat Spieldingen metnuammen, un de Kögge, dai bey diän anderen Kauhhäiern kaine Musik gewuent wören, hafften den Steert in de Höchte un bieseren diä[r] de Biärge.

Niu wusste Karl sau recht nit mehr, bat hai daun soll; dann deh et iämme wier laie, dat hai in äin paar Wiäcken iut diän schoinen Biärgen häime soll in nen Kuahlenpott.

Et wass Enne Oktober. Karl horre haugen oppem Biärge; do fenk et aan te riänen un te schniggen, ase bann Klogges wöör. Sau dicht pluistere't, dat in draiverrl Stunne de Eere witt wass. Karl mochte met aller Gewalt häime dreywen, un hai sank seynen Häimedreywer, diän hai süss met Plasäier sank, met Jomer. Hai wusste, dat van Dage de Kögge 't lesste Mool riutdriewen woren, – un dat hai siliäwe nit wier ächter de Kögge keem.[52]

---

[51] Erstdruck 10.10.1927. – „Düt sall de Nosprüük sin un dat lesste Vertelleken." – Ich bereitete mich auf meinen Beruf vor und trat ins Priesterseminar [ein]. Schweren Herzens gab ich da das Schreiben auf.
[52] Auch war es mir klar, dass es mit dem Kühehüten für mich jetzt vorbei sein würde.

HÄIMEDREYWER

Hoi, hoi, hoi, hoi, häime, hoi!
Hoi, hoi, hoi, hoi, häime!
Alle Kögge sind niu saat,
jäide, dai düen Numm'dag fraat;
diän', dai nit heww't friätten,
gönn iek Schmacht van Hiätten!
Hoi, hoi, hoi, hoi, häime!
Hoi, hoi, hoi, hoi, hoi!

Hoi, hoi, hoi, hoi, häime, hoi!
Hoi, hoi, hoi, hoi, häime!
De Kögge, dai strecket iärk,
bölket no mey;
de Kälfkes, dai lecket iärk,
stött iärk dobey!
Hoi, hoi, hoi, hoi, häime!
Hoi, hoi, hoi, hoi, hoi!

Hoi, hoi, hoi, hoi, häime, hoi!
Hoi, hoi, hoi, hoi, häime!
De Ruie, dai blieket all,
loipet no'n Kaih'n;
de Sunne, dai weyket all,
gleyk kann'k nix saihn!
Hoi, hoi, hoi, hoi, häime!
Hoi, hoi, hoi, hoi, hoi!

Hoi, hoi, hoi, hoi, häime, hoi!
Hoi, hoi, hoi, hoi, häime!
Hoi, niu gatt doch häime all!
Bieset fixe in 'nen Stall:
Düchteg Mielke soll ey giewen,
dat me 'n Oemmer nit kann hiewen.

Hoi, hoi, hoi, hoi, häime!
Hoi, hoi, hoi, hoi, hoi!

Hoi, hoi, hoi, hoi, häime, hoi!
Hoi, hoi, hoi, hoi, häime!
De Sumer is rümme,
de Hiärwest wass butt:
Dat Dreywen is ümme;
de Blaumen sind futt!
Hoi, hoi, hoi, hoi, häime!
Hoi, hoi, hoi, hoi, hoi!

Kühehüten, Cobbenrode 1943 (Archiv Museum Eslohe)

REGISTER SCHWER VERSTÄNDLICHER WORTE

Aanschmiären – anschmieren, „anführen"
absoliut – absolut, unbedingt
ächterees – rückwärts
Ächterschuacken – Hinterbeine
affblaan – abblättern: das Gemüse wird der äußeren Blätter beraubt für Viehfutter.
affluawen – geloben, etwas nicht mehr zu tun
Äikerten – Eichhörnchen
äindaun – ein Tun, gleich, egal, gleichgültig
aisk[e] – hässlich, abscheulich
alldages – werktags
allerwiägen – überall
Amepete – große Waldameise
antleste – zuletzt
Antonnes – Antoniusfest (in Kloster Brunnen)
äxtern – neckisch ärgern, necken

Backesspliete – großer Holzspan (für Backofen)
Bäite – Beete, Runkel
Bättken – Elisabeth
bedrüppelt – geknickt, enttäuscht
bekleystern – leise anschleichen
Bessmen (spleyten) – Besenreiser machen
bestroiwen – berauben
beynäinschrappen – habgierig raffen
Biärrebuil – Bettelbeutel, Bettelsack
biesen – laufen, rennen (bei Tieren)
biestreg – ängstlich
biewern – beben, zittern.
biusen – bumsen, knallen
biutwärts – außerhalb
blieken – bellen
Bloer Hiemel – Blauer Himmel
Braken – großer, dicker Holzstock

Brunnen – Kloster Brunnen
buawer – über
Buchhäi – Lärm, lautes Leben, Freude (Grimme)
Buiterhuaf – Außenhof, Abbau [Anbau?] (Ostpr.)
bunte Ossen – Feuersalamander
buseln – wühlen
Bussbaummesser – Buxbaummesser (l Klinge)
butt – grob (münsterländisch)
Büxe – Hose

Dännentöppe – Tannenzweige
döllern – laut singen, rufen, schreien
drammen – weinen
Driägelaken – Traglaken aus starkem Leinen
Drifft – (steiler) Treibweg, Trei[b]gelände
drömeleg – langsam, träumerisch
druck – mit vieler Arbeit belastet
Dunerbessmen – [Donnerbesen] Kraftausdruck anstatt Fluch
dutz (Hitte dutz!) (Gedicht) – Aufforderung zum Stoßen!

Eggerbueter – Eierbutter, Butterersatz
Elwette – Erdbeere
Ennerpe – Endorf (Dorf)
Espenblaat – Blatt einer Esche, Pappel

Fämmeln – (kindlich, kindisch) spielen
Faselkalf – weibliches Kalb
Fiulax – fauler Mensch, träger Mensch
fiule Scheper – Motte[nart]?
Fiulebueter – Faulebutter (Ort bei Weuspert)
Flaitepeypen – Flötepfeifen
Flitzebuagen – Armbrust, Schießbogen
Frochten – Respekt, Furcht
Fuar – Furche, „op de Fuar": auf die Grenze!
Fuarke – (Mist)gabel

Gäisselke – Geistlicher, Priester

gaiten – gießen, heftig regnen
galpern – lautes Winseln (des Hundes)
Geblädder – das Blättern der Ziege
Gedeh – Getue; umständliches, großsprecherisches Tun
Giäkauken – Honigkuchen
Giewekusen – ‚Gebehausen', [d.h.] wo Leute gern geben
Gläipe – Ritze (bei leicht offenstehender Tür)
Gluaraugen – (unheimlich) leuchtende Augen
gnäisen – ironisch lächeln
gnäwweln – spielerisch beißen oder kauen
gnöcheln – humorvoll lächeln
Grätt (et giet kain Grätt) – es gerät nicht
Graute Hochteyt – Große Hochzeit
Graweschüppe – Spaten zum Graben
gräwweln (inäin) – zusammenfallen (Ohnmacht)
gretten – heftig necken zw. Jungen und Mädchen
greynensmoote – dem Weinen nahe
grimmeleg – dämmerlich
groen – geraten
Gummiküärfken – [Gummikörbchen] (spaßhaft für) Magen

Häimedreywen – Heimtreiben
Häimedreywer (Gedicht) – Heimtreiben [Heimtreiber; auch Schluß-
   tanz bei Festen]
Hambummel – Handwerksbursche, Bettler
Happe – selbstgefertigtes Bastblasinstrument
Harke – (Heu)rechen
Hiärrguattshaihnken – Marienkäferchen
Hiäwen – Himmel, Himmelsgewölbe
hieweneg – sehr eifrig
Himmetensaiken – Himmbeeren suchen
Hitte dutz (Gedicht) – Ziege stoß!
hiuken – hucken, knien
Holtbüngeln – Holzbündel (Kleinholzverwertung)
Holtkloss – Hauklotz
hotteln – rollen
Hufft – Busch

Hummelte – Hummel
Hüppelfuask – Frosch

Ieseldüppen – Traggeschirr für Mittagessen
Ilsmerg – Berg des Homertgebirges
Iutflug – Ausflug
iutruan – (mit Wurzel) ausrotten
iuttoppen – Äste vom Baum abhacken

Johanneswüär[m]ken – Johanniswürmchen (heißt plattdeutsch auch: Quarkeesken!)
Jöhrlink – ein 1 Jahr altes Tier
joihlen – weinen
juckeln – (schaukelnd) bewegen
jücken – jucken

Kaas – Kartoffelkarst
Kaffäischole – Untertasse
Kanallge – (canaille), Schimpfname (für Tiere)
Karenbrille – unförmig große Brille
Kassmänneken – 25-Pfennig-Stück
Kattenkopp – Böller
Kauhdicke – (ungefähr)
Kauhstappen – Kuhspur
Kiärmisse – Kirmes
Kiäspel – Kirchspiel
Kierl – Kittel
kleggen – kratzen
kliättern – klatschend zerspringen
klockenhell – sehr hell
Knippel – Knicker
knuackenhart – sehr laut
Köln weysen – [jemandem Köln zeigen, d.h.:] jemanden an den Ohren hochheben
Köttenkeerl – wandernder Bettler
Kräggenschuacken – Rasenspiel
Kramänzelten – kleine Waldameise

Kreyg – Krieg
kriel – kregel, schnell
Kuahlgrauwe – Platz, auf dem ein Kohlemeiler gestanden [hat]
Kuikelme – Preiselbeeren
kummedäiern – kommandieren, befehlen
Kummenekanten – Erstkommunikanten
Kuschtig! – (couche toi!) Hinlegen!

laien – leiten
Lettnigge – Litanei
loisleck – leise, zart
Luiling – Spatz
lurren – laut singen, schreien, rufen

Maidag – 1. Mai
maken (an wuat) – sich schon lange etwas wünschen
Marienblaimekes – Marien-/Gänseblümchen
minn – gering, klein
Miulopp – (Maulaff') Großsprecher
Molkentoiwer – Motten? [Mottenart]
Mueke – Stelle zum Aufbewahren (von Obst)

Nachtmes – Abendessen
Näggeske – Näherin
Naimen – Neheim
neysgiereg – neugierig
nogebey – nahe
Noise – Öse
Nueteholt – Nussbaum
nuseln – in sich sprechen

oiwen – foppen, necken
Ollerpe – Allendorf
Oomes – Frühstück
opbiestern – aufschrecken
oppassen – aufpassen
ostüäreg – sehr, [ungeheuer; auch widerborstig]

Packesfaam – Bindfaden
partiu – (partout), unbedingt
Paut – Pfütze
placks – mitten hinein
Plasäier – Freude
plestern – heftig regnen
Pleyte – Wunde, Beule
pluistern – in Flocken schneien
Prossiaune – Prozession
prowäiern – probieren
pucks – plötzlich

Raaske – Wut
raie – trocken (Heu)
resten – ausruhen
Rissehaken – Karst
Riuhbast – rauher Mensch
Rodonkauken – Napfkuchen
Ruien – [Rüthen; hier:] Schliprüthen
Ruienblaume – Löwenzahn
ruimen – es geht schnell
Rümmeschneye – eine runde Brotscheibe

Salwägge – Salwey (Bach, und Dorf)
säppeln – mit Wasser spielen oder unbeholfen umgehen
Scheperhännes – Hannes, der Schäfer
Scheyte – Schmutz, Dreck
Schienepeypen – Schienbein
Schlaa – Bergmulde
schlauern – durch hohes Gras gehen
Schlaut – Pfütze, Wasserguß
schliären – schlendern
schlickern – schleudern
Schlippeten – eine Wucherpflanze in Wiesen
Schluffen – 1. Hauspantoffeln, 2. ein Schlot.
Schluwwerhiärmen – frühere Siedlung / Homert
Schmengedüppen – Schale zum Rahm-Abschöpfen

schmeydeg – leise, zart, liebkosend
Schmielen – hoch geschossenes Gras
Schnaal – Schnecke
Schnäcke – Schläge
Schniäe un bunte Ossen – Schnecken und Feuersalamander: ein Zeichen für Regenwetter
Schniuwen tau – Lust zu etwas
schnöggeleg – wählerisch (essen – schnöggeln)
Schnoot – Grenze
Schnuiteplett – Taschentuch
schräi – schräge
schringen – brennen
Schüärte – Schürze
Schuimeliepel – Schaumlöffel (zum Abnehmen von Rahm)
Schupp – Stoß
schwaimeln – unsicher gehen
schweymelig – schwindlig
Schwiäre – Geschwür
Schwiäwelspöne – Streichhölzer
Schwiepe – Peitsche
seyge – niedrig
Seypen – eine feuchte, kleine Talsenke
siänen – segnen, das Kreuzzeichen machen
simeläiern – scharf nachdenken, träumen
Söcke, op de Söcke maken – sich davon machen
spallern – spalten
Spass – Freude
spasseg – eigenartig
spauken – spuken
Spieldingen – Mundharmonika
spleyten – Bast abziehen
Stecken – Kleinholz, Reisig
Steernsgalopp – große Eile
Steertgeld – Lösegeld für den Kuhhirten beim Verkauf eines Tieres (,Schwanzgeld'?)
stockeduister – sehr dunkel
strack(s) – gerade(aus)

Striepelgras – Schmuckgras
striepen – streifen
stüäreg – weherig; wenn ein Tier viel läuft
Studäntentuig – Studentenvolk
stuiern – stören
stülpen – aufsetzen
stulpern – stolpern
stump – kurz
Stümpe vertiärn – Reste von einem Fest verzehren (Nachfeier)

tehaupe – zusammen
Telt – Zelt
terhäimen – zu Hause
tiären – ärgern
Toll – Zweig
tookstern – zusammenrufen (bei Hühnern)
Trachtemänte – gespendetes Essen (Grimme)
Trecke – Schublade
Tropp – Menge (wie „Haufen" militärisch)
Truättelke – Schalmei
trummeldicke – sehr dick, satt (Vieh)
tüätteln – viel und kindlich reden
tüeseln – rütteln
Tuffelnbroen – Kartoffelbraten
Tuffelnliäsen – Kartoffellesen
Tutzenbaum – Purzelbaum
Twiärg – Zwerg

Üllerk – Iltis
ümmetsüss – umsonst
Unducht – Untugend, Laster

verdraitleck – verdrießlich
verliuern – sich vergessen
verstiuken – verstauchen
Vertellebauk – Erzählungsbuch
Vertelleken füär'n Schloop – eine Erzählung, bei der man einschläft

Viuelbiären – Vogelbeeren (von der Eberesche)
Vüärdauk – Schürze [Vor-Tuch]
Vüärmogge – Pulswärmer
Vüärsprüük – Vorwort
Vullmond – Vollmond

Wäihdage – schlechte Zeit [Wehtage]
Wale – Heuschwaden
Wann – altes Gerät [Wannemüele = Kornfege zur Getreidereinigung]
Wespelte – Wespe
Weyser – (Uhr)Zeiger
wiähren – wehren, zurückwehren
wicken – prophezeien
wiepeln – bewegen?
Wiesebaum – Heubaum
Wiesereck – Wiesel
wille Schweyne – Mauerasseln
Wille Wiese – Wilde Wiese (Ort)
wisse – fest [auch: gewiß]
Witte Bessmen – Topfbesen
Witte Wolken – weiße Wolken
Wolwerten – Waldbeeren
wualopp – wohlauf, froh und gesund

Zienhaan – Ort: Endorfer Hütte – [Gehren?]

Brautpaar in Lochtrop, 1890
(Archiv Museum Eslohe)

GRAUTE HOCHTEYT
Geschichte einer westfälischen Bauernhochzeit im Sauerland
(1929)

Meiner Heimat!

ANMERKUNGEN DES AUTORS

Religion und Sitte nennt der Schwarzwälder Heimatschriftsteller H. Hansjakob[1] in einem Satz; Sitten und Lebensgewohnheiten machen die Kultur eines Volkes und einer Zeit aus, nicht Geld und der Fortschritt der Technik. Einen kleinen Ausschnitt aus dem schönen Reiche der deutschen Sitte bilden die Hochzeitsbräuche, die nach den einzelnen Ländern in vielen Punkten verschieden, aber fast alle schön in ihrer Art sind. Ein kleiner Beitrag dazu soll vorliegendes Büchlein sein, nicht für Gelehrte und Bibliotheken als wissenschaftliches Werk geschrieben, sondern mitten aus dem Volke für meine sauerländischen Landsleute, dergestalt, daß es auch bei einer Bauernhochzeit zur Unterhaltung dienen kann. Deshalb wurde es so mit allen Bräuchen geschrieben, deshalb die kleinen Erzählungen, vor allem von [Friedrich Wilhelm] Grimme, dem Sauerländer Dichter, aufgenommen, deshalb auch der Anhang von Hochzeitsliedern.

Die „Graute Hochteyt" selbst ist an eine Bauernhochzeit angeschlossen, die um so schöner war, als sie natürlich und nicht „gemacht" war. Der zweite Teil „Hochzeitsgeschichten" will kleine

---

[1] [HEINRICH HANSJAKOB (1837-1916), katholischer Volksschriftsteller, Pädagoge und Theologe aus Baden, dessen Werke hohe Auflagen erzielten. Ihn nur als Heimatschriftsteller zu charakterisieren wird seinem sehr vielfältigen Werk eigentlich nicht gerecht. (wdg)]

Ausschnitte ans den Hochzeitssitten geben; die letzten Skizzen von Betty Schneider sollen insbesondere in die Tiefe, in das Wesen der Ehe und Familie einführen. Die „Hochzeitslieder" sind so ausgewählt, daß nur Originalmelodien aufgenommen wurden. „Gedichte" auf andere Melodien gibt es viele, aber wenig gute. Statt der Scherenschnitte „Vam Pastauer seyner Kauh" wollte ich zuerst verschiedene Phasen aus dem alten Hochzeitstanz „Polka" bringen. Es war mir aber aus bestimmten Gründen nicht möglich.

HOCHZEIT

Wenn der Bräutigam von der Braut
das Jawort bei der Verlobung erhalten hat,
wenn sich beide zwischen Verlobung und Hochzeit
ihr Versprechen noch einmal überlegt haben;
dann ist der Hochzeitstag das Ende
dieses Zweifelns und Fragens,
dann entscheidet dieser Tag
das Diesseitsglück zweier Menschen.

Nicht zurückschauen und zweifeln,
sondern vorwärtsschauen und arbeiten,
nicht in Träumen versinken,
sondern resolut das Leben anfassen
heißt es –, und das ist das Zauberwort
des Hochzeitstages.

Der Hochzeitstag
soll seinen Sonnenschein
in froher Erinnerung
auf das Leben zweier Menschen
und einer Familie
ausgießen!

Darum wird er festlich begangen.

*Kenn ey all dat nigge Laid,
dat de gansse Stadt all wait:
vam Pastauer seyner Kauh?
Sunndag wasse nau fett un drall,
Mandag laggt se daut im Stall.*

HOCHZEITSBRÄUCHE IM SAUERLAND

Wenn man eine große Bauernhochzeit, die nach den alten Regeln gestaltet ist, miterlebt hat, dann erst lernt man die Schönheit der heimischen Hochzeitsbräuche kennen.

Eine echte Bauernhochzeit dauert acht Tage. Geraume Zeit vorher wurden früher durch einen berittenen Boten die Gäste geladen. Diese Einladungsweise wird man heute kaum mehr finden; die Einladungen werden heute gedruckt und der Post übergeben. Neben den Verwandten bis zum xten Grade von beiden Seiten werden auch alle Nachbarn mit Familien eingeladen.

Am *Sonntag* vor dem Hochzeitstag begibt sich das junge Volk der Nachbarn des Bräutigams zu dessen Hause. Alle Mann zum Kränzemachen! Die Burschen holen Grün, und die Mädchen winden Kränze. Die Hochzeitskutsche muß bekränzt werden. In der Regel wird die Bauernhochzeit nicht in einem Salon, sondern auf dem Balken oder in einem ähnlichen Raume gefeiert, der zu einer

Bauernhochzeit besser als der schönste Salon paßt; dieser Raum wird selbstverständlich auch reich mit Grün und Kränzen geschmückt.

Der *Montag* bringt reiche Arbeit für die Hausangehörigen, für einige Verwandte, die schon eingetroffen sind, und für die Hochzeitsköchin. Schon am Samstag wird ein Schwein geschlachtet, wenn ein großer, oder ein Ochse, wenn ein größerer, oder beides, wenn ein ganz großer Bauer Hochzeit hält. Heute ist Groß-Wursttag; es wird der ganze große Ochse, der in der letzten Zeit sich einer besonders guten Mast erfreuen durfte, sowie das Schwein in einen appetitlichen Zustand verwandelt. Es ist leicht möglich, daß in der Nachbarschaft sich eine besonders gute Köchin einen Ruf erworben hat, und diese muß dann als Festköchin bei jeder passenden Gelegenheit, selbstverständlich auch bei der Hochzeit, ihre Kunst zeigen.

Am *Dienstag* ist noch mehr Leben im Hause des Bräutigams und in seiner Umgebung. Der Brautwagen wird heute gebracht. Schon früh bricht dieser auf, von den Angehörigen der Braut, wenn diese Pferde und Wagen haben, oder von den Nachbarn gefahren und vom Schreiner der Möbel begleitet. Der Fuhrmann ist oft ein Bruder der Braut oder ein Bekannter, der umsonst, oder für ein Taschentuch, das er von der Braut empfängt, den Wagen fährt. Hat die Braut noch eine unverheiratete Schwester, so nimmt diese den Führersitz auf dem Brautwagen ein, und neben ihr befindet sich ein Mädchen, das den Korb mit Schinken, Butter und Eiern in Gewahrsam hat. Früh zwar ist der Wagen aufgebrochen, fast ebenso früh sind Leute wach, die, mit gutem Mut und ein paar Fuhrmannschnäpsen bewaffnet, gern für ein gutes Trinkgeld dem Wagen mit einer Leine und einigen Versen den Weg versperren. Schon deutet Rädergerassel, Pferdegewieher, das Rufen der Führerinnen und der Peitschenknall des Führers, das Blöken der Brautkuh dem Bräutigam an, daß der Brautwagen kommt. Aber wenn der Bräutigam denkt, er hätte ihn schon da, dann ist er stark im Irrtum; vielmehr zeigt erneuter Peitschenknall und verstärktes Rufen an, daß er gewünscht wird. Es entspinnt sich eine längere Verhandlung, die zur Folge hat, daß der Bräutigam Frühstück für die Fahrer, Pferde sowohl als Menschen, holt, und allerlei wetterwendische Wünsche der Führerinnen zu erfüllen hat. Erst nach manchen mühsamen Schritten des Bräutigams, nachdem es mancher ermunternden Wortes, kräfteerregenden Kaffees und durststillenden Weines bedurft hat, fährt der Wagen allgemach vor, und jetzt obliegt dem Empfänger noch manche besondere Mühewaltung, bis er die hartnäckigen Führerinnen vom Bock in die beste Stube geleiten kann. Indes geht die Brautkuh, majestätisch einen Kranz um den Hals, über eine Serviette in den Kuhstall an ihre neue Futterkrippe. Am Nachmittag werden die Möbel abgeladen und aufgestellt, das Geschirr gereinigt und gemustert; es ist eine besondere Freude, wenn nichts zerbrochen ist. Auf dem Wagen befand sich früher immer ein Spinnrad, sowie viele Werkzeuge zur Flachsbereitung, die man heute kaum mehr kennt.

Angenehm wird die Arbeit durchbrochen, wenn die Mädchen aus der Nachbarschaft mit den Körben kommen, in denen sich ebenfalls Schinken, Wein und Butter befinden. Die Mädchen sammeln sich gewöhnlich und melden durch lautes Rufen, das meistens ein Kikeriki verstärkt, dem Bräutigam ihre Ankunft. Dieser muß sich ähnlich ums sie bemühen, wie um den Brautwagen.

Der *Mittwoch* ist der letzte Vorbereitungstag. Alle Schüsseln und Geschirre werden nochmals einer eingehenden Reinigung unterzogen und gebrauchsfertig gestellt.

Wichtiger ist, daß heute von den Nachbarn des Bräutigams in bekränzter Kutsche die Braut abgeholt wird. Gewöhnlich wird sie auch für die Nacht zum Hochzeitstage vom den Nachbarn beherbergt. Es gibt schöne Gedichte, die für diese Gelegenheit, wenn der Kutscher die Braut von ihren Eltern fordert, passen.

Der *Donnerstag, der hohe Hochzeitstag*, beginnt nicht sehr früh, denn die Messe beginnt an diesem Tage in einem Dorf gewöhnlich spät, etwa um 9 Uhr. Die Hochzeitmesse ist besonders feierlich; der Pfarrer, der Organist, die vielen befreundeten, bekannten und verwandten Sänger lassen es sich angelegen sein, die Messe recht herrlich zu gestalten.

Böllerschüsse empfangen nach der hl. Messe das Brautpaar und die vielen Gäste. Am Eingang ihres Hauses wird das Paar „gefangen", d.h. durch ein Gedicht, das von Nachbarmädchen vorgetragen wird, beglückwünscht und durch ein Glas Wein erquickt. Nachher drängen sich Angehörige und Gäste, dem Paar Glück zu wünschen.

Punkt 12 Uhr oder etwas später läutet die Glocke oder ruft die Stimme der Oberköchin zum Festessen. Wer kennt die Speisen, nennt die Namen? Wenn man sie kännte, könnte man wohl ein eigenes Kochbuch zusammenstellen von Gerichten, die man an diesem Tage auch im Sauerlande schön und schmackhaft herzurichten versteht. Wenn die Weinflaschen entkorkt werden, dann wird die erste Tischrede vom Pfarrer gehalten. Nachher werden noch mehrere Tischreden gehalten – ernsten oder heiteren Inhalts, Gedichte vorgetragen; die Hochzeitszeitung, mag sie gedruckt sein oder nicht, vorgelesen.

Nach dem Mittagessen lockt die Sonne ins Freie, bis zur Kaffeezeit alle Tische wieder unter Torten, Kuchen und anderem Backwerk sich biegen. Nach dem wiederum reichlichen Abendessen werden die Tische weggeräumt und der Balkenraum zum Tanz freigemacht. Zwischen den Tänzen werden noch Lieder gesungen, Reime und Kuplets vorgetragen. Selbstverständlich wird auf jeder Bauernhochzeit das „unbändig schoine Laid vam Pastauer seyner Kauh" gesungen, das oft von einem Dorfpoeten diesbezüglich erweitert wird. Der Hochzeitstag wird fast immer so lange ausgedehnt, bis die Morgendämmerung des grauen Alltags durch die Fenster scheint. Ein rechter Bräutigam sorgt dafür, daß Speisen und Getränke nicht zu Ende geben, und ein anständiger Gast hält Maß, betrinkt sich aber auf keinen Fall.

In angeheiterter Stimmung verübt man gern einen Scherz oder Witz; es muß offiziell ein Hochzeitsscherz verübt werden. Daß, wie ich kürzlich las, einmal am frühen Morgen eine Kuh aus Liebhaberei aus dem Nachbarhause gestohlen und zur Hochzeit geführt wurde, gehört wohl zu den komischen Ungeheuerlichkeiten auf diesem Gebiete. Daß ein solches Ereignis dazu auffordert, die Feier noch auszudehnen, ist klar. So kommt auch noch der *halbe Freitag* für die Feier in Betracht.

Samstag ist Ausruhtag.

Der folgende *Sonntag* ist für diejenigen reserviert, die zur Hochzeit nicht kommen konnten. Sie feiern in kleinem Kreise die Hochzeit nach. So hat denn die Hochzeit eine Woche gedauert.

Es wird manchem übertrieben erscheinen, so lange Hochzeit zu feiern; wenn ich aber trotzdem den Standpunkt vertrete, daß wir auch diese Sitten aufrecht erhalten müssen, so geschieht das unter der Voraussetzung, daß eine Bauernhochzeit nicht oft und nicht von jedem, der zwei Kühe hat, in diesem Ausmaße gefeiert wird, daß anderseits die Grenzen innerhalb dieser Feier eingehalten werden, und daß Streit unbedingt vermieden wird. Dann aber wird ein jeder, der einmal das Glück hat, eine solche Hochzeit mitzufeiern, nicht nur an die Schönheit dieses einzelnen Festes erinnert, sondern die Schönheit der ganzen Heimat in ihren Äußerungen, in ihren Regeln, Bräuchen und Festen steht vor ihm als eine herrliche Tatsache, die er staunend und im glücklichen Heimatbewußtsein anerkennen muß.

Mögen diese Zeilen dazu beitragen, daß dieses glückliche Heimatbewußtsein immer mehr in uns Platz greife.

GRAUTE HOCHTEYT

As sai woor in Stücke schnien,
hiät dat gansse Duarp wuat krien –

VÜAR DER HOCHTEYT

VÜÄRSPRÜEK

5. Oktober. Heute, in der Verspeisung der Reste, geht die Hochzeit im Kuckuck zu Ende. Es war eine „graute Hochteyt" – ein Name, mit dem sich im Sauerlande die Vorstellung von einer Hochzeit mit Einladung aller nahen Verwandten und Nachbarn verbindet. Bei dieser Hochzeit läßt sich feststellen, daß eine regelrechte Bauernhochzeit acht Tage dauert; am Sonntag vorher begannen die Nachbarn mit dem Herstellen von Kränzen für Haus, Hof und Kutsche. Die Hochzeit selbst war ganz heimatlich und sehr gemütlich, ohne jedoch „trocken" zu sein, ohne aber auch in übermäßiges Trinken auszuarten. Alle 80 bis 90 Festteilnehmer waren ganz befriedigt.

Dat laus iek in der Teydunge; iek schnäit et mey iut un laggte 't oppen Diß. Do kam meyn Frönd, soh diän Zie[e]l un frogere:

„Bat weßt diu dann domet aanfangen?"

„Do well iek mool 'n graut Vertelleken üwer schreywen, dat sall väier Seyen lank weren!"

„Sau?" söchtere hai. „Bai is dann Briut un Brume? Kumm iek auk derinne?"

„Briut is Drütken, Bruime is Kasper. Bo is wual 'n netteren Namen ase Kasper; dai kümmet doch all im allen Testamänte vüär: hai waß niegenundiärteg Johre alt, ase hai no 'm Christkinneken genk. Un äis Drütken! Wören de äisten Luie nit Adam un Eva wiäst, dann wören 't sieker Kasper un Drütken. Diu kümmest der awwer nit drin; do biste mey gar nit kausker genaug tau."

„Fiänand, sie ruiheg, iek well jo nix seggen! Bo sall dann de Hochteyt sin?"

„Imme Kuckuck! De Kuckuck is dat schönneste Duarp un de schönneste Name imme ganßen Siuerlanne."

„Dat is nit wohr," raip meyn Frönd, „dai schönneste is Schluwwerhiärmen un de schönneste Name is Hiärmen un füär 'n Fraumenske Bättken; diu mäkest men alles ächtereeß!"

„Nu jo, diu hiäst Recht, saß auk Hewwerecht haiten! – Un niu goh un roier in deynen äigenen Pötten!"

„Diu biß mey doch ne allen Kumpestkopp; awwer iek gohe no diäm Schmies Kasper un vertelle iäm, bat diu maken weßt. Saß mool saihn, bat dai dey Floih fänget."

Dat saggte meyn Frönd un genk sau biuß häime.

ET GÄIHT AAN

De Kasper kam in dai Johre, dat hai siek bestaan konn. Hai waß ne schoinen un grauten Jungen, un dai düärpsken Frauliue gengen op Feeßen stohen, dat sai iän ganß saihn konnen. Dann puspelere äint diäm andern int Ohr: „Hai hiät nau liuter kain Miäken!"

Jo, et waß wohr: Kasper bekümmere siek nit viel ümme de Frauluie; hai suärgere füär 'n Huaf un füär de Kögge, hai konn nau alles üwersaihn un harre kaine Frau noireg. „Äis mat iek nau 'n nigge Hius buggen," saggte hai äinmool; „äis mat iek ne Schuier buggen un nen niggen Kauhstall," saggte hai 'n andermool. „Jo, de Frau is 'n duier Möbel," saggte hai taum drüddenmol, ase dat Buggen gar nit sau lichte gohen woll.

Dai jungen Frauluie woren liuter dreyster un räiten iäk wual de Hälse iut; un de Mömme imme Hiuse woor liuter äller un konn de Hiusarbet nit mehr alläine daun. Do saggte sai an äinem Muarn ümme Chistdag: „Kasper, mak vüäraan, iek kann 't nit mehr alläine; diu maßt friggen!"

Un Kasper makere vüäraan.

Hiushiewen

Awwer äis mochte hai 'n nigge Hius buggen. All imme Winter fenk hai aan te riäknen un te moten un Stäine te briäcken; balle waß de ganße Wiäg bey diäm Schnai un Daihwiär schietereg, un de Huaf soh iut asse äine Läimenkiule. Imme Froihjohr kemen de Muiersluie, 'n ganßen Tropp; do gaffte 't Liäwen innen Kuckuck. Imme Haihiärwest wören sai ferrig, un de Timmersluie kemen an de Reyge. Do diuere 't nit mehr lange, un an äinem Muarn genk Schmies Knecht rümme in der Nowerskopp:

„Ey söllen moren kummen un helpen; vey hewwet Hiushiewen!"

„Jömmers näi, sau fix all?" – Jo, et harre ruimet.

Diän andern Dag ümme tain Iuer genk et loß. „Hallet aan! Schiuwet! Äin, twäi, dräi!" Sau genk dat Kummedäiern üwer 'n Huaf. De Hauhner fengen aan te kackeln um de Hahne aan te schennen; de Ruie bliekere, bat dat Tuig häll; hai woll partiu kain nigge Hius hewwen. Et waß ne siuere Arbet, bit alle dai Pöste hauge oppem Balken wören. Dat Hius stonk amme Biärge un waß vam Huawe wahne hauge: de Keller waß ungen büäwer der Eren, sau richt op genk de Biärg. Van haugen härre me lichte de Pöste aanräiken konnt; awwer me konn se doch nit alle diär 't Hius schliepen, un dat Dräggen un Trampeln imme Bäitengoren harre auk kaine Art. Sau mochten sai de Balken vam Huawe aanreiken, un et diuere guet bit Kaffäiteyt, bit sai metter Aarbet ferrig wören. Do waß de Hahnebalken inäintimmert, ne Dänne stonk haugen oppe, un de Mester van diän Timmerluien krassere siek 'n bietken op, schauw diän Haut van äinem Ohr oppet andere haustere un fenk aan:

„De Kuckuck hiät 'n nigge Nest kriegen. Et hiät lange diuert, un et hiät Geld ase Hai kostet; awwer et is doch groen. Et is äin graut Hius un äin störeg Hius, un et hiät Kellers un Stuawen un Kammern genaug. Auk, bann mool ne junge Frau int Hius kümmet" – hai gnäisere – „un 'n jungen Kuckuck, dann is et nau liuter graut genaug. Schoin is dat Hius; iek briuke miek jo nit te luawen, iek hewwe men de Pättsel drop satt. Vey wellt Guatt danken, dat alles sau nette in de Reyge kummen is.

> In aisker Teyt, in boisen Johren,
> met Guarres Hülp un seyner Macht,
> met Schwäite un met siurer Aarbet
> heww vey dat Hius doch ferrig bracht.
>
> Hai sall niu lange Johre stohen,
> de Kuckuck, düse Hauchpalast;
> hai sall in seynen schoinen Biärgen
> viel Glücke saihn un wenneg Last."

Duenerbeßmen, konn dai seyne Wore maken! Niu hoor hai op un mochte sey dat Niekelndüppen amme Strick rop trecken. In diäm allen stäinern Düppen harren de Luie Geld füär iän tehaupe maket; et wören awwer auk Nieteln derinne, un de Mester hauge oppem Hahnebalken schlickere metten Hännen un verbrannte sey äis 'n paarmool de Finger, bit hai alle Kaßmännekes riutfisket harre. Dann schmäit hai dat Düppen in nen Huaf op de Stäiner, dat et in diusend Brocken flaug.

Balle nümmes harre saihn, dat grade in diär Teyt 'n Kuckuck hauge oppet Hius in dai Dänne flaug; awwer grade schlickere dai Mester metten Hännen, un do räip hai men äinmool „Kuckuck" un flaug födder.

Dat nigge Hius waß füär düen Dag ferreg; de Mester kam rin, un et gaffte 'n gurren Kaffäi. Dann woor nau feyert bey Fäuermannsschnäpsen un Schopeskopp.

HAI MÄKET VÜÄRAAN

Dat de Timmermester dat saggt harre, harre hulpen. In diäm Hiärwest konn hai awwer nix mehr maken ase buggen. Oppet Daak kemen de Pannen, un dat Hius woor innewenneg un biutewenneg aanschmiärt un wittelt. Ase dann knapp vüär Allerhailegen dat Hius sau weyt waß, dat des Luie ümmetrecken konnen, do woll auk dat Vaih ümmetrecken: die Kiwwekes kemen in dai alle gurre Stuawe, wuat Kögge kemen in nen Schweynestall un de Giul in nen Kauhstall. Sau genk et.

Awwer niu makere Kasper auk vüäraan. Hai koffte sey 'n niggen Aanzug, nigge Schauh un nen niggen Haut un kaam niu richteg in dai Teyt: viele Luie segget, dat wör dai schönneste imme Liäwen.

OP FRIGGERSFAITEN

Droimen daiht hai bey der Aarbet;
doch am Sunndag is hai feyn.
Hauge, stolt gäiht hai ter Kiärken,
do matt wual wuat ächter seyn.

Büx is büegelt, rain is 't Schmeysken,
strack isse arr 'n Beßmenstiel;
vüärnehm kuiert, gruißet, gäiht hai:
Kasper, et is viel te viel.

Biu siek men de Schnurrboort kruiselt,
un biu kämmet hai de Hoor!
Diu stäihst wual op Friggersfaiten;
Kasper, segg mey, is et wohr?

Snaalfett friättet siek de Kögge,
un de Huaf is sau akroot;
Giul un Kutske löchtet örntlek:
füär de Briut is alles proot.

„Üwer 't Johr is Hochteyt", vertallten iäk balle de Luie. Christdag waß hai würklech verluawet. Jo, balle soll Hochteyt seyn; awwer imme Froihjohr, imme Lenten genk et nit. Imme Suemer auk nit; do harre hai kaine Teyt. Dei Hiärwest mochte imme grüäwesten auk äis drohen sin: de Keern un dat Graumet soll äis oppen Balken.

KASPER KOIPET IN

Dat leste Faier Graumet waß oppem Balken; tau'n Tuffeln woll Kasper sey äis nau Hülpe halen, dat soh me. 'n Ossen füär de Hochteyt harre hai all lange kofft, un hai harre auk 'n Schweyn opfauert. Diän äisten besten jungen Ossen harre hai imme Summer wual nit kriegen, un dat kam sau:
  Dai andere Händler imme Duarpe, Kuälbiärgs Hännes, harr 'ne derbey kriegen. Iek vertelle 't:

KASPER OPPEM OSSENHANDEL

In nem Juli konnt wual sin.
Hännes saat am kallen Uawen.
Klopper 't do? – „Herein! Kumm rin!"
raip wiän rin ter kaulen Stuawen.
„Kualbiärgs Hans, biu gäiht et dey?"
Saggt dai, „kannst diu guet betallen?
Iek heww grade 'n Ößken frey,
kannst et dey saufootens halen."
Kasper, auk äin Händler do,
harr wuat saihn un harr dat liuert:
„Preys is guet; doch frey iek goh,
hall 't dey, bann 't nit lange diuert!"
Dai Besaik van Hännes genk,
Kasper socht ne sey te kleggen,
draap ne auk, un aan hai fenk,
woll iäm düt un dat nau seggen;
saggte schmeydeg imme Taun:
„Kumm doch, drink dey äis ne Klainen!
weßt diu mey dat Ößken daun,
kannst dey tain Mark mehr verdainen."
– „Use Ößken is nau frey,"

saggt dai, „doch iek well niu laupen;
bai et äiste is bey mey,
diäm well iek et wual verkaupen."
    Un hai harr et harre saggt;
Kualbiärgs Hännes drofft et wieten.
Dai harr sey all sau wuat dacht,
harr siek foorts in Wichs rin schmieten,
loß me'm Flizepee hai trock.
Dat harr Kasper wier ruacken,
potre fix im andern Rock
op 't Motorrad seyne Knuacken,
druchte, dat hai balle fell,
piustere un schnauw ganß wahne.
Hännes trachte, bat et hell,
Hai waß sieker schliemer draane.
Niu am Auwer schauw hai rop,
Wiäg te knäppen, Wiäg, diän krummen.
Kasper awwer bläiw derop,
lait diän Motor födder brummen.
Op der Hörr stäig Hännes fix
op de Kaar, lait rinner siusen,
un hai drofft verlaisen nix;
Kasper kam auk aan te briusen.
Un hai hoor nit dat Geflait,
un hai hoor nix van diäm Johlen.
O, et biestert meyn Gemait,
bat niu kümmet, iuttemolen.
Baie gleyk un wahn in Wiut
kemen op diärselwen Strecke:
Kasper mochte weyken iut,
bochte stracks do rin ter Hecke. –
Wupp – äin Hauchsprunk, dann in 't Daipe
flaug hai; 'n richteg Mesterstück!
Iutem Watergrawen raip he:
„Duener, suih, iek hewwe Glück."

Dachte Hännes, „loot ne leggen;
do dai Luie imme Hai
weert iäm all, bat noireg, seggen."
Un hai waß sau äin, twäi, drai
fixe futt un iut der Fulter,
grad, as bann hai nix härr saihn.
Un dai Luie bey 'm Gepulter
kuckern biestreg rin tem Wiär,
kuckern siek ganß rund un rümme:
„Bo kümmet dat Gewitter hiär?"
Kuckern siek dann naumool ümme,
un do sohn sai iän do leggen
imme Water, quacksteg naat,
rümmespatteln, duäwen, kleggen,
bit an 't Leyw hai drinne saat.
„Jömmers – Kinners – Mensken – Laupen!
Spaike suiht me süss bei Nacht. –
Niu suih! Kasper, diu daihst raupen.
Keerl, bai härre, sauwuat dacht?"
Un sai laipen no iäm hiene,
pecken ne faste amme Kopp:
„Hallet faste! Trecket diene!"
Trocken ne iutem Water rop.
Kasper soh, dat hai nau Liäwen
harre no diäm kallen Bad;
un as hai dai Luie niäwen
sey dann soh, do saggt hai dat:
Biu hai dat[t]e maket harre;
Hännes härr de Schuld am Fall.
Awwer nit ganß viel et barre;
wahne, wahne lachern all.

Hannes har et richteg raket,
un hai harr seyn Hainken rofft;
woll niu saihn, bat Kasper maket

harre, as hai 't Ößken kofft.
Kasper raip iäm: „Bann 'k diek rake!"
Iut der äisten wahnen Wiut. –
Hännes kannte wual dai Sake:
kümmet niemals Gurres riut. –
Nix mehr loß füär iän waß do,
woll sey niu drop äinen drinken,
Kasper sey seyn Rad besoh,
mochte domet häime hinken.

Awwer Kasper kräig doch 'n ganß guet Dier.

DE BRIUTBIDDER

'N gurren Dag int Hius, ey Luie!
'N Griuß soll 'k seggen van der Briut.
In feyf Dagen härrn sai Hochteyt;
dann sölln ey doch kummen riut.

De äisten Nowers sollen met der ganßen Familie kummen:

Auk de Blagen sölln ey brengen,
Vaar un Mömme matt derbey;
daut dat Hius men oppen Balken,
dann is alles sieker hey!

Bat sall iek der Briut bestellen?
Tau der Hochteyt kumm ey jo!
Biuviel Mann well ey dann schicken?
Tau diäm Middags sin ey do?

Et waß amme Soterdag, do kam äiner mettem Giul, met ner Flinte oppem Nacken diär de ganße Nowserskopp un makere düse Bestellunge. Dotau schaut hai Platzpatraunen, dat et men jau Indruck makere. Hai kräig in jäidem Hiuse 'n gueden Dag un 'n graut Schnäpsken; ase hai de ganße Nowerskopp affklabastert harre, trock hai födder no 'n Verwandten. Dai gurre Dag genk te Enne un et woor duister. Seyn Kopp woor liuter schwödder, bann hai auk wuat verdriän konn; hai behell ne awwer haugen, käik ganß steyf un stiuer int Wiär un makere seynen Paat tem Enne. Diän Wiäg no häime wußte seyn Piärd alläine – un dat waß guet. Hai harre awwer auk ne Masse Luie beynäin kriegen.

Kränße maken

Diän andern Dag waß Sunndag, un niu woor et met der Hochteyt würklech Eernst; sai fenk all an. De Junges un de Frauluie iut der Nowerskopp van feyftain bit feyfuntwinteg Johren sollen kummen taum Kränßemaken. An dat nigge Hius mochten Kränße aan; oppen Balken, bo dat äigentleke Fäst sin soll, mochten Kränße ophangen weren, un in de Ecken kemen Büske; de Kutske soll auk störeg sin.

Dat gaffte Aarbet, alle Hänne vull te daun; dat gaffte awwer auk Plasäier, dat is sau kloor ase Springwater. De Jungens mochten riut in de Biärge, in de Dännen, un halen grain Tuig, Birken un absunders Dännenköppe. De Frauluie bangen un wickeleren Kränße; dat verstonnen dai am besten. Bit tom Kaffäi woor fleyteg aarbet. Dann gaffte't ne steywen, gueren Kaffäi; dat waß nit alläine Zikurgen[2] un Prüett. Un an diäm Kauken wören auk de Egger un Zucker nit spaart.

Hiärnoh woor nau 'n bietken dohen, bit dat et duister waß; dann waß et met der Aarbet iute; sai wollen spielen un danßen.

---

[2] [Zichorie, aus dieser Pflanze wurde seit dem ausgehenden 18. Jahrhundert Kaffeeersatz hergestellt, vgl. Stichwort „Cichorĭum" in Meyers Großem Konversations-Lexikon, 6. Aufl., Leipzig, Wien 1908, Bd. 4, S. 147. (wdg)]

Äiner mochte 'n Daler van der Wand lecken; bann hai dat konn, dann kräig hai ne. Hai droffte 't saihn, biu hai an de Diär piäcket woor; dann mochte hai awwer Blinnekauh spielen. Biu 't niu gäiht, well iek hey nit vertellen, süss konn ey 't ginterno alle, un et giet nit mehr genaug Dalers, dai me afflecken kann. Et gaffte sieker viel Plasäier, saugar de Ruie mellere siek do buiten.

De Dag woor iutnutzet, auk bann et Sunndag waß.

Wursten un Backen

Et höört wual nit taum Fästefeyern, un et höört der doch bey, absunders bey sau ne graute Hochteyt. Dat Schweyn waß all amme Soterdag schlachtet; Mandag woor wurstet. De Osse woor Mandag muarn äis schlachtet.

De Kuack waß do, un de Bäcker was do. De Küeke woor dailt, an äiner Seyt aarberre de Bäcker un waß amme Däich roiern, an der andern Seyt wören de Frauluie am wursten.

Un doch woor de Küeke nau te klain. Dann sprank de Kuack mool no 'm Herd un de Bäcker no 'm Bräutuawen; alle stonnen sai anäin un biuseren vüäräin un schannten iäk, auk bann 't ne kain Erenst waß. Un dann droffte auk nix diäräin kummen: Dat men jau kain Piäper in nen Kauken un kain Zucker in de Würste kam. Et hiät awwer alles guet gohn.

In der Küeke waß balle ne Hitze, dat me diän Kauken härre tiegen dem Herd oppem Staule backen konnt. Un dann maint de Luie nau, et wöör sau ne äinfache Sache, de Hochteyt. Et is wohr, bann me men op der Hochteyt is un iäten kann, dann gäiht dat wual. Awwer acht Dage vüärhiär Briut un Bruime sin – iek danke dofüär. Schmies Kasper wäit wuat te vertellen.

DE BRIUTWAGEN UN DE KÜÄRWE

Et waß ne kalle Muarn un 't harre all 'n bietken riepen. Van Dage soll de Briutwagen kummen; de Nowers wören all frauh oppen Bäinen. Me wäit jo nit, bann hai kümmet; awwer faste hallen muotet vey ne! Do kam hai all: twäi Ledderwagen, Kränße derümme, ne Kauh kümmet derächter hiär. „Dat sind se sieker; et is guet, dat vey 'n bietken eger gohen sind, süss wöör hai us derdiär gohen!"

„Iek kenne usen Giul all," saggte Nowers Franß; sai wören diäm Briutwagen in de Maite trocken, dat se dai schworen Brocken üwer de Hörre kriegen. De Wagens kemen nöger; de Leyne waß duän, un niu saggte Jaust seynen Sprüek:

Iek halle diek op
un loot diek nit foiern;
iek giewe diek frey
un well diek nit stoiern,
giest diu mey 'n guet Drinkgeld,
dann kannst diu dohiär;
iek wünske dey Siägen
un Glück un guet Wiär.

De Fauermann woll född̈er un dräiw de Piäre aan; dat genk awwer nit lichte. Dat Strick waß faste, un Jaust sank födder:

De Piärre sind maie
un trecket nit aan;
dai Leyne is faste
un drücket sai wahn.
Jo, giew diek men drinne,
et gäiht nit sau biuß,
un haal men diän Geldbuil,
dann kümmst diu no Hius.

Et genk nit; de Fauermann mochte äis 'n Kaßmänneken loßloten, kräig seynen Schnaps, dann genk et födder. – „Duenerwier, all wier!"

> Fuhrmann, halt ein,
> dieser Brautwagen muß gefangen sein;
> denn er ist beladen mit Kisten und Kasten,
> mit Diamant und Gold,
> das alles ist uns nicht zu stolz.
> Ein Rechen mit Flachs,
> ein Stab mit Wachs,
> eine Kiste mit Geld,
> wer das hat, kann kommen durch die Welt.
> Geben Sie uns ein Geschenk,
> so können Sie fahren,
> wohin es Ihnen gefällt:
> über Land und Sand,
> über Berg und Tal,
> bis vor dem Herrn Bräutigam seinen Saal.

Dat Fraumenske oppem Wagen schannte ase 'n Kietelläpper; de Fauermann dräiw, awwer et genk nit. „Bann dat sau födder gäiht, matt iek nau Geld läinen!"

Sai kemen doch in nen Kuckuck; oppem Damme bläiwen sai hallen. „Niu matt äis de Kasper kummen; dai sall doch springen!" De Kauh kräig diän Kranß ümme; dann raipen sai un knalleren met der Schwiepe. Un de Kasper kam, met iäm nau Frönne.

Äis mochte de Kasper Kaffäi brengen füär Luie un Vaih. Dat wöll hai auk daun, saggte Kasper, awwer sai söllen doch 'n bietken vüäraan foiern, bann briukere hai diän Kaffäi nit sau weyt te driän. Awwer näi, dat Däier oppem Wagen waß fräit un lait siek nit stuiern. Hai mochte diän Kaffäi no 'm Damme brengen; dann fauern sai födder.

Taum twedden mochte Kasper seyne Mömme brengen; et deh mey läie füär dai alle Frau, awwer et waß auk men äinmool.

Dann soll hai 'n Lechterstock met diusend Lechtern brengen. Dobey kam äin Frönd van Kasper op diän äisten Wagen; sau hoorsnoge härre hai diän Kuärw oppem Bocke kriegen. Dann härren sai men metfoiern konnt. Awwer dat Däier waß grade ter rechten Teyt bey der Hand. De Kasper wußte sey te helpen: hai staak 'n Doisken vull Schwiewelspöhne[3] in nen Kumpestkopp, kam un stiäckere dat sau noge an diäm Wagen aan, dat et dat Däier met der Angest kräig – un et fauere würklech bit vüär de Remeyse. Do bläiw iät wier hallen. De Kasper brachte nau ne Flaske Weyn, un niu fauer iät bit oppen Huaf. De Briutkauh kam innen Kauhstall; awwer äis mochte Kasper ne nigge Saffätte[4] dovüär leggen. De Kauh wünnere siek, awwer dann trachte sai mirren drop un genk derüwer.

Dann mochten iäk de Nowers de Kränße stiälen; süss mochten sai füär 'n andern Dag äis wier nigge Kränße füär diän liegen Briutwagen maken. – De Fauermann passere awwer op; et waß nix te maken. Hai hiätt 'n paar nigge Kränße kriegen.

Niu genk et derümme, dat Kasper dat Däier vamme Wagen kräig; hai soll der 'n schönnesten Mann brengen, un dai soll iär helpen. Kasper brachte iär 'n Schuattsteinsfiäger[5] un use Hauhnerledder; awwer Graite kam nit. Do waß et Kasper läid; hai genk bey 't Middages, un Graite kam alläine no: iät harre auk Hunger.

No 'm Middages halpen dai Nowersluie, dat dai Berrens, dai Küffer, de Harke un de Graweschüppe an de richtege Steye kemen.

Ümme väier Iuer mellere siek de äiste Hahne oppem Deyken. „O wäih, niu kummet de Kuärwdriärs; niu matt Kasper naumool laupen!" Awwer de Kasper waß alt un klauk genaug woren. Hai lait se äis alle tehaupe kummen; dann nahm hai seynen Frönd, kleystere siek derbey, nahm äinen Kuärw, dai kainen Heeren harre, un lerre de Frauluie bit no der Remeyse met. Do wollen dai awwer nit mehr; Kasper heel ne 'n Schnäpsken – Frauluie un 'n

---

[3] [Schwefelhölzer, Streichhölzer (wdg)]
[4] [Serviette (wdg)]
[5] [Schornsteinfeger (wdg)]

Schnäpsken; sai dachten, et wöre Weyn wiäst – un kräig tiämlek fix füär gurre Wore un nen gurren Kaffäi seyne Küärwe met Buetter, Schinken un Egger häime.

DE BRIUT

Moren, Middewiäken, soll Hochteyt sin; awwer de Briut fehlere nau. De Nower heel sai selwer imme Landauer. Äis mochte de Wagen schoin putzet weren, dann de Piäre, dann hai selwer. Hai kuckere äis naumool no diäm Zieel un sträik sey üwer de Blesse; et is nit sau lichte, ne Briut afftehalen, un et kümmet nau nit alle Johre äinmool vüär.

„Foier mey awwer sachte un schmeydeg", harre iäm de Kasper naumool saggt, „un schmeyt mey de Kutske nit ümme!" Am laiwesten härre hai de Briut selwer haalt. Na, me kann me Bruimen am Dage vüär der Hochteyt nit verdenken, dat hai schichtert un bange is.

Un de Nower nahm dai Sake helleske genau, soh jäiden Raimen no un trock sey diän besten Aanzug aan. Dann fauere hai, un ase hai väier Stunne weyt no 'm Hüegelhuave kam, konn hai seyne Strophen:

„Guten Morgen, Hausvater und Hausmutter!
Insgesamt Schwestern und Brüder,
Freunde und Verwandte, alle guten Bekannten!
Treten Sie alle ein und hören mein ernstes Begehren!
Kasper hat mich hergesandt, ihm allhier eine Braut zu holen.

Ich aber will haben eine Braut,
die Gott liebt und Gott fürchtet,
jung an Jahren,
kraus an Haaren,
einen Rocken mit Flachs,

ein Stab mit Wachs,
eine Kiste mit Geld,
kann auch bestehen in der Welt.
Ich will eine Braut haben,
die schneeweiß ist und rot,
von ehelichen Eltern geboren
und vom Bräutigam unter Tausenden auserkoren.
Ich will eine Braut haben,
wie Milch und Blut,
mit kristallklaren Augen,
mit schneeweißen Händen;
da soll der Bräutigam
sein Leben bei vollenden.
Ich will haben eine Braut,
die ist voller Lieb
und gleicht dem Magnetenstein,
der das Eisen an sich zieht.
Auch daß ich sie vergleichen kann
mit der heldenmütigen Judith,
der schönen Rachel, der demütigen Rebekka,
der keuschen Susanna.
Wo ist denn die Jungfer Braut?
Trete sie gleich hervor!
Jetzt frage ich die Jungfer Braut:
Will sie mit mir reisen nach dem Ort,
welcher Euch ist so wohlbekannt?"

De Fauermann kräig ne gurren Schnaps un Kaffäi. Dann brachte hai de Briut häile un tau der rechten Teyt im Kuckuck aan. Hai harre selwer Plasäier, un et genk ase am Schnürken:

„Jetzt bringe ich den Eltern und dem Bräutigam
eine neue Freude und frage mit frischem Mut,
wie ihnen die Braut gefallen tut.
Ich bringe Euch eine Braut,
die ist schneeweiß und rot,

wie Milch und Blut,
mit kristallklaren Augen,
mit schneeweißen Händen;
da soll der Bräutigam
sein Leben bei vollenden.
Ich bringe Euch eine Braut,
die von ehelichen Eltern geboren
und vom Bräutigam selbst ist auserkoren.
Wollte Gott, daß die beiden Verlobten
in der Liebe verharren
wie St. Joachim und Anna,
wie Maria und Joseph;
auch in der Treu täten verbleiben,
bis der Tod sie tut scheiden.
Hiermit wünsche ich Euch
vollkommenes Glück,
ein langes Leben,
beständige Gesundheit,
hernachher die ewige Glückseligkeit."

Düt waß ne roren Äugenblick; van Dage konnen dai baiden, Briut un Bruime, iäk äis alläine fröggen. Moren wöör alles vull Luie. Kasper dankere diäm Fauermann un saggte 'me Adjüs bit op de Hochteyt.

De Briut harre diän Braiers un Süsters, allen 'n bietken metbracht. Sau waß et Maude. Noireg waß et jo nit.

De Briut schlaip imme Nowershiuse.

'n paar Jungens – viel Jungens un kapute Düppens gaffte 't im Kuckuck nit – wollen 't iäk auk nit niämen losen un 'n kitzken pultern. Kasper kräig de awwer met 'n paar eernsten Woren un 'n paar gurren Allen[6] fix ruiheg un tefriän.

---

[6] [„Alter ...": früher häufig Bestandteil der Markennamen von Schnäpsen.]

Un de Köster Dämelank
kräigt 'n Steert as Klockenstrank –

GRAUTE HOCHTEYT

Er waß ne schoinen Dag; lange harre de Sunne nit mehr sau nette in diän Muarn kucket. Et waß ja auk Owendraut wiäst, un Owendraut un helle Sunne päsSet guet tehaupe un verhett ne gurren Dag. Dat waß 'n guet Täiken füäar de Hochteyt.

DE HOCHTEYTSMISSE. De Misse, bo Kasper un seyne Briut drinne koppeläiert woren, waß äxtro late laggt sau ümme halwer niegene. Bai no 'm Fäste woll, mochte auk met in de Misse. De Hauptkeerls, dat wören Briut un Bruime un de Tuigen, fauern in diär Kutske met diän netten Kränßen. Süss waß de Kiärke men am Sunndag sau vull ase düen Dag, am Middewiäken. No der Misse woren sai koppeläiert: ase Briut un Bruime wören sai ringohen, ase Mann un Frau kemen sai riut. Bat biuseren de Kattenköppe, ase de Luie iut der Kiärken kemen.

Et woor aanspannet. Äis kam dai Kutske, bo dat junge Paar drinne waß, dann dai anderen; et wören ne ganße Masse: twiälf Stück. Et waß auk nau ne ganße Proßiaune, dai te Faute kemen;

de Kuckuck, bo iäk süss men de Hasen un Fösse „Gurre Nacht" segget, stonk steyf van Luien.

Trifft sonst an diesem Orte
man Besuch gar selten an;
zählte man an diesem Tage
sicher an die hundert Mann.

Säu dachte hiärnoh de Schmies Häimatdichter.

Et waß guet, dat de Kasper dat nigge Hius bugget harre; et härre süss kain Grätt gafft. Dai Paat van der Kiärken, dai ne Stunne diuere, fell diän Dag gar sau lang nit iut. Alle Luie harren 't eyleg un harren sau viel te vertellen un te tuütteln, dat sai nit in arg harren, biu de Teyt rümme genk. Ase Mann un Frau no 'm Huawe fauern, biuseren wier de Kattenköppe, un sau harre, dat alle Kuckucke in der Nögde futtflaugen.

DAT FANGEN. Dai Nowersmiäckens, Graitken un Drütken – jowual, auk Drütken, grade ase de Briut –, saggten 'n Gedicht op un harren op der schönnesten, rainen Saffätte ne Flaske Weyn stohen:

Hallet stille, Briut un Bruime!
Sölln ugg seggen äis ne Gruß,
sölln ugg alles Gurre wünsken,
eh ey gat in ugge Hius.

In der Kiärken, in der Misse
hiät ugg Guat tehaupe gafft.
Geld un Glücke wünsket alle
vey, Gesundhait un auk Kraft!

Denket an de Süsters, Braiers;
denket an de Blagenteyt!
Dai heww ey terügge loten;
jo, sai is un blit niu weyt.

Awwer seyd diärümm nit bange;
weert et ugg auk äinmool schwoor:
use Hiärrguat helpet liuter,
gloiwet dat, 't is sieker wohr.

Hauge sallt dai baien liäwen,
lange, tefriän un gesund!
Alle Luie rund un rümme
wünsket Glücke, diusend Pund!

Glücke, Mann un Frau!

Mann un Frau mochten iäk Maut aandrinken, un dat waß noireg; niu kemen alle dai hundert Mann un wollen gratläiern. De mäisten Luie gratläiern: „Iek gratläiere diek met nix; bliw gesund un fix!", bann sai 't auk nit saggten. Dai Nowers harren Fläiß, Egger un Bueter jo all schicket; dai andern Geschenke kemen äis hiärnoh an de Reyge.

De Immen mochten auk van der Hochteyt Beschäid wieten; diärümme gengen Mann un Frau äis no 'm Immenbeyker un Karl makere sai bekannt:

Immen rin, Immen riut!
Hey, dat is dai junge Briut.
Immen rin, Immen ran!
Hey, dat is dai junge Mann.

De Kuack lait siek met der witten Schüätte un met der witten Pätzel all in der Diär saihn un mainere, et wöör Teyt taum Froihstücken. Dat waß sau viel jo nit, men Fläißbüeters un 'n Schnäpsken: me droffte sey dai beste Moolteyt, dat Middages, nit verdiärwen. No diäm Froihstücke spazäiern de Luie üwer 'n Huaf, besohen de Goise un de Schweyne, de Remeyse un de Schuier un diän Kauhstall met der Briutkauh. Fixer, ase me 't dachte, stonk de Kuak all wier op der Diär.

MIDDAGES. De schönneste Biuernhochteyt läit siek men oppem Balken feyern. Do sittet alle Luie beynäin un nit dai äxtro feynen Luie in der besten Stuäwe, dai klainen Biuern in der Wuehnstuäwe un de Küätters in der Küeken.

Et wören jo viel Luie do, hundert Mann; awwer Schmies Balken is graut. Twäi lange Diske stönnen anäin; jäider mochte sey 'n Platz saiken. De dümmesten Luie wören dai, dai siek et äiste foorts saat eten; hiärnoh gaffte 't nau liuter biättere Saken, 't leste 't Beste. Saugar Weyn, richtegen Weyn in Flasken un met Zieels deroppe gaffte 't; Kasper harre siek nit lumpen loten. Seß Tällers heww vey, 'n jäider ganß alläine briuket; denn de Soppe droffte nit bey 'n Pudding kummen un Schweynefläiß nit bey 'n Ossen. O wäih, bat genk et diäm Ossen schlecht, denn hai schmeckere als ter Duener guet.

Op ner Biuernhochteyt gäiht alles reygas: De Pastauer waß do, un hai mochte te äiste 'n Sprüek hallen. Hai gratläierte naumool un makere diäm Paar un diän Luien kloor, bat düt ne grauten Dag wöör. Dann vertallte:

„Tüjohr, ase iek dat nigge Hius inwiggere, do harre use Köster grade Ferien. Et genk ne andern Köster met, diän iek all lange kannte. Bat hiät mey dai hiärno de Ohren vullprüetelt: ‚Imme Kuckuck is et schoin; vey wellt naumool no 'm Kuckuck gohen!' Ase vey väiertain Dage hiärnoh üwer de Rammelschlaa gengen, saggte hai naumool: ‚Un do ungen legget de Kuckuck!' – un balle wören vey wier in nen Kuckuck g'roen."

Alle Luie spuaren, dat dat 'ne schoinen Sprüek waß; dann kuiere de richtege Köster un de Amtmann.

Un bann allen de Pudding kalt weert, iek matt auk nau seggen, dat et ne Hochteytsteydunge gaffte, schwuatt gedrücket op blo un raut Papier. Dai bloen Teydungen kräigen de Frauluie un dai rauen de Mannsluie; biärümme, wäit iek vandage nau nit. Absunders schoin wören:

BAT IÄK DE HOCHTEYTSLUIE MIÄRKEN SOLLT!

1. Van Dage weert men platt kuiert.
2. Allen Hochteytsluien weert an 't Hiätte laggt, sau viel te iäten un te drinken, dat sai dovan Biukwäih kritt.
3. Van diän Gästen draff siek kaimes de Bäine affwisken, süss denket de Bruime, et wören kaine Luie do wiäst.
4. Allen Luien weert anrohen, bey 'm Iäten nit finner te daun, ase sai 't lahrt hewwet, denn de weyse Sirach segget: „Un bann auk de Osse 'n Stall van Silwer kritt, hai blitt 'n Osse un lätt dat Misten nit."
5. Van Dage matt düfteg danzet weren, bann auk mehr ase äin Paar nigge Schauh in dai Schmies Giäste gatt; awwer de Dänzers sollt neype oppassen, dat sai dai baiden Schuättstäine net rümmeschmeytet.
6. Op de Fläißbüen tiegeraan briuket kaimes intebriäcken; et giet van Dage sau genaug.
7. Bai Streyt aanfänget, weert saufoorts ter Balkentrappe rafferschmieten.
8. Unbedingt weert bit taum andern Muarn feyert.

Dat Middages waß würklech tem Enne; bai härre dat glofft, dat vey domet ferrig woren wören. Auk de Kasper waß frauh; hai härre jo äigentleck van Dage 't Iäten opdriän mocht; awwer nümmes harre do draan dacht, un Kasper harre siek dofüär guet hiär drucht. De Schüeteln woren niu futtdraggt, un niu kräigen de Küacke wuat te iäten.

DE MUSIKANTEN KUMMET. Tau ner grauten Hochteyt muot auk de Musikanten do sin. Bestallt wören sai; un sai kemen auk. Knapp vüär Koffäiteyt wören sai oppem Huawe, feywe an der Reyge: de dicke Trummel, twäi Viggeleynen, 'n Blosehuärn un ne Klarinette.

„Iek sin do!" saggte dai dicke Trummel.

„Kann 't sau biuß loßgohen?" frogere dat Blosehuärn.

„Näi, vey wellt äis Kaffäi drinken", saggte de Kuack, „dann heww' vey Sunndag, un ey kummet an de Aarbet."

„Dat woll iek awwer auk mainen", saggte de twedde Viggeleyne met diär gruäwen Stemme, „iek hewwe 'n gurren Awweteyt metbracht!"

Awwer äis mochten Mann un Frau 'n Äxtrodanß daun. „Dat gäiht nit anders," saggten alle Luie. Dai Musikanten wören sau schliem un spieleren 'n ganß langen. Äis:

„Kiek" saggte Katte, käik se in nen Pott,
kräig se äinen met 'm Liepel oppen Kopp.

Polka, Walzer, alles beynäin; dann:
O Hännes, bat ne Haut!

De twedde Viggeleyne hell Pinn; et droffte met diäm Awweteyt doch nit sau druck sin; men aff un tau kucker se siek ümme, dat de Diß nit lieger woor, un dann kam sai liuter ächter 'n Takt.

KAFFÄIDRINKEN. „Jo, niu gat äis bey 'n Kaffäi," saggte de Kuack, un de Luie laiten siek nit lange noiregen. Awwer waß dat nau Kaffäi? Dat waß sieker mehr Kaukeniäten ase Kaffäidrinken; doch imme Kaffäi waß auk 'n guet Boineken drinne. Dat de Diß nit inäingräwwelere, kam sieker nit dovan hiär, dat nit viel Saken deroppe wören. Me kann et gar nit tellen un iutainhallen, bat et do füär Kauken, Britzeln, Plätzkes, Eyserkauken, Rodonkauken, Platenkauken, Woffelkauken, Siemels un nau mehr dohiär gaffte. Dai Augen woorten balle grötter ase 't Leyw, absunders diäm Nowers Kauhäiern, dai niu auk nau kam, un met iäm nau mehr Jungens.

De Hochteytsteydunge woor tem Enne luasen. Et woor liuter labändiger, un alles woor kriel, ase de Kuckuck op äinmool ganß noge iuten Büsken raip. Et woor 'n Gedicht vüärdraggt:

Wie der Kuckuck zu seinem Namen kam

Meine Damen und Herren!

Heut laßt uns mal in die Vergangenheit schauen
zurück in alte Zeiten,
doch auch der Gegenwart uns erfreuen
und die Zukunft nicht bestreiten.
Heute will ich euch erzählen,
wie mein Heimatort zum Namen kam;
will dabei auch nicht vergessen,
wie der Frühling den Einzug nahm.

Vor 175 Jahren war es wohl,
als mein Elternhaus erbaut;
da ich noch in der Wiege lag,
hab ich zum Fenster herausgeschaut.
Da sah ich vor mir ein seltsames Bild:
Männer sah ich beratend stehen;
„Find't ihr keinen Namen für diesen Ort?"
Sinnend einher sah ich sie gehen.

Doch es dauerte nicht lange,
flog ein Vogel auf das Haus,
sperrte weit auf seinen Schnabel,
„Kuckuck, Kuckkuck!" rief er aus.
Alles blickte froh von Staunen,
Sonne ging über das Haus und Gesicht.
„Kuckuck" sei dieses Hauses Namen;
„Kuckuck", halt über den Winter Gericht!

Also ward in der Taufe dem Ort
der Name „Kuckuck" beigegeben.
Nun, Winter, ziehe ab und aus;
aus ist dein altes, starres Leben.

Mit dem Namen „Kuckuck" sofort
der Frühling zog ein in den Heimatort,
in die Herzen, in das Haus;
überall lacht die Sonne heraus.

So ist es immer geblieben
bis auf den heutigen Tag;
haben wir hundert Jahr weiter geschrieben,
es ständig so bleiben mag.
In ein neues, liebes Heim ziehst du, holde Braut;
da wird Frühling sein, wo der Kuckuck 's Nest gebaut.

Da toben nicht des Herbstes Stürme,
wovon so manches Blümlein bricht;
da häuft sich nicht das Leid wie Türme,
kennt man den grausgen Winter nicht.
Da schlummert man selig beim Abendschein,
wie in dem schönsten Märchenland;
da küsset uns wach der Sonnenschein,
da weckt uns der Vogel vom Waldesrand.

In solch einem Heim allein,
da muß es ja reizend sein;
wo Glück als Königin regiert,
Frohsinn als König das Szepter führt. –
Der Zeit mögt ihr entgegengehen!
Das wünschen wir euch Hand in Hand;
die Frühlingssonn' soll nicht untergehen
dem lieben Paar aus dem Sauerland!

Iek gloiwe nit, dat et sau met dem Namen is; imme Kaländer stäiht et anders, un do is de Name all viel eller:
 De laiwe Heer un Sünte Päiter staweleren op ne Äinhuaf tau. Se woren maie un harren auk van Dage nau nit recht wuat in 't Leyw kriegen. De Frugge op diäm Huawe awwer waß gnatzeg

un harre füär aarme Luie nix üwereg. Ase se dai baiden van feringes kummen soh, satte se diän Beßmen vüär de Düär[7] un schauf diän Schäller tau. „Heer", saggte Sünte Päiter, „hey sittet Schmies Kättken vüär der Düär", un sai mochten födder gohn, geren oder nit geren. Se woren iäwen vam Huawe, do machte dat Schantploster van Weywesmenske et Finster laus un raip diän baien no: „Kuckuck, Kuckuck!" „Hörste dat abschailege Fraumens, Heer? Lot se weren, bat se raipet!" saggte Sünte Päiter. „Jau," saggte de laiwe Heer, un sau droh, ase hai dat saggte, woorte dat Fraumenske ne Vuegel un flaig in nen Biärg, un mat niu „Kuckuck, Kuckuck!" raipen bit an diän jüngesten Dag.

Et woor saugar vertallt, biu 't Kasper oppem Ossenhandel gohen harre, un Kasper makere sey nix deriut. Hai waß sau gedülleg ase 'n Schoop. Dann wören nau viele Gratelatiaunen kummen van Luien, dai met dem besten Willen nit do sin konnen.

Twäi Nowsersmiäckens brachten 't ferrig un satten diär jungen Frugge ne Nachtmüske oppen Kopp, ase dai grade neype oppen Kaukentäller kuckere un in Suärge waß, dat sai wual nau 'n Stücke niämen söll oder nit. Dat gaffte nigge Plasäier, un sai lait de Luie all wuat lachen. Diäm Kasper wollen 'n paar Jungens Schluffen aantrecken. Awwer dai passere op de Minz, un nümmes hiät et diän Nummedag oder diän Owend ferrig bracht. Me suiht all dodraan, bai Heer oppem Huawe is.

DANßEN UN PLASÄIER. „De Musikanten an de Aarbet!" „Op dai dicke Trummel!" „De Viggeleyne iut'em Kasten!" Sau genk et diäräin; de Luie, absunders de jungen, wollen danßen. „Stülpet de Diske in die Ecke!" „Schmitt de Schüeteln diär de Liuke rin!" Dat genk nit ganß sau fix; awwer sau fix, ase 't iäwend genk, wören sai mettem Rainemaken ferrig. De Liuke woor afftuint, dat nümmes dorin stiätten konn; dat Danßen genk guet op diäm niggen Balken, hai waß graut genaug, de Pannen un de Hahnebalken wören nette met Büsken iutstaffäiert. Me härre denken konnt, me wöre imme Telte; men diär ne Diär konn me daip

---

[7] [Der Besen wurde vor die Tür gestellt als Zeichen, daß niemand zuhause war. (wdg)]

rintem Huawe kucken. Awwer auk dai waß duän met Latten tauniält, dat jau kain Malör passäiere.
Dat Danßen gaffte Duast, un äiner mochte an nen Bäierkrahn. Dat Danßen gaffte auk Plasäier, absunders, bann äiner vüär diän Schuattstäin biusere oder 'n Äxtrowalzer makere.
NACHTMES. Et waß äigentleck all lange Teyt wiäst, awwer de Luie harren viel te viel te daune. Iek maine absunders dai Dänßers. Fix wören de Diske wier in de Reyge stallt un 't Iäten drop; füär Dißlaken harr me nit lange Teyt. Er gaffte auk nik viel te iäten: friske Rinnerwuast, Frikkessäi, sau wuat ase Hasenpiäpper, men de Hase fehlere; et gaffte auk nit viel te drinken, dat konnten de Luie vüärhiär un ächterhiär daun. Dat Iäten soll ruimen, un iek gloiwe, et is auk men äin Stücksken opsaggt woren, 'n Namensdagslaid füär 'n Kasper:

KASPER, DAI SCHWUATTE!

Twäidiusend Johre is et all,
do trocken in nen Hiärrguatts-Stall
– Geschenke harr 'n sai auk 'n paar –
dai Melchior un Balthasar
un Kasper, dai schwuatte!

Sai wollen saiken iären Heern
tehaupe unger 'm hellen Steern;
äis twai do kemen, harren Spaß,
dann kam de drüdde, un et waß
de Kasper, dai schwuatte!

„O Kasper, graute Astronom,
un bat diu biß nau süss füär 'n Kroom,
bo graute Talen sind derbey,
van niu maß diu us foiern hey!
O Kasper, diu schwuatte!"

Do fenk dann auk aan Melchior:
„Jo, klauk biß diu, dat is wual wohr;
doch segg, biu gäiht et süss dey nau,
un biu diär laiwen, jungen Frau?
Segg, Kasper, diu schwuatte!"

Un Balthasar, dai fenk wier aan:
„Näi, giew diek äis ant Riäknen draan!
Biu lange maitet vey nau gohn?
Diu suihst dat jo am Steern stohn.
Segg, Kasper, diu schwuatte!"

Doch Melchior, saggt: „Restet kuatt,
diu hiäst doch wual te drinken wuat?
Dann pack mool uap un rück mool riut!"
De beste Biuer giet niu iut,
de Kasper, dai schwuatte!

„Un denkest diu dann mool im Laid
terügge" – baie saggten sai 't –
„in Kuckuck, deynem Hauchpalast,
diek liuter drüwer fröggen saßt.
O Kasper, diu schwuatte!"

Un Kasper, 'n schwuatter, heller Kopp,
no Bethlehem sai fauer rop
un konn dann wier häime gohn.
Un niu heww iek 't Vertellen dohn
van Kasper, diäm schwuatten.

Bat seggst diu schwuaat wöör Melchior?
Un diu biß schwuatt – dat gäiht jo nit!
Dat is doch allen richteg kloor;
et es doch mehr, as äiner witt.
O Kasper, diu schwuatte!

Dann gäfften 't väier Küninge niu;
twäi sind jo witt, un twäi wöörn schwuatt!
Biu härrn vey 't Fäst Draikünig, biu?
Na dann, diu biß un bliß niu kuatt
Kasper, dai schwuatte.

PLASÄIER UN DANß. Met diäm Iäten wören sai fix ferrig woren. De Diske woren in de Ecken schmieten, un de Staile derbey; men in äiner Ecke bey diäm Schuattstäine bläiw ne Diß stohen. Do seten dai allen Mannsluie un fengen aan met Schopeskopp spielen. Sau aff un tau fengen sai wahn aan te lachen, un me soh, dat sai nit alläine Schopeskopp ümme Geld spieleren; sai harren auk iär Plasäier dobey, un äiner vertallte liuter Rippräppkes.

Auk dai jungen Luie harren diän äisten Awweteyt vamme Danßen verbey; sai konnen äis nit wier tegange kummen, un dann gaffte 't vake lange Pausen. Dat laggte awwer nit an diän Musikanten, dat laggte an diän Luien. Alle Diumendicke mochte dai Musikante met diäm Blosehuärn alläine blosen. Dann gaffte 't wuat Äxtros. Taum äisten mochten de Kuäck un de Kellners hauge liäwen. Sai woorten sau hauge hafft, dat sai sieker oppem Hahnebalken aankummen wören, bann de Musikante nit egertiens affblosen härre. Sau guet harren sai iähre Saken maket. Äin Gedicht iän te Ehren:

D<small>IE</small> K<small>ÖCHIN</small>

Meine Herrn und Damen! Liebes Brautpaar!
Wie ich in der Zeitung gelesen,
sind Sie in Verlegenheit gewesen
wegen einer Köchin.
Da ich eine solche bin,
möchte ich untertänigst fragen,
ob Sie es mit mir wollten wagen.
Ich kann kochen, wie Sie es verlangen,

und braten an Spießen und Stangen.
Auch Kuchen backe ich zierlich und zart;
ganz, wie's beliebt nach jeder Art.
Torten mit Äpfeln und Rosinen;
auch mit diesen kann ich dienen.
Selbst die allerschönsten Sachen
werden mir keine Kopfschmerzen machen.
Die Küche muß glänzend sein
wie die Putzstube – so rein.
Blitzen soll Stahl und Holz;
das ist mein Stolz.
Wenn dann spät ruhen Töpfe und Besen,
setz ich mich hin, um etwas zu lesen;
vielleicht ein Ritter- und Räubergedicht,
ich schwärme ja sehr für ein solches Gericht.
Der Geist will auch seine Nahrung haben
und läßt sich nicht in den Töpfen begraben.
Drum, wenn Sie es mit mir versuchen,
ich backe sofort einen guten Kuchen.
Werde mir bald die Erlaubnis holen.
Bis dahin seid alle Gott befohlen!

Auk dat *Laid vam Pastauer seyner Kauh* woor sungen, un et kemen nau 'n paar Strophen äxtro füär de Hochteyt derbey:

Kenn ey all dat nigge Laid,
nigge Laid, nigge Laid,
bat de ganße Stadt all wäit,
vam Pastauer seyner Kauh?

(Dat sank äiner van vüärn bit ächten, un alle sangen:)

Triola, truola, vam Pastauer seyner Kauh, ja, ja!
Triola, truola, vam Pastauer seyner Kauh.

Tau der Hochteyt Schmies Heer
kräig de Blesse un nau mehr
vam Pastauer seyner Kauh.

Drütken, seyne Briut, behell
'n andern Dag dat ganße Fell
vam Pastauer seyner Kauh.

Un diär Briut de Kopp gefell
woll de Blesse nau taum Fell
vam Pastauer seynser Kauh.

Saggte Schmies' Kasper drop:
Blesse höört alläin taum Kopp
vam Pastauer seyner Kauh!

Saggte iät: „Bann vey us kritt,
dann is futt de ganß Streyt
ümm Pastauer seyne Kauh!"

Vüär der Hochteyt – niäwenbey –
gaffte 't ne graute Schlächterey
vam Pastauer seyner Kauh.

Schlachtet woor auk nau äin Osse,
't waß dai fette Hochteytsosse,
un Pastauer seyne Kauh.

Dann kräig jäider moll 'n Fauermannschnaps, un et genk met dem Danßen wier biätter.

Do hewwe iek auk mool wier alle, schoine Dänße saihn; me kann sai sau lichte danßen, un sai sind doch sau viel schoiner un biätter ase andere:

Bann hey en Pott met Baunen stäiht
un do en Pott met Brey,

dann loot iek Brey un Baunen stohn
un danß met meyner Marie.

Sai gengen rund imme Krink, danßeren dann 'n paarmool, un et
genk wier van vüärn aan.
(Da capo, sau vake, as diu weßst.)

    Bann de Vatter met der Mömme no der Kiärmisse gäiht, hojo!

De Luie spuaren nix dervan, dat et ümme düse Teyt all kalt
weert, un dat oppem Balken kain Uawen aane waß.
    Ümme tain Iuer mochte de Kauhhäier häime; hai woll awwer
auk nau 'n Gedicht opseggen, bat hai äis grade laart harre:

Hoi, hoi, hoi, hoi, häime, hoi!
Hoi, hoi, hoi, hoi, häime!
Alle Kögge sind niu saat,
jäide, dai düen Nummedag fraat;
Diär, dai nit hiät friäten,
gönn iek Schmacht van Hiätten.
Hoi, hoi, hoi, hoi, häime!
Hoi, hoi, hoi, hoi, hoi!

Födder kam hai nit; andere Luie wollen auk deraan. Hai makere
Plasäier domet, un hai harre 't auk guet maint, awwer ase Häime-
dreywer halp et doch nix. De Fiätte wören nau nit lieg, un de
Luie wören nau nit maie genaug; hai mochte alläine häime.
    Et kam all wier 'n nigge Rippräppken:

DE SCHMIED IS DO

Väier Mannsluie un drai Frauluie gengen ümme 'n Diß sitten. Hinderkes Jaust fenk aan: „De Schmied is do!" Seyn Nower amme Diske frogere: „Bat hiät hai metbracht?" Hai saggte: „Äinen Hamer!" De Nowerske van diäm twedden frogere datselftige un kräig auk diän Beschäid. Dobey kloppere jäider met der Hand oppen Diß, bann hai saggte „Äinen Hamer!" un bläiw am Kloppen aane. Ase de Reyge rümme waß un Hinderkes Jaust wier deraan kam, saggte hai: „Äinen Hamer un nau 'n Hamer!" un hai trummelere met baiden Hännen. Taum drüddenmool: „Äinen Hamer un nau 'n Hamer un äinen Trämpel!" Hai trampelere nit schlecht met äinem Bäine. Taum väiertenmool: „Äinen Hamer un nau 'n Hamer un äinen Trämpel un nau 'n Trämpel!" Met baiden Bäinen gaffte 't doch mehr Radau. Antleste saggte hai: „Äinen Hamer un nau 'n Hamer un äinen Trämpel un nau 'n Trämpel un nen Amboß!" Hai wippere oppem Staule in de Hoih. As dat rümme waß, waß et iute.

Ganß verbiestert kam Kasper: „Well ey mey dat Hius verkaupen un diän niggen Balken kaput trampeln?" Hai harre awwer Spaß, dat et men 'n Spiel waß, dat nümmes blauerge Köppe harre, un dat dat Spiel tem Enne waß.

Et harre awwer auk nau kain kitzken Streyt gäfft; et hiät auk kainen mehr gafft.

Et woor elf Iuer, et woor twiälwe; do fengen de Luie sau balle aan, siek te verkrüemeln. Kasper un seyne Frau mochten op der Diär stohen. Jäides Plasäier hiät äinmool 'n Enne; bannt 't schoin is, diäste eger. Ümme äin Iuer gengen de Musikanten. Et bläiwen awwer nau liuter Luie do, de Nowers iutem Duarpe harren Teyt genaug. Drai Mann – Jungens van achttain bit twinteg Johren – bläiwen nau do, bit dat de Dag all diär de Riuten schäin. Iek gloiwe, bai harren nau wuat op der Latte.

NO DER HOCHTEYT

STIÄLDAIWE IUT NEYLÖTEREY

„Neyloot, hiäst diu 'n Noloot nit saihn?" saggte de Mömme, bann Hännesken dumme Dinger makere.

„Niu weert et Teyt, et wert all grimmeleg!" saggte äiner van diän draien, Tüenes, un stonk vam Staule op.

„Jo, vey wellt us op de Stöcker maken", saggte auk Jürn, „awwer en Liter matt metgohen!"

„Mainst diu dann, et söll wual g'roen", fenk niu auk Thäidor, de drüdde, aan, „bann sai awwer wackereg weert! Vey kritt 'n Schüet Pulver in 't Kruize; iek maine, mey jückere 't all."

„Näi, do draan is gar nit te denken. Üwer'em Kauhstalle is de Frümerenkammer; do schlöpet niu 'n studäierten Besaik[8], dai 'n paar Dage in nen Ferien do is. Dai höört un suiht nix, do kaffäier iek füär. Un dai anderen sind grade int Berre kummen un im äisten Schlope!"

„Nu dann", saggte Jürn, „dann well vey diäm ,Hoi, hoi, hoi, hoi, häime, hoi!' mool ne Kauh halen!"

Sai gengen loß. Op diäm Nowers Holtklosse fangen sai nau ne Keye; niu harren sai alles beynäin. „Pst! Niu stille!" saggte Tüe-

---

[8] [Bei dem „studäierten Besaik", dem studierten Besuch, könnte es sich um den Autor Ferdinand Wagener gehandelt haben. (wdg)]

nes; hai wußte Beschäid un kleystere rin tem Stalle. Foorts de äiste, beste Kauh nahm hai sey; diär kam dat spasseg aan, bat sai sau frauh riut soll, awwer sai genk met. Niu awwer: bat gieste, bat hiäste! futt! Äiner peck de Kauh an de Halter, äiner dräiw un äiner laip met der Schnapsflaske tiegenhiär. Äinmool fell dai, dann 'n anderer, dann laggten sai alle draie do. Men de Kauh bläiw stohen; dai waß jo nau nöchtern. Äinmool wöör sai ne balle iutrieten; sai harre siek loßrieten un woll wier häime. Et waß guet, dat Thäidor altmool ne Preys imme Laupen kriegen harre, süss wöör 't nit g'roen. De Kauh kam guet rin tem Kuckuck.

Imme Kuckucke weckern sai Kasper.

„Kasper, vey hewwet dey ne nigge Briutkauh bracht", raip Tüenes.

„Kasper, stoh fix op, de Briutkauh is melk woren!" de Thäidor.

Kasper awwer waß sau klauk un kam nit dorinn; hai kuckere men diär de Gardeynen un lachere. De Stiäldaiwe hengen diär Kauh diän Kranß van der Briutkauh ümme un lerren sai no der Schuierndiäle.

Bat wooren dai Nowersluie am Muarn verbiestert, ase dai beste Mielkkauh futt waß.

„Bat hett dai Diers äigentleck te bölken?" frogere äiner.

„Jo, dai konnt guet bölken", saggte dai, dai 't äiste ungen waß, „se hewwet us de Bunte stualen!"

Sau fix sind nau kainmool de Luie am äisten Dage no der Hochteyt upstohen. Nümmes dachte awwer draan, dat et de Hochteytsluie härren daun konnt.

Am Enne woor auk de studäierte Mann wecket. Jo, sau knapp vüär ner Stunne härre hai wuat hoort. Hai härre awwer dacht, dat härre sau seyne Richtigkait hat. Bat sall me van me studäierten Mann anders affverlangt seyn!

„Vey söllen niu awwer foortens diän Schandarmen halen!"

Dat deh dai auk, dai 't äiste ferrig waß. Dai andern gengen in alle Hiemelsrichtungen, äiner no der Fiulen Bueter, 'n anderer no 'm Schluwwerhiärmen, nau äiner no der Willen Wiese. Äiner genk auk rin tem Kuckuck; hai kam grade aan, bo sai de Kauh no der Diäle lerren, un soh dat.

De Kauh kam wier, un de Luie kemen wier – un de Schandarme kam auk. Et waß tain Iuer, do genk dai rin tem Kuckuck. Twäi Stiäldaiwe wören nau do; de drüdde iut der Nowerskopp mochte wier kummen.

„Ey maitet alle met, ey kummet in 't Luäck, äis mool in 't Sprützenhius", saggte hai un trock de Blesse krius.

In diär Teyt stonk de Kasper op. „Dat is awwer nette, dat' ey us auk mool besaiket; ey härren gistern kummen mocht! Na, dann settet ugg un lettet ugg 'n bietken; drinket ugg 'n Köppken Kaffäi un niämet ugg 'n guet Froihstücke!"

Dat deh de Schandarme dann auk; awwer hai lait siek nit bekuiern. „Ey maitet met, do is nix aane te ändern; ey wietet, dat Stiälen schwoor bestrofet weert."

„Dann niämet us awwer auk met!" saggten Sättken, Bättken un Mrickeltrine, un gengen in äine Reyge stohen.

„Nix do!" Hai knüppere diän Daiwen de Hänne beynäin un alle drai tehaupe un dräiw sai vüär sey hiär. „Et weert doch eernst", dachten dai niu.

No ner halwen Stunne knüppere de Schandarme dai Draie wier loß un saggte: „Na, et gäiht doch schlecht; gatt äis mool wier häime. De Strofe blitt ugg awwer nit iute!"

STÜMPE VERTIÄREN

Dat waß auk nau ne siuere Aarbet: alles, bat üwereg bliewen waß, mochte beynäin socht weren. Et waß nau viel üwereg te iäten. Am Soterdag nahm Kasper seyne Frugge taum äistenmool oppe 't Land met; hai harre niu ne Liäser mehr kriegen.

Amme Sunndag nummedag waß Altweywerkaffäi. Do kräigen dai Luie nau wuat van der Hochteyt met, dai amme Middewiäcken dat Hius verwahren mochten. Alles, bat iek hey schriewen hewwe, woorte naumool diärkuiert. Absunders kam de

Stiälerey draan. „Heerenenge, näi", raip äine Tante un schlaug de Hänne buawer 'm Kopp tehaupe, „bann dat 'n Unglücke gafft härre! Awwer auk sau unweyse Jungens!"

DAT ENNE VAM LAIE

Am Mandag stonk in der Teydunge:

„Es gelang hier schnell, einem Diebstahl auf die Spur zu kommen. Anläßlich einer großen Bauernhochzeit im Kuckuck hatten sich die Gäste nach einem guten Kaffee am andern Morgen einen Morgenspaziergang in fremdes Gebiet erlaubt und zwischen 5 und 6 Uhr zur Kurzweil unter erschwerenden Umständen – nachdem sie nämlich mit vieler Mühe die auf dem Lande gebräuchliche Kuhschelle erst entfernen mußten, damit es nicht auffiel – dem Nachbar die beste Kuh aus dem Stalle entwendet. Der Diebstahl wurde bald entdeckt. Schon waren Boten nach allen Himmelsrichtungen ausgesandt; schon rasselten die Telephone, als die Nachricht von einem Boten eintraf, daß die Kuh wohlbehalten wie ein gekrönter Pfingstochse im Laubkranz auf Kuckucks Deele angekommen sei. – Hoffentlich tritt für die kurzweiligen Langfinger unter diesen feierlichen Umständen Strafermäßigung ein!"

Dat waß dat Enne vam Laie. Sai wachtet nau bit van Dage op iäre Strofe. In diän tain Kiäspels vertellet de Luie awwer sieker nau lange dovan. „Jo, dat waß ne graute un ne schoine Hochteyt, dai Schmies Hochteyt!"

NOSPRÜEK

„Jo, Fiänand, iek hewwe all hoort, bat diu maken wollest; un niu hewwe iek et auk luasen. Awwer dat is jo gar nit wohr, bat diu do van mey vertellest", saggte de Nower, dai de Hochteyt op siek betrock, an äinem Muarn tau mey.

„Dat is et jo grade, dat soll sau seyn. Bann 't wohr wöör, härre iek et nit schriewen. Mainst diu dann vlichter, iek härre deyne Hochteyt schriewen? Iek hewwe ne Hochteyt iut allen Teyen vertallt met allen schoinen Bruiken, un 'n bietken hewwe iek auk bey dey fungen. Süss, bann iek deyne Hochteyt schriewen härre, un diu härrest diek dorüwer ärgert un miek aanzaiget – no, wiähre diek men nit met Hännen un Bäinen; dat is all alles vüärkummen –, dann wöör iek 'n Verreljohr bey Water un Braut in 't Kittken kummen."

„Bey Water un Braut in 't Kittken?" Kasper fenk aan te lachen.

„Jo, bey Water un Braut, un schwore Remmekeyen härre iek an den Bäinen, vlichter auk an den Hännen!" Niu is et (na, imme Hauduitsken segget me ,Poesie') awwer en bietken van Ollingers hiär un 'n bietken Foilerey, Strunzerey um Luigbuilsaken, sau ase Hennecken Jaust segget."

„Jo, Fiänand, diu hiäst mool wier wuat faxäiert", saggte Kasper un woll gohen.

„Kasper, dat äine well iek dey awwer nau seggen", fenk iek wier aan, „bann diu niu awwer mool wuat Klaines krißt, ne jungen Kuckuck in 't Nest, et kann niu haiten Jürn oder Jaust, Sättken, Bättken oder Karoline, dann mast diu awwer platt met me kuiern."

„Na, niu sin mool ruiheg;" saggte hai, „de Goise un de Ruiens kuiert bey us jo alle Platt; biärümme sölln vey dann hauduitsk kuiern. Meyn Vaar un meyne Mömme hewwet auk plattduitsk met mey kuiert, ase iek klain waß. Iek hauduitsk kuiern met ner plattduitsken Schniute? Fällt mey im Draume nit in, un meyner Frugge äis recht nit."

„Na, iek maine dat jo auk men sau; et is van Dage sau ne Krankhait met diäm Hauduitsk-Kuiern. – Dann loot et dey guet gohen!"

„Sau Guatt well!"

Hochzeitsgeschichten

Un de alle Stadtkapell
kräig en nigge Trummelfell –

Bauernhochzeit in Nord und Süd

Allüberall werden heute Volkstänze aufgeführt und Bauernhochzeiten gefeiert. Erst im letzten Jahre (1928) sah ich auf dem Sauerländer Heimatfest in Förde die „Altwestfälische Bauernhochzeit" von Karl Wagenfeld. In diesem Jahre sah ich in Freiburg i. Br. anläßlich der Allemannischen Woche die „Schwarzwälder Hochzeit" von Wilhelm Fladt.

Nicht diese geschriebenen Bauernhochzeiten will ich vergleichen, sondern die Bauernhochzeit überhaupt, wie sie sich im Norden und Süden in ihren heimatlichen Sitten und Bräuchen zeigt. Wenn auch der landschaftliche Charakter und die Stammeseigentümlichkeiten von Nord und Süd oft weit auseinandergehen, so haben doch die Sitten auf dem Lande, selbst bei den verschiedenen Völkern Europas, viel Gemeinsames; es kommt recht zur Geltung, wenn man Land- und Stadtkultur gegenüberstellt. In der Stadt können sich alle diese Bräuche nicht halten, wogegen auf dem Lande gerade die Hochzeitssitten noch recht vielgestaltig sind. Man geht leicht fehl, wenn man die Sitten in einem Dorfe sammelt und dieselben dann auf ein Landschaftsgebiet übertragen will; im nächsten Dorfe sind die Bräuche oft schon wieder anders gestaltet. Diese Vielgestaltigkeit – mag sie dem Heimatforscher noch so viele Mühen bereiten – erhält gerade die Sitten lebendig und gestattet oft einen Sprung vom Süden zum Norden.

Schon die Brautwerbung ist auf dem Lande von besonderen Bräuchen begleitet; die Heirat ist nicht allein Sache des einzelnen, sondern der Familie und des Hofes. Wie wäre es auch anders möglich, da auf dem Lande die Frau geeignet sein muß, einem Hofe vorzustehen; eine resolute Bauernfrau ist etwas ganz anderes und beileibe nicht weniger als eine städtische Beamtenfrau! In Westfalen sieht man wohl noch mehr als im Schwarzwald darauf, daß Braut und Bräutigam vom gleichen Range seien, und daß die Mitgift der Größe des Besitztums entspreche. In Westfalen wird die erste zarte Annäherung auf der einen Seite mit bildhafter Sprache auf der anderen Seite beantwortet. Der Freier kommt in das Haus der Braut und bittet um Feuer für seine Pfeife. Es kommt zu einem Gespräch, bei dem die Mutter oder die im Mittelpunkt stehende Tochter (von einer „Angebeteten" darf man hier nicht sprechen, da das Verhältnis entweder noch äußerlich oder noch sachlich ist) einen Pfannkuchen bäckt, wenn der Freier unerwünscht ist; schlägt sie Eier in die Pfanne, so ist das ein gutes Zeichen.[9] Es wird auch eine andere Art geben, auf die man „durch die Blume sprechen" kann. Im günstigen Falle wird der Besuch durch Haus und Hof geführt; dies ist ein sehr wichtiger Brauch. Hat der Bräutigam die Eltern seiner Geliebten zum Gegenbesuch eingeladen und sind dieselben dieser Einladung gefolgt, so gilt im Sinne des Volkes die Verlobung als vollzogen.

---

[9] *P. Sartori*, Westfälische Volkskunde. Das Buch habe ich öfters benutzt.

In Altwestfalen spielte die Person des Freiwerbers in Schwank und Dichtung und wohl auch in der Tat eine große Rolle. Ob er im Süden dieselbe große Bedeutung habe, darf man bezweifeln.[10]

Die Verlobung hat auf dem Lande weniger zu sagen als in der Stadt; der [die?] Hofbeschau ersetzt im Süden die Verlobung. In Westfalen wurde früher das Hochzeitsversprechen durch einen Handschlag oder eine Schaumünze besiegelt.

Allerorts nimmt auf dem Lande die Nachbarschaft an der Liebe und Hochzeit eines Mitbürgers reichen Anteil. Sie suchen das Zustandekommen der Ehe zu ihrem eigenen Besten zu verhindern.[11] Im Sauerlande war es früher und ist es heute noch üblich, daß ein Freier in einem fremden Ort gefangen wird; „Diekeln" nennt man diesen Brauch. Schon nach einigen Besuchen, an verschiedenen Stellen bei der Verlobung oder bei der ersten Verkündigung vom der Kanzel muß er an die Nachbarburschen eine Spende geben. Ebenso wird der Brautwagen, wenn derselbe vom Ort der Braut zu dem des Bräutigams gefahren wird, angehalten, oft auch der Hochzeitszug am Hochzeitsmorgen.[12]

Am liebsten wird die Hochzeit zwischen Säen und Mähen gehalten, oder wenn die Ernte vorbei ist; an Wochentagen werden Dienstag und Donnerstag vorgezogen. Die Hochzeitseinladungen wurden früher dem Hochzeitsbitter übertragen; gern wurde im Süden, wie mir erzählt wurde, ein armer Mann oder auch eine arme Frau zu diesem Amt ausersehen, die auf dem Gang Geschenke, insbesondere Lebensmittel, erhielt. Da der Hochzeitsbitter dem Alkohol von Berufswegen zusprechen muß und die Zahl der Geladenen leicht vergessen kann, nimmt er einen Stab mit, an

---

[10] In den Badischen Blättern zur Volkskunde: *„Mein Heimatland"*, 16. Jahrgang, Heft 3, wird eine solche Person überhaupt nicht genannt. Nach mündlichen Berichten gibt es die Person auch im Süden, wenn sie auch nicht die gleiche Bedeutung hat wie im Norden.

[11] „Hochzeitshindernisse" betitelt P. Sartori einen Aufsatz in *„Volkstum und Heimat"* (Aschendorff, Münster 1929).

[12] „Schwarzwälder Hochzeit" von *Wilhelm Fladt*. Dort wird Braut und Bräutigam durch ein Seil getrennt, das nach Alemannenbrauch vom Mundwalt entzweigehauen wird.

dem sich alle, die der Einladung Folge leisten, durch ein buntes Bändchen dem Hochzeitspaare anzeigen. Es ist Ehrensache, der Einladung nachzukommen. Oft laden (im Süden) auch die Brautleute selbst ein. In der Gegend von Donaueschingen hat dabei die Braut einen Korb am Arm und erhält in jedem Hause ein Stück Brot, das „Glücksbrot". Früher ist die Sitte im ganzen Schwarzwald bekannt gewesen; das Brot erhielten die Armen.[13]

In Süddeutschland geht der Hochzeitszug zur Trauung, während man in Norddeutschland meistens fährt. Im Süden wird die Hochzeit im Orte der Braut gefeiert; wenigstens ist die Hochzeit von ihr vorzubereiten, auch wenn sie im neuen Wohnort der Brautleute stattfindet.[14] Während in Westfalen und auch sonst im Norden die Tenne eines Bauernhofes zu der langen Feier bevorzugt wird, findet im Süden die Hochzeit in der Wirtschaft statt. Allerdings ist dort die Zahl der Festteilnehmer ungleich größer. Es können 400 bis 500 Personen sein, während in Westfalen 100 Hochzeitsgäste eine stattliche Anzahl sind. Eine andere, rein sachliche Angelegenheit muß dabei beachtet werden: Im Norden sind die Festteilnehmer frei, während im Süden jeder sein Gedeck selbst bezahlt. Hochzeitsgeschenke werden hier wie dort gegeben. Nur sind die Gebehochzeiten, bei denen die Geschenke allzu hoch im Werte stiegen und jeder den andern überbieten wollte, durch das Gesetz verboten.

Die ganze Hochzeitsfeierlichkeit ist in strenge Regeln eingeschlossen. „Scherben bringen Glück", war der Grundton des Polterabends, der früher mehr auf dem Lande bekannt war. Gott sei Dank, daß diese Sitte zurückgeht; sie zeitigte Auswüchse. Auch die Morgen- oder Brautsuppe wurde schließlich von geistlicher und weltlicher Macht verboten, da die Festteilnehmer oft betrunken zur kirchlichen Feier erschienen. Während früher die Hochzeit ein Ausdruck des Gemeinschaftsbewusstseins der ganzen

---

[13] *E. Fehrle*, Deutsche Feste und Volksbräuche, S. 91, 92.
[14] *„Mein Heimatland"*, Heft 3 (1929) S. 69. Mir wurde erzählt, daß die Hochzeit im Ort der Braut gefeiert wird.

Gemeinde war, so sind heute meistens nur noch die näheren Verwandten und Bekannten geladen.

Im oberen Schwarzwald hat sich der Gemeindecharakter einer Hochzeit noch wohl erhalten. So waren auf einer Diamantenen Hochzeit in St. Märgen 800 Mann.

Der Hochzeitszug ist genau geordnet, der Brautführer oder Ehrengesell (im Süden) festgelegt.[15] Böllerschüsse künden den ganzen Tag von Fest und Freude. Das Versperren des Weges geschieht nicht aus lauter Neckerei, sondern nach Fug und Brauch. Im Süden hatten auch die Kinder mit ihrem Maienbub, der den bebänderten Jungfernkranz trägt, Anteil an der Hochzeit; der Lohn wird ihnen im Hochzeitswecken ausgezahlt, um den sie in besonderen Versen bitten. Das „Fangen" der Brautleute nach der kirchlichen Feier, das Geleiten der Braut um den Herd, das Übergeben des Kochlöffels und des Besens hat einen tiefen Sinn. Es ist auch kein Zeichen der Unordnung, wenn die Braut quer über den Tisch an ihren Ehrenplatz geleitet wird,[16] ebenso wenig, wie die Tänze an diesem Tage und ihre Anordnung ohne Regel sind. Es gab früher besondere Hochzeitstänze.

Daß der Tisch an diesem Tage das Beste aus Küche und Keller bietet, ist kaum eigens zu erwähnen. Als besonderes Gericht sollte im Norden immer irgendwann das Sauerkraut mit Bohnen gereicht werden, während im Süden schon sowieso die Nudelsuppe auf keiner Hochzeitstafel fehlt und sich vom der gewöhnlichen nur durch die Menge der Eier unterscheidet, die bei der Zubereitung der Nudeln gebraucht werden.

Besondere Bräuche gibt es am Hochzeitstage außerordentlich viele. So gehen das Ehepaar und die Gäste am Nachmittag in die Häuser der Nachbarn, um dort Kaffee zu trinken. Durch diese Handlung wird das Paar in die Dorfgemeinschaft aufgenom-

---

[15] Nach *Wilhelm Fladt*: „Schwarzwälder Hochzeit": Kinder-Kränzleinjungfern-Gspiel, Gspiel-Mundwalt-Ehrengesell, Braut-Ehrenvater, Gälfrau-Ehrenvater, Bräutigam, Gotti-Zwei-Vorspanner-Hochzeitsgäste-Hochzeitslader.
[16] *Karl Wagenfeld*, „Altwestfälische Bauernhochzeit" S. 20.

men.[17] Dem Mann den Pantoffel und der Frau die Haube aufsetzen, wird überall bekannt sein. Im Süden legt die junge Frau am späten Abend den Schäpelschmuck für immer ab; im Norden kleidet sie sich öfters um und wird auf diese Weise nach Brauch und Sitte in die Reihe der Frauen aufgenommen. Erst spät verabschiedet sich das junge Paar, meistens aber vor Schluß der Feier, und wird von den Festteilnehmern oft noch begleitet. Wenn das Paar im Schlafzimmer die Betten in Unordnung findet, dann wird es auch darin nicht das Zeichen eines Übermutes, sondern eine am vielen Orten übliche Sitte erblicken.

Im übrigen gibt es wie in Westfalen „Stümpe vertiären" auch im Süden „saubere Arbeit machen".

Viele der alten schönen Sitten, auch die Hochzeitsbräuche, gehen verloren. Aber wir behalten auch noch viele, wo nur etwas Deftigkeit und Gebundenheit an die heimische Scholle und an das Althergebrachte herrscht; dort unterscheiden wir uns noch immer viel von der Stadt, wo man heute vergessen hat, was man gestern tat. Insbesondere sind hier die Schwarzwälder im Vorzug, die noch die schönen Trachten haben und bei festlichen Gelegenheiten gern tragen. Wir wollen uns freuen, daß überhaupt noch Hochzeit auf dem Lande gefeiert wird. Wo sie gefeiert wird, wird sie sich immer in irgendeiner Weise an die alten Sitten anschließen müssen. Wenn vieles Neue dazu kommt, so bleibt doch auch vieles Alte erhalten, und ich habe eine solche Hochzeit lieber als eine, die sich steif und urteilslos an die alten Sitten anschließt.

---

[17] *P. Sartori*, „Westfälische Volkskunde" S. 97.

Schleswig-Holstein, meerumschlungen
handelt niu met Ossentungen –

BRAUTFAHRT IM SAUERLANDE

Bekanntlich geht gerade eine Hochzeit im Sauerlande genau nach vorgeschriebenen Sitten und heimatlichen Bräuchen vor sich. Schon Immermann zeichnet in seinem Roman „*Der Oberhof*" den westfälischen Bauern als den, der besonders bei Festen und feierlichen Anlässen mehr noch an der Etikette festhält als mancher Städter. So wird man es im Sauerlande selten finden, daß jemand sich trauen läßt und eine Hochzeitsreise antritt. Wer heiratet, muß auch eine kleinere oder größere Hochzeit geben.

Die Sitte will es, daß die Braut vom Nachbarn des Bräutigams in bekränzter Kutsche abgeholt wird. Wo es möglich ist und sich der Bräutigam seine Braut nicht aus allzu weiter Ferne geholt hat, wird sie erst am Morgen des Hochzeitstages geholt. Daher beginnt meistens eine Brautmesse erst in späterer Morgenstunde.

Es war noch dämmerig, als ich zum Hause der Braut kam. Als Brautführer mußte ich an der Fahrt teilnehmen. Etwas müde blinzelten die beiden Laternen am Landauer durch den nebelschweren Novembermorgen. Der festlich gekleidete Fuhrmann trieb zur Eile. Bald erschien denn auch die Braut im Schleier und wurde in den Wagen geleitet. Mit dem andern Brautführer nahm ich Platz, die nächsten Anverwandten stiegen ein, so viel der Wagen fassen konnte, und die Pferde zogen an. Alte Heimat, leb wohl!

In andern Gegenden soll es üblich sein, daß die Brautfahrt durch gespannte Stricke unterbrochen wird, die erst durch ein Trinkgeld gelöst werden können. Bei uns ist dies mit dem Brautwagen, d.h. mit dem Möbelwagen der Braut, der Fall. Ich empfinde das auch schöner. Die Fahrt der Braut selbst ist von solchen abschiedernsten, ewigkeitsschweren Gedanken durchzogen, daß sie feierlicher und besinnlicher vor sich gehen soll. Ein junges Leben wird aus der Heimat, aus dem alten Familienkreise gehoben und in einen neuen übergeführt oder soll es sich selbst erst einen schaffen. Liebe verklärt und übersonnt diesen Wechsel, aber er ist da. Er bringt tiefernste Verantwortung und Sorgen mit. Man weiß nicht, was mehr gemeint ist, wenn ein geistlicher Dichter die Ehe im Leben eines Laien der Priesterweihe im geistlichen Leben gleichstellt.

Diese Gedanken durchzogen mein Hirn und machten mich selbst ernst und schwer, als die Brautfahrt durch das heimische Dorf ging. Die Bewohner standen in der Tür oder lagen im Fenster und winkten einen letzten Scheidegruß. Die Kinder drückten sich die Nasen an den Fensterscheiben platt. Die Fahrt ging dann langsam und feierlich durch das Dorf. Ein letztes Aufseufzen zur heimatlichen Kapelle löste die Braut von der alten Heimat.

Der Wagen fuhr über die heimatlichen Höhen. Tannen zu beiden Seiten, heilige Waldeseinsamkeit! Sonst war hier ein schöner Blick ins Tiefland; heute war er von Nebelschleiern verdeckt. Eigentlich ein trüber Tag, so recht geeignet, noch mehr den melancholischen Gedanken nachzuhängen. Doch ist es eigentlich etwas Besonderes und Schönes, so im Landauer durch das Heimatland zu fahren, etwas anderes, ganz etwas Vornehmeres als im Auto. Ein Auto kann beinahe jeder Spitzbube haben, würde ich sagen, wenn ich mich nicht fürchtete, damit gegen diesen oder jenen etwas Beleidigendes gesagt zu haben.

Wir kamen noch durch mehrere Dörfer. Überall das gleiche Interesse. Ich achtete nun auf alles und war bestimmt stolzer als die Braut, die heute ja die Hauptleidtragende war. In der feierlichen Stimmung schlug der Führer des Wagens noch einen falschen Weg ein; wir mußten einen Umweg von einer halben Stunde nehmen. Das war für mich aber klar, daß das so sein mußte; für mich wäre die Brautfahrt sonst nicht vollständig gewesen.

Zur rechten Zeit kamen wir in der neuen Heimat an, wo ein neues Haus die Braut empfing. Was ist es doch schön um die Tatsache, im Sauerlande zu Hause zu sein! Wie viel leichter muß es jungen Leuten, einer Familie sein, im Sauerlande, auf dem Lande ein Heim einzurichten, als in der Stadt, wo die Arbeit zwar manchmal besser bezahlt wird, wo das Leben aber auch teurer und viel unfreundlicher ist. Nicht meine Gedanken sind dies zunächst, sondern diejenigen keines Geringeren als des Volksschriftstellers Heinen[18]. Darum: Wenn wir einmal Hochzeit feiern wollen, dann im Sauerlande; wenn wir einmal ein Heime einrichten, wenn möglich, auf dem Lande.

Nur kurze Zeit hielt der Wagen, daß die Braut ins Haus gehen konnte. Dann stiegen Braut und Bräutigam und Führer wieder ein und fuhren zur Kirche.

---

[18] [ANTON HEINEN (1869-1934) katholischer Priester und Erwachsenenpädagoge (wdg).]

De Mecklenburger lait 't nit schloppen,
sai sett 'n Kopp in 't Landeswopen –

DAT BRIUTEXAMEN

Von Friedrich Wilhelm Grimme

Bat us de alle Jochmen vertallte:
„As' ik miy myine Mairgraite friggede – jöjo un jöjoh, biu genk et myi do! –, do woort et emme nau suir, wamme 'ne Frugge hewwen woll; do wören hellesk gelohrte Tyien, un bai kainen Kopp as' en Ömmer dicke hadde, un keine Konduiten derinn as' en Affekote, un kam no usem sällgem Pastauer Künighuaff un woll 't Briutexamen maken – jä de diusend Schwerrenaut, bat kräg hai en Reppermänte! „Marsch, geht nach Haus, lernt den Katechismus und kommt im Vierteljahr wieder!" Un dann mochten sik dai beiden op iäre väier Ächterbacken setten: un lehren ase de Schaulblagen. – Alsau, biu et *myi* genk.
    Allerdings, dat is wohr, ik was in der Schaule keinmol vüäroppe wiäst ase van unnen getallt, un myinen Namen mohle ik nau huitigen Dages met drei Kruizen; awer dat wiet'e[y] doch

alltehaupe, gau sin ik myi Liäwedage wiäst, un myine Frogen imme kleinen Batz konn ik sau scharmante oppseggen, dat ik all met säßtain Johren det Nachtmohl kräig; fryilik, en paar andere nasewyise Jungens kriegen 't all met väiertain. Awer ik gloiwe ümmer, wyilen ik sau gelohrt was, woll mik use Magister ase Zierrot nau en paar Johr lenger in der Schaule behallen. Alsau gutt, ik kam iut der Schaule, un was all 'ne sturgewassenen Bengel, un laip balle met – verstohe, ik marßäierde des Owens met den andern Schnurrejungens üwer de Stroote, un haustede vüär Margraitken syme Fensterken. Et durte nit lange, da kam ik int Geröchte, un as' ik drei Paar Schauh afflaupen hadde, do gafft et Handschlag. Ik nahm iätt, verstohe, *iätt*, an de Hand un genk nom Pastauern. Hai gaffte us de Hand un was ganz fröntlik, un ik dachte all: Et gäiht gutt. Am Enne awer flickede hai sau niäwenbyi dertüsker: „Nicht wahr, den Katechismus könnt ihr ja gut aufsagen? Lernt nur fleißig nach; in vierzehn Tagen will ich euch examinieren, das wird dann schon gehen." Jä, jä, dat mainte hai, ik awer krassede myi unnerwiägens, ase vyi häimegengen, mangest unner der Müske. Terhäime kräig ik myi myinen fluddergen Batz byi den Ohren – allerdings, verstohe, ik mochte äis lange saiken, in Disk un Kuffer, unner der Trappen un op der Asse, det leßte fand hai sik oppem Balken manker alt Yisern un Geräppel – un niu dermet oppen Häithaup gelaggt, un gelohrt un gelohrt, Froge un Antwort, Hauptstück un Kapitel; batt use Hiärguatt wäit, un batte nit wäit, sau dat de Luie nit anders gloffen ase ik wör amme Priäcken un wöll nau studäiern lehren up gäislik. Ase dai vertain Dage rümme wören, krüwwelde et myi imme Koppe vüär Gelohrtheit, un et genk der myi en Spittakel inne rümme, ase 'ne Schlappermühle, un ik begräip, dat wual en Menske vüär liuter Wyishait unwyis weren könn. Ik saggte: „Kumm, Graitken!" un vyi wiäg, un nom Pastauern. Hai gaffte us de Hand, satte us twäi Staile un fenk an:

„Sag mal, Jochmen, wie heißt dein Namenspatron?"

Ik bedachte mik nit lange: „Hai hette Jochmen Hawerstoppel un dainte byim sälligen Kriusenhölter ase Grautknecht." De

Pastauer taug de Steerne krius. „Nein, Jochmen, das war dein Pate. Versteh mich recht; du sollst mir deinen Patron sagen!" „Mein yi dann villichte den allen Spiggewitt, dai met eeren Tuig handelt? Dai hett auk Jochmen." Do woort'he blitzig un saggte: „Stockfisch, den hl. Joachim meine ich, den Mann der hl. Anna, zu dem du alle Morgen beten solltest." „Jä, Heer, diän mein ik ja gerade; heww ik diän dann nit saggt? Dann heww ik mik verkürt; awer Stockfisk giet et byi us äis op Askermiddewiäcken."

Hai taug 'ne Damp iut syiner Pyipe un frogede widder: „Nun gut, so sag mir mal die zwölf Apostel des Herrn!"

„Heer, twiälwe, dat is viel. Lotet ug handeln; syid mol met sässen tefriän!" „Nun denn, so sag sie." „Twäi stott hyi in der Kiärke oppem Altor, twäi te Brunscappel, un te Bigge weert se auk wual twäi hewwen, mäket sässe." „Schafskopf, da muß einem doch die Geduld reißen! Nun, so sag mir doch die sechs Stücke, die zum Heile nötig sind!" Ik gräip wier resoliut tau un saggte: „En Butterstücke, en Smaltstücke; un wann de Immen den Häit gutt kriegen het: ok en Hunigstücke. Mehr giet et awer byi us te Lande nit." „Ich aber weiß noch ein viertes", raip hai un sprank op, „ein Stück Holz, womit ich dich zum Haus hinaus jage!" Un sau peck hai 'ne Knüppel un woll myi oppen Bast. Ik awer nit lange gewachtet, un ter Düär riut, bat giste, bat hiäste, ase de Isel, diäm de Jungens en Schlag Schwamm unnern Steert laggt het. Byi der Linne oppem Kiärkhuawe wachtede ik up Margraitken, das kam un wiskede sik de Augen mit der Schüärte un vertallte, de laiwe Heer hädde vüär Bausheit den Pyipenkopp terbruacken un ächter myi rinraupen: „Vor der Faste keine Hochzeit mehr; nach Ostern auch keine Eile! Nach Pfingsten kommt mal wieder!" En Glücke, dat vyi nit ne Stunde leeter häime keemen! Et hädde Spittakel imme ganzen Kiäspel gafft; denn Nowers Hankristöffelken un de kriuse Franzwilm kemen us all in der Hiusdüär in de Maite, met rauen Plettern ümme de Kappe, un de Pistolle in der Hand, un wollen de ganze Fröndskopp taur Hochtyit bidden. Ik raip 'ne tau: „Jungens, dat Pulver op ugger Panne is natt wooren; lootet et nau droigen bit Pinksten!"

Bat awer niu? O wäih myin Bäin! Ik mochte mik wier met myinen fluddergen Batz gut Frönd hallen un hewwe derbyi schwett, ase im Backuawen; awer bat et batte, dat was keinen Batzen wert. Amme leßten genk myi alles krius düäräin, ase wann de Schellergiäste imme Potte kuacket, Froge un Antwort, alles düäräin. In myiner Rooslerigge laip ik no Margraitken un raip: „Graitken, help, süs kryig ik dik myin Liäwen nit!" Un richtig, iät kam hiär – verstohe, iät was gelohrt un konn jede Priäcke terhäime nohvertellen –, iät kam hiär un üwerlohrte mik; iät saggte de Froge, un ik saggte de Antwort. Do kräig dai Sake Fuck un ik kapäierde myine Lexe iut dem Quaste, un ik saggte mangest füär Graitken: „Pinksten Briutexamen maken? Pinksten in der Haumisse priäcken, Christenlehre hallen, alles brächt ik ferrig." Pinksten kam, un dat Examen kam, un de Pastauer, dai myi anfangs en Gesichte ase Surdäig tau machte, worte ümmer netter un fröntliker. Kam Frage, kam Antwort, un dat genk äinen ümmen andern, ase wann de Waldeggers diäsket, un antleßte saggte hai: „Das war brav; kein Stockfisch mehr, kein Schafskopf mehr; sondern ein ordentlicher Christ. Wo hast du das her?" „Oh, Heer Pastauer, bat ik nit wäit, dat wäit Graitken!" „Das dachte ich mir gleich, und dafür soll ihr das ganze Examen erlassen sein. Dienstag morgen will ich euch kopulieren." „Dann, Heer Pastauer, sind hyi twäi Kraundaler füär dat Tehaupegiewen, un ennen Drüttainer extro füär diän Pyipenkopp, diän yi in der Wiäcke vüär Sente Meerten terbruacken het; ik well uggen Schaden nit verlanget syin."

Schultenhochteyt

Von Friedrich Wilhelm Grimme

Op Aßmannshuawe was graute Hochtyit. De Kattenköppe biuseden, un Trumpetten un Klanetten blaisen iäre Mäiste. Un alles was inlatt, Familige un Fröndskopp, Köster un Pastauer, un selwer de Schwäine- un de Piärrejunge kriegen iäre Richtige, fette Büters met Schinkenfläiß. Sai läggten sik alle örntlik int Schmiär, un de Wyin flaut üwer de Diske. De alle Schültske was recht kuntant un sau lebändig as' en Immeken, schnäit un draug op. Ase awer de Schinken ümmer klenner woorte, un ase me dem Brohn all op den Knaucken saihn konn, do käik sai sik doch mol schaif ümme, of de Ryige nau nit klenner worden wör; awer näi, sai saaten ase de Pöhle; un, o wäih! do biuten fenk et an te riänen un te pleestern, dat sik känn Ruie op de Stroote wogede. „Jä, Schültske, vyi blyiwet, bo ve unner Dak sind; vyi mottet 'ne Nacht op Aßmannshuawe hallen." „Dat sall us recht läif syin, vyi het jo Platz!" saggte de Schültske un knäip an den Augen un stallte iäre Gesichte terechte, ümme fröntlik iuttesaihn. Un sai bliewen do. De Pastauer kam up de Heerenstuawe un kräig en Bedde sau hauge, dat me üwer den Staul styigen mochte; wat kemen op de Kamern, andre op de Hille, un dai det grüäweste Wand amme Rock hadden, oppen Balken int Hai. De Schültske konn nit schlopen un helt äinmol üwer 't andermool de Hand iut dem Fenster, of et nau riänte; un bo nau alles schlaip, stont sai all op un käik in de Wiährpoorte: de Himmel was duister, un et gaut met Mollen. Sai raip ganz verdraitlik: „Gerdruiken, hank den Kitel, näi hank den Schüttelpott op un kuack Kaffäi! Mak 'ne awer nit te stark; de Ryige is lank!"

Middlerwyile fünnen sik alle in: iut der Heerenstuawe, van den Kamern un van der Hille, un auk dai imme Hai rispelden sik op un striken sik de Kletten un Spiere iut den Hooren, un nit lange, do saat wier alles richtopp ümmen Disk. De Schültske lait sai byim Kaffäi sitten bit tain Uhr; awer et bläif amme Riänen, un sai mochte ok en Froihstücke brengen. De Mannsluie sochten de Koorten un schlaigen 'ne vernünftigen Solo an, de Frauluie kakelden un riepeden det ganze Kiäspel düär; de Köster machte mol taur Veränderung 'ne Witz üwer Wiär: „Et riänt, ase wann 't et in Akkord härr, joh, ase wann 't der Kraundalers met verdainte", un hinner diäm Witze hiär drank hai wier un dachte: „Wann hyi dat Gedränke nit opgäiht, dann loot et riänen bit Sente Merten!" Un de Schültske trändelde henn un hiär, ase wann se Kuallen in den Schauhen härr, un käik iut der Düär inter Lucht un no der Windfahne; awer de Himel soh nau ümmer iut ase en Driägelaken, un et pleesterde, ase wann de Welt versiupen söll. „Jä, Schültske, vyi sollt wual naumol uge Middagesgast blyiwen maiten." „Jä, jä, 't is gutt!" saggte sai, soh awer dobyi selwer iut, ase sää Wiäcken Riänewiähr. Sai haalte 'ne niggen Schinken van der Fläißwyime, besoh 'ne ganz wäihmaidig un deh 'ne innen Pott. Ase gar was, schnäit sai Stückskes, sau dünne, as' en Mohnblatt, un söchtede byi jedem Schniee. Byim Diske machte de Köster 'ne niggen Witz: „Schültske, ik hewwe Malöhr hat. Ik öhmede en wennig stark, do is myi de ganze Schinken vamme Täller fluagen; hogget der us nau mol anne riut!" Sai saggte nix un schnäit. Endlik harr' sai alle naumool saat. Awer, o Jömer, et bläif do biuten amme Strullen, ase wann de Himel schmulten wör. De Koorten kamen wier oppen Disk, un de Frauluie fünnen nau ümmer wat te rantern un te riepen, un de Köster kam met syinem Hauptwitz annen Dag. „Schültske, ik wäit 'ne gudden Rot." „O, laiwe Heer Köster, dann lootet mol hören!" „Hört, bit taum Kaffäidrinken well vyi 't nau mol ansäihn, allenfalls ok bit taum Owendiäten; wann 't dann awer nit ophört met Riänen, dann make vyi 't, ase de Wulmerker." „Laiwe Heer Köster, biu maker 't dai dann?" „Dai lootet et riänen." De Schültske woorte falsk ase 'ne Spinne un saggte kein Wort, genk riut un henk den Kaffäikitel op. „Gertruiken, guit us dat Grüß van gistern op; dat is füär dai Schmalächters gutt genaug."

Un sai drünken Kaffäi. Awer 't woorte fyif, sää, siewen Uhr, et woorte duister, un Sente Päiter syine Sprütze was nau ümmer nit lieg. De Schültske meinte: „'ne Stücker säß Paraplühs können vyi wual bynäin brengen, un de andern können use Tuffelnsäcke ümmehangen, un de Frauluie use Beddelakens." De Köster awer meinte: „Et is doch en wennig te klanderig worden. Vyi finnet keinen Buamm mehr up de Eere; vyi nehmen ug den ganzen Kamp annen Stiewweln met, un die armen Frauluie met iären papiernen Schaikelkes söllen myi van Hiärten läid daun. Schültske, woget naumol 'ne Schinken dran!" De Schültske schwäig stille un spiggede Gift; sai genk iut der Stuawe un rette den Saloot, machte awer keine Brögge van Sur un Baumuallig drüwer, ase gistern, sundern van Plundermilk, un op de Tuffeln keine gesmurte Butter met Päiterzilige, näi, Water un Miäll met Schraiwen. Un byi jeden Handtast, diän sai doh, söchtede sai: „Dat Volk frietet enne nau pankrott!" Sai draug Tuffeln un Saloot op un satte de graute Schütel met den Schinkenknuackens oppen Disk: „Hyi is de ganze Rest; wann 't opp is, hört et opp!" „Kinners, verschliuket ug nit!" saggte de Köster. Sai awer genk un lait sik den ganzen Owend nit wier saihn, taug den Schlütel iut dem Keller: „Loot se byi 't Pütt gohn!", un den Schlütel iut iärem Külter un laggte sik int Bedde un striepede den Rausenkranz ümme biätter Wiähr. De Gäste gäfften sik auk allmehlik ter Rugge, ter Trappen un tem Ledderken ropp. Sau mannegmol, ase de Hahne kräggede helt de Schültske de Hand iut dem Fenster; awer et riänte, ase wann alle Bänne ümme det himmelske Waterfatt buasten wören. Sai stont op. „Gerdruiken, hank den Schüttelpott op! Awer Zikurgen, nix ase Zikurgen! Zikurgen is auk en gutt Gedränke, un füär dai Friättpööste nau viel te gutt. Füär den Pastauer kannste enn wennig int Pöttken apart mahlen."

De Gäste sammelden sik wier ümmen Disk. Sai drünken en Schölken füär 't Nöchtern un verdräggeden hellesk de Augen. De Köster, dai süs vüär emme Dutzend nit bange was, stülpede glyik no'm äisten rümme. „Heer Köster, settet naumol opp!" „Näi, Schültske, ik danke; de Kaffäi is van Muargen te starke, me kritt det Biewern dervan." Sai seeten un seeten, un de un de Mannsluie kriegen wier de Koorten. Do awer brak der Schültsken de

Geduld; sai genk riut un kam wier rinn un saggte byi vullen Stüäten un Strullen: „Et is awer doch van Nachte schoine dicht riänt; et is ok, ase wann 't sik en bittken oppklörte. Bai niu bo wöll, dann wör 't gitzunders Tyit. Me wäit nit, bat et hernoh füär Wiähr gitt. Heer Pastauer, is düt uge Stock? Heer Köster, is düt uge Kappe?" Do miärkeden awer de Gäste doch endlik, bat op Aßmannshuawe füär Wiähr was, un de Köster fluisperde dem Pastauern int Ohr: „Heer, vyi sittet hyi nit mehr schur; et riänt us tem Dake rin." Sai saggten Adjüs un dankeden füär de fröntlike Opnahme un machten sik, trotz Wind un Wiähr, iut dem Dampe. De Schültske machte en Kruize ächter 'ne rin un saggte: „Myiner Lebsdage nit wier! Wann use Kathryinken mol frigget, dann sallt 't ments 'ne Kaffäihochtyit giewen; dat segg ik!"

Heimat und Hochzeit
(Teilbericht der Förder Heimattagung 1928)

Bai faihlen well, bat „Häime" is, dai mat no'm Häimatfäste gohn, un bai ne Biuernhochteyt saihn well, dai mochte in Foier sin.

Iek gohe jo üwerhaupt geeren no der Hochteyt oppem Biuernhuawe un loote sau lichte kaine an mey verbeygohen; oppen meterlang Gedichte kümmet et mey dofüär gar nit aan. Düt waß niu ne richtege Biuernhochteyt iut aller Teyt, sau nette, segge iek ugg; et hiät mey nau op kainem Häimatfäst sau guet gefallen. Bat konnen dai danßen! Dat waß wier wuat füär Jungen, sau ase dai Luie, dai Hochteyt maken wellt, üwerhaupt nau nit sau ganß alt sin sollt. Dai ganß allen Luie konnt iäk wual nau erinnern, biu me frögger dai Dänße danßet hiät; van Dage daut se't awwer nit mehr, dat muet dai jungen Luie daun.

Iek kann't nit mehr affwachten, bit dat dai Hochteyt kümmet; mat doch äis nau vertellen, bat vüärhiär kaam. Dat Laid, bat äis spielt woor, waß jo sau nette:

Beim Kronenwirt ist heute Jubel und Tanz,
die Kathrin kriegt heut ihren Heiligenkranz;
es fiedelt und bläst und es kreischt und es kracht.
Die Knödel, die duften; der Kronenwirt lacht.

Dono kaam de Abgeordnete Schmelzer[19] von Üernhungeme met ner richtegen Miule vull Platt. Bat hiät dai Menske ne Stemme! Iek gloiwe, dat ganße graute Schützentelt vull Luie hiät ne verstohen; bey diän anderen genk dat nit. Frögger herre et beym Friggen: „Miäcken, iek hewwe diäk taum Friätten geerne!" Van Dage het et: „Junge, bat hiäste, bat kannste? – Miäcken, bat kriste, bat hiäste?" Sau is et van Dage.

---

[19] [Joseph Schmelzer (geb. 30.7.1876 in Oberhundem; † 8.10.1962 in Oberhundem): Als Politiker der katholischen Zentrumspartei: Gemeinde-, Amts- und Kreisvertreter (1901-1933), Mitglied des Preußischen Landtages (1921-1933) und des Reichstages (1930-1932).]

Suih, do kaam auk de Briutbidder oder de Gastbidder, as' se imme Foiersken segget, un larre us alle no der Hochteyt:

Miäckens, maket ugg feyn, awwer nit te feyn;
de Hochteytsluie wellt doch de finnesten seyn!

Äis harre de Bidder, diän de Welter van Foier sau guet spielere, seyn Wiärk alläine; hai makere awwer auk seyne Spargitzen alläine, harre ne gurre Stemme un lait dat Laid singen: *Schön ist die Jugend bei frohen Zeiten ...*
Alle sangen met. – Op äinmool Schwiepenknallen! De Briutbidder saat ne Tutzenbaum; et kaam de Hochteytszug, de Briutluie un seßtain, siewentain Paare. Vüärnoppe ne Hahnen, dai lebändig waß un kräggere; de Spielers harren ne stualen, ase iek sieker wäit, un de Polizei harre nix deraane maket. Dann kemen twäi Musikanten, un bat füär Luie. Vatter un Suen; äiner met ner Klarinette un äiner mettem Diudelsacke, un bat makeren dai füär schoine Musik. De ganßen Luie in diäm allen Tuige! Äis woren de Hochteytsluie „fangen". Hiärnoh genk de ganße Zug nau äxtro üwer de Büene un dann an de Diske sitten. Et waß schoin, dat twäi Büenen do wören; sau konnen de Spielers op der äinen sitten un op der andern danßen.
Dai allen, netten Dänße! Bat stieket do nit alles inne! Bai se nau kennet, wäit dat!

Goh van mi! Goh van mi!
Iek mag diek nit säihn.
Kumm tau mi! Kumm tau mi!
Iek sin sau alläin.

oder:
Bann de Vatter met der Mutter
no der Kiärmisse gäiht!

Dotüsken mochte de Briutbidder op alle passen; bann iäm wuat opfell, fenk hai aan te dröggen:

> Gäiht mey jetzt nau äiner vüär de Düär,
> hang iek wahhafteg en Schlüättken dervüär!

Dann genk et awwer imme Danßen födder:

> Eins, zwei, drei, vier, fünf, sechs, sieben,
> wo ist denn mein Schatz geblieben?
> Ist nicht hier, ist nicht da,
> ist wohl in Amerika!

Bey'em andern Danß met diäm Enne ‚*Und mit den Füßen gehts trab, trab, / und mit den Händchen gehts klapp, klapp!*'[20] hewwe iek an Volkskdänße van Bayern dacht. En Laid woor auk nau tüsker diän Dänßen sungen: „Use Brauer Melcher, dai woll Ritter weren ...". Dann kaam de Pottkremer un gratläiere. Her[r]näi, bat konn dai gratläiern un Knixe maken.

De leste Danß waß:

> Bann hey en Pott met Bauhnen stäiht
> un do en Pott met Brey,
> dann loot iek Brey un Bauhnen stohn
> un danß met meyner Marie!

Viel te frauh genk dai „Graute Hochteyt" tem Enne.

---

[20] [Der Tanz stammt aus der Märchenoper „Hänsel und Gretel" von Engelbert Humperdinck (wdg).]

Dat rechte Aug – heww 'k auk vergiäten, –
iek gloiw, dat heww't de Schweyn opfriäten –

Hochzeit

Von Betty Schneider

Es war immer etwas Besonderes in der bräutlichen Liebe der beiden jungen Menschen. Sie gingen nicht die breiten, landläufigen Wege, die heiß und staubig waren vom Brande der Sinnenlust. Sie liebten die schmalen Pfade, die steil waren, die Opfer verlangten, oft allerschwerste, um sie dann mit königlichem Schauen in der Liebe Wunderland zu belohnen.

Je näher der Tag kam, der das Band ihrer Herzen für immer unlösbar schlingen sollte, um so heiliger wurden sie einander. Hochzeit war ihnen die hohe, heilige Zeit, die ihnen ein frommes und feierliches Licht entzünden sollte, das sie voll Ehrfurcht voreinander durch ein reines Leben tragen wollten.

Darum wollten sie auch nicht in lautem Treiben diesen Tag begehen, vielmehr auf ihre eigene, feine Art.

„Wir müssen einmal ganz, ganz schön Hochzeit feiern," sagte das Mädchen. „So still und heilig, wie unsere Liebe ist, soll auch unserer Liebe Hochfest sein!"

„Ja," sprach der Mann, „und im allerschönsten Dom soll unsere Liebe ihre Weihe erhalten. Gott selbst soll bei uns sein und das Gefolge zur köstlichen Feier laden!"

Und sie träumten vom großen Tag und zählten die Stunden, die sie noch von ihm trennten.

Es wurde dann auch wirklich ein gar feines und wundersames Fest.

Allein, Hand in Hand, wandelten die beiden jungen Menschen über den schwellenden Teppich des herbstlichen Waldes, dem Ziele zu, der kleinen Wallfahrtskapelle entgegen.

Hohe Baumriesen schossen sich himmelwärts zum majestätischen gotischen Dom. Fern rauschten dunkle Tannen ihr feierliches Orgelspiel. Kleine liebe Vögelein sangen lieblich ihre silbernen Weisen dazu. Eine wunderbare Herbstsonne spendete aus mütterlichen Händen die Fülle eines Lichtes, stärker und goldener als alle Hochzeitskerzen der Welt. Durch die zartdurchbrochenen, grünen Laubfenster brach es sich in magischem Schein. Hauchfeine Schleier schmückten Büsche und Sträucher, von den Nebelfrauen gesponnen, mit Tauperlen bestickt, die im Lichte des Morgens in tausendfältiger Pracht aufblitzten. Schönster Hochzeitsschmuck, wie ihn die geschicktesten Menschenfinger nicht zu schaffen vermochten.

Gott selbst hatte den jungen Menschen zum heiligsten Fest seine Kirche geschmückt.

Sie wandelten schweigend, Sehnsucht in ihren Herzen.

Des Mannes Stirn leuchtete hoch und weiß, Hort edler, großer Gedanken. Schönheit lag in jeder seiner Bewegungen, wie sie nur eine schöne Seele schenken kann.

Das Mädchen ging still und blaß, mit zartfeinen Händen, die den Hochzeitsstrauß hielten: buntes Laub, das der Herbst gespendet, herbduftende Tannenzweige und zwischen all dem dunkle Blätter, mit rotflammenden Beeren. Die schlanke Gestalt umfloß ein Kleid aus schwerem Samt, edel in seinen Falten, warm aufleuchtend unter den kosenden Händen der Sonne.

Mit dem tausendfachen Singen und Brausen klangen auch die Seelen der beiden Menschen. Still und feierlich schritten sie durch den Duft der grünen Hallen.

Da grüßte die kleine Kapelle.

Ein tiefer Blick Auge in Auge, ein scheuer Händedruck.

Und dann knieten sie in einer altersgebräunten Bank.

Gott war in ihnen, liebreich herabgekommen in lichter Hülle weißen Brotes.

Ihre Seelen versanken in einer tiefen Seligkeit.

Nun warteten sie auf das Große; unsagbar Geheimnisvolle.

Silberer Stundenschlag schwang durch die Stille. Kerzen wurden angezündet. Ein Priester kam mit zwei Brüdern in brauner Kutte.

Dann knieten beide, Mann und Weib, auf der Stufe des Gnadenaltares mit dem alten Madonnenbilde.

Zwei Seelen erschauerten vor einem übergroßen Geheimnis. Zwei zitternde Hände fanden sich unter der Stola heiligem Band. Zwei reine Flammen wurden entzündet in einer Stunde, schöner, größer, wundersamer, als ihre Herzen jemals ahnen konnten.

Das war Ewigkeit! Das war Gott!

Alles versank.

Alles war heilig.

Unsäglich groß und wunderbar ist der Segen der sakramentalen Ehe.

Sie erhoben sich von den Stufen, sie schauten zum Bild der Madonna empor, sie suchten wie im Traum ihren Platz. Ein paar schnelle, heiße Tränen rannen durch ihre bebenden Finger, wurden scheu zerdrückt. Sie wollten beten, doch es war nur ein Stammeln, ein Flüstern.

Dann standen sie draußen. Sie sahen vor der Kapelle, auf freiem, grünem Platz, das große Kreuz. Sie blickten einander in die Augen, darin noch die Weihe der Stunde leuchtete. Kein armes Wort fanden sie. Doch plötzlich lösten sich Ströme von Tränen, die mühsam zurückgedrängten. Unter dem Kreuze hielten sie einander umfangen, fest, innig, und weinten, Mann und Weib, wie sie nie zuvor im Leben weinen konnten. Sie umarmten das hohe Kreuz, sie stammelten Dank und Gebet, und der arme, zerschlagene Heiland schaute in seiner unendlichen Güte herab und verstand, was in ihren Seelen vorging.

So still und heilig, wie in der Frühe des herbstlichen Tages, gingen sie ihren schönsten Weg zurück.

Wieder und wieder netzten Tränen der allerinnigsten Freude ihre Wimpern. Doch es sah kein gleichgültiger Mensch. Sie waren ja in Gottes Dom.

Durch das Brausen des Windes, durch die Geheimnisse des Waldes, durch tausend Wunder und Schönheiten Gottes schritten sie, verbunden durch das Sakrament, verklärt durch reine Liebe, in den neuen Tag, in ein neues Leben.

EWIGE MAGD

Von Betty Schneider

Heilige Stunde.

In weißen Schleiern schreite ich an deiner Seite.

Ich wage nicht aufzuschauen. Es ist eine große Scheu in mir und eine tiefe, wunschlose Seligkeit.

Erwartung und Sehnen bargen die Tage der Brautzeit. Nun senkt sich Erfüllung hernieder.

Ganz feierlich gehe ich und stehe dann vor dem kleinen Altar, versunken und so still wie die hohen, weißen Kerzen, die ihre goldenen Flammen hüten. Ich halte ein köstlich Gewinde weißer Rosen und Lilien und atme ihrer Kelche balsamischen Duft. Meine Stirn umschließt die grüne Myrtenkrone. Das sanfte Rieseln des Schleiers kost leise mein Gesicht.

Noch immer sind meine Lider gesenkt. Wie im Traum stehe ich.

Der Segen der Stunde strömt auf mich nieder.

O großes, geheimnistiefes „Ja", das mein Mund sprach!

Der schmale Treuereif gleitet an meinen Finger. Leicht bebend liegt meine Hand in deiner schmalen, guten.

Nun bin ich Frau.

Zum erstenmal hebe ich meinen Blick und schaue in dein ernstes Antlitz, auf dem die Weihe unserer Stunde leuchtet.

Da weiß ich, daß unser erstes Alleinsein also sein wird: Ich werde vor dir niederknien und dir mit leiser Stimme und einem tiefen Leuchten in den Augen sagen, daß ich nun deine Magd bin und dir diene in aller Demut und Hingabe, daß ich alle eigenen Wünsche begrabe, daß ich meinen Willen mit dem deinen verschmelze, daß die Kerzen unserer Seelen nun zu einem einzigen Lichtlein brennen werden.

Es wird ein wundersames Wissen in mir sein und ein heiliger Wille: letztes Bereitsein.

Die Gesegnete

Von Betty Schneider

Sie wandelt durch den grünen Park mit ihren leichten Schritten, wie Königsfrauen schreiten.

Ihr Haupt trägt eine Krone von schweren Flechten, die im strahlenden Licht der Sommersonne aufleuchten wie flirrendes Gold.

Fein und reizvoll ist ihr Antlitz.

Sie hat rehbraune Augen, darinnen zuweilen goldene Lichtlein spielen.

Eine stille, zarte Würde umschwebt sie, wie sie sinnend dahergeht im schlichten, weißen Gewand.

Ein leises Sehnen grüßt aus ihren Augen. Ihre Stirn leuchtet wie von wundersam-geheimnisvollem Licht übergossen. Um ihren Mund irrt ein scheues, glückseliges Lächeln.

Wenn die Blätter fallen, wird sie Mutter sein.

Kindlein in der Wiege

Von Betty Schneider

Es ist still im Zimmer, ganz still.

Ein lenzliches Wehen zieht durch halbgeöffnete Fenster herein und bläht leicht die weißen Mullgardinen.

Der Wind bringt den Hauch der zarten Blüten mit, die sich draußen auf schwankenden Ästen wiegen, auf und nieder, auf und nieder.

So wie ich mein Kindlein wiege, meinen Buben, der im weißen Bettchen schläft, wie nur Kinder schlafen, tief, ruhig, mit rosigen Wänglein und festgeballten Fäustchen.

Mein Kind, mein Wunder, fleischgewordene Liebe! Mutter darf ich dir sein! Dich hüten, dich hegen, dir ein Brünnlein erschließen, daraus dir das Leben quillt.

Schlafe, schlafe, mein Kind. Mutterhände sind sanft; sie tragen und pflegen dich. Mutteraugen sind wach und hell; sie schauen weit für dich. Mutterherz ist stark; es leidet für dich.

Schlafe, mein Lieb.

Engelein spielen mit dir im Traum; tanzen auf seligen Wiesen Ringelreihn.

Mutterliebe wacht an deiner Wiege, lächelt in deine kleine Welt hinein, möchte dich hüten vor allem Leid.

Einmal wird es kommen: das Leid, *dein* Leid.

Doch noch darfst du schlafen; noch ist Frühling und lenzliches Wehen, auf schwankenden Ästen sanftwiegende Blütchen.

Auf und nieder, auf und nieder.

Schlafe, mein Kind!

Hochzeitslieder

Un as de Schlächterey verbey,
do gaffte 't nau ne Kuierey –

Dat Laid vom Pastauer seyner Kauh

Kenn ey all dat nigge Laid,
bat de ganße Stadt all wäit,
vam Pastauer seyne Kauh?
Triola, truola,
vam Pastauer seyner Kauh, ja, ja;
triola, truola,
vam Pastauer seyner Kauh.

Sundag wasse nau fett un drall,
Mandag laggt se daut im Stall,
diäm Pastauer seyne Kauh.

As sai woor in Stücke schnien,
hiät dat ganße Duarp wat krien
vam Pastauer seyner Kauh.

Jochen Sleif, de Trainsaldot,
kräig en Pott vull Miulsalot
vam Pastauer seyner Kauh.

Un de Köster Dämelank
kräig en Steert as Klockenstrank
vam Pastauer seyner Kauh.

Un de alle Stadtkapell
kräig en nigge Trummelfell
vam Pastauser seyner Kauh.

Use nigge Fuierwehr
kräig en Pott vull Wagenschmiär
vam Pastauer seyner Kauh.

Schleswig-Holstein, meerumschlungen,
handelt niu met Ossentungen
vam Pastauer seyner Kauh.

De Mecklenburger lait 't nit schlopen,
sai sett 'n Kopp in 't Landeswopen
vam Pastsauer seyner Kauh.

Dat linke Auge van der Kauh,
dat kräig – iek wäit nit mehr genau –
vam Pastauer seyner Kauh.

Dat rechte Aug – heww 'k auk vergiäten –
iek gloiw, dat heww 't de Schweyn opfriäten,
vam Pastauer seyner Kauh.

Un as de Schlächterey verbey,
do gaffte 't nau ne Kuierey
vam Pastauer seyner Kauh.

HOCHZEITSLIED

Hör an, mein Christ, was soll ich dir erzählen?
Wo kommt der Ehstand her?
Er kommt vom Gott.
Er ist von keinem Menschen erdichtet;
Gott selber hat ihn eingerichtet
im Paradies, im Paradies.

Als Gott den Adam erschaffen hat,
da macht er, daß er schlief,
ja, daß er schlief.
Er nahm eine Ripp aus seiner Seit
und schuf daraus dem Adam ein Weib
zu seiner Eh, zu seiner Eh.

Der Ehstand ist eine harte Nuß;
er bringt viel Kummer und Verdruß,
viel Kreuz und Leid.
Er ist von keinem Menschen erdichtet;
Gott selber hat ihn eingerichtet
im Paradies, im Paradies.

Der Ehstand ist ein festes Band,
er muß durch Priesters Hand
verbunden sein.
Und keiner darf sich's wagen daran,
der diesen Bund auflösen kann,
als Gott allein, als Gott allein.

Drum, ihr Brautleute, wir gratulieren euch,
den Frieden wünschen wir euch,
den geb euch Gott.
Auf dieser Erd viel Glück und Segen
und nach dem Tode das ewige Leben,
das geb euch Gott, das geb euch Gott.

DER JUNGFERNKRANZ

Wir winden dir den Jungfernkranz
aus veilchenblauer Seide;
wir führen dich zu Spiel und Tanz,
zu Glück und Liebesfreude!
Schöner, grüner, schöner grüner Jungfernkranz!
Veilchenblaue Seide! Veilchenblaue Seide!

Lavendel, Myrt und Thymian,
das wächst in meinem Garten;
Wie lang bleibt doch der Bräutigam?
Ich kann es kaum erwarten.
Schöner, grüner *usw.*

Sie hat gesponnen sieben Jahr
den goldnen Flachs am Rocken;
die Schleier sind wie Spinnweb klar
und grün der Kranz der Locken.
Schöner, grüner *usw.*

Und als der schmucke Freier kam;
war'n sieben Jahr verronnen;
weil sie der Herzliebste nahm,
hat sie den Kranz gewonnen.
Schöner, grüner *usw.*

SCHÖN IST DIE JUGEND

Schön ist die Jugend bei frohen Zeiten,
schön ist die Jugend, sie kommt nicht mehr.
Drum frag ich's noch einmal:

Schön sind die Jugendjahr,
schön ist die Jugend, sie kommt nicht mehr.
Sie kommt, sie kommt nicht mehr,
kehrt niemals wieder her,
schön ist die Jugend, sie kommt nicht mehr.

Vergangne Zeiten kehren niemals wieder;
verschwunden ist das junge Blut.
Drum sag ich's noch einmal *usw.*

Ich kenn ein'n Schäfer, der weidet Schafe,
der weidet Schafe auf grüner Au.
Drum sag ich's noch einmal *usw.*

Ich kenn ein'n Weinstock, und der trägt Reben
und an den Reben, da wächst der Wein.
Drum sag ich's noch einmal usw.

Es blühen Rosen, es blühen Nelken;
doch ach, die Rosen sie welken ab.
Drum sag ich's noch einmal *usw.*

HEIDERÖSLEIN

Goethe

Sah ein Knab ein Röslein stehn,
Röslein auf der Heiden.
War so jung und morgenschön,
lief er schnell, es nah zu sehn,
sah's mit vielen Freuden.
Röslein, Röslein, Röslein rot,
Röslein auf der Heiden.

Knabe sprach: Ich breche dich,
Röslein auf der Heiden.
Röslein sprach: Ich steche dich,
daß du ewig denkst an mich,
und ich will's nicht leiden.
Röslein *usw.*

Und der wilde Knabe brach
's Röslein auf der Heiden;
Röslein wehrte sich und stach,
half ihm doch kein Weh und Ach,
mußt es eben leiden.
Röslein *usw.*

WAS SOLL ICH IN DER FREMDE TUN?

Was soll ich in der Fremde tun?
In der Heimat ist's so schön.
Denn es ist ja hier so schön, so schön,
in der Heimat, Schatz, du weißt es ja:
in der Heimat ist es schön!

Im Sommer, wenn die Rosen blühn,
dann kommt mein Schatz zu mir;
denn es ist *usw.*

Im Winter, wenn es friert und schneit,
schreibt mir mein Schatz ein'n Brief;
denn es ist *usw.*

DE KUCKUCK OPPEM TIUNE SAAT

De Kuckuck oppem Tiune saat,
et riäner 'n Schiur, un hai woor naat.
Op Riänen kümmet Sunnenscheyn,
dann weert de Kuckuck schoin un feyn.
De Kuckuck trock die Fiärn iut
un trock domet no Goldschmidts Hius.

Ach Goldschmidt, lieber Goldschmidt mein,
schmied mir von Gold ein Ringelein!
damit ich komm in diesen Tanz.
Schmied mir von Perlen einen Kranz.

In düesen Danz kümmt nümmes rin,
un söllt de Briut auk selwer sin.
Guatt giew der Briut, bat iek iär wünsk,
dat äiste Johr nen jungen Prinz.
Dat andere Johr nen Appel raut,
ne junge Dochter oppen Schaut.
Un dat sau futt van Johr te Johr;
un dat bit feyfuntwinteg Johr.
All feyfuntwinteg ümme 'n Diß,
dann wäit de Briut, bat Hiushalln is.

DAT MIÄKEN IUT'M SIUERLAND

Et waß ne Maad im schoinen Siuerland,
sai harre niks, sai liäw're van der Hand;
iär Lauhn füär schwoore Aarbet was nit graut:
de Biuer, bo sai bey was, was in Naut.

Sai härre lichte kriegen gröttern Laun
bey andern Biuern. Doch sai woll 't nit daun;
sai woll diän Biuern loten nit im Stiek,
vergaat dorüwer awwer selwer siek.

Sai was auk nette, wahne, üwerhiär,
un mannger reyke Jung käik niäreg diär de Diär;
doch iär was liuter kainer nau nit recht,
„denn reyk un aarm beynäin, dat peß siek schlecht!"

Sai härre kriegen manngen reyken Mann;
sai nahm antlest diän aarmen Küättersmann.
Niu harr' hai sai un sai harr' iän – un harr'n nen Duätt;
süss niks un niks. Niu harr'n sai baie wuat.

WESTFALENLIED

Ihr mögt den Rhein, den stolzen, preisen,
der in dem Schoß der Reben liegt;
wo in den Bergen ruht das Eisen,
da hat die Mutter mich gewiegt.
Hoch auf dem Fels die Tannen stehn,
im grünen Tal die Herden gehn;
als Wächter an des Hofes Saum
reckt sich empor der Eichenbaum.
Da ist's, wo meine Wiege stand;
o, grüß dich Gott, Westfalenland!

Wir haben keine süßen Reben
und schöner Worte Überfluß,
und haben nicht so bald für jeden
den Brudergruß und Bruderkuß.
Wenn du uns willst willkommen sein,

so schau aufs Herz, nicht auf den Schein,
und schau uns grad hinein ins Aug;
gradaus; das ist Westfalenbrauch!
Es fragen nichts nach Spiel und Tand
die Männer aus Westfalenland.

Und unsre Frauen, unsre Mädchen
mit Augen blau, wie Himmelsgrund,
sie spinnen nicht die Liebesfädchen
zum Scherze für die müßge Stund;
ein frommer Engel Tag und Nacht
hält stets in ihrer Seele Wacht.
Und treu in Wonne, treu in Schmerz
bleibt bis zum Tod ein liebend Herz.
Glückselig, wessen Arm umspannt
ein Mädchen aus Westfalenland.

Behüt dich Gott, du rote Erde,
du Land von Wittekind und Teut!
Bis ich zu Staub und Asche werde,
mein Herz sich seiner Heimat freut.
Du Land Westfalen, Land der Mark,
wie deine Eichenbäume stark,
dich segnet noch der blasse Mund
im Sterben, in der letzten Stund'!
Land zwischen Rhein und Weserstrand
o, grüß dich Gott, Westfalenland!

T: Wagener 1929a [Fußnoten in eckigen Klammern wdg].

Umschlaggraphik „Kloster Brunnen" von Vinzenz Pieper (Wagener 1929b).

Frei nach der Geschichte von Kloster Brunnen

(1929)

Berichten

Et was ümme Christdag rümme 1732. Van Allerhailegen laggte Schnai; niu was et waarme woren un et riänere strack diäl: Me konn saihn, biu de Schnai verspielere.

Poter Valerius kam en Dag vüär Christdag vamme Termyn terügge iut Medebach. Hai saat oppem Piäre, bat sey sachte un sieker diän Wiäg sochte düär diän klammen Schnai. Mettem Termeyn was de Poter guet tefriän: De Luie gaften nau liuter geren, bat hai hewwen woll, Roggen, Fläiß, Giäste, auk mool Waiten un saugar Schoope. Awwer met sey selwer waß hai nit tefriän: Hai frauß ase'n Schneyder un konn balle nit mehr häime kummen, sau kuim waß hai; – maraude un hai konn doch niks iäten. – Hai wußte Beschäid: Saufoorts, bann hai häime kam, mochte hai int Berre, bann hai sey kaine Lungenentzündung halen woll, ase vüär Johren.

Sau kam hai diär de Sallwägge rop.

„De Poter Valerius is wier do!" – dat genk fix düär't Duarp.

„Poter, konn ey usen Vaar nit berichten? Hai hiät sau Peyne op de Buast, Faiwer; et suiht iut, ase bann hai düen Nacht nau daut gohen könn", sau kam all in der Nierensalwägge iäme äiner in de Maite.

„Näi, iek kann't nit", saggte de Poter, „iek sin selwer krank; awwer iek well ug'n anderen Poter schicken."

„Daut dat doch! Kümmet hai balle?"

„Sau fix, ase't gäiht!"

Dat genk nau fixer düär't Duarp, dat de Poter auk krank was: "Bann hai us men jau nit daut gäiht!" Sai harren diän Poter geren un hellen iärk üwer diän niu nau mehr op ase üwer iäre Kranken. – De Poter selwer räit födder un dachte dorüwer no, bat dai Luie füär'n triuregen Christdag harren. Fix kam hai in der Üernsalwägge aan.

"Suih do, de Poter vamme Brunnen! Konn ey us use Süehne nit berichten? Vey hewwer [sic] grade äinen futtschicket no'm Brunnen, dai't bestellen soll!" –

"Jo, iek well äinen Poter schicken! Bat hewwet sai dann?"

"Op der Buast – – –"

Sau genk et diäm Poter nau twäimool. Do woor hai doch verbiestert; hai dräif seyn Piärd aan un waß in ner knappen halwen Stunne oppem Brunnen. Dai Luie unnerwiägens, dai no'm Brunnen dat bestellen sollen, schickere hai wier ümme. Bat verschrock siek der Brauer Theodorus, ase hai diän Poter rinkummen soh: Dai waß sau witt ase ne Schnaikrägge un konne balle oppen Bäinen nit mehr stohen.

"Is kain Poter do?" was de äiste Froge vam Poter Valerius.

"Näi, Poter Gerhardinus is nau nit wier do vamme Termeyn. Poter Carolus is all van drai Iur futt no Kranken in Breinskede un vlichter auk in Ennerpe."

"Sind do dann auk viel Kranke?" verwündere siek de Poter, "et sall bai in de Salwägge kummen; do soll vey in väier Huisern berichten. – Un alle hewwet et op der Buast!"

"Duenerwiär!" härre Theodorus balle saggt, bann hai kain Brauer wiäst wöör, "dat is jo grade de Krankhait hey oppem Biärge! Bo't aanfenk te döggen, do woren de Luie krank. Alle hewwet sai daiselftige Krankhait, Peyne in der Buast, Faiwer un schrecklechen Hausten. Äis 'n paar Dage is dai Krankhet hey; sai stieket awwer aan. Twäi Mann sind all daut, un et weert nau viel schliemer: Balle in jäidem Hiuse ies bai krank!"

De Poter woll siek selwer wier proot maken un gohen; – de Brauer konn iän gar nit ophallen. Do kaam tau der rechten Teyt Poter Carolus terügge. Dai lait sey fix van Poter Valerius

Beschäid giewen, bo de Kranken wören, nahm dat Sakramänte un räit in de Salwägge; et was stockeduistere Nacht – Christnacht. Poter Valerius was niu de Suarge loß un genk int Beere. Et was de höggeste Teyt; foorts, ase hai drinne was, fenk hai aan te remeln. – Dai Brauer makere diän Täi proot.

Poter Carolus kaam in der Salwägge aan; hai woll foorts in de Nierensalwägge, awwer äine Frau hell sau Hiemels un ter Eren aan, dat et iär de Poter nit affschlohen konn. Et was dai Frau, dai iäre twäi Süehne krank oppem Berre leggen harre. De Poter genk fix rin; dai baien konnen äis bichten un kummezäiern, dann konn de Poter awwer nit mehr bey 'ne bleywen. Hai käik mool in de Stuawe, do was de ganze Familie amme Kröchen un soh sau witt un hienfälleg iut; hai soh: De Krankhet fenk all bey allen aan. Taum Glücke harre hai'n bietken Medizeyn vamme Brunnen metbracht.

Dann genk hai awwer äis in de Nierensalwägge – un et woor Teyt: Dai Kranke was all balle amme Stiärwen. Ase hai diän Poter soh, löchteren seyne Augen; hei kräig wier Liäwen un konn siek nau guet düär de Bichte lichter maken. Ase hai niu kummezäiert harre, laggte hai nau'n bietken ruiheg; dann kam schmydeg un sachte de leßte Stunne un de leßte Schwäit. De Poter heel diäm Manne de Kinner un seyne Frau rin un biärre schoin un harre dai Stiäwegebiäre, dat auk de Kinner richteg metbiären un diäm Manne met Greynen dat Stiärwen nit schwoor makeren. Et diuere nit lange, do haffte siek de Buast van diäm Kranken, hai heel naumool daip Ohm, fell terügge un – was daut. Awwer et was ne netten Daut; seyn Gesichte was ganz siäleg un tefriän, ase bann hai kaine Naut kannt härre.

De Poter siänere siek, troistere de Luie domet, dat de Vaar guet stuarwen wör un genk: Et wachteren jo nau mehr Kranke. – Dat matt me Poter Carolus loten: Hai konn met Kranken ümmegohn, berichten un Luie troisten.

In der Nierensalwägge draap de Poter 'n Pastauer van Essel; dai was auk am Berichten. Niu konn hai wier in de Üernsalwägge gohen: Et gaffte do nau viel Aarbet. Hai räit terügge; et was tain

Iuer un de mäisten Luie harren nau Lucht: Et was Owend vüär Christdag – jiä wual, 'n spassegen Christdag: De mäisten Luie wören bey diän Kranken am Waken. Poter Carolus halp nau vielen; awwer dai Masse, dai hai nau besaiken soll, woll gariut nit klenner weren. – Niu gengen iäm auk nau de gesiänten Hostien op; dat was iäm nau gar nit passäiert.

Et was niks te maken; hai mochte äis no Essel. Bat käik hai awwer op, ase hai do niks maken konn: Baie Gäißelken wören futt amme Berichten un harren kaine gesiänten Hostien terügge loten. Dann no Wienholtsen: Dat was 'n Wiäg in der Nacht, bo hai kaine Hand vüär Augen wahren konn, – un dann in diär Raaske! Dat Piärd wußte diän Wiäg biäter ase de Poter. Ümme half twäi nachts was de Poter wier in der Üernsalwägge. Bit seß Iur mochte hai nau berichten, dann was hai bey allen wiäst un konn wier no'm Brunnen gohen. – Dai Nacht hiät dai Poter siliäwe nit vergiätten; hiärno, no langen Johren hiät hai nau vake dovan vertallt.

Ase hai no'm Brunnen kam, harre siek Poter Valerius sau weyt opkraspelt, dat hai de Frauhmisse liäsen konn. Poter Carolus mochte de Hauhmisse daun. Bat härre hai diän Muarn vamme Christkinneken priärgen konnt, bat in diär Nacht noh sau viel Kranken kummen was. – Hai was awwer te maie un maraude dotau un makere't knapp aff.

Op Stephanus kaam de drüdde un de üwerste van diän Pöters oppem Brunnen, Poter Gerhardinus, iutem Klauster van Wiärl wier terügge. Hai was maie van der Raise un et gaffte doch kain Iutresten: Diän Nummedag mochte hai nau no Kranken un 'n anderen Dag was Begräfnisse. – Awwer et was doch guet, dat de Poters wier alle tehaupe wören.

T: Wagener 1929b, S. 112-115.

Schichtern

Et is all lange hiär, all balle 250 Johre. De Brunnen was nau lieg, men dat Wäterken flaut do all sau guet ase niu. Et was nau kain Hius do; nümmes wußte wuat dovan, dat de Brunnen nau mool berühmt un bewuehnt weren könn. Me harre altmool hoort, dat vüär langer Teyt 'n Scheper seyne kranken Augen in diäm Wäterken wasket harre un dat sai dono wier ganz gesund wören woren; niu kemen vake Luie heyhien taum Baden. Sai meken van grainen Reysern Hütten, grade ase't dai Kauhhäiern dehen.

Van Breinskede dräif Maria de Kögge no'm Brunnen. In der Nögde van diäm Sprink, bo ne Reyge Bäume fehlere, was sau nett graut Gras füär de Kögge. Et was ne riänergen Dag; Maria hurre siek in 'nen Mantel un genk unner dai dicke Äike leggen: Et was en richteg Wiär taum Droimen un Fraisen.

Op äinmool hoor Maria Luien, van ner klainen Klocke, ganz duitlek, ase bann iät in Stockum wör. Maria verwünnere siek innen Daut: Hey in diän Bergen konn 't süß kainmool Luien hören. Do kam awwer grade dat Nowers Fränsken, dat konn't sieker vertellen.

„Frans, hiäst diu't auk Luien hoort?"

„Näi, iek hewwe niks hoort!"

Ne Weyle was Maria ruiheg; dann saggte 't: „Frans, niu höör doch mool, niu gäiht de Kleppeklocke, grade ase bann 't tau der halwen Misse wöör!"

„Iek höre niks!" –

No knapp taihn Miniuten raip Maria wier: „Frans, suihst diu dat Fuier do ungen? Do is wuat amme Briänen. ... Näi, et sind Lechter. Iek gloiwe, do is Prozessiaune. Höörst diu nit dat Singen? Dat is lateyns!"

„Iek saih niks; iek höre niks. Maria, diu schichters, iek goh wier no meynen Schweynen!"

Ne halwe Stunne hiärno kam dai Bieckseypen Scheper; dai harre datselftige hoort ase Maria un saggte: „Dat saßt diu saihn, Maria, do kümmet naumool ne Kiärke hien!"

***

Et wören fifteg Johr düär't Siuerland trocken. Oppem Brunnen harre siek alles ändert. Äis was äin Kliusner do wiäst; dai harre viel Geld tehaupe termenäiert un ne schoine Kapelle un en Hius dobey bugget. Düt Johr 1722 wören all Pöters do; Poter Gerhardinus harre't Haupt. De Bieckseypen Scheper un Maria, bat domols de Kögge haien mochte, wören all lange Mann un Frau. No langer Teyt wollen sai mool wier no'm Brunnen in de Misse; süß gengen sai liuter no Ruien. Ase dai baien haugen oppem Bieckseypen Scheperlanne wören, hoorten sai Luien. Äis bläif Maria stohen un liuere, dann auk de Scheper. Dann saggte iät: „Grade sau hewwe iek dat Luien hoort, ase iek nau klein was un hey haien mochte." Sai liueren nau lange, ase dat Luien all tem Enne was; dann gengen sai födder. As sai ungen bey de Bieke kemen, kleppere't tau der halwen Misse; sai kemen nöger an dat Klauster un horen lateyns singen. Et wören grade apart viele Pöters do, dai oppem Brunnen gesund weren wollen; dai alle süngen knuakenhart lateyns. – Dat Schichtern was Wohrheit woren.

De Scheper un seyne Frau kemen nau guet in de twedde Misse. Hiärnoh gengen sai äis no'n Pöters un vertallten diäm Poter Gerhardinus, bat passäiert was. Dai fröndleke Poter lait 'ne Kaffäi giewen un heel dann Poter Carolus, dai de Geschichte vamme Brunnen schräif. Diäm mochte de Scheper dat Schichtern naumool vertellen.

„Datselftige is mey all van väier anderen vertallt woren. Niu is et sieker wohr. Guatt Luaf un Dank!"

De Richter van Stockum, Heer Nidenstein, genk mettem Schreywer spazäiern. Sai vertallen iärk, bat de leßte Teyt passäiert was, un wören op diäm Ennerper Kiärkwiäge bit noge an Ennerpe kummen. Op äinmool bläiwen baie stohen un saggten niks mehr.

Drai Wagens met Dauen kemen ächteräin hiär. Vüär diäm äisten was en Schimmel; men äin Sark was deroppe, dovüär saat 'n Poter placks oppem Wagen. Op diän leßten twäi Wagens wören jäidesmol twäi Siärge. Grade woll dai Richter diän Schreywer frogen, of dai Piäre van diäm drüdden Wagen nit dem Müe-

ler taukemen, – do was alles fut. De Schreywer harre awwer auk alles selwer saihn.
...

Et was ne schwore Teyt un ne triurege Teyt, dai Teyt ümme dat Nigge-Johr 1732. Vüär Christdag was van Allerhailegen aan liuter knaidaipen Schnai wiäst. Ümme Christdag harre et riänt un bey Nigge-Johr was de ganze Schnai futt un ne Luft ase imme Froi-johr: De Biuern konne[n] plaigen, eyen un Roggen säggen; imme Hiärwest harren sai dat nit konnt.

Dat was dat Schoine; awwer dat Schlieme was viel aisker: Ne Krankhet was in der Giegend van Brunnen, Sallwägge, Meinken-bracht, Ennerpe, – biu johrelank kaine mehr wiäst was. Kain Dokter wußte Root. Faiwer, Peyne in der Buast un in drai Dagen wören de Luie miusedaut. De Pöters oppem Brunnen mochten diän ganzen Dag un drai, väier Nächte ächteräin liuter oppen Bäinen seyn: Dai Kranken besaiken, dai Luie, dai am Stiärwen wören, berichten un dai Dauen begrawen.

Et was amme Duenersdag. Siewen Luie wören daut: feywe konnen men blauß begrawen weren. Poter Carolus was sau maie ase 'n Ruien; hai konn balle nit mehr oppen Bäinen stohen. Un doch woll hai te Faute gohen; awwer hai wor op diän schlechten Wiägen sau hienfälleg, dat hai siek oppen Wagen hiewen lait.

Grade in düär Teyt was de alle kranke Richter van Stockum wier taum äistenmool bey diäm waarmen Wiär riutgohen op Ennerpe tau; de Schreywer, dai nau junk was, sochte iäne un woll iän häime halen. Grade, as' hai bey 'me was, kam dai Begriäfnisse van Ennerpe hiär. Wören dai Dauenwagens ne Verrelstunne eger kummen, dann kemen sai men diäm Richter in de Maite; bann ne Verrelstunne läter, dann was nümmes mehr do. – Et is doch spasseg, dat alles sau indriäpen matt.

De Elseske Junge, en bekannten Spökenkicker ümme 1830, hiät saggt: No düen briunen kummet niu äis schwuatte Pötters no'm Brunnen, dann giet et viel Liäwen; hiärnoh kummet wier Kapuzeyner. – – –?

T: Wagener 1929b, S. 116-119.

Mescheder Heimatblatt

Beilage zur Mescheder Zeitung.

Druck und Verlag: A. Harmann
Inh. Fr. Drees in Meschede.

Für die Redaktion verantwortlich:
Franz Drees in Meschede.

Meschede, den 7. August 1931.

Essel.

Van Growen Fiänand.

„Mömme, daut nit sau viel Speck in de Panne; wey muot sparen!" Et is mey nit taum Schrozen, bann ick dat segge: Wey hewwet lange sau ne schwoore Teyt nit hat ase niu. Blicher nau gar nicht. Awwer et helpet alle niz, dat Klagen un Jauzken äis gar nit. Wey muot sparen!

Soll ick awwer ümme dat Sparen nit no 'm Häimatsäst in Essel gohen? Ick hewwe mick nit lange bedacht. Bann it im Lanne was, sin ick jo liuter no diän Häimatsästen wiäst, all niegen Johre lang. Un düt Johr äis recht! Bann auk de Teyt sau schlecht äis? „Jo, gerade diärümme!" — „Diärümme?" — „Et is niu an der Teyt, bo alles wäärain stött. Bann vey niu nit oppasset, dann is et härnoh te late. Dat well ik ug saufoortens seggen: Bann vey us nicht an use Häime hallet, terhäimen blitt un spart, bann vey niu nit dai Werte kennen lehrt, dat vey an in 't Kassenbauk rinschreywen kann, dann gat vey rats te Grunne, sau daut ase he Mius, dat Siuerland, Westfalen un dat gansse Duitsland. — Me mot et diän Luien mool platt seggen; süs verstatt se et nitt!"

Dann harre ick auk nau ne Grund füär mick; dat ick sau geren no 'm Säste in Essel genk. Essel legget, bo de Salwägge un de Essel, twäi klaine Wäterkes, beynäinflütt. Bann me niu biär dat Salwäggedaal ropgäiht, dann kümmet me sau langsam sin dai Giegend, bo de Welt met Briärn tauschlagen is, bo iäk de Hasen un Fösse „Gurre Nacht!" segget. Do legget de „Kukuck", nau södder bo rop de „Fiulebueter", be „Schluwwerhiärmen" un de „Willewiese"; üwer de Homert rüwer legget de „Brunnen", noge derbey de „Biekenbraut" un nit weyt bey van „Klain Moskau". Dat sind alle Namen, bo me bey 'n kitzen dat Fraisen bey kritt. It is awwer sau schliem nit, lange nit sau schliem ase in der Stadt. Et sind klaine Düärper un klaine Hüser, un äin rechter Keerl kut Amerika könn alles alläine kaupen. Awwer äis mool verkauwet wey nau nix! Amerikaner, diu kannst men wier gohen!

In diär Giegend was ick ehertiens terhäime. Bann ick auk van Dage nit mehr do wuene — ick gohe doch liuter wier geren dohin.

Soterdag.

Amme Soterdage was nix los. Wey sind gewuent, dat dat Fäst amme Soterdage aangenk. Dütmool was et anders. Dai Häimatluie wollen sparen. Et soll äigentlek üwerhaupt kain Häimatfäst sin; et soll äin Häimatdag sin. „Et is all recht," segget de Luie im Schwarzwald. „Et is richtig," segge ick, „dann jäider Menske men mehr äin Fäst imme Johr seyert, en richtig Schützenfäst. Domet watt hai en dann guet seyn loten; mehr konn vey us nit laisten. Dann konn hai awwer nau ruieg no 'm Häimatdag in Essel kummen. Dat tellet nit met. Dat is ganz wuat anders.

Dai Soterdag senk mool wier guet aan. Ick maine, dat Wiär! Et harre sick all en paar Dage sau rümmedrücket un wußte nit, bat et woll. Niu was et taum ästenmool wier richtig guet. Amme Wiär kann 't nit leggen, dann dai Häimatdag niz mueset, dachte ick soortens, ase it opstunt un iutem Finster käik. Ick wuene in Meskede sau hauge, dat it de ganze Stadt balle üwersaihn kann, un dat ick de anderen Luien in de Schnättstäine spiggen kann. Do kann ick awwer auk guet dat Wiär üwersaihn.

Se Sunne schäin nau liuter baumeshauge, ase ick amme Nummedage, giegen 6 Juer, no Essel kaam. De Luie wören all oppen Bäinen, rüsteren de Stroten un hengen de Wimpels üwer de Strote. Büsste bruchten sai nit te planten; dofüär statt de Schossenbäume nau. Schoint is Essel, klain un alles grain.

Bey Häimatfrönnen träig ick all friske Brootiuseln; dann malere ick met diär de Salwägge wop häime.

Sunndag Muärn.

Da Kiärke was hit oppen lesten Platz bull. Ick harre liuter Angest hat, se können nit alle ringohen; awwer et hiät doch sauiäwend gohn. De „plattduitske Pastauer" van Mieseber laus de Hauhmisse, un Dompropst Linneborn van Poterbuärn hell 'ne plattduitske Priärge. Niu sall et wual met der Teyt weren; bann sick de Kiärke mool sau füär use Häime insettet, dann sin vey oppem richtigen Wiäge. Et hiät wahrhaftig lange duvert, bit dat vey mool ne plattduitske Priärge kriegen hewwet. Awwer de Luie in Essel un in der Ummegiegend wachteren all derop. Alle frogeren mick amme Soterdage all: „Giet et wuat met diär plattduitsken Priärge?" — Ick hewwe all vake saggt: „Wey muot mool met usem Hiärguatt platt kuieren,

Essel

[Sauerländer Heimattag
1931 in Eslohe]

Van Growen Fiänand

„Mömme, daut nit sau viel Speck in de Panne; vey muot sparen!" Et is mey nit taum Schrotzen, bann ick dat segge: Vey hewwet lange sau ne schwoore Teyt nit hat ase niu. Vlichter nau gar nit. Awwer et helpet alle nix, dat Klagen un Jautzken äis gar nit. *Vey muot sparen!*

Soll ick awwer ümme dat Sparen nit no 'm Häimatfäst in Essel gohen? Ick hewwe miek nit lange bedacht. Bann ick im Lanne was, sin ick liuter no diän Häimatfästen wiäst, all niegen Johre lang. Un düt Johr äis recht! Bann auk de Teyt sau slecht is? „Jo, gerade diärümme!" – „Diärümme?" – „Et is niu an der Teyt, bo alles vüäräin stött. Bann vey niu nit oppasset, dann is et hiärnoh te late. Dat well ick ug saufoortens seggen: Bann vey us nit an use Häime hallet, terhäimen blitt un spart, bann vey niu nit dai Werte kennen lehrt, dai me in 't Kassenbauk rinschreywen kann, dann gat vey rats te Grunne, sau daut ase ne Mius, dat Siuerland, Westfalen un dat gansse Duitsland. – Me mat et diän Luien mool platt seggen; süss verstatt se et nitt!"

Dann harre ick auk nau ne Grund füär mik, dat ick sau geren no 'm Fäste in Essel genk. Essel legget, bo de Salwägge un de Essel, twäi klaine Wäterkes, beynäinflütt. Bann me niu diär dat Salwäggedaal ropgäiht, dann kümmet me sau lanksam in dai Giegend, bo de Welt met Briärn tauschlagen is, bo iäk de Hasen un Fösse „Gurre Nacht!" segget. Do legget de „Kuckuck", nau födder do rop de „Fiulebueter", de „Schluwwerhiärmen" un de „Willewiese"; üwer de Homert rüwer legget de „Brunnen", noge derbey de „Biekenbrauk" un nit weyt dervan „Klain Moskau". Dat sind alle Namen, bo me sau 'n kitzken dat Fraisen bey kritt.

Et is awwer sau schliem nit, lange nit sau schliem ase in der Stadt. Et sind klaine Düärper un klaine Huiser, un äin reyker Keerl iut Amerika könn alles alläine kaupen. Awwer äis mool verkaupet vey nau nix! Amerikaner, diu kannst men wier gohen!

In diär Giegend was ick ehertiens terhäimen. Bann ick auk van Dage nit mehr do wuene – ick gohe doch liuter wier geren dohien.

Soterdag

Amme Soterdage was nix loß. Vey sind gewuent, dat dat Fäst amme Soterdage aangenk. Dütmool was et anders. Dai Häimatluie wollen sparen. Et soll äigentlek üwerhaupt kain Häimatfäst sin; et soll äin Häimatdag sin. „Et is all recht", segget de Luie im Schwarzwald. „Et is richtig", segge ick, „bann jäider Menske men mehr äin Fäst imme Johr feyert, en richtig Schützenfäst. Domet matt hai et dann guet seyn loten; mehr konn vey us nit laisten. Dann konn hai awwer nau ruiheg no'm Häimatdag in Essel kummen. Dat tellet nit met. Dat is ganß wuat anders."

Dai Soterdag fenk mool wier guet aan. Ick maine, dat Wiär! Et harre sick all en paar Dage sau rümmedrücket un wußte nit, bat et woll. Niu was et taum äistenmool wier richtig guet. Amme Wiär kann't nit leggen, bann dai Häimatdag nix weert, dachte ick foortens, ase ick opstonk un iutem Finster käik. Ick wuene in Meskede sau hauge, dat ick de ganße Stadt balle üwersaihn kann, un dat ick anderen Luien in de Schuättstäine spiggen kann. Do kann ick awwer auk guet dat Wiär üwersaihn.

De Sunne schäin nau liuter baumeshauge, ase ick amme Nummedage, giegen sess Iuer, no Essel kaam. De Luie wören alle oppen Bäinen, rüsteren de Stroten un hengen de Wimpels üwer de Strote. Büske bruchten sai nit te planten; dofüär statt de Schossenbäume nau. – Schoin is Essel, klain un alles grain.

Bey Häimatfrönnen kräig ick all friske Broetiufeln; dann makere ick mik diär de Salwägge rop häime[1].

SUNNDAG MÜÄRN

De Kiärke was bit oppen lesten Platz vull. Ick harre liuter Angest hat, se können nit alle ringohen, awwer et hiät doch sauiäwend gohn.

De „plattduitske Pastauer" van Miäseber[2] laus de Hauhmisse, un Dompropst Linneborn[3] van Poterbuärn hell 'ne plattduitske *Priärge*. Niu sall et wual met der Teyt weren; bann siek be Kiärke mool sau füär use Häime insettet, dann sin vey oppem richtigen Wiäge. Et hiät wahrhafteg lange diuert, bit dat vey mool ne plattduitske Priärge kriegen hewwet. Awwer de Luie in Essel un in der Ümmegiegend wachteren all derop. Alle frogeren mik amme Soterdage all: „Giet et wuat met diär plattduitsken Priärge?" – Ick hewwe all vake saggt: „Vey muot mool met usem Hiärguatt platt kuiern, dann gäiht et biätter." Ick maine, bann vey met usem Hiärguatt platt kuiert, dann kuier vey met iäm ase met usem Brauer oder ase met usem Vaar un dann is use Biän äis richtig. Ase ick de plattduitske Priärge terhäimen der Mömme vertallte, mäinere sai, dat wöör auk gans richtig. Dann [*Dat?*] könn me diän Luien auk grade sau guet op platt seggen. Et is dono sau gar nix Besonderes, dat de Dompropst plattduitsk priärgere. Dat Besondere deraane is blaus, dat de Luie niu dermet aanfangen hewwet. Me söll siek jo wündern, dat sai et niu äis dohen hewwet; awwer vey wellt Guatt danken, dat sai et üwerhaupt dohen hewwet. Düse Priärge was nit alläine de Hauptsake vam Häimatdag in

---

[1] [Nämlich – von Eslohe über Salwey – zum *Elternhaus* in Steinsiepen; aktueller Wohnsitz ist aber laut Einleitung: Meschede.]
[2] [FRANZ ANTON KASPAR MÖNIG / MOENIG (1875-1945), aus Schmallenberg stammend, Pfarrer zu Eversberg; vgl. zu ihm: Bürger 2010, S. 427-430.]
[3] [Prof. Dr. JOHANNES LINNEBORN (geb. 1867 in Sundern-Hagen; † 1933 in Paderborn); Dompropst, Zentrumsabgeordneter im preußischen Landtag.]

Essel; sai is de Hauptsake oder äin Hauptpunkt in user Häimataarbet in diän niegen Johren.

Diärümme mat ick nau lenger bey der Priärge stohen bleywen. Dat *Evangäilien* was van Lucas [18,9-14]:

In diär Teyt saggte Jesus äinigen, dai op iäk selwer vertruggeren un dai anderen verachteren, düt Gleichnis: Twäi Mensken gengen in diän Tempel rop un wollen biän. Dai äine was en Pharisäer un dai andere en Zöllner. De Pharisäer stallte siek hien un biärre. De Zöllner awwer saggte: „Guatt, sie mey Sünder gnädig!" Ick segge ug: *Düse genk gerechtferregt häime*, dai andere nit.

„Düese genk gerechtferregt häime", was de Vüärsprüek füär de Priärge. Bo use Hiärguatt is, do is use Häime! Dat konn me all im Paradeyse saihn. Sau lange, ase Adam un Eva guet wören un amme Hiärguatt hengen, wören sai frauh un tefriän im Paradeyse; hiärnoh ase dat anders wor, mochten sai riut. Ase Kain seynen Brauer dautschlagen harre, mochte hai flüchtig gohen un harre kain Häime mehr. Dai schoinen Biärge, de Seypen un Wiesen hiät de Hiärguatt maket; awwer amme lesten Enne is hai selwer use Häime. *De Hiärguatt is use Häime füär 't Liäwen un füär 't Stiärwen*.

Imme Liäwen muot vey liuter tau usem Hiärguatt dat Vertruggen behallen, auk bann et us nit sau guet gäiht, bann vey nit wietet, bat vey iäten un bat vey aantrecken sollt. Bann vey Angest hewwet vüär Inflaziaun un Revelutiaun, dann kann hai doch all diän Stürmen vüärschreywen. Use Vaar lätt us nit imme Stiek, bann vey 't nit daut.

Imme *Stiärwen* muot vey taum Hiärguatt stohen ase 'n Kind, bat amme Owend mettem Vaar bey früemeren Luien is, un bat dann 'n Vaar an de Hänne päcket un segget: *Vey wellt häime gohen!* Sau well vey häime gohen im Daue in 'nen Hiemel.

Sau ne Priärge hiät dat Siuerland nau nit hoort. Ick gloiwe awwer, dat et nit de leste plattduitske is; gint Johr dait et de Pastauer van Miäseber. Bann hai auk nau nit deraan well.

SUNNDAG MIDDAG

No der Hauhmisse bläiwen de Luie bey 'm Kösterhiuse un op der Brügge stohen. Ick stonk ächten aane, un van do soh ick dat Bield aan ase 'n Klainstadtbield van Richter met ner Versammlunge unner bloem Hiemel. – Dai Hiemel was auk blo – un wahne häit. Bat matt dai Redner schwett hewwen!

Äis spielere de Musikkapelle van Förde 'n Stücksken, un de Vikarrges Hoffmeister[4], de äiste imme Häimatbund, hell ne Aansproke. Ick studäiere an diäm netten Hiuse rümme. Et is äin richtig siuerlänsk Fachwiärkhius, witte Wänne un schwuatte Balken. Bat sind dat nette Huiser, un auk gesunde Huiser! In Ruien[5], bo ick terhäimen sin, suiht me all düese Huiser haugen vamme Gielberge imme Luake leggen. Bann me düese Huiser van weym suiht, dann weert sai äis richtig schoin: Witte Huiser met schwuatten Balken in grainen Wiesen un Biärgen!

Ick dachte an all düt.

In äinen schwuatten Balken harren de Luie met witter Schrift schriewen:

„A Joanne Pape et Aloisia Schröder in hic aedibus nata conjugibus et directoribus regens erigor anno 1796 ..." Eger, dat ick diän Monat un Dag luasen harre, was all ne nigge Inschrift derunner, ne Schiewertafel üwer der Hiusdüär, dai de Landrot van Meskede uappen decket harre:

In diesem Hause wurde geboren am 4.IV. 1831
Joseph Pape,
der Sänger deutscher Treue und Einheit

Niu wußten dai Früemeren alle, dat dat Häimatfäst düt Johr in Essel sin mochte. Niu wietet dai Luie alle, dai in 't Kösterhius gat, bai do drinne jung woren is. Bann sai mool sau viel füär

---

[4] [Pfarrvikar FRANZ HOFFMEISTER (1898-1943) aus Bestwig-Ramsbeck, Vorsitzender des Sauerländischen Heimatbundes 1924-1933; vgl. Bürger 2010, S. 270-274.]
[5] [Hier plattdeutsch für: Schliprüthen.]

Duitsland dohen hewwet ase Pape[6], dann konnt sai ruiheg prohlen.

Niu kaam de äigentleke *Festrede* vam Pastauer Tusch[7] iut Minden:

Ase Studänte kaam Pape in Tübingen gerade bey diän allen Dichter Uhland te wuenen. Dat hiät iäm grauten Spaß maket; hai schräiw et saufoortens häime. Dann fenk Pape selwer aan te dichten. Bann hai auk kain ander Bauk maket härre ase dat „*Iut 'm Siuerlanne*", dann härre hai all düesen Dag verdaint. Awwer Pape hiät mehr dohn. Hai is äin Dichter iut der Romantik; hai is awwer auk äin duitsker Dichter. Hai aarberre füär de Religiaun un giegen dai Geldmensken, dai men blauß dat Geld gellen laiten. Dai Luie in seyner Teyt hewwet Pape nit verstohen. Vey wietet awwer, dat en Dichter un Duitsland tehaupe höört: De Dichter is et Hiärte van der Welt! Dat saggte de Pastauer Tusch am Enne.

Dat genk mey an 't Hiärte: Pape, bann diek de Luie iut deyner Teyt nit verstohen hewwet, vey verstatt diek. Van Dage wietet vey, dat us de Geldmensken alläine nit helpen konnt. *Dai nigge Teyt höört der Kunst.* Bann auk van Dage de Künstler nau dautschmachtet, et is doch sau. Dat Geld helpet balle nix mehr, äis dann wier, bann et in de richtige Reyge kümmet. Awwer et äiste in diär Reyge kummet dai Mensken, dai wuat konnt un dai wuat wellt, un ächterhiär kümmet dat Geld. Dai Teyt, bo dat Geld et äiste was un alles te seggen harre, is vüärbey. Luie, gloiwet et mey un liäwet derno, un bann ey et nit gloiwet, dann schmachtet ey daut, oder ey schlatt ug daut. Ick matt et ug plattduits seggen ...

Dat was dat gansse Fäst. Do ächterhiär genk et an 't *Middagesiäten*. Do hell de Bürgermester van Essel ne Rede un begruissere alle. Van diän Verwandten van Pape bedankere siek äiner, dat Pape niu auk in seyner Häimat ehret weert. Dann saggte de

---

[6] [JOSEPH PAPE (1831-1998) aus Eslohe, Jurist und Dichter (auch Verfasser plattdeutscher Novellen); vgl. zu ihm: Bürger 2010, S. 478-481.]
[7] [Pfarrer FRANZ-JOSEF TUSCH (*1883 in Neuenrade, † 1971 in Wewelsburg); Propst in Minden.]

Vikarrges Hoffmeister nau 'n bietken, bat guet bey 't Iäten passere.

SUNNDAG NUMMEDAG

Dat *Fäst* was äigentlek all tem Enne, un niu fenk de Häimatdag aan. Awwer sau hiät dai Dag guet in düese schwoore Teyt passet. Et is nit viel feyert woren; et is awwer aarbet woren. Vey muot in Duitsland sau langsam aanfangen un *buggen op*; bit niu is nau wahne wenneg dohen woren.

Ick gloiwe, vey hewwet nau sellen sau 'ne schoine *Begruissunge* im Gedichte hat ase niu in diäm Gedichte[8] vam Köster Schulte[9]. Jäider, dai et in der Meskeder Teydunge luäsen hiät, söll et sey iutschneyen un in de Trecke leggen, dat hai et mool wier diärliäsen kann. De Pastauer van Essel[10] konn 't awwer gerade sau guet, bann hai auk kain Gedicht maket harre; hai konn Spaß un Witze maken, un dorinne giewe ick iähm geren recht: Et giet men *äin* Siuerland, un men *äin* Essel!

De Vikarrges *Hoffmeister* vertallte, bat et imme lesten Johr im Heimatbund Nigges gafft harre. *Et is viel Gurres passäiert* – bey all diän schlechten Teyen. – Vlichter is dat doch äin Täiken dofüär, dat de Luie miärket, bann vey opbuggen wellt, un bann et us nau mool biätter gohen sall, dann muot vey äis wuat füär use Häime daun; hiärnoh mäket et dat Häime wier guet. Vey hewwet niu 4.000 Luie, dai de „*Heimwacht*" liäset un hallet. De Kuländer „*De Suerlänner*" is wier do. Twäi nigge Saken sind aanfangen: „Das Sauerland um 1800" is äin klein Heftken, bat siek wual jäider füär 30 Pänninge kaupen kann. Et söllt nau mehr drücket weren. De „Sauerländer Buchgemeinde" is niu auk groen. Dat äiste Bauk

---

[8] [Text in: Mundart-Anthologie V, S. 313-315.]
[9] [FERDINAND SCHULTE (1880-1948, Eslohe), Küster und Verfasser von Mundarttexten; vgl. Bürger 2010, S. 612-613.]
[10] [Pfarrer JOSEF MOLLERUS.]

„*Im Schritt des Jahres*" van usem Musikanten Pröpper[11] is in der Drückerey.

Dono hell Dr. Schulte[12], Ahlen, seyne Rede, dai mey am besten gefällen hiät; ick kann dai sieker nit vergiäten. „Der Sinn der Heimatpflege" herre de Üwerschrift. Hai härre auk seggen konnt: „Die Philosophie der Heimatpflege". Et is 'n grauten Unnerschäid tüsken „Heimatschutz", „Heimatkunde" und „Heimatpflege". Vey hewwet lange nit genaug dohen, bann vey alläine hey 'n Biärg un do 'n paar Stäine schützet. Vey hewwet auk nit genaug dohen, bann vey genau üwer use Geschichte Beschäid wietet, oder bann vey graute Museen hewwet. Vey daut auk äigentlek nix füär 't Häime, bann vey met user Aarbet men füär de „Wissenschaft" wuat ferrig brengen wellt. Vey konnt auk nit alläine bey 'm Allen stohen bleywen. In der niggen Teyt met niggen Mensken un Mascheynen muotet vey aarbaien. Awwer de Mensken selwer, dofüär muotet vey wuat daun. „Heimatpflege" is ne Aarbet füär gans Europa. Do suiht et balle sau iut: Ohne Häimataarbet konn vey nit liäwen un födder kummen! – Dat gloiwe ick. Dann muotet vey auk füär de Städte aarbaien (Vlichter gäiht dat met „Häime un Kunst"; ick kann dat hey awwer nit alles beschreywen, sau ase ick dat maine.) Et gäiht awwer nit, biu 't van Dage liuter maket weert, dat jäides Duarp imme Siuerlanne dat schönneste sin well, men diärümme, dat mehr Früemere rin kummet. (Dotau mat ick auk wuat seggen: Diu hiäst gans Recht. Diärümme giet et auk im ganssen Lanne kainen richtigen „Führer". Blauß Schauerte[13] hiät äinen netten un gurren [‚Führer'] üwer „Nordenau" schriewen. Bann wellt vey imme Siuerlanne mool domet aanfangen? – De „Führer" sall nit alläine füär de Früemeren, hai sall auk füär de Luie imme Siuerlanne do seyn;

---

[11] [THEODOR PRÖPPER (1896-1979) aus Balve – Kirchenmusiker, Heimatbund-Aktivist und später auch Mundartautor; vgl. Bürger 2010, S. 500-504.]
[12] [Dr. WILHELM SCHULTE (1891-1986), aus Iserlohn stammend und ab 1923 bis in die Nachkriegszeit zur Leitung des Westfälischen Heimatbundes gehörend. Vgl. zu ihm jetzt: Ditt 2016a.]
[13] [Dr. HEINRICH SCHAUERTE (1882-1975) aus Schmallenberg-Nordenau, Priester und Volkskundler; vgl. Bürger 2010, S. 564-566.]

dann weert hai van selwer richtig.) De Regierunge *matt* siek nau mehr füär düese Aarbet inleggen! (Dat kümmet all van selwer, bann de Teyen nau schlechter weert!)

De Landrot vam Kraise Arnsbiärg, Dr. [Heinrich] *Haslinde*, kuiere üwer „Heimatschutz". De Reklame oppem Lanne kann me an vielen Steyen wier affreyten, bann me dat Gesetz guet kennet. An mannigen Steyen hiät dai jo sau Üewerhand nuamen, dat sai doch nix mehr nützet. In diän Düärpern is dofüär suärget woren, dat de Bieken raine blit. Dai niggen Huiser sollt alle verputzet weren. Auk de Kruize amme Wiäge un de Hielegenhuiskes in diän Fellern sind in Arnsbiärg allerwiärgen instand satt. (Recht sau, Arnsbiärger!)

De *Pastauer van Miäseber, Moenig*, kuiere üwer de plattduitske Sproke. Hai fröggere siek, dat niu äinmool de Priärge op Platt wiäst wöör. Hai vertallte auk, dat Pape maint härre, de plattduitske Sproke wöör nit men füär Witze un Rippräppkes guet, auk füär ernste un schwoore Stücke. Diärümme hiät hai seyn Bauk „*Iut 'm Siuerlanne*" schriewen. Dat Schliemeste füär use Platt wören dai Frauluie, diänen dat Platt nit „vüärnehm" genaug wöör, dai „hodeitsk keiern" wöllen. Et wöör schliem ümme use Sproke. – De Dompropst Linneborn harre mehr Tauvertruggen tau usen Frauluien imme Siuerlanne.

SUNNDAG OWEND

Dat Gedicht vam Köster Schulte mochte naumool vüärdraggt weren. Sau harre 't gefallen. Lehrer *Wiepen* laus Gedichte van Pape vüär. De gansse Owend was ümme Pape. Ne äigentleke Feyer was et awwer doch nit. Dotau is Pape te eernst. Dai Luie, dai wuot dovan hewwen wollen, mochten all selwer eernst sin un neype tauhören. – Ick segge dat, dat alle en richtig Bield kritt. Et is schwoor, äinen Owend ümme Pape van Pape selwer te maken. Dat briuket kain schlecht Täiken füär Pape te sin. Hai hiät sieker nit do draan dacht, dat imme Johre 1931 de Häimatdag no seynem Namen maket wöör. Mey hiät awwer alles guet gefallen. Auk dai lange Rede van Profässer *Hengesbach*[14] hiät mey gefallen. Hai kuiere üwer dai Teyt, iut diär dat Theaterstück „Wider den Wahn" van Pape schriewen is. Et is doch schrecklich, bat nit all alles in Duitsland passäiert is. Biu viele Mensken sind in diär Teyt unschülleg daut maket woren, un dai Martern wören sau graut, dat me ruiheg seggen kann: Dai alle sind mehrmools stuarwen.

Ick hewwe all saggt: Et is schwoor, äinen Owend van Pape selwer te maken. Awwer auk hey segge ick wier: Mey hiät dat Stücke „Wider den Wahn" guet gefallen. De Büene mat men vake dobey ümmestallt weren; dat gäiht schwoor. Dai Esseler spieleren awwer guet. Me briuket men an Wolfhart te denken, an diän Duiwel, dai seyn Miäken ümmebrengen woll. Ase Briut harre sai iähm ne Kuarw gafft; niu harre hai sai ase Häxe aanzaiget, un sai was auk all no vielen Martern tau 'm Daue bestemmet. Do gaffte 't Kreyg imme Lanne, un dat Miäken woor vam richtigen Bruimen, dai bey 'n Saldoten was, rettet. Dat Miäken makere et auk guet. Ick briuke men an diän Momänt te erinnern, bo iät, ase de Daut sieker woor, inäingräwwelere. Et saggte nix, un sau biuß, was iä[t] futt. Dat was doch viel schoiner, ase bann et äis schrigget härre. Sau was iät en Bield vamme starken Menske, sau ase de Frauluie imme Siuerlanne seyn sollt.

Bann me iut diäm Theater kaam, wußte me wennegstens nau, bat me saihn harre; dat wäit me van Dage in diän Städten vake nit mehr, bann do sau 'n modern Stücke is spielt woren.

Et waß doch all late, ase dai Owend tem Enne was. Vikarrges Hoffmeister saggte 'n paar Woore; dann genk et riut.

Do biuten schäin de Vullmond.

---

[14] [Dr. phil. JOSEPH HENGESBACH (1860-1949) aus Fredenburg, katholischer Publizist; Mitarbeiter der reformorientierten Zeitschrift „Hochland".]

MANDAG

Muärns ümme niegen Iuer fenk de Aarbet aan. „Ausschuß für Volkskunde", „Ausschuß für Familienkunde und Heimatgeschichte", „Ausschuß für Heimatliteratur", „Ausschuß für heimische Bauweise", „Naturschutz-Ausschuß". Dat sind alle Namen, bo wuat ächter stieket. Allerwiägen was Aarbet genaug. Bann me van Dage van Naut un Arbetslausigkait kuiert, dann mat me 'n Häimatbund iutniämen. Do is nau genaug Aarbet; ick saike all 'n half Johr an äinem un kann kainen fingen. Dat is awwer sau: Düese Aarbet füär 't Häime (un dai is doch amme noiregsten!) weert schlecht oder gar nit betalt. Bai niu aarbaien well un siek dobey selwer köstegen, dai kann kummen. Et is richteg: Düese Aarbet is sau graut un schwoor, dat sai gar nit betalt weren kann. Bai siek awwer gans diäm Siuerlanne giewen well, un gar kainen anderen Beruf hiät ase düen grauten (un philosophischen, säggte ick geren!), dai matt auk dovan liäwen. Et wöör doch mool guet, dat vey äinen kriegen, dai van der Häimataarbet liäwen möchte. Bat möchte dai spassege Gedanken kreygen!

Ick sin oppen Holtwiäg kummen. „Ick fange aan te schwatern!" Niu well ick awwer auk nit mehr viel van der Aarbet amme Mandag muärn vertellen. Dat kann me biätter in der *„Heimwacht"* liäsen, dai dai Luie alle hallen muot, dai düese Geschichte bit heyhien luasen hewwet. Sai briuket men an de Teydunge te schreywen, dann kritt sai se all – un duier is sai auk nit!

Am Nummedag was *„Sitzung des erweiterten Vorstandes"*. Was dann niu alles ächterees? Süss was dai doch ammer Soterdag! – Ach sau, vey harren kainen Soterdag hat.

Niu könn ick ug awwer ne Masse Talen vertellen, Talen vamme Geldtellen, maine ick. Awwer ick hewwe füär dat Geld niu äinmol nix üwereg. Dat hiät us unglücklech genaug maket. Bann ick 'n Stücke Wuast un en Stücke Braut, vlichter auk nau 'n kitzken Bueter hewwe, dann hewwe ick genaug. Bat sall ick met Geld? Ick well ne niggen Rekord van der niggen Teyt opstellen: *Sau billeg ase ick sall nit vake äiner liäwen können.*

Et woor ne Teyt lank wuat häit. De Künstlerkrais un de Heimatbund! Et is awwer auk ne wichtege Sake. Ick sin in meyner Philosophie sau weyt kummen, dat de Häimataarbet nit ohne Kunst un Kunstaarbet iutkümmet. Vlichter is de Kunst, un bann 't auk men dat Liäsen is un de Baukhandel, bit niu wuat stump affkummen. Niu hiät siek wier alles verdraggt; ick gloiwe awwer, dat de Künstler wuat mehr te seggen hewwet. Guet sau!

Sai harren niu äinmool dovan kuiert, un sai kuiern bey der Sitzung vam Künstlerkreis födder dovan. – Dat well ick ug seggen, bann ey ginterno 'n Bield in ugge Stuawe hewwen wellt, dann hallet ug an use Künstler. Kaupet mey kain Bield van äinem Rümmeloiper, dai van Leipzig, Köln oder gar van Berlin kümmet, bann ey nit gans sieker wietet, bat fuär 'ne Mensken ey vüär ug hewwet. Segget et mey oder schreywet et mey; dann well ick ug all ne Adrässe vamme Künstler giewen. Vey hewwet düchtege Möler un auk Bildhauer, auk Baikerschreywer im Künstlerkreis vam Siuerlanne.

Hiärnoh was et nau ne Teyt gans gemütlek. Dann mochte ick häime. De Mond schäin nau nit; awwer et was 'n schoin Fäst wiäst. „Fäst", hewwe ick saggt. Näi, et was 'n „Dag", 'n Dag met viel Aarbet.

Niu well ick fuär usen Hiärguatt un fuär use Häime wier liäwen un stiärwen, un ick denke dobey an Weber[15]:

Erst gehörst du deinem Gotte,
ihm zunächst der Heimaterde!

T: Wagnerer 1931a [Fußnoten: pb].

---

[15] [FRIEDRICH WILHELM WEBER: * 25. Dezember 1813 in Alhausen; † 5. April 1894 in Nieheim.]

DAT DAUPEWATER

[1937]

„Ey härren diän Kump, bo dat Daupewater drin kümmet, 'n bietken rainer maken könnt", saggte de Pastauer van A... taum Kösterjungen, äse hai am Dage vüär Pinkesten dat Daupewater wigget harre.

De Junge vertallte 't terhäimen foorts der Mömme: „Ey können diän Kump füär 't Daupewater biätter raine maken, hiät de Pastauer saggt."

„Do well vey wual bey kummen", mainere de Kösterfrugge, ase de Junge futt waß, „dat sall mey de Pastauer nit twäimool seggen."

Foorts no'm Middagesiäten genk sai in de Kiärke un nahm diän Kump iuten Daupestäin. „Auk bann't vüär Pinkesten un imme Hiuse druck is, Kiärkenaarbet gäiht vüär, do matt me andere vüär leggen loten." Sai schurre dat nigge Daupewater ut – sai dachte, et wör nau allet wiäst – un putzere, dat dai ganße Kump men sau spaigelere und blenkere.

„Niu kann de Pastauer tefriän seyn", saggte de Mömme stolt, ase de Junge nummedags vamme Holtklosse kam, „niu heww iek diän Kump awwer wasket, dat hai spaigelt un blenket!"

„Bat füär 'n Kump", frogere de Junge un schrock inäin.

„Na, diän Kump füär 't Daupewater!" De Junge biewere ase 'n Espenblatt: „Un bo hiäst diu dat Water loten?" „Futtschutt!" „Dat waß jo 't nigge Daupewater. Äis düen Muärn hiät et de Pastauer nau wigget", raip de Junge. „Un ne halwe Stunne hiät hai dovüär biätt", söchtere hai ächterhiär.

Niu waß de Reyge an der Mömme, dat sai Angest kräig. „Brümme hiäst diu mey dat nit eger saggt?" Sai woll diäm Jungen äis de Schuld in de Schauh schiuwen. „Bat sall iek maken?

Bat sall iek maken?" biestere sai, sprank de Trappen rop, de Trappen rin un sochte 'n Köster.

Dai saggte iär: „Dat is schliem, do maßt diu saufoorts no'm Pastauer gohn un seggen 't diäm!"

Dotau harre sai awwer kaine Kuraaske. Wuäl no der Hiushällersken, do genk sai hien, ächterhiär kraup de Kösterjunge.

De Hiushällerske makere 'n Pinkestkauken terechte.

„Mey is 'n wahn Malhör passäiert!"

„Jä, bat dann?"

„Äigentlek möchte iek jo no'm Pastauer gohn!"

„Jä, dann vertellet doch!"

„O, 't is ganß schliem!"

„Bat dann?"

„Iek hewwe dat Daupewater iutschutt!"

„Dat is sau schliem nit", saggte de Hiushällerske, „de Pastauer hiät jo düen Muärn nigget wigget."

„Jä, dat hewwe iek iutschutt. De Heer saggte füär usen Jungen, iek härre diän Kump biätter raine maken sollt; do hewwe iek dat dohen un hewwe det nigge Daupewater iutschutt!"

„Un – ne halwe Stunne hiät de Pastauer dovüär biätt", surkere de Junge.

„Jo, dat is schliem, dat is wahne schliem", saggte niu de Hiushällerske un kräig et auk met der Angst, „iek wäit auk nit, bat vey do maken sollt; iek segget dem Pastauer auk nit."

„Iek wußte doch nix dervan!" brachte de Kösterske vüär; et waß iär greynensmoote.

„Iek well ugg wuat seggen", fenk de Hiushällerske wier aan, „daut Wiggewater drinn; dann miärket de Pastauer nix, un iek segge auk nix!"

„Näi, näi. Heerenenge, nä! Dat dau iek nit", raip dai aarme Frugge, „denn wören jo alle Kinner in düsem Johr ungülteg doipet, – un iek härre sai alle oppem Gewieten. Un bann 't riuter kem, dann kemen alle Paars mey in't Hius, un schmieten us iut der Kösterey un –."

„Nai, dat gäiht nit", saggte selwer de Hiushällerske, „awwer iek wäit wuat anderes: De Köster in B... is 'n gurren Mann; do gatt hien un haalt ne Flaske vull!"
– Jo, de Köster in B... waß ne dautgurren Mann. Dai nahm seynen ganßen Maut, seyne Gutmaidigkait un seyn Köstergewieten tehaupe un gaffte 'ne Flaske vull Daupewater aff, – doch: De Pastauer in B... wäit nix dovan. –

Un van diär Teyt aan weert alle Kinner in A... met diäm Daupewater von B... doipet, un: De Pastauer in A... un auk dai in B... wietet nix dovan.

T: Wagener 1937, S. 111-114.

DE FALSMÜNZER
Ne wohre un gelungene Geschichte

*Von Rektor Ferdinand Wagener (1871-1931),
dem Onkel des (Johannes) Ferdinand Wagener,
aus dem Heimatkalender „De Suerländer" für 1923*

Et was in diän gurren ollen Teyen, bo ne aanstännege Hitte nau acht Dahler kostere.

De olle Schulte saat ächter'm Uawen un schmoikere seyn Peypken. Hai summäiere sau stillkens viär sik hien, un af un tau gänk sau 'n schmeyreg Glünsken üewer seyn olt fröndlek Gesichte. Of hai an ennen Gefallen dachte, diän hai gistern ennem aarmen Nower dohn harre, oder an ennen lustigen Straich, diän hai verbruacken harre, dät wäit ik nit. Owwer in baiden Saken was de Schulte gräut.

Do kloppere 't lanksam an de Diär, un eger de Schulte „herein" seggen konn – hai mochte äis de Peype iut 'm Miule niähmen un spiggen – do käik sau 'n olt verschrumpelt Gesichte ter Diär rin – met 'ner ollen Müske ümme dai gräisen Hoor, un dann ne gelappere Schiätte un en verwasken biewern Kläid, un eger dai halfblinnen Äugen in diäm ollen Gesichte d'n Schulten saihn konnen, raip hai all: „Gu'n Owend, Graitken! Wat fiär Aanliegen brenget diek dann nau ter nachtschlopenden Teyt in meyn Hius? Is et wuat Gurres oder wuat Schlechtes, waste brengest?"

„Jo, Schulte", saggte Graitken un fummelere met seynen biewerigen Hännen an d'r gelapperen Schiätte rümme un kaam dobey Faitken fiär Faitken nöger. „Jo Schulte, asse me 't niemet. Fiär uch vlichte wat Gurres, fiär miek owwer wuat Schlechtes. Ey hewwet vlichte all hoort, bat fiär 'n Unglücke miek aarmen Menske bedruapen hiät. Meyne Hitte is mey vannachte däut gohn. Och, et was sau 'ne guere ..." „Ick wäit, ik wäit!" gaffte de Schulte terügge, asse Graitken anfangen woll, sik met d'r Schiätte diär de Äugen te wisken. „Et dait mey läid füär dik, owwer wat is te maken? Met Greynen kriegste kaine Hitte weyer. Un diu moß enne hewwen fiär dik un deynen kranken Jungen, dät saih ik wuahl in. Owwer biu sall ik dey helpen!" „Schulte, ey hett en guett Hiärte", saggte Graitken, un dicke Tränen hotteleren iähme üewer de mageren Backen, „Schulte, ik woll uch mool frogen ... ik dachte, of ey wuahl sau guet wören ... ik wäit würklech kännen anderen Root ... meyn aarme Fritz ... och, dai Junge weerd alle Dage biufälliger ... et is doch ne aiske Krankhait, dai Iuttiärunge ... hai mott Mielk hewwen, dai aarme Junge ... me well iähme dät Liäwen doch sau lange erhallen, asse 't de laiwe Hiärregaut hewwen well ... ik woll uch mool frogen, of ey nit sau guet wören, un ..."

„Ik wäit, ik wäit" unnerbrak et de Schulte – sau saggte hai liuter, wann aarme Luie kämen, iähme de Ohren vull klagen, „ik sall dey Geld giewen fiär ne nigge Hitte ... Jo, jo, wann ik et nau härre. Acht Dahler hiäste gewiß noireg ... Acht Dahler! ... Et dait mey leyd ... Ik hewwe mik gerade ganz iutgafft ... Owwer helpen mott me dey ... Owwer bohiär acht Dahler niähmen un nit stählen?" – –

Un dann käik de Schulte sau 'n bietken viär sik op de Eere, trock en paar mool düchteg an seyner Peype, krassere sik ächter 'm Ohr, laggte de Hand viär 'n Kopp un saggte dann bedächteg: „Graitken, ik gläuwe, ik wäit Root!" „Oh Schulte", fänk Graitken aan ...

„Stille, stille, Graitken", däh de Schulte un laggte 'n Finger op seyn Miul, „segg niks un wachte 'n Äugenblick." Un met diäm Wore stond de Schulte op, gänk gans lanksam an de Diär, dräggere gans schmeyrig diän Schlüetel rümme, käik gans viärsichteg diär 't Finster, of kain Menske op d'r Strote wör, trock dann Graitken in enne Ecke, bo se nümmes saihn konn, griämstere eyn, twey mool, buckere sik an Graitken seyn Ohr un frogere met biwwereger Stemme: „Segg, Graitken, kannste ok schweygen?"

Gräitken käik 'n Schulte gräut aan un kräig et met'r Angst; „Schulte, bat is uch?" raip et iut vullem Halse, „sinn ey unweys woren?" – „Ümme Guattswillen, Menske", pusperele de Schulte un häll Graitken met baiden Hännen et Miul tau, „Menske, raup doch nit sau harre. De Luie höre't jo op d'r Stroten. Un 't draff kain Menske wieten, wat ik dey seggen well. Et is jo, ümme dey in deyner Näut te helpen. Ik froge dik naumool: Kannste schweygen? Kannste 't Miul hallen? Wannste dät nit kannst, dann segge 't, un ik kann dey nit helpen", un domet lait'he Graitken seyn Miul los.

Graitken söchtere daip un saggte terleßt gans verbiestert: „Jo, Schulte, ik kann schweygen." – „Kannste schweygen as en Graav?" frogere de Schulte förder. „Jo, as en Graav", saggte Graitken. „Graitken, gieste mey de Hand derop, däßte niks seggen weßt, kain Stiärwenswoort tau kainem Mensken, saulange diu un ik am Liäwen sind, biu ik dey in deyner Näut hulpen hewwe? Suih, et is niks Boises, wat ik dauhn well, owwer de

Staat well 't nit hewwen, un wannste äin äinzig Woort dovan seggest, dann könn ik op meyne ollen Dage nau in 't Luak kummen un diu derbey." - „Ümme Guattswillen, Schulte", fänk Graitken aan te kreysken un schläug de Hänne üewer'n Koppe beynäin, „ey wellt doch dät Geld nit stiählen? Ik ..." - „Ümme Guattswillen", flustere de Schulte un häll Graitken weyer 't Miul tau, „weßte us alle baide unglücklich maken, däßte sau raipest? Ik froge dik naumool: Weße 't Miul hallen, kain Woort dovan seggen, bat ik niu dauhn well, ümme dey te helpen? Verspriekeste et mey op Liäwen un op Stiärwen?" Graitken bedachte sik en wänneg, nuckere dann „jo", gaffte 'm Schulten de Hand un stuatere: „Jo, Schulte, ik well 't dauhn; ik well 't uch verspriäken op Liäwen un op Stiärwen ... Owwer ey wellt doch nicks Boises dauhn?"

Do woor de Schulte ärgerlech: „Maak mik nit boise, Graitken", saggt'he, „ik dauh nicks Boises, dät saßte saihn. Et is en guet Wiärk, bat ik viär hewwe, owwer de Staat well 't nit hewwen, ase ik dey saggte, un dorümme maßte 't Miul hallen. Ik hewwe op stunds kain Geld imme Hiuse, un diu moß wuat hewwen, un do is kain anderer Root, ase dät ik dey en paar Dahler make ..." - „Weßte stille seyn", dröggere de Olle, bo Graitken weyer anfangen woll te kreysken, „ik make richtige Dahlers, grade sau richtige ase se in Berleyn maket. Suih, ik well't dey seggen: Ik hewwe nau twäi silwerne Lieppels van meyner siäligen Frugge; ik woll se verwahren ase Aandenken - et sind de leßten - ik dau't nit gärn - owwer dey mott hulpen wären - diu hiäst'et verdaint - diu hiäst dik allteyt as' en ehrlech Christenmenske ploget un äis recht, seytdiäm deyn Fritz krank is un nicks mehr verdainen kann, - ik well se tiämen [sic] un gaiten dey vannacht en paar Dahlers dervan. De Dahlers sollt gans richteg seyn, owwer de Staat draf se män maken, segget de Luie, un wann se andere Luie maket, segget de Staat, et wör Falsmünzerei, un stoppet de Luie, dai se maket, fiär en paar Johr in 't Luak. Seggeste niu äin Stiärwenswoort dervan, dann stoppet se mik in un dik derbey, weylen däßte se aanuahmen hiäst. Alsau halt et Miul." - „Jo, Schulte", saggte Graitken, „wann 't sau is, un de Dahlers richteg sind, asse ey segget, dann niähme ik se gären aan, un Guatt sall 't uch läuhnen." – „Guet sau", saggte de Schulte, „moren Muaren halfniegene sind se ferrig, dann kannste se halen. Niu goh diär de Küeke; usse junge Frugge sall dey 'n Düppen vull Mielke giewen fiär Fritz, un dann, gu'n Nacht, un hallt 't Miul."

Graitken saggte „gu'n Nacht", kräig in d'r Küeke en Düppen vull Mielke, bedankere sik un gänk häime.

De olle Schulte satt sik weyer ächter'n Uawen, laggte sik en nigge Kiähleken op de Peype un schmunzelere viär sik hien. „Bat hiäste fiär en Spaß, Vatter?" frogere Hinnerk, de junge Schulte, dai grade in de Stuawe kam. „Vandage hewwe ik nau kainen", saggte de Olle, „owwer moren saßte ennen erliäwen."

Un de Schulte erliäwere 'n andern Daag en Spaß, owwer gans anders ase hai 'ne sik dacht harre. Punkt halfniegene kam Graitken. De Schulte dröggere 'me met d'm Finger, dät et nicks seggen söll, schläut dann weyer de Diär tau, käik weyer diär't Finster, gänk dann an d'n Uawen un saggte: „Halt de Schiätte op, Graitken, se sind nau waarme", un rakere met d'r Fuiertange iut d'r Kachel tain nigge, waarme Dahlers. Graitken fänk se in d'r Schiätte op un packere se beynäin. „Ik hewwe taihne maket", flustere de Schulte, „se sind guet geroen, un niu goh un käup dey ne Hitte. De olle Wiesemännske hiät nau ne gurre stohn, hewwe ik hoort. Niu goh un segg mey kain Stiärwenswoort dervan. Wannste 'n Dahler üewereg behällest, dann käup dey 'n Stücke friß Fläiß fiär Sunndag – un biäh 'n *Vatter unser* fiär mik. Niu goh", ... un eger Graitken „danke" seggen konn, schäuf et de Schulte d'r Diär riut.

Graitken gänk häime, un humpelere sau fix, ase de ollen Faite et dräehn wollen, un bo 't in de Stuawe kam, do dä et dätselwe, bofiär et d'n ollen Schulten gistern fiär unweys hallen harre. Et schläut de Diär ächter sik tau, hänk en Berrelaken viär't Finster un laggte all dai blanken Dahler op d'n Disk, äis in ne lange Reyge, dann in en runnen Krink, dann op en Häupken, tallte se gewiß taihn mool, nahm dann ennen jeden in de Hand un befummelere 'ne, hällt ne dann noge viär seyne blinstergen Äugen un bekäik ne van ächten un van viärn, un saggte dobey in eynem fut: „Liuter richtige Dahlers! Et is doch en guet Menske, de Schulte; Guatt sall 't me läuhnen." - „Wat hiäste, Mutter?" frogere ne schwake Stemme iut d'r Kammer. „O Fritz", saggte Graitken, „et giet doch nau gurre Luie op d'r Welt. Suih, de olle Schulte hiät us taihn Dahler gafft fiär ne nigge Hitte, un van Nummedag heww' vey weyer Mielke im Hiuse. Guatt sall't me läuhnen! Un niu goh ik noh d'r ollen Wiesemännsken; dai hiät nau en gurren Äisterlink op'm Stalle", saggte de Schulte, „un diän käup ik us. Un wann ik diäm ollen gnazigen Fraumenske ennen Dahler afhandeln kann, dann käupe ik us fiär Sunndag ok friß Fläisk. De Schulte hiät et saggt. Et giet doch nau gurre Luie op d'r Welt."

Noh ner halwen Stunne harre Graitken bey d'r ollen Wiesemännsken 'ne Hitte kofft. Twäi Dahler harre 't diäm „ollen gnazigen Fraumenske", ase 't liuter fiär se saggte, afhandelt. Bo se owwer handelseyneg wören, frogere de olle Wiesemännske sau 'n bietken van uawen rinn: „Biu is et dann met d'm Betahlen, Graitken? Ik hewwe 't Geld auk noireg!" Do schmäit sik Graitken in de Buast un raip: „Betahlen, seggeste? Ik betahle saufoots. Ik höre nit tau diän Luien, dai an allen Ecken un Kanten in d'r Kreyte sittet, ase diu, un fuckelere iut d'r Taske 'n klain blolinnen Builken, makere 't uapen un tallte ganz stolz acht Dahler op d'n Disk. De olle Wiesemännske makere gräute Äugen. „Wat?", saggte se, „liuter nigge Dahlers? Bo hiäste dai kriegen? Ik well doch huappen, däßte op ne ehrleche Weyse d'raan kummen bist!" - „Wat? Op ne ehrleche Weyse?" raip Graitken un woor räut viär Gift, „wat seggeste do? Op ne ehrleche Weyse? Jo, ik sinn op ne ehrleche Weyse draan kummen. De olle Schulte hiät se mey gafft. Et giet ok nau gurre Luie op d'r Welt, segge ik. De Schulte harre tworens kaine olle Dahlers mehr. Owwer hai harre nau twäi silwerne Liepels van seyner siäligen Frugge ..." Met düem Woore stutzere Graitken un woor witt ase Kalk an d'r Wand. „Ümme Guattswillen!" raip et dann, „gar niks hewwe ik saggt. Diu hiäst deyn Geld, giev mey de Hitte, un frog mik nit förder."

De olle Wiesemännske was owwer neyschiereg woren. Se käik Graitken en wiänneg twiäß aan un frogere dann un betäunere Woort fiär Woort: „De Schulte harre känne olle Dahlers mehr, seggeste? Hai harre nau twäi silwerne Liepels, seggeste? ... Do hiätte wuahl dai niggen Dahlers iut diän silwernen Liepels maket? Is et nit sau?"

Graitken biewere an allen Knuacken. De helle Schwäit stonk 'me op d'r Blesse, un 't konn äis kain Woort seggen. „Giev mey de Hitte", kam 't terleßt heriut, „diu hiäst deyn Geld un sey tefriän. De Dahlers sind echt, de Schulte hiät et saggt. Owwer hai dröffte se nit maken, saggt'he, de Staat wöll 't nit hewwen, un wann 't riutkäme, dann käme hai in 't Luak un ik derbey. Dau mey allsau diän Gefallen un segg nicks dervan. Diu mäkest us süss unglücklich un dik vlichte äuk." - De Wiesemännske saggte: „Giev mey nau ennen Dahler tau, Graitken, ase Schweygegeld wäißte, un ik segge nicks. Äine Fröndlechkait is de andere weert. Diu hiäst mey de Hitte guet betahlt, un ik schweyge ase de Däud." - „Et is guet", söchtere Graitken, en wiännig erlichtert, krummelere nau ennen Dahler iut d'r Taske, nahm de Hitte am Halse un gänk häime.

Et was nummedags drei Iuer. De olle Schulte räif sik d'n Ungern iut d'n Äugen, makere sik et Peypken aan un käik diär 't Finster. Do soh hai d'n Schandarmen stracks op seyn Hius tau kummen. „Gu'n Dag, Häär Wachtmester", raip 'me de Schulte entgiegen, „hewwe 't sau eyleg vandage? Kummet doch äis rin un niähmet uch en Pinneken!" - „Nicks te Pinneken vandage", saggte de Schandarm un satt de Amtsmiene op, „vandage nit. Ik sinn im Denst; ik sinn eyleg, un ik sall uch ne schoinen Griuß bestellen vam Häärn Amtmann, ey söllen saufoorts met mey noh 'm Amtshiuse kummen, hai härre noireg met uch te spriäcken." - „Wann de Häärens wellt, dann bränt de Schnäi", lachere de Schulte, „ik well mey iäwen d'n Sunndagsrock aantrecken."

Noh taihn Miniuten stond de Schulte op d'm Amtmann seynem Büro. Hai makere nit klaine Äugen, bo hai de olle Wiesemännske do soh un op d'm Diske niegen blitzblanke Dahlers. Indiäm de Schulte wuat seggen woll, gänk de Diär weyer uappen, un de Polizaidainer kam met – Graitken herinn. Dät olle Menske woor fuierräut, ase 't d'n Schulten soh, un häll sik de Schiätte viär de Äugen. Do gänk d'm Schulten en Lecht op. Graitken harre sik verkuiert, un de olle Wiesemännske harre d'n Amtmann froget, of de Dahlers echt wören, un harre d'm Amtmann vertallt, bo se Graitken hiär harre, un de Amtmann harre iähne, d'n Schulten, op sau ne gans sachte Weyse verhaften loten. Düese Gedanken gängen d'm Schulten diär'n Kopp, un hai fänk gans unweys aan te lachen. „Do is nicks te lachen, Schulte", saggte de Amtmann un makere 'n gans ernsthaft Gesichte, „dät is Falsmünzerei, wat ey dreywet, un dät gäiht ohne Sitten nit af." De Schulte hoor owwer nit op te lachen. „Wann 't sau is, Häär Amtmann", saggt'he, „dann mott ik äis mol sitten gohn, un dann well ik uch de Sake hoorklain vertellen, sau ase 't was." Un hai vertellte, biu hai Graitken harre sau 'n wiännig taum Besten hallen wollen, biu hai bit nachts twiälf Iuer do siätten un olle Dahlers met Putzpomade blank schuiert harre, dai seyn jüngeste Junge nau van d'n Saldoten metbracht harre, un biu hai se dann im Uawen waarme maket harre, un dann lachere un vertallte förder, un terleßt lachere de Amtmann äuk. Graitken owwer lachere nit. Et stond do ase ne bedraiwere Mutterguarres in d'r Läihmenkiule un was greynensmote.

Dät däh d'm ollen Schulten leyd, un hai fänk aan, Graitken op seyne Weyse te troisten. „Diu konnst doch saihn, Graitken", saggte, dät an d'n Dahlers in d'n Ecken nau Putzpomade hänk, dai ik nit dervan kreygen konn! Un biu konnste niu sau unweys seyn, de Sake d'r ollen Wiesemännsken te vertellen, dai doch et Miul nit hallen kann?" – „Sai hiät mey owwer verspruacken, nicks te seggen", gräin Graitken dotüsken, „un ik hewwe iähr en Dahler Schweygegeld giewen müeten ..." – „Wat, en Dahler

Schweygegeld?"priustere do de Schulte los, „en Dahler Schweygegeld diär ollen Klabasterken? Diän hiät se nit verdaint", un met diäm Woore kräig hai 'n Dahler vam Diske un gaffte ne Graitken. „Dai Dahler hört dey", saggt'he, „niu sinn tefriän. De Hitte behälste un ok dai twey Dahlers. Niu dauh mey owwer äinen Gefallen! Gin Pinkesten biäs' te fleyteg tau 'm hailigen Geiste ümme seyne acht Gawen ..." - „Acht Gawen?" frogere Graitken verwünndert un woll all weyer aanfangen te lachen, „acht Gawen hiät de hailige Geist jo gar nit, Schulte; hai hiät ment siewene, stäiht im Katechismus." - „Fiär dik hiät'he owwer achte", lachere de Schulte weyer, „un dai achte hiäste besonders noireg, un dät is de Gawe der hailegen Schweygsamkait. Un wannste dai hiäst, un diu bist weyer in Näut, dann helpe ik dey ok weyer. Owwer dai Dahlers moßte dann selwer blank schuiern; domet giewe ik mik nit mehr af. Un ey, Wiesemännske, uch helpet ok de achte Gawe vam hailegen Geiste nau nit. Ey hät nau 'n Schluatt dobey noireg, ümme uch et Miul tau te schliuten, wann uch enner wuat vertellet, wat nit alle Luie wieten briuket. Un fiär düt Schluat make ik im Näutfall ok nau en richtigen falschen Dahler, un wann ik ok derümme sitten möchte."

Domet kräig de olle Schulte seynen Haut un seynen Stock, lachere Graitken naumol fröndlech aan un woll gohn. An d'r Diär dräggere hai sik owwer naumol ümme un saggte: „Bolle härre ik vergiätten, uch Adjüß te seggen, Häär Amtmann. Et dait mey leyd, dät ik uch sau Molästen maket hewwe. Owwer 'n Spaß was et doch." - „Jo, Schulte", lachere de Amtmann, en Spaß was et, owwer met düem Spaß sey ey neype am Sitten verbeyschampet."

Owends frogere Hinnerk: „Niu, Vatter, hiäste 'n Spaß hat vandage?" - „Jo, Junge", wuahl was et ne Spaß, awwer sau hoorsnoge wör ick diär diän Spaß int Kittken kummen."

T: Wagener-Rektor 1923.

DRITTE ABTEILUNG
AUSGEWÄHLTE HOCHDEUTSCHE GEDICHTE

Uns'rer frohen Vögel Chor
Findet sich zusammen wieder;
Traulich dringen an das Ohr
Ihre heitern Abendlieder.

Neu gestärkt mit frischem Blute
Kehr ich heim zu neuem Streben.
Regen nach der heißen Glut
Hat mir neue Kraft gegeben.

Meschede, den 28. Mai 1922.

Bey Sturm an der Sperre.
Endleck frey, de Aarbet dohen,
Traüh kenn' iek se hinger mey;
Nü kann iek dorünter gohen,
Stohe an der Sperre hey.
No diär schlechten Luft der Stüawen
Kann me dai do binken lüawen.

Kräfteg fütt de Wind dohiär;
Schoin bey hiemelbloem Wiär
Trecket diär dat Tüig hai däfteg;
Dobey scheynt de Sunne kräfteg

Frühe, 'kindliche' Handschrift mit hochdeutschen und plattdeutschen Versen (Wagener-Nachlass 1922/1928)

POESIEALBUM
[1922-1927]

EIN MAHNRUF ZUM ABSCHIED
(Scheidenden Deutschen gewidmet.)

Gegrüßt seid hier, ihr lieben Leute!
Versammelt sind wir alle heute
zum Abschied zweier Schwestern hier,
die bald verlassen ihre Mutter,
dazu ihr schönes Faulebutter.
Von ihnen scheiden alle wir.

Für euch besonders, liebe Schwestern,
sei dieses kleine, was ich gestern
erst fertigstellte, dies Gedicht.
Es will euch – jedoch ohne Klagen –
zum Scheiden etwas Ernstes sagen,
und das ganz einfach, treu und schlicht.

Das Glück des Lebens zu beginnen,
zieht ihr jetzt mutig weit von hinnen
zur Not der wilden Welt hinaus.
Um euer Lebensglück zu finden
und ständig es an euch zu binden,
verlasst ihr bald das Vaterhaus.

O denket jetzt bei eurem Scheiden:
Es gibt gewiss auch drüben Leiden,
und die sind manchmal nicht gering.
Die Stadt birgt in sich viel Gefahren;
o denket euch, davor zu wahren,
bleibt guter Eltern gutes Kind!

Dann denkt an eure Heimatberge,
an all die Kobold' und die Zwerge,
die in der Jugend dort gelebt,
wenn unter frischen, grünen Bäumen
ihr euch hingebet frohem Träumen,
was jetzt noch euren Sinn erhebt!

Bewahret eurem Sauerlande
dort drüben auch am welschen Strande
die echte, schlichte Biederkeit,
den Sinn und Trieb für alles Gute,
der liegt im Sauerländer-Blute,
besonders die Zufriedenheit!

Und Deutschland, ach, so schwer geschlagen –
Die Lieb' dazu könnt ihr auch tragen
mit euch fern nach Amerika.
Geliefert der Entente Armen
und ohne Hilfe, ohn' Erbarmen
so stehen rettungslos wir da.

Nun denkt, auch ihr seid deutsch gewesen,
auch ihr tragt echtes, deutsches Wesen, –
und das ist euer schönstes Pfand.
Versprecht, die Heimat stets zu ehren,
verteidigt immer ihre Lehren
und liebt stets euer Vaterland!

Zuviel des Ernstes musst' ich zeigen
und will jetzt endlich davon schweigen. –
Es lebe das Geschwisterpaar!
Es möge sich recht viel erwerben, –
dass wir es später können erben!
– Das sagen wir im Ernst sogar.

So lebt denn wohl, – vielleicht für immer!
Vergessen werden wir euch nimmer,
und darauf geben wir die Hand.
Zum Schlusse bitt' ich auch aufs neue:
Bewahrt in Weuspert uns die Treue,
sowie dem armen Vaterland!

Steinsiepen – Endorf,
den 11. April 1922.

Meine ersten Gedichte sind von der Familie und Familienfeiern (Namenstagen) bestimmt. Anderseits, und das vielleicht am stärksten, durch viele Auswanderungen. […]

DER NEUPRIESTER
(Meinem Freunde Franz Spielmann zur Primiz gewidmet!)

Was klingen die Glocken so wonnig und hell
an diesem gar herrlichen Morgen?
– Als wollten befreien sie auf der Stell'
die Menschen von bangen Sorgen!

Vom Klange getroffen, steht auf vom Gebet
der Priester, der neulich geweihte,
und freudig beweget am Fenster er steht;
die Blicke, sie streifen ins Weite.
„Was klingen und singen die Glocken mir heut?
Gilt's mir? – Nein, der göttlichen Ehre;
denn ihm nur allein habe ich mich geweiht,
nur ihm, seiner Würde und Lehre.
Nachdem ich mich sehnt', ist gegeben jetzt mir,
denn Großes tat, der da ist mächtig;
drum ewiger Dank, Lob und Ehre sei Dir!"
So sprache [sic] der Priester andächtig.

Von sehr vielen Menschen hat Gott ihn gewählt,
sein Diener und Priester zu werden;
und hat ihn mit lieblicher Tugend beseelt,
den Weg ihn geführet auf Erden.
Und war er wohl auch sehr gefährlich und schwer,
und viele, gar viele versanken;
ihn hat er gestärket stets mehr noch und mehr:
– Unendlich sind Gottes Gedanken.

„Wohlan denn, du blühender Priester des Herrn",
der Pfarrer tritt zu dem Geweihten,
„die Glocken ertönen, die Zeit ist nicht fern,
das Opfer dem Herrn zu bereiten!"
Es tritt in der Heimatgemeinde hervor
der Priester im neuen Gewande;
frohlockender dringt der Gesang an sein Ohr:
Er gehört nun zum geistlichen Stande.

Nun geht er zur Kirche in Festtages Zier,
die Demut und Ehrfurcht im Gange;
er schreitet, er schwebt zum Heiland hier
beim jubelnden Christengesange.
– Was stehest du, sinnender, zagender Mann
vor Jesus hier, dem Allerhöchsten? –
Wenn einer dem hohen Gott nah' treten kann,
so stehst sicher du ihm am nächsten!

Der Priester, von Myrrthen im blühenden Kranz,
von beiden Leviten begleitet,
geht jetzt hinauf zum Altare ganz;
sein Herz sich zum Opfer bereitet.
– Nun predigt der Pfarrer, wie sanft und rein
entströmt es heut' seinem Munde:
„Was ist der Priester, was soll er sein?"
erschallt's in erhabener Stunde.

„Er ist nur ein Mensch, ein Geschöpf vor Gott,
der auch in Versuchung sich windet,
der zehrt auch wie andre von Fleisch und Brot
und Not und Gefahren hier findet.
Was ist nun der Priester, und was soll er sein?
Ein Diener vor Jesus dem Höchsten,
voll Tugend und Liebe, auch eifrig und rein,
ein Mittler vor Gott und dem Nächsten.
  Und Jesus, der selbst seine Diener erwählt,
der gab ihm ein gutes Gelingen;
drum laßt uns auch beten, dass niemand verfehlt,
dem Priester Vertrauen zu bringen!"

Die Messe geht fort; auf des Jünglings Wort,
des Priesters, des neuen Geweihten,
die Wandlung geht vor am hochheiligen Ort,
die Priester und Volk fromm begleiten.
Die Messe ist aus. Voller Ruhe und Freud'
der Priester kommt zu den Verwandten;
und Glück wünschen viel auch von nahe und weit,
vom Dorfe die alten Bekannten.

Jetzt wage auch ich zu begrüßen den Freund:
„Grüß Gott, lieber Franz, du Gefährte!
Wie oft waren wir in der Heimat vereint;
du warst es, der vieles mich lehrte.
Wie manch' frohes Stündlein hast du mir geschenkt,
Wie vorsichtig hast du mich manchmal gelenkt.
Gott lohne dir gut deine Taten!

So wünsche ich Glück dir und Segen und Heil
für immer im geistlichen Streben;
und wirklicher Fried' werde dir zuteil,
so hier und im anderen Leben!
Ich preise den Gott, dass er dich geführt,
– auch schwierig, gefährlich Pfade – –

Und wenn du auch lange durch den Krieg bist geirrt,
so gab er dir doch seine Gnade.
   Und reich an Erfahrung und auch an Verstand,
so kehrtest zurück du zum Frieden.
Schon eh' du es warst, haben wir dich gekannt
als Priester des Herren hienieden.

So geh' denn zum geistlichen Leben jetzt hin,
geh fröhlich und heiter und gerne!
Ich lasse dich ziehen mit hoffendem Sinn,
zu folgen dir dann in der Ferne.

Und freudige Lebenskraft, feurigen Mut
mög' Gott bei Gesundheit dir geben!
Bei glücklichem Wirken, da möge es gut,
sehr gut dir noch gehen im Leben!

AD MULTOS ANNOS!

Steinsiepen, den 10. Januar 1923

Das Gedicht hätte ich wohl nicht schreiben können, wenn ich nicht theol. war. [*Anm. Herausgeber*: Der Adressat, Neupriester Franz Spielmann, ist am 1.12. 1894 in Klingelborn geboren.]

FRANZMANN, RAUS!
(Den „siegreichen" Franzosen)

Entwaffnet hast du uns im Sieg
durch unsre eig'ne Treue;
verloren war noch nicht der Krieg.
– Nun ist entbrannt aufs neue
dein alter Hass, der Teufel dein; –
besetzt den schönen, deutschen Rhein!
   Franzmann, raus!

Der schöne Wein, der deutsche Rhein,
– besiegt (?) von Frankreichs Waffen? – –
Die Herrscher sollen nunmehr sein
des Franzmanns schwarze Affen? – –
Es soll nicht sein, es darf nicht sein;
o Deutschland, schrei ein lautes „Nein!":
    Franzmann, raus!

Wir hätten keinen Blücher mehr,
wir könnten nichts mehr machen;
der Platz des alten Fritz sei leer – – –
– Du musst die Wut entfachen:
Wenn einig sind wir dann und treu,
kommt unser Hindenburg au[f]s neu.
    Franzmann, Raus!

Nun willst du gar die Industrie,
das deutsche Volk verderben. – – –
Du wirst sie nie bekommen, nie;
Eh' wird der Deutsche sterben. –
Das Kohlensyndikat ist fort,
hinaus zum weit entleg'nen Ort.
    Franzmann, raus!

Es wächst die Not, das deutsche Weh,
die Waren täglich steigen;
Das kommt von dem Poincaré,
dem sich die Welt soll neigen.
Die Witwe ruft, die Mutter schreit:
Die Kinder hungern; 's geht zu weit!
    Franzmann, raus!

Es schreit der Mann voll Not und Schmerz,
der an der Arbeit stehet;
ergreifen muss es jedes Herz.

Entrüstungssturm, der wehet.
Ohnmächtig steht der Deutsche da;
er ruft um Hilf' nach fern und nah':
    Franzmann, raus!

Er ruft's der Welt, dem Völkerbund,
er ruft's: der soll befreien;
er nennt die Not, das Weh, den Grund,
ihm Heer und Hilf' zu leihen.
– In tiefem Schweigen liegt die Welt
und fällt nicht ein in das Vergelt:
    Franzmann, raus!

Und schweigt die Welt und hilft uns nicht,
den Franzmann zu verjagen – – –
Eh' wir uns stell'n dem Hohngericht,
am Hungertuche nagen;
eh' mit dem Franzmann deutsch und frei
mit Eisen sprechen wir und Blei:
    Franzmann, raus!

Und wenn die Welt in Trümmer geht,
und alles muss versinken – –
Die einz'ge Hoffnung, die besteht,
kommt, wenn die Säbel blinken.
Verzweiflungskampf bringt Mut und Kraft,
der auch dem Franzmann viel noch schafft:
    Franzmann, raus!

Steinsiepen, den 17. Januar 1923

[*Anm. F.W.*:] Das ist eine echt empfundene Reaktion auf den Ruhreinbruch. Es hatte aber keine Zeitung den Mut, es zu veröffentlichen.

MEIN DICHTERHEIM

Zu Haus bin ich und bin zufrieden,
verknüpft zu sein mit trautem Band
mit dir, du höchstes Gut hienieden,
du mein geliebtes Sauerland.
    Und schweif ich durch die grünen Felder,
    den Mut im Herz', die Freud' im Sinn,
    und wandl' ich durch die schatt'gen Wälder,
    dann geb' ich mich dem Frieden hin.

Dann schaue ich gar viel Gestalten
aus froher, ferner Jugendzeit;
und lass sie mit mir schalten, walten
in glücklicher Zufriedenheit.
    Dann schaue ich die schönsten Lieder,
    – gar froh bewegt – schon im Reim;
    ich schaue sie und – schreib' sie nieder:
    Der Wald, der ist mein Dichterheim!

Ich singe, weil ich Lust dran habe;
es schwellt mir frisch und froh die Brust.
Ich sing' und ehr' die Gottesgabe:
Es kehrt zurück die Jugendlust.
    Ich sing', was ich dem Vogel lauschet,
    und frag' nicht, ob es dir gefällt;
    ich singe, was der Wald hier rauschet,
    will nicht das Urteil dieser Welt.

Dem Schöpfer singe ich zu Ehren,
was ich gesehn und selbst erlebt;
– und niemand kann es mir verwehren,
zu sehn und schau'n, was vor mir schwebt.
    Und sollt' ich je der Welt gefallen,
    – zu nützen wünschte ich ihr schon –

so will ich nicht das Lob von allen,
nicht Menschenlob, nein, Gottes Lohn.

Ich sing', wo Ruhe ist und Frieden,
auf Wiesen grün, am Waldesrand;
Am liebsten singe ich hienieden
in dir, geliebtes Sauerland.

Steinsiepen, den 24. Januar 1923.

Ein gutes Gedicht von meiner Heimatliebe und meinem Dichtenmüssen! (Hierhin gehört auch ‚Das Wandern ist des Müllers Lust', das Hohelied des ‚Auswandererabschieds'. Siehe besonderen Band.)

EIN MÄRCHEN
(Maria Spielmann gewidmet!)

Aus längst vergang'nen Zeiten
ein Märchen will ich künden heut'.
Den Schmerz muß ich bereiten:
(Es tut mir leid, das glaub' mir nur;
wie's kam, ich kann's nicht wissen!)
Du warst gefallen tief ins Meer;
ein Schloß du fandest unten,
gar schön und zierlich, – auch nicht leer,
    – ein Märchen.

Es war darin ein fürstlich' Leben
und Essen, Trinken, Spiel und Tanz;
die Tische wollten schier zerbrechen
und faßten doch nicht alles ganz:
An Weißbrot, Kuchen, Milch und Butter,
an Apfelsinen groß und klein,
an Kaffee, Tee und Schokolade,
an Bier, Likör und gutem Wein,
    – ein Märchen.

Dort bliebst du nun für ein'ge Tage;
zunächst gefiel es dir ganz gut.
Dann wurd' dein Heimweh groß und größer:
Solch' Leben liegt nicht unsrem Blut.
– Durch Höhlen, unterird'sche Schluchten
du stürmtest weiter stets nach vorn
und kamst – vielleicht als Wassernymphe –
zu Tag' im Quell' des Klingelborn.
         – Ein Märchen.

Den tiefen Kern hat unser Märchen:
– Es ist die gold'ne Friedenszeit:
Solch' Essen schon allein mit Trinken
liegt heute von uns weit, sehr weit.
– Doch ob wir es verstehen würden,
käm Friedenszeit mit Friedenswort? – – –
– Und wenn du springst ins Meer hinunter,
du wirst es finden auch nicht dort –
            – das Märchen.

Steinsiepen, den 7. September 1923.

Hier wie auch im Vorhergehenden [hoch- und plattdeutsches Gedicht „Kuhirtenlied"]
bin ich ein kleiner Troubadour meines Nachbarkindes.

DER BRIEF AN DAS CHRISTKINDLEIN

Nicht bin ich mehr klimperklein,
mal auf einen Schieferstein,
wie da „Grimmes Fritzchen" schreibt – – –
– Doch wie es das Schicksal treibet:
Hat man dann Verwandte nah
draußen in Amerika,

– und hier alles wird so teuer,
teurer wird's täglich heuer –
und die wissen gut dabei,
wo's Christkind zu finden sei – – –
Nun, dann nimmt man sich die Feder,
und es schreibet dann ein jeder,
was zum Leben not ihm tut;
und er fängt auch an, es gut
zu beweisen, auszumalen,
denn – das Christkind kann bezahlen.

Liebes Christkind, bringe *mir*, – –
– will auch fromm stets sein zu dir,
HAR tes MO eglichst für dich wählen,
NIE mals UM dich mich verfehlen. –
Einen Halter schick mir dann,
den ich richtig füllen kann.
Anzug, Stock, 'nen guten harten.
Eine Mappe kann noch warten.

Hannes, solcher Sachen fremd,
braucht EIN NEUES Oberhemd,
auch wohl neue Taschentücher,
dass er klüger werde, Bücher,
dass er gut vorsteh' dem HAUS
und verdienet eine „laus";
dann etwas für ihn zum Rauchen.

Treschen könnte 'n Strohsack brauchen,
einen Winterunterrock,
EINEN GUTEN Lämmerbock.
Schicke ihr nur einen guten,
Da MAN kanN mit Recht vermuten,
dass der Wunsch unsinnig sei. –
Dollars will sie auch dabei.

Vater schick nebst andrer Sachen
eine Zeitung ('s ist zum Lachen!),
die den Dollar gut verzeichnet,
und, was sonst sich noch ereignet!
Schicke ihm noch einen Mann,
der die Steuern rechnen kann!

Fritze, unser'm Schreinermeister,
schicke Hobel, schicke Kleister,
Bretter, Mantel, Stock und Hut,
der ihn kleid't und steht ihm gut!

Einen Mantel als Erhalter
schicke für ein HOHES ALTER
unsrer *Mutter*, und im Flug
leg' dazu ein Tischwachstuch!

– Ei, nun hätt' ich bald vergessen
– und das wäre stark vermessen –
Joseph II; da er war gut,
wünscht er einen Jägerhut,
um dann FROEHLICH mitzugehen,
und dann ernst im Busch zu stehen,
dass er sei ein ganzer Mann,
wenn er damit schießen kann.
Dann Zigarren, Zigaretten,
von den billigen, doch fetten.

Liebes Christkind! Bringe dies!
Nötig ist es; nim[m] und lies!
Solltest aber mehr du bringen,
– Woll'n wir Lob auch dafür singen.

* * *

Dieses Bri[e]felein klebe ich
nicht ans Fenster; wohl an dich,
lieber Bruder, will ich's schreiben; –
die Adresse kann ja bleiben:

„Ans Chrisrkinad [sic] im Himmel – o,
unser Bruder weiß schon, wo."

Paderborn, den 18. Oktober 1923.

[*Anm. F.W.:*] Ein ulkiges Gedicht mit großen Wünschen: Harmonium, Neues Haus, Guter Mann, die eingekleidet da stehen. Joseph hat das Gedicht aber übel aufgenommen! („Bettelstudent")

DER TROTZKOPF

Hänschen, – sonst ein netter Knabe –
groß will er schon sein, nicht werden:
Spielen soll er mit Soldaten;
fahren *will* er mit den Pferden.
    Was er kann, das will er nicht;
    was er will, das kann er nicht!

Hans! Vernunft nimm an bei Zeiten,
schlag den Trotz dir aus dem Kopf;
willst du dich nicht selbst bezwingen,
fasst das Schicksal dich beim Schopf.
    Ist er krank, dann will er's nicht;
    geht's ihm gut, dann schafft er nicht.

Eine Frau hat der Johannes,
die kann auch ihn nicht bezwingen:
Denn er will ja stets das Andre;
und es will ihm nicht gelingen.

Soll er helfen, tut er's nicht;
hilft man ihm, dann will er's nicht.

Hännes hat die siebzig Jahre
nun geführt ein einsam Leben
arm in seinem kleinen Häuschen.
– Und man hört: „Der ist daneben!"
   Soll er sterben, tut er's nicht;
   soll er leben, kann er's nicht.

Peckelsheim, den 26. Juli 1926

[*Anm. F.W.*:] „Das erste Gedicht, das auf meine Krankheit und Vergiftung in Freiburg (am 2.11.[19]25) Bezug nimmt: ‚Soll er sterben, tut er's nicht; / soll er leben, kann er's nicht.' Hans ist mein zweiter Vorna[h]me."

DIE ARMEN BLUMEN
(Schwester Reinulfa gewidmet)

Feinde sind Natur und Menschen:
„Die die Elemente hassen
das Gebild der Menschenhand!"
Und der Mensch kann es nicht fassen,
dass am schönsten ist die Welt,
wenn sie ist noch unentstellt.

    * * *

Die Betu'en und Reinulfa
mochten gute Freunde sein:
sie begoss die Blumen emsig;
diese blühten frisch und fein.
   Aber diese beiden Kranken
   war'n den Blumen gar nicht hold,

hegten nicht die zarte Rücksicht,
die man sonst den Blumen zollt.
Und die schon gebeugte Blume
wurde vom gefährd'ten Ort
von der Schwester von dem Zimmer
auf den Flur gestellt sofort.
Aber diese beiden folgten;
– ohne Absicht, ohne Not,
als sie ganz es übersahen,
drückten sie das Blümlein tot.
Und da liegt sie und vermodert. –
Alle hatte sie beglückt;
niemals kann sie solches wieder – – –
Und die Schwester ist geknickt.

* * *

Die Natur ist Gottes Werk,
doch der Mensch kann sie verderben:
Manches Gute schlägt Kritik
lärmend, ungerecht zu Scherben;
und ein blühend Gottesland
schändet rohe Menschenhand.

Peckelsheim, den 6. Juli 1926

[*Anm. F.W.*:] Nach dauernden Zusammenbrüchen nach meiner Vergiftung war ich durch Freundeshilfe im Krankenhaus in Peckelsheim untergekommen. (Zu Haus hielt ich es nicht aus!) Die Verbitterung, die sich hier zeigt, besonders im Schluss, war meine damalige Gemütsverfassung, die mich in Peckelsheim beinahe zum Tode geführt hätte. – Noch heute kann ich es kaum verstehen, dass ich diese Zeit überwand.

HERMANN, DEM ERRETTER DEUTSCHLANDS

Hermann, der Befreier Deutschlands,
thront im Teutoburger Walde;
doch sein Ruhm ist schon verdunkelt,
niederkämpfen wird ihn balde
    Hermann, der Erretter Deutschlands.

Schwer ist's nicht, im Kampf zu siegen
mit verweichlichten Banditen.
Dem Bazill, dem Feind der Feinde,
konnte *er* den Kampf anbieten,
    Hermann, der Erretter Deutschlands.

Heute ist nun sein Gedenktag:
Sehet[e] darum nach dem Rechten!
„Tötertot", möcht'st du den Todkampf
glücklich bis zum Ende *fechten**!
    Hermann, du Erretter Deutschlands!

Auf der Weser Rabenklippen
auf dem hohen Denkmal steht er:
Teutoburger Hermann grüße
Hermann, den Bazillentöter,
    Hermann, den Erretter Deutschlands!

Alle auferstand'nen Toten,
Küh' und Ziegen, die dich lieben,
rufen dir ein donnernd' „Vivat!" –
In den Sternen steht's geschrieben:
    „Hermann, der Erretter Deutschlands!"

Bad Lippspringe, im Februar 1927.

[Anm. F.W.:] *Hermann Fecht war der Verfechter einer neuen Behandlung der Lungentuberkulose durch Serum.

GEDICHTE 1923-1940
(Gesammelt Königsberg 1943)

DIE BEIDEN HIRSCHE
(Eine Fabel)

Gar stille wird es ringsumher,
das Abendrot weicht dem Dunkel;
des Mondes Platz ist jetzt noch leer,
noch zögert der Stern' Gefunkel - - -
Der Hirsch, des Waldes König dort,
er steht unter hohen Bäumen;
gar stolz beherrschet er den Ort,
wird kampflos ihn niemals räumen.

Nun hebt er's Haupt; gar stolz und frei
er blökt durch die Waldesstille:
„Ich bin der Herr, es bleibt dabei;
das einzige Recht – mein Wille!
Wer wird begegnen mir im Streit?"
So spricht er, gar stolz sich wiegend:
„Ich werf' ihn mit den Hörnern weit,
zertret' ihn, am Boden liegend!"

Er geht einher. – Doch was ist das?
– Ein Blöken ertönet mächtig.
Aus jenem nahen Wald kam's ja. –
Das Auge, es sprühet verdächtig
im Hirsch; wild rollt das stolze Blut,
den Kampf und den Streit begehrend;
er rennt zu Tal in wilder Wut,
in Gram sich und Grimm verzehrend.

Da drüben an dem Waldesrand
erblicket er seine Gleiche,
den Hirsch, und stür[z]t auf ihn vom Land
und blöket ihm zu ein „Weiche!"
Auch der in stolzer Eigenschaft
möcht' sich nur am Siege weiden:
„Wir beide haben gleiche Kraft;
es soll nun der Kampf entscheiden!"

Ein Stoß in wilder Wut und Macht – –
Noch einmal und immer wieder;
bis weit hin es splittert, bis weit es kracht,
und beide dann fallen nieder.
„Ach hätten ohne Neid und Streit
wir besser uns doch vertragen!
Nun ist vorbei die schöne Zeit!"
– So lauten da ihre Klagen.

Steinsiepen, den 11. Januar 1923.

Hat einen politischen Hintergrund und ist antikriegerisch. (Ruhreinbruch?)

WEIHNACHTEN

Schwer war die Not zu jener Zeit
im Judenland; die lagen lang
mit Römern schon im heißen Streit.
Und doch, – auf ihrem Todesgang
sie dünkten sich als Herrscherin
Jahwes und flehten, dies im Sinn:
    Lass Weihnachten werden!

Kalt lag die erste Weihnachtsnacht
auf Bethleh'ms weiß getünchten Auen – –

Die Hirten hielten fleißig Wacht – – –
Da, – welch ein Wunder war zu schauen:
In stummer Nacht ein fern' Geläut',
im tiefsten Dunkel hellste Helle: – –
„Es ist geboren Christus heut'!"
Und Engel traten hin zur Stelle:
    „Ehre sei Gott in der Höhe,
    Frieden den Menschen auf Erden!"

Die Botschaft hatten sie gehört,
die armen Hirten bei der Herde;
von Engels-Weisung wohl belehrt
sie gehn zum Kind, das auf die Erde
vom Himmel stieg in einen Stall;
vor Kält' erstarren dessen Glieder. – –
– Das soll die Welt erlösen all? – –
Sie glauben und fallen nieder:
    „Ehre sei Gott in der Höhe,
    Frieden den Menschen auf Erden!"

– Mag dunkel da draußen sein die Welt,
im Selbstkampf sich vernichten,
verkaufen ihre Seel' für Geld, –
sie hier nach Gott sich richten. – –
Sie bringen ihre Gaben dar,
zwar klein, doch gern beschieden;
im Herzen warm, im Sinne klar
sie gehn im tiefsten Frieden:
    „Ehre sei Gott in der Höhe,
    Frieden den Menschen auf Erden!"

    * * *

Schwer ist die Zeit, und Risse hart
von innen, außen klaffen;

und Haß und Glaubenslosigkeit
uns drohen hinzuraffen. – –
Hör uns, hilf uns, Christkindelein!
– Denn helfen kannst nur du allein! –
   Lass Weihnachten es werden!

Steinsiepen, den 21. Dezember 1923.

Mit theologisch-religiösen Gedanken gehe ich an die politischen Zeitprobleme.

DER TOD

Dem Lebenden:
Ich sah den Tod heut' Nacht im Traum:
Er winkte mir, ich sollte kommen.
Ich hing am Leben, wollte nicht
und schrie, vom Alp das Herz beklommen:
   „Geh, Würger Tod, du bist mein Feind!
   Am späten Abend kommst du gut;
   dann wird noch alles, alles gut."

Dem Kranken:
Ich bin so krank, ich bin so müd';
gar langsam schwinden meine Tage;
gar mühsam rinnt des Lebens Strom
in lauter oft und leiser Klage:
   „Es bleibt mir gleich: Komm, Bruder Tod!
   Nimm bald den Leib in deine Hut;
   dann wird doch alles, alles gut!"

Dem Verzweifelten:
Ich will nicht leben diesen Gram!
– Das Leben ist ein stetes Sterben,

gar oft noch schlimmer als der Tod! –
Ich will verzweifeln und verderben:
   „Komm heute noch, Tod, letzter Trost!
   Zum Leben hab' ich keinen Mut;
   so komm, dann wird erst alles gut."

Dem Gefassten:
Doch nein, mein Gott steht über mir!
Er gab mir Leib und Leiden,
ein großes Gut in Gottes Hand:
Wann er will, soll'n wir scheiden:
   Dann, Tod, ein Freund, von Gottes Hand
   gesandt, nimm Fleisch und Blut;
   dann wird ja alles, alles gut!"

Peckelsheim, den 22. Juni 1926.

Hier sieht man den gewaltsamen Einschnitt in meinem Leben, die Vergiftung. Aus dem Wachsen des Gedichtes bis zur letzten Strophe sieht man meinen Willen, der Verzweiflung Herr zu werden. [...] Heilung fand ich in den Tierstudien, die ich seit der Zeit viel betrieb. Ein kleiner Seitenhieb auf Menschen, die einem helfen wollen und sollen (Krankheitserfahrung!).

LEBENSMÜDE
(Das Rotkehlchen im Winter.)

Rotkehlchen ist traurig heute,
denn es ist so bitter kalt;
vierzehn Grad zeigt's Thermometer – –
Weihnachten ist es ja bald.

Frierend kugelt es die Federn,
steckt das Kehlchen in den Pelz;
müde schleift es seine Schwingen,
starr ist seiner Stimme Schmelz.

Schauernd duckt es in der Ecke:
Ach, der Hunger tut so weh. – –
In zwei Tagen kommt das Christkind, –
dann liegt 's Vöglein tot im Schnee.

Lippspringe, den 20. Dezember 1927.

Wieder war in meinem Gesundheitszustand eine Verschlechterung eingetreten und machte diese Kur nötig: Dieses ist die Gemütsverfass[ung].

DAS WEIBCHEN

Ein zehn PS saust durch den Wald,
den Urwald, Sumpf und Heide;
er steuert vorn im Schafepelz,
sie sitzt im Tigerkleide,
   gleicht einem Tigerweibchen.

Da springt ein Königstiger auf
das Auto, das infame;
er knurrt den Schaffellführer an
und rollt zur Tigerdame:
   „Bist du ein Tigerweibchen?"

Die Frau ist stumm vor Schreck und Not;
doch ist sie schlau wie eine,
erholt sich, fängt zu sprechen an:
„Verbitt' mir Dienste, deine:
   Ich bin ein Tigerweibchen!"

„Du fauchst wie eine Tigerin",
sagt er, – „ich kann's nicht glauben:
Du hast nicht Angst, obschon du weißt,
das Herz will ich dir rauben:
   So mutig ist kein Weibchen!

Er frägt dann nach dem Führer vorn. –
Sie sagt: „Der kann nicht zählen!
Er ist ein Schaf; – ich kam allein,
mit dir mich zu vermählen;
   ich bin dein Tigerweibchen!"

„Ein Weibchen?" knurrt er fürchterlich;
drauf will er sie schon beißen:
„Das ist ein Schaf und Nahrung uns;
du willst es nicht zerreißen?
   So treu ist doch kein Weibchen!"

Sie girrt und lächelt zwanghaft ihm
und zeigt die schönen Zähne. –
Er schlägt nun wütend mit der Tatz;
da krault sie ihm die Mähne:
   „Ich bin ein Tigerweibchen!"

„Ich fresse dich mit Haut und Haar",
knurrt er, doch lässt sich streichen;
„Gazelle, Kätzchen könnt'st du sein
mit Tätzchen, schönen weichen – –
   so zärtlich ist wohl 'n Weibchen!"

„Du lieber, alter Brummelbär",
sie flötet, streicht ihn wieder,
„leg deinen dicken, dummen Kopf
auf meinen Schoß doch nieder!
   Ich bin ein Tigerweibchen!"

– Sie leiht vom Mann die Waffe sich,
trifft sicher ihren Tiger;
der fällt zur Erde, röchelt noch:
„Du Grausame bist Sieger:
   Du-bist-ein-Ti-ger-weib-chen!"

* * *

Der Mann dreht sich herum erstaunt
zu seiner Frau, der weisen:
„Was habt ihr erst verhandelt da?"
– Sie sagt: „Ich musst' beweisen:
   Ich sei ein Tigerweibchen!"

Lippspringe, den 5. Februar 1928.

Nach einer Skizze der „Düsseldorfer Nachrichten" vom 2. Februar 1928. Zwei Gedichte desselben Inhalt[s] in zwei Versmaßen [Bezug: das im Manuskriptband nachfolgende Gedicht „Der Kampf mit dem Tiger"]. Das aalglatte, kalte und blendende Wesen der Frau und das etwas dumme Wesen des Mannes ist wohl Ausdruck aus der ersten Verliebtenzeit.

DAS LEBEN

Erste Hosen, Kinderklage,
erster Ausflug ohne Führer;
Kinderspiele, Kindertage:
Spät im Alter denkt man ihrer.

Nur noch Freude! Denn die Sonne
waltet über'm Kinderhimmel.
Kinderheimat! Kindeswonnen
häufen sich, ein bunt' Gewimmel.

Rosen seh' ich, rote Rosen
rings an meinem Bette stehen;
sie zu lieben, sie zu kosen,
lieblich schon, sie anzusehen.

Rosentage, Flitterwochen:
Hochzeit geht so schnell zu Ende.

Neuer Tag ist angebrochen:
Sorgen, Klage, Schicksalswende.

Denn nur unter greller Hitze
kann die gute Frucht erst reifen:
Schlag und Not und Wetterblitze
rings am Herbsteshimmel streifen.

Spät die Früchte erst erwachen;
es beginnen Erntefreuden:
Vaterfreuden, Kinderlachen;
Gottes Segen sei euch beiden!

Und wir freu'n uns an den Früchten,
suchen Kinderleid zu wehren,
bis im Alter dann mitnichten
unsre Kinder uns ernähren.

Bis die Felder unsrer Bauern
ruh'n im Winter, eisig harten; –
bis wir hinter Kirchhofsmauern
auf die Auferstehung warten.

Lippspringe, den 26. Februar 1928.

Mit diesem Gedicht beende ich wohl die Theologenzeit, da ich mir die Zukunft in einer Familie denke.

Du Pony, du wildes!

Pony, komm her, zeig deine Hufen rund,
zeig deine Mähne, die Augen wert:
Feurig sind sie wie der Kohlengrund!
Pony, sei du nun mein Gefährt',
    du Pony, du wildes.

Rase dahin nun im vollen Lauf;
lasse die Zügel dir schiessen. –
Schön ist die Welt, die ich nun kauf'
– für dich allein, – musst du wissen,
    du Pony, du wildes.

Halt nun! So lass dich säumen doch!
Wenn ich auch sterben müsst':
Gib mir den sel'gen Augenblick noch,
da ich die Augen dir küsst'!
    Du Pony, du wildes!

(Datum unbekannt!)

Das Pony ist die Toni. Im Original liegt das Gedicht nur skizzenhaft vor! (Steno!)

DU SONNENSCHEIN

Es schleicht ein neuer Tag heran,
die Dunkelheit will weichen;
es flimmert, dämmert, funkelt schon,
es naht das Tageszeichen:
    Die Sonne bringt das Leben.

Was hätte ich, hätt' ich nicht dich?
Was wär' mein Leben sauer!
Was sollt' mir Arbeit, Freud' und Lust, –
ohn' dich wär's stete Trauer!
    Du Sonne meines Lebens!

Die Nebelschwaden ziehen fort, –
bin ledig aller Sorgen;
die Sonne führt den Sieg herauf, –
und du sorgst für das „Morgen",
    du Sonne meines Lebens.

Sie weckt die Tiere, Pflanzen auf – –
Gedanken kommen, gehen:
Sie jubeln in dem Sonnenschein.
– Ich juble, dich zu sehen,
   du Sonne meines Lebens.

O Sonne, Sonne, welche Pracht!
– Und du gleichst ihr genau!
Der Vollmond ist nichts gegen sie,
du meine liebe Frau,
   du Sonne meines Lebens!

Und naht der Winter eisig kalt,
tut dreimal not die Sonne:
– Und naht das Alter schneeig weiß,
du bist des Alters Wonne.
   – Du Sonnenschein im Winter!

Bad Lippspringe, den 23. Januar 1928.

Als die Theologie aus war, kamen die Mädchen. (Das ist der Fluch des Zölibats bei mir, dass ich auf diesem Gebiete an seelischer Verkrampfung litt, die ich nie ganz überwunden habe.) Um so heißer wurden jetzt die Verse auf das weibliche Geschlecht, das ich nur vom Hörensagen kannte. „Du Sonnenschein" ist wohl auf ein Mädchen aus Wattenscheid gedichtet, die (ich glaube) Gretchen hieß.

DU TAPFERE

Schlagen auch des Lebens Wogen
über dich, du kleine Maid?
Kannst du diese doch bemeistern!
Tapfer trägst du jedes Leid.

Hatte man dich ausgescholten
bös', dass keiner es erträgt,

lässt du deine Tränen fließen,
– arbeitest doch unentwegt.

Während eine schwere Träne
klebt an einer Wimper dran,
perlig rollt, – da lächelst du mich
mit dem andern Auge an.

Haste weiter, böse Kleine;
kleine Böse, habe Mut!
Lass Dich nur nicht unterkriegen,
und es wird schon alles gut.

Bad Lippspringe, den 15. Februar 1928.

„Du Tapfere" ist die Toni, die mir näher trat und mich für meine dichterischen Ergüsse auch mit ein paar Küssen belohnte. Weiter kam ich aber auch bei ihr nicht; ein bleibendes Verhältnis kam nicht zustande: Aus den Augen, aus dem Sinn. Sie antwortete mir nicht.

DU GOTTESBRAUT

Nicht aus irdischen Motiven,
nicht den Menschen zu gefallen, –
nur dem Herrn der Herrn zu dienen,
weilst du in den heil'gen Hallen.

Immer betend und betrachtend,
ständig sinnend und bedenkend –
und am liebsten, allerliebsten
zu dem Herrn die Schritte lenkend.

Lenkest sie zu Kindern, Greisen,
lenkest sie zu Krankenbetten –,
doch am liebsten, allerliebsten
lenkst du sie zu heil'gen Stätten.

Freude, heil'ges Glück und Friede
findest du im Schwesternkreise –,
doch am liebsten, allerliebsten
jubelst du zu Gottes Preise.

Wie ein Priester, wie ein Pater
bist dem Heiland du versprochen:
Gottesbraut, an deinem Herzen
ist der Bann der Welt gebrochen.

Schön ist's, einem Graf zu dienen,
gut, dem Manne zu gefallen. – –
Doch die beste, allerbeste
bist du, Jungfrau, von uns allen!

   * * *

Will der Herr zu seinen Diensten
führen dich, nimm an das Erbe!
Mit dem Herrgott ich nicht rechte, –
und wenn ich auch zehnmal sterbe.

Lippspringe, 5. Februar 1928.

Ob dieses Gedicht Gretchen gewidmet ist, vermag ich nicht mehr zu sagen. Aber es ist doch wohl eine, die lieber ins Kloster gehen als heiraten wollte.

SEHNSUCHT

Sie steht vor'm Warenladen
und hört und sieht sonst nichts;
sie möchte Waren kaufen
so gern, – an Geld gebricht's.

Von allen schönen Waren
zwei Meter Nesseltuch,
die hätte sie so nötig;
sie sucht im Notenbuch:

Es kostet zwei Mark zehne,
– nur *eine* Mark ist da;
im Aug' zerfließt die Träne. –
Sie steht und steht noch da.

Nur wer die Sehnsucht kennt,
weiß, was ich leide!

Bad Lippspringe, den 11. Februar 1928.

Wohl nur Mittel zum Zweck ist dieses Gedicht, meine Sehnsucht zu verdichten.

SPITZWEG – PIRSCHGANG

Es war im Sternenwald
in schöner Dämmerung;
wir saßen auf der Bank
und waren froh und jung.

Es war schon Dämmerlicht,
die höchste Zeit zum Schuss. –
Doch was schert uns das Wild?
Ich spielt' mit deinem Fuss.

Ich nahm dich in den Arm;
du lagst in meinem Schoss ...
Du konntest sagen nichts,
weil ich den Mund dir schloss.

Da pirschte leis' zu uns
ein Paar vom Wald heraus. –
Wir wendeten uns ab
und gingen froh nach Haus.

Steinsiepen, den 18. Oktober 1931

3 Jahre liegen dazwischen. Es sind schon andere Gedichte entstanden[:]
„Des Lebens Mai". In diese Sammlung gehört auch dieses Gedicht.

LUNA, WENN ICH TOT BIN …

Försters Christel liebt die Tiere,
sie erzieht des Försters Hund
Luna gern mit Stock und Worten
draußen. – Und sie bleibt gesund.

Jagt mit ihm durch Stein' und Felsen,
durch den wunderschönen Wald. –
„Luna, lauf und fass den Hasen!
Luna, Luna, kannst es bald!"

„Luna, du kriegst was zu fressen,
weil du lernst, – und wenn ich ganz
tot bin, kriegst du meine Knochen!"
– Luna wedelt mit dem Schwanz.

Steinsiepen, den 18. Oktober 1931.

Försters Christel ist die Tochter meines Vetters, des Försters
Joseph Wagener in Kettwig v. d. Brücke.

Das Bild ohne Ende

Ich träumt': Ich ging mit dir von Fehrenbracht
nach unserem Dorf Schliprüthen.
– Ich musst' noch was bestellen: „Nun habe acht.
Du gehst voran und triffst mich in Schliprüthen."

Ich komme nach – und such' – und fin[d]' dicht nicht
in unserem Dorf Schliprüthen.
Ich frag' nach dir, erhalte den Bericht:
Du seist nicht in Schliprüthen.

Ich denke nun: Ich hab' ja nur geträumt,
dass du seist in Schliprüthen.
Doch hab ich lang' gesucht und hab gesäumt
und irrte in Schliprüthen.

   * * *

Ich lieg' im Bett. Das alles ist ein Traum. –
Du weilst ja in der Ferne.
Ich seufze leer ins Weite, fass' es kaum. –
Im tiefsten Weh hab ich dich gerne.

Nordherringen, den 9. Februar 1933.

Gehört in „Des Lebens Mai" und schildert die furchtbare
Sehnsucht der Liebenden, die nun aber bald gestillt werden soll.

Deutsche Wacht

Hell die Nacht, die Sterne leuchten
über Meer und deutschem Land.
Krieg umbrüllt die deutschen Grenzen; –
doch wir stehn mit fester Hand.

Flieger ragen ihre Schwingen,
ziehn um England ihren Kreis
unerschrocken, in den Adern
macht das Blut die Kampflust heiß.

In der Heimat liebe Menschen
denken ihrer, zaudern nicht;
warten stets auf gute Schreiben. –
Und wir tun zu Haus die Pflicht.

Liebe Menschen in der Heimat,
Kameraden an der Front! –
Gerne wär' ich bei euch draußen,
würde Kampf und Sturm gewohnt.

Meschede, den 29. August 1940

Das erste Kriegsgedicht. Die Sehnsucht des Dichters zu
seinen Kameraden wurde dann auch im Februar 1941 erfüllt.

T: Wagener-Nachlass 1943c.

„HÄSCHEN"
UND ANDERE TIERE

Sommergedichte.
Pillau 1944

MEIN HÄSCHEN

Mein Häschen ist mein Dichterstolz;
ich hab' es mir ersungen:
es ist aus echtem Preußenholz,
des Lob so oft erklungen.

Ich hab vom Häschen schlecht gedacht
und musste schwer es büßen. –
Nun hat es mich doch froh gemacht;
ich will es schön begrüßen.

Mein Häschen will mir danken auch;
ich warte Tag' um Tage. –
Das ist nun einmal Liebesbrauch;
ich warte ohne Klage.

Mein Häschen hilft dem Dichtersmann,
das Märchen zu vollenden. –
Doch wenn die Dichtung leben kann,
dann wird es nimmer enden.

17.7.44

LIEBE

Liebe ist ein Hohes Leben;
alles steht im großen Licht. –
Und dem Einen hingegeben
zitt're ich und zage nicht.

Liebe ist ein stilles Denken
an den Einen in der Fern';
Liebe ist ein stetes Schenken
Einem nur, den ich hab' gern.

Lieb' ist Opfern und Vergeben,
Tröster uns in jeder Not. –
Liebe sei das ganze Leben;
sie ist stärker als der Tod.

15.7.44

STERBEN

Kennt man sich nicht aus im Leben,
ist das Sterben leichter Trost.
Gott, der uns die Zeit gegeben,
musst Du fragen, was es kost't.

Denkt man leicht und gern ans Sterben,
ist die große Liebe nah,
dass Erfüllung in dem Werben,
dass die große Stunde da.

Todesnachricht ließ mich ahnen,
dass die Liebe treu und wahr.

Liebe bindet – Enkel, Ahnen:
Lebensliebe, lebend klar.

Geistesliebe ist nicht Sünde,
wenn sie nur dem Leben dient;
wenn sie manchem Geisteskinde
Leben gibt und Sünde sühnt.

Auf Dich, Häschen, wartet einer,
dem Du bist der Sonnenschein,
todbereit vor'm Feind wie keiner:
gib Dich und ergib Dich drein.

Und für mich der Tod nicht minder
blies[s] ein kostbar' Leben aus:
Warten doch die Frau, vier Kinder
auf den Vater treu zu Haus.

19.7.44

Sonne, Meer und heißer Sand

Hei! Ist das ein frohes Wetter!
Hungrig zittern alle Blätter
in dem warmen Sommerwind.
Alle Sorgen werden lind:
Unsre Seele in der blanken
Luft kann sich voll Sonne tanken.

Ewig plätschern weiße Wellen
murmelnd kühl wie Wasserquellen
in den heißen, weißen Sand.
Angefüllt bis an den Rand

ist die Seel' voll Lust; sie hat
heiße Lust nach kühlem Bad.

Wellen spielen mit den Zehen. –
Hui, wir woll'n in's Wasser gehen:
Wellen wiegen uns gar fein
schläfernd wie die Kinder ein.
Marmorierend malt die Sonne,
spielt und brennt mit heißer Wonne.

An dem Strande buntes Leben.
Und der Sonne preisgegeben
wird der weiße Leib ganz braun,
recht exotisch anzuschau'n.
Alle springen und mit blinder
Lust spiel'n alle wie die Kinder.

Und ein Haschen und ein Laufen,
Mädchen sich mit Männern raufen. –
Daß die Lust nicht Volldampf hat
springt man in das kühle Bad.
Und ein helles Mädchenschreien
tönt aus buntgemischten Reihen.

10.7.44

DIE ERSTE BEGEGNUNG

Menschen kennt man von der Straße,
von der Arbeit im Beruf;
aber ihre Seel' bleibt dunkel,
wenn erhält sie keinen Ruf.

Und im Dienste ist man dienstlich. –
Aber draußen an dem Strand
wirkt das Wetter Sonnenwunder
mehr als irgendwo im Land.

Plötzlich steht ganz unerwartet
eine Kameradin da:
Schamhaft neigte sie ihr Köpfchen,
und sie ist mir seelisch nah.

Ich bin stumm, sie in Begleitung;
doch sie ist so freundlich heut',
und die haarumwölkten Augen
leuchten mir. Sie ist bereit.

Und sie spielt mit mir im Wasser
so ganz kindlich, ohne Scheu.
Da, da wurde mir viel leichter;
und ich werde jung und neu.

– Nicht das Letzte zu vergeben
gib uns Freud' für lange Zeit:
Nein, das Letzte zu behüten
gilt es, – und doch sei bereit.

9.7.44

TÖCHTERCHEN

Alle Liebe eines Vaters
schenke ich dem Töchterchen;
eines Freundes und Beraters
Stelle soll sie in mir sehn!

Und sie soll mir nichts verschweigen. –
Was sie keinem Menschen sagt.
Und sie soll zu mir sich neigen,
wenn sie mir die Nöte klagt.

Sie soll mit mir tanzen, tollen,
mit mir jung und fröhlich sein. –
Und sie soll mir aus dem vollen
Kindesherzen Helfer sein!

Willst du es? – Auch Du mußt geben,
nicht nur stets Empfänger sein. –
Du mußt mir dein kleines Leben
anvertrau'n. – Die Lieb' ist rein.

Wenn die Welt zu toll gewesen
Dir, so komm und zage nicht! –
Ruh' Dich aus und lass mich lesen
in Dir; mach' ein froh' Gesicht!

16.7.44

Die blaue Blume

Immer sucht das deutsche Wesen
seiner letzten Sehnsucht Ziel
aus der Wissenschaft zu lesen,
die verbunden mit Gefühl.

Dass die Kunst in Unschuld blühe
wie die Blumen der Natur,
war mein Glaube. Alle Mühe
ist vergebens, die ich drauf verwandte nur.

Der Romantik blaue Blume – –
Nein, sie wurde nimmer mein.
Fern auf einer Ackerkrume
blühte sie. Sie stand allein.

Doch ich konnt' den Weg nicht finden;
und kein Flehn drang an ihr Ohr. –
Ich versank in Nacht der Sünden,
dass die Unschuld ich verlor.

20.7.44

DAS INNERE BILD

Mädchen in den zwanzig Jahren
sind sich selbst ein Rätsel oft,
andern auch mit dem Gebahren – –
Was hat sie sich nur erhofft?

Hingegeben den Gefühlen,
nur dem kurzen Augenblick,
meint sie, dass mit Lachen, Spielen
sie bereitet sich ihr Glück.

Haltlos ist nun das Genießen,
das Gefühl nicht kontrolliert;
manches Glück tritt man mit Füßen,
und man wird am End' verwirrt.

Auch im Kriege gibt es Zeiten,
dass man an die Zukunft denkt,
kann sich frohvoll vorbereiten,
da uns niemand etwas schenkt.

Mädchen, könnt' ich Dir befehlen,
dann würd' weichen manche Not. –
So mußt stark Du sein und wählen:
und wir stehn im Morgenrot.

23.7.44

Seid ohne Sorgen!

Meine Lieben in der Heimat
machten sich der Sorge viel,
weil in Krankheit ich gefallen,
und weil Häschen mir gefiel.

Wenn sie wüssten, was gelitten
ich für sie manch' bittre Not,
würden sie sich nicht beklagen,
tragen ihr Gebet vor Gott.

Was soll uns das Schicksal schlagen,
wenn wir ganz in uns gestellt?
Was soll Schwäche Mut uns rauben,
da Gott selbst ist unser Held.

Ich bin klein; doch sterben möcht' ich,
würd' ich jemals untreu mir,
würd' vergessen ich die Kinder,
liebste Frau, und untreu Dir!

23.7.44

DER HOPPELHASE

Eine Wunde an dem Strande
ich erhielt an meinem Fuß;
doch es war die kleinste Wunde,
die ich heute tragen muss.

Doch mein Häschen hat kein Mitleid – –
Dachte ich, sie würd' den Fuß
etwas streicheln und dann drücken
auf die Wunde einen Kuss – – –

Nein, sie hoppelt vor mir munter
kreuz und quer im Sande her,
um mein Hinken nachzuahmen – –
und sie wollt' mich ärgern sehr.

Ärgern mich? – Nein, dieses Hoppeln
im Gewand, so leuchtend bunt
brachte mich zum Lachen, Lachen. –
Und das Lachen macht gesund.

25.7.44

HEIMAT MEER

Kann das Meer auch Heimat sein
wie die Berge, Ebene?
Steht die Heimat nicht auf Erden,
aber niemals auf der See?

Seht den Fischer, seht den Seemann,
seht' die Leut' am Meeresrand!

Voll Erwartung wie ein Sämann
bauen sie auf leichtem Sand.

Wer das Lied des Meer's getrunken
schon als Kind in sich hinein,
der ist tief hinab gesunken
in den Schoß des Meeres ein.

Wer dem Ruf sich hat ergeben
und dem Meere anvertraut:
Schiffe sind ihm Heimat, Leben;
und das Meer ist seine Braut.

Worin liegt des Meeres Wesen?
Doch in Unergründlichkeit!
Und im Uferlosen lesen
musst der Seele Seligkeit.

Das Geheimnis zu erkennen,
zieht den Menschen immer an!
Wer wird uns die Heimat nennen,
der Geheimnis nicht kennt an?

31.7.44

DAS ERNTEBAD

Sommers nach den heißen Tagen
winkt am Abend kühles Bad. –
Schön, wer einen kühlen Hagen
und ein frisches Wasser hat.

Eine Ernt' hab ich gehalten,
die gekostet heißes Blut:
Kühles Wasser! Das gezahlten
Wunden nunmehr gütlich tut.

Kühles Wasser half mir immer
bei dem aufgeregten Sinn;
diesen Sommer nehm als Schimmer
künft'ger Hoffnung gern ich hin.

Schnell ins Wasser, schnell zur Sonne
einen kleinen Augenblick:
Das ist meine Sommerwonne;
das ist mein Soldatenglück.

31.7.44

DAS VERWEHTE WORT

Kurz und unfreundlich beim Scheiden
wandte sie sich nochmal um. –
Warum kann sie mich nicht leiden,
bin ich schon so alt und krumm?

Und sie rief mir aus dem Gange
Laute zu, – wie das so geht. –
Und ich horchte lange, lange;
doch der Wind hat sie verweht.

Rechnen wollt' ich nach den Tönen,
doch sie waren nicht genug. –
Stimmt es, oder will sie höhnen:
Sie kommt einmal auf Besuch.

Ja, mein Häschen, viel versprochen
hast Du, was dann doch zerbricht.
Komm, was Du auch hast verbrochen, –
aber *warten* kann ich nicht.

2.8.44 [in Neuhäuser!]

DER WEG IM STURM

Langgestreckte Straße mit den Bäumen
läuft die Nehrung zwischen Haff und Meer.
Doch das Wetter ist heut' nicht zum Träumen,
denn der Wind schreckt alle Bäume schwer.

Dunkelgrüne Wälder stehn im blauen
Meer, doch erntereife Felder vorn;
vollbeladen nahen Ernt[e]wagen,
und die Luft riecht herb nach Korn.

Erntezeit ist auch in meinem Leben;
doch gar kurz bemessen ist die Zeit:
Der Soldat ertötet jedes Streben,
bis zum Frieden ist der Weg so weit.

Stürme zittern schwer durch meine Seele;
jedes kleine Mädchen höhnt mit mir:
Auf, mein Geist, dass zähle, ich erzähle,
schreiben, schreiben ist doch meine Gier.

Stürme liegen auf der langen Straße,
wo der Sonnenschein doch friedlich lacht. –
Wird auch meiner Wolken düstrem Hasse
durch der Sonne Lieb' ein End' gemacht?

2.8.44 (in Neuhäuser!)

DAS OSTSEEBAD

Ein Hohlweg führt hinauf zur Höh',
umsäumt von hohen Bäumen;
und wenn ich in dem Hohlweg steh',
dann kann ich träumen, träumen.

Ein Fußsteig übersteigt ihn doch - -
Nun steh' ich auf der Höhe
und träume von Romantik noch - -
Doch schlimm ist's, was ich sehe:

Durch's kleine Dorf die Groß-Allee,
die nur dem Weltmann winkt - -
Die Bäume sind gestutzt, o je!
die Häuser sind geschminkt.

Das ist der kleine Übergeist,
der mehr will als Natur,
der die Reklame trommeln heißt
und sich entblößt doch nur.

3.8.44 (Lochstädt)

WO GIBT'S DENN SO WAS?

Im Bade winkt ein Kaffeehaus - -
Ich sehe Leute gehen
gar lustig lachend ein und aus,
die auch kein Unheil sehen.

Die Straße wandelt ein Dam'
mit einem Schirm für Sonne. -

Wie kam es, dass der Krieg nicht nahm
den Schatten dieser Wonne?

Ein Herr trägt ihr die Tasche schier
im Abstand von drei Schritten. - -
Es gibt da doch noch Kavalier,
im Schloss wohl, - nicht in Hütten.

Und Badekörbe stehn am Strand
der heißen Sonn' entgegen;
und Kinder buddeln in dem Sand,
die fröhlich sich bewegen.

Nein, neidisch bin ich in der Tat - -
Ich will mich freu'n der Freuden.
Auch mir ward diesmal als Soldat
der Sommer nicht zum Leiden.

3.8.44

SOLDATENGLÜCK

Mancher wünscht mir Glück im Leben,
mancher ein Soldatenglück. -
Was das letzte soll mir geben,
das verstehe ich kein Stück.

Nein, am wenigstens in Zeiten
hatte Glück ich als Soldat;
keiner sah die guten Seiten
bei mir, keine gute Tat.

Immer wurde ich gescholten;
krank wurd' ich ob solcher Not:
„Glückssoldat"? – Nichts wird vergolten!
Und Soldatenglück ist Tod.

Während ich so grollend streite,
kommt die Kameradin her,
schmiegt sich sanft an meine Seite,
dass das Herz wird froh und schwer.

Ihre Augen ich nicht sehe,
und es spricht auch nicht ihr Mund. –
Doch ich fühl': Auch sie trägt Wehe
und will machen mich gesund.

Kindlich konnte sie mich rühren. –
Sie ist mein Soldatenglück;
und ich werd' sie heimwärts führen,
kommt der große Augenblick.

6.8.44

DER GROßE AUGENBLICK

Sonntag ist es. Und die Sonne
leuchtet all die Glocken wach,
dass sie tönen voller Wonne
wie noch nie seit Jahr und Tag.

Sonntag ist es, und den Frieden
läuten heut' die Glocken ein!
Dachte einer, dass hienieden
das noch einmal könnte sein?

Sonntag ist es, ist ein Zeichen,
dass sich Frieden, Heimat eint;
lasst uns froh die Hände reichen,
alle Mann, ob Freund, ob Feind.

Sonntag ist es, lasst vergessen
uns die Leiden einer Zeit;
die so grundlos, unermessen
waren, liegen endlos weit.

Sonntag ist es, kurze Ruhe
schaff er für den Augenblick;
doch dann arbeite und tue,
dass Du schaffst Dein eigen Glück!

Sonntag ist es, Friedenssonntag
und für mich Besinnungstag:
es gibt keinen blauen Montag;
jeden Tag bin ich nur wach.

6.8.44

DER SONNENSCHEIN

Frieden ist es jetzt auf Erden,
und der helle Sonnenschein
will uns frohe Zukunft werden,
hüllt ein kleines Häuschen ein.

Drinnen waltet froher Dinge
eine blühend, junge Frau;
und es schließt zu einem Ringe
sich des Wesens große Schau.

In dem Hause ist stets Sonne;
auch wenn's draußen stürmt und schneit,
fühlt der Mann stets hohe Wonne:
seine Augen werden weit.

Stets wie in den Flitterwochen
leben zwei das liebe Jahr;
aller Gram hat sich verkrochen,
der einst in den Herzen war.

Alle Unrast eines Krieges
hat die Frau gestoßen aus;
größtes Glück des eignen Sieges
froh genießt sie nun zu Haus.

Sonnenschein im eignen Hause
leuchte ständig froh und mild!
Sturmeswetter, brause, brause:
Du störst mir nicht dieses Bild.

6.8.44

Die Bootsfahrt

Blauer Himmel, Sommersonne – –
Kühlung tut uns allen not.
– Wasserwege, – eine Wonne –
fahr'n wir mit dem Fliegerboot.

Blaue Wasser. – Grüne Wälder,
Schloss und auch ein Kirchlein klein
stehn am Wasser; reife Felder
laden schon die Schnitter ein.

Und das Boot schießt durch die Wellen,
Spritzer gehen über Deck,
die erfreu'n mit ihrem hellen
Rauschen und sind ohne Schreck.

Bloß, der Sonne preisgegeben
sinne ich den Wellen nach,
die am Bug sich hoch erheben,
in der Ferne werden flach.

In mir rauschen Sturmeswellen,
jung aus der Vergangenheit;
einmal werden sie dem hellen
Zukunftslichte weichen weit.

Schwer ist es, den Weg zu finden
in dem Wasser; ohne Pfad:
Man muss fahren mit den blinden
Augen weiter aus und grad'.

Und der Kompass zeigt im Meere
Richtung und den Standort an: –
Unsre Seele sei die Schwere,
die uns Gleichmut geben kann.

In dem Boot sind Kameraden – –
„Heimat" ist ein fernes Ziel!
Wann wird sie zum Ernst uns laden
ein nach dieses Krieges Spiel?

7.8.44

DER TRAUM-KUSS

In der Heimat war ich wieder,
auf dem Weg zum Dorf von Haus – –
O wie klingen Heimatlieder
tonvoll in der Seele aus.

Nach der Uhrzeit fragt' ich Leute,
und sie gaben mir Bescheid – –
Da, auf ein'ge Schritte Breite
überhol' ich eine Maid.

Sie kommt zu mir; musenähnlich,
mannhaft gab sie einen Kuss,
den als Dichter ich so sehnlich
wünsch' mir zu der Arbeit Schluss.

Gar nichts war bis jetzt gesprochen.
Nun erst fragt' ich: „Kennst Du mich?"
„Ja!" bekannt' sie ungebrochen,
treu und fest und innerlich.

„Aus dem Dorfe in der Nähe
komm' ich!" – Sie ist nicht bekannt!
– Ich bin alt, dass manchmal sehe,
kenne nicht, was jung verwandt.

„Dann weißt Du doch, dass ich dichte,
bin der Heimat großer Mann!"
„Ja!" sagt sie, froh im Gesichte;
– und sie küsst mich wieder dann.

Dieser Kuss, das feste Schmiegen
zeigt nichts von Begehrlichkeit:
Meine geist'gen Werte siegen,
meine Dichterseligkeit.

Und sie plaudert aus dem Leben,
hütet ein Geheimnis nicht. –
Lohnt sich doch mein Frauenstreben?
Ist ihr Wesen großes Licht?

„Sieht man mir", ich frag' sie wieder,
„meine Frauensehnsucht an?"
„Ja!" sagt sie und schlägt nicht nieder
ihre Augen, drängt heran.

„Lass die andern Mädchen flitzen;
sie verspotten dich ja nur,
und sie können Dir nichts nützen:
Bleib auf eingeschlag'ner Spur!"

* * *

Waren es doch Musen-Laute;
war es doch der Muse Kuss? –
Ich, der ich mir nicht vertraute
mehr, werd' Mann von Kopf zu Fuß!

8.8.44

STILLE SCHÖNHEIT

Suchst du Schönheit, still erhaben,
lausche in dein Inn'res nur:
Was wir nötig müssen haben,
finden wir in der Natur.

Auf dem Hügel, baumumsäumet,
steht ein rotes Ordensschloss,
das aus hundert Jahren träumet,
seit der Pegel seewärts floss.

Droben stehet die Kapelle,
ist dem Haff eng zugewandt. –
Leider tönen nicht mehr helle
Glockentöne tief ins Land.

Heute sind die Menschenbauten
auch zu der Natur geworden:
Lochstädt, die heut' auf Dich schauten,
denken nicht an Krieg und Morden.

Milde Abendsonne glutet
über Haff und Schloss und See;
milde, stille Schönheit flutet
in das Herz wie Heimatweh.

„Lass doch bald den Frieden kommen,
Herrgott!" möcht' ich bitten ihn,
„dass wir könn'n in langen, frommen
Fahrten zur Kapelle ziehn!"

8.8.44

ABENDMUSIK

Schwüler, feuchter Sommerabend,
letztes Sommer-Dämmerlicht – –
Ist es Ruhe, die sich labend
auf uns gießt? – Sie ist es nicht.

Wie Musik erklingt ein feines
schrilles Summen in der Luft;
wie der Rest gegor'nen Weines
füllt den Abend stiller Duft.

Immer wieder dieses Lärmen – –
Tausend Flugzeug' in der Fern'?
Nein, es ist wie Bienenschwärmen, –
und das höre ich nicht gern.

Schnaken sind's vom nahen Ufer,
aus des Haffes Schilf am Strand,
die wie Millionen Rufer
rufen Sommer in das Land.

Abends noch in letzter Stunde
singen sie in Schlaf mich ein. – –
Da fällt aus geschloss'nem Munde
mir ein Seufzer, klein, ganz klein.

11.8.44

DIE EWIGE REISE

Urlaub hatt' ich kurze Tage
– so ging in der Nacht mein Traum –,
da wurd' krank ich und verzage:
Rückreisen geht nun doch kaum!

Aber Nachricht muss ich geben
und vom Arzte ein Attest:
Dahin reisen müsst' ich eben; –
und das geht nicht: das steht fest.

Alles dreht sich um im Kreise,
und das Herz: es schlägt so schwer:
Immer geht es um die Reise,
und die Pulse woll'n nicht mehr.

Ich werd' wach und stöhne wehe;
denn es schmerzt gar arg das Herz. –
Also war der Traum, ich sehe,
nicht nur Phantasie und Scherz.

Weiter schlaf' ich; doch im Träumen
muss die Reise weiter gehn:
Wieder ist's dasselbe Säumen;
ich kann gar es nicht verstehn.

Wie um einen Punkt im Leben,
den man nicht bewält'gen kann,
geht die Not, das ew'ge Streben,
das zermürbt doch nur den Mann.

Da ist's gut, wenn durch das Fenster
leucht't die Morgendämmerung,
fliehen alle Nachtsgespenster
vor des jungen Tages Sprung.

13.8.44

WAS IST HEIMAT

Deutsche Menschen haben dieses
Wort allein im Wörterschatz.
Immer, immer wieder lies es,
sprich's andächtig aus im Satz!

Was ist Heimat? Urgeschichte
liegt darin vieltausend Jahr!
Als die Menschheit, blonde, lichte,
hier schon noch im Urwald war.

Was ist Heimat? – Eine Scholle
klingt beackert da hinein, –
Doch das kann noch nicht das volle,
letzte tiefe Wesen sein!

Was ist Heimat? Mancher Bauer
weiß es heute gar nicht mehr;
denn er liegt nur auf der Lauer,
dass sein Säckel wird recht schwer.

Was ist Heimat? O, wie gerne
und wie weh denkt mancher dran!
„Heimat ist, was in der Ferne
fehlt mir", sagt heut' mancher Mann.

Heimat ist nicht nur „Besitzen";
war Dir das auch schon bewusst?
Heimat kann nur froh Dir nützen,
trägst Du sie in Deiner Brust!

13.8.44

DIE HEIMAT-TRUHE

Aus des Hauses Vätertagen
fand ich eine schwarze Truhe;
in mein neues Heim zu tragen
sie, gab ich nicht eher Ruhe.

Aus der Eiche ist gediegen
fest und gut gezimmert sie;
sie soll meine Werte wiegen,
die ich schaffe spät und früh.

Immer soll sie heimlich treiben
mich, was ich noch schaffen soll,
bis im Herz mir nichts wird bleiben,
bis gesättigt sie und voll.

Alle meine Dichtersorgen
schließ sie ein im Heimatholze:
in der Heimat sei geborgen,
was ich schuf, – und ihr zum Stolze.

14.8.44.

DAS SCHWARZE KREUZ

Als die Deelentür zerschnitten
wurde, brauchte ich ein Kreuz; –
und man gab das Holz nach Bitten
mir. – Das war besondrer Reiz.

Aus des Hauses Heimateiche,
die solange Tor und Tür,
die erschlossen Kinderreiche,
steht das Zeichen nun allhier.

Auch ein Kreuz hab' ich zu tragen
aus des Vaters Erbe schon, –
Doch, was soll ich da verzagen?
Heimat ist mir süßer Lohn.

Christlich ist des Kreuzes Sprache. –
Auch die Heimat wurd' mir Kreuz;
dass ich ihre Lieb' entfache,
brachte sie mir Tonnen Leids.

Doch ich will das Leid verstehen,
und das Kreuz ist mir nicht feil;
soll an Heimatlieb' vergehen
ich, so sei das Kreuz mein Heil.

Aus der Heimat ein Gedenken
ist das Kreuz mir immerdar;
in der Heimat Wesen senken
will ich mich stets treu und wahr.

14.8.44

DIE EWIGE HEIMAT

„Ruhet sanft in fremder Erden!"
steht auf einem Friedhofs-Tor,
drauf Gefang'ne ruhen. – Werden
diese friedlich stehn davor?

„Herr, gib ihm die ew'ge Ruhe
und das Licht erleuchte ihn!"
Wie in einer Heimat-Truhe
soll ihm ew'ge Heimat glühn.

„Herr, lass ruhen ihn in Frieden!"
spricht der Priester mit Bedacht,
da der Unfrieden hienieden
uns die Erde elend macht.

Ruhe ist die Losung, Frieden
soll uns ew'ge Heimat sein!
Er soll nehmen einen müden
Weltenwandrer bei sich ein.

Himmel soll das letzte Ende
sein und aller Wandrer Ziel;
droben wird die Zeitenwende
lösen alles Erdenspiel.

Unruhig sind unsre Herzen
bis sie ruhn in Dir, o Gott:
Heimat wirst Du meinen Schmerzen,
höchstes Gut in größter Not.

Äußre Ruhe, inn'res Schaffen – – –
Höchste Tätigkeit sei mir
Gottesliebe: ohne Waffen
Geben, Nehmen für und für.

14.8.44

Der Kirschbaum

Mitten in dem Paradiese
meiner Jugend steht ein Baum. –
Wenn du siehst ihn; steh und grüße:
er ist meiner Heimat Traum.

Höher wuchs er als Gebäude:
Kirschenblüten, schneeig weiß
trug er uns zur Augenweide,
die wir alle liebten heiß.

Doch im Sommer trug er Früchte,
und es wurd' ein frohes Fest:
Nachbar, Tante, Vetter, Nichte
kamen in das Heimatnest.

Wie das Fest der Apfelblüten
irgendwo im Osten steht,
so will ich den Traum behüten
wie ein kindliches Gebet.

Oft ist uns ein nebensächlich
Ding der Heimat Wesen hier, –
für uns plastisch, – andern kläglich –,
zu dem Dasein eine Tür.

14.8.44

MUSIK AM ABEND

Stille Stunde nach des Tages
Arbeit ist des Abends Kron';
da ertönt am Rand des Hages
lustig ein Akkordeon.

Feierlich tönt eine Geige
aus dem Dickicht nun herein;
träumend lausche ich und neige
mich der Kunst. Ich bin allein.

Große weiße Wolkenbänke
liegen über Haff und Strand;
Musik hör' ich, und ich denke
sehnsuchtsvoll ans Heimatland.

Kameraden lachen, spielen;
jeder sehe, wo er bleibt.
Ich bin einer unter vielen,
der nur träumt und liest und schreibt.

Jeder soll ein Liebes treiben,
dass das Heimweh ihn nicht frisst:
dass zuletzt er nirgends bleiben
kann und Heimatloser ist.

Jeder soll die Heimat halten
fest und treu in seiner Brust. –
Heimatlos ist Krieges-Schalten;
sei Dir eigner Kraft bewusst!

14.8.44

KÜNSTLERERLEBNIS

Wenig Künstler zeigten heute
Einfaches, bescheiden, klein:
Doch die Kunst sucht nicht das Weite;
sie ist einfach, klar und rein.

Nachbarschöne Unterhaltung,
Feierabendmusik tönt;
braucht es da sehr viel Gestaltung,
die das Leben uns verschönt?

Doch zuletzt die schlichte Frage
hat mir sehr ans Herz gerührt:
Hat es Dir gefallen? – Sage,
schreib mir einmal ungeziert!

Wie sind doch, die Künste schaffen,
in die Lieb' des Volks gestellt!
Wird, da klirren nun die Waffen,
einer danken in der Welt?

Auf dem Heimweg wurd' ich traurig:
Gott, wie steht man doch allein;
ungezähmte Tri[e]be schaurig
fordern nur. Muss das so sein?

Auch ich schaffe nun ein Leben
für das Volk nur Tag und Nacht!
Hat je einer meinem Streben
Dank und Liebe zugebracht?

Immer hat ein Kunsterlebnis
tief im Innern mich verwirrt, –
bis ich selber Traum Begebnis
zur Gestaltung hab' geführt.

16.8.44

NACHBARSCHAFT

Was der Städter kennt nun nicht:
Herbe-zarte Bande,
wie sie Nachbarschaft uns flicht, –
gibt's nur auf dem Lande.

Wenn im Lenz die Arbeit weilt,
kommt des Nachbars Junge,
der auch sonst bei uns verweilt:
Los ist seine Zunge.

Wendet man im Juni Heu,
gibt's ein heitres Lachen,
schäkern Mädchen wie im Mai,
können Lust entfachen.

Doch am Sonntag ist man da,
gibt's ein frohes Tanzen
ohne Scheu: man kennt sich ja,
wächst doch wie die Pflanzen.

Zieht die Not einmal ins Haus,
hilft der Nachbar raten;
und man treibt zum Haus hinaus
Not durch schnelle Taten.

Ich wär' froh, wenn Nachbarschaft
wäre mir zur Stelle:
Denn wo Not mir Qualen schafft,
würd' es baldig helle.

Wenn der Heimat Wesen nicht,
ist es doch ein Kern;
und ich hoff' mit Zuversicht,
dass man sieht mich gern.

16.8.44.

KAMERADSCHAFT

Wie man einen Nachbar liebt,
der mit uns geboren,
einem Kamerad sich gibt,
der mit uns verloren!

Nachbarn sucht man sich nicht aus;
sie sind schon vorhanden.
Kameraden ziehn von Haus
mit zu fernen Landen.

Fern im Feindesland wir stehn
mit ihm ganz verloren,
den wir niemals noch gesehn,
den wir nicht erkoren.

Doch zusammen schweißt die Not,
und wir werden Brüder,
singen treu bis in den Tod
heimatliche Lieder.

Kameraden, nehmt mich mit,
ich will eurer sein,
schreit' mit euch im Schritt und Tritt,
– stand doch sonst allein.

Tat ich einmal wehe Dir – –
nun, so musst Du sehen:
Einsamkeit lag schwer auf mir –
dann wirst Du's verstehen.

16.8.44

HEIMAT STADT

Kann die Stadt auch Heimat sein?
Keine Landschaft sie umschmiegt,
keine Ruhe wird da sein,
wo der Lärm der Arbeit siegt.

Doch die Arbeit ist Beruf,
der auch Heimat werden kann;
und die Schöpfung, die erschuf
Gott, schafft täglich neu der Mann.

Ewig rauscht doch auch das Meer,
kennt ein Ruhn und Rasten nicht;
doch den Seemann lässt's nicht mehr,
ist ihm Heimat, Zuversicht.

Einen mächtigen Akkord
schafft der Männer hämmernd Tun,
der sich pflanzt zum Himmel fort,
wo die Fördertürme ruhn.

Das hab alles ich geschafft,
denkt der Mann und ruht in sich. –
Nein, er hat es nur errafft:
Heimat gibt es nicht im Ich.

Menschenwerk und Arbeit nicht
sind des Lebens letzter Sinn:
Such' die Heimat hoch im Licht;
gib Dich Gott in Frieden hin!

17.8.44

Heimat Land

Wolken ziehn am Himmel hoch,
Bäche fließen in dem Tal;
aus des Waldes Rauschen noch
dringt des Vogelliedes Schall.

Friedsam ziehet seine Spur
mit dem Pfluge Mann und Pferd:
Arbeit ist hier Ruhe nur,
die den Sinn des Menschen ehrt.

Samen nimmt der Erde Schoss
auf und hütet ihn als Saat;
schamhaft kleidet sie, was bloß,
und sie schützt des Mannes Tat.

Dass Natur und Gott beschütz'
alles, ist des Manns' Gebet;
schaffend in der Sommerhitz'
er als Herr des Landes steht.

Ew'ger Kreislauf der Natur
zwingt ihm seinen Rhythmus auf;
ruhig geht er in der Spur,
nichts beschleunigt seinen Lauf.

Stete Arbeit, Heimat, Land,
ist's die von dir wird beschert;
ew'ge Ruh' hält in der Hand,
wer darüber nichts begehrt.

17.8.44

HEIMWEH

Niemand soll sich schämen, wenn er
Heimweh noch im Herzen trägt
nach dem Heim, nach Mutter; denn er
weiß nicht, was darin gelegt.

Wandere in fremde Welten:
Du trägst Heimat stets in Dir,
wenn Dir noch die Wünsche gelten,
was oft brennt wie wilde Gier.

Niemanden möcht' man da sprechen,
wenn die Bilder heimwehnah
auf in unserer Seele brechen,
was im Jugendland geschah.

Größtes Heimweh unsres Lebens
geht wohl in die Kinderzeit;
und das Weh ist nicht vergebens,
ist sie uns doch Seligkeit.

Muss ich schuldbewusst bekennen,
dass die Kindheit stumm in mir;
dann will ich die Quellen nennen,
die noch größer wachsen Dir.

Heimweh ist ein selig Leiden,
Schuld ist Sünde, Seelentod!
Willst Du etwa Heimweh meiden,
dafür tragen Seelennot?

Niemand soll sich schämen, dass er
Heimweh und auch Heimat hat!
Es gibt inn're Kräfte, was er
mutig träft [?], schafft große Tat.

18.8.44

HEIMATLOS

Ist der Landstreicher der Straße
völlig sinn- und heimatlos?
mancher trägt in tiefem Hasse
in sich ein Vererbnis [sic] groß.

Sucher sind sie nach den Gründen,
Träumer sind sie der Natur;
ob sie Heimat einmal finden
werden, weiß Gott selber nur.

Sucher gibt es viel auf Erden
zwischen uns im Bürgerkleid:
ob sie einmal finden werden
Heimat, wie die Sehnsucht weit?

Selig sind, die immer suchen,
und die Hoffnung noch beschwert,
die nicht matt und stumm verfluchen,
was sie kinderfromm begehrt!

Wer die Heimat nicht im eigen
Heim hat, ist *ganz* heimatlos:
Niemand kann ihm Hilfe zeigen,
niemand tragen mit sein Los.

Alle Freude, alle Jugend,
alle Hilf' hat er verbannt;
kein Gebet und keine Tugend
hilft ihm, der sich nicht ermannt.

Mann, geh in Dich, such' Dein Wesen
draußen nicht; es ist nur hier:
Wirklich wirst Du nur genesen,
wenn Du Heimat find'st in Dir!

18.8.44

Heimatarbeit

Als ich einst zur Heimat wachte
auf mit einem Urgefühl,
als mit Arbeit anfing, dachte
wesentlich ich nur an Spiel.

Spielend meiner Seele Saiten
ich die Jugendheimat trug
in das Wort; viel hundert Seiten
hat mein Seelentagebuch.

Heimat, die ich selbst gefunden,
trug ich manchmal Menschen zu,
dass sie könnten da gesunden,
wo ich selbst fand keine Ruh'.

Keine Ruhe wollte geben
mir die Heimatarbeit mehr;
letztes Wesen sucht' [im?] Leben
ich der Heimat. Das ist schwer.

Schwer, ob leicht – – ich muss nun schaffen,
Heimat spenden ohne Rast. – –
Ob im Frieden, ob in Waffen:
Heimat, Du hast mich gefasst.

Nimmer wird sie los mich lassen,
und sie ist mir Trost und Glück;
um in Worte sie zu fassen,
such' ich jeden Augenblick.

Um sie Menschen mitzuteilen
in der schweren Kriegeszeit. – –
Alles, Menschen nur zu heilen,
bin zu geben ich bereit.

19.8.44

HEIMATWERT

Alles will in Werte fassen
heut' der Philosoph und denkt
nicht daran, dass andre hassen,
was er froh ins Herz gesenkt.

Alles ist so mühsam heute
in der Katastrophenzeit
zu bewerten. Manches weite
Licht ist morgen todgeweiht.

Und Kultur von tausend Jahren
sinkt für immer in den Schutt;
Güter, die uns Heimat waren,
schwimmen in der Todesflut.

Manches Glück in unsrem Leben
schien uns groß und lebenswert:
Hat, was Festtag uns gegeben,
nun im Alltag auch bewährt?

Nur das Leben selbst ist größer
und mit Wert zu fassen nicht.
Der's gegeben, kennt es besser:
er sei unsre Zuversicht.

Heimat, wenn wir sie ergründen,
wenn sie tiefstens uns beschert,
ist das Größte, was wir finden:
Heimat trägt den größten Wert.

19.8.44

„DA BIN ICH!"

Mensch, mein Bruder, meine Schwester, –
wo seid Ihr gekommen hin?
Unser Band sollt' werden fester,
und gebrochen ist der Sinn!

Mussten wir uns soviel Leides
antun, dass es ging nicht *mehr*;
mussten wir des ganzen Eides
untreu sein? – Es ist so schwer!

Manchmal glaubte ich, nicht leben
mehr zu können weiterhin, –
bis Verhältnisse gegeben:
Ich fand einen Sinn darin.

Arbeiten ist einz'ge Hilfe,
ständig – immer – Tag und Nacht – –
Dass ich läge tot im Schilfe,
hab' ich manchmal schwer gedacht.

Ich werd' nicht mehr an die denken,
die geraubt mir hat die Ruh' – –
Will zu mir die Schritt' *sie* lenken,
mach ich nicht die Türe zu.

Einfach soll sie zu mir kommen,
und „da bin ich!" ihre Red'! – –
Nur die Wahrheit kann uns frommen,
die bescheiden vor uns steht.

Nur das kleine Wort „Da bin ich!" –
Und ich weiß dann alles schon:
Ob du trotzig bist, ob sinnig,
Strafe willst Du oder Lohn. –

20.8.44

Kirchgang

Sonne ladet ein zum Wandern,
und das Haff begleitet mich
von dem kleinen Ort zum andern,
wo die Kirch' befindet sich.

Durch Natur und durch Idylle
schneidet grad' das Bahngeleis';
schlängelt sich der Fußsteig: Fülle
Duft umgibt mich, Sonne heiß.

Von der Halde grüßt die rote
Burg mit Kirche und das Land;
auf dem Wasser grüßen Boote
Sonntagsmenschen an dem Land.

Feiertag! Beinah' im Frieden
wandre' froh ich querfeldein;
Einsamkeit ist mir beschieden,
doch ich fühl' mich nicht allein.

Die Gefühle meiner Jugend
fallen mich beim Kirchgang an;
selbst das Denken ist schon Tugend:
fruchtbar macht es doch den Mann.

Kühe weiden in den Wiesen,
eine ganze große Herd' –
Nur die Glocken fehlen diesen:
Das hat etwas mich beschwert.

Kirchgang ist es. Keine Glocke
lädt zum Gottesdienst mich ein;
Da verhalte ich und stocke:
Es ist Krieg: Muss das so sein?

20.8.44

LAIENGOTTESDIENST

Viele Gläubige[n] erwarten
in der kleinen Kirch' den Herrn,
der den Gottesdienst nach harten
Tagen hält und tröstet gern.

Alles Warten ist vergebens – –
Eine Stunde war mein Weg;
eine Hoffnung meines Lebens
und ein Sonntag waren weg.

Zaghaft hebet die Gemeinde
Gott zu preisen an im Lied:
Doch es ist, trotzdem wir Freunde,
ohne Priester etwas müd'.

Eine Frau fängt an zu lesen
auch das Evangelium. –
Als das Credo ist gewesen,
ist die ganze Messe um.

Keine Opf'rung, keinen Segen,
keine Wandlung, Komm'nion:
Nimm, Herrgott, auf allen Wegen
mit dem Willen fürlieb schon.

Eine Frau etwas begleitet
mich und gibt mir auch die Hand –
In der Kirche vorbereitet,
glaube ich, wir sind bekannt.

Dreimal bin ich nun gewesen,
wollte Sonntag feiern gern. –
Beinah' schlägt es mir zum Bösen:
Gott ist doch dem Kriege fern!

20.8.44

DER EINSIEDLER

Einsam sitzt er vor der Hütte,
und sein Blick liegt auf dem Meer,
gleich als hätt' er eine Bitte,
die ihm macht das Leben schwer.

Doch sein Blick ist ruhig; traurig
ist er, aber mutlos nicht:
Keine Not und Untat schaurig
drückt ihn; er übt nur Verzicht.

Menschen werden ihn nicht lieben,
die er stört in ihrem Spiel. –
Doch was soll ihn das betrüben,
da er in sich trägt so viel.

Allen Menschen Wahrheit sagen,
hat ihm aufgetragen Gott. –
Was soll er sich da beklagen?
Er dankt Gott für seine Not!

Menschen kommen; seine Gaben
nehmen sie in seinem Wort,
freuen sich, wenn sie sie haben,
bleiben aber danklos fort.

Ob sie Nutzen bringen werden
diese Gaben, die so schwer
oft bedacht er. Wird's gelingen?
Nein, davon weiß er nichts mehr!

„Herrgott, Dir bin ich verpflichtet.
Menschendank ist nichtig! Ruh'
gib mir, da ich hab' verzichtet!" –
Und er machte die Türe zu.

21.8.44

Frei – nach Gefallen

Ab und zu braucht mal der Scheitel
eine Schere dringend sehr;
wenn ich auch nun gar nicht eitel,
drückt' mich doch die Haarlast schwer.

Und so schritten drei Kam'raden
in den kleinen Herrnsalon;
doch wir wurden eingeladen
von drei jungen Damen schon.

Dass ich in dem Rang der Werte
Schönheit nicht der erste bin,
dass ich das auch nicht begehrte,
kam mir schmerzlich in den Sinn.

Erstens wurde von den Damen
mir der jüngste weggeschnappt,
– auch der andre; die doch kamen
nach mir: ich hab Pech gehabt.

Erst die dritte nahm sich meiner
an, und ich kam in die Mitt';
da war im Salon noch keiner,
der mit dieser sich nicht stritt.

Man muss sich erst dran gewöhnen:
Weiche Hände kämmten mich;
schnell ging es und ohne Föhnen,
und zuerst war fertig *ich*.

Man muss sich erst dran gewöhnen,
dass man alt und unschön wird;
man soll nicht darüber stöhnen,
da man dann nur selber irrt.

23.8.44

NÄCHTLICHES FEUERWERK

Leise kommt aus blauer Ferne
lauwarm lind die Sommernacht;
und darob sind tausend Sterne
aufgehängt in heller Pracht.

Ferne, ferne seh ich's blitzen;
ja, das ist die nahe Schlacht:
und das Blitzen von Geschützen
wirkt wie Feuerwerkes Pracht.

Leuchtschirme wie Sterne glühen
weithin in der Ebene,
spiegeln sich, bis sie verglühen
in der nahen blanken See.

Flak schießt Sperre in die Lüfte,
unten ist's von Brand wohl hell;
Da sinkt mancher in die Grüfte,
wo die Kriegesnot zur Stell'.

Stumm ist es, wie Wetterleuchten
wirkt das Feuerwerk so weit:
O dass diese Lichter zeigten
uns die nahe Friedenszeit!

Ein Komet schießt durch den Äther,
Ob der auch dazu gehört?
Nein, er ist ein Schwerenöter,
der das Kriegeshandwerk stört!

Und ich habe auch ganz friedlich
bei dem Leuchten froh gedacht: –
Ja, es war ganz klein und niedlich, –
was es war, wird nicht gesagt!

25.8.44

DER ABENDHIMMEL

Ruhig, friedlich stehn die Sterne
in dem Dämmerabendschein,
leuchten mir in weite Ferne,
in der Heimat Herz hinein.

Hier wie dort wölbt sich der Himmel
über meinen Lieben weit;
und der Sterne wild' Getümmel
ist als Teppich ausgebreit't.

Heimat! Auch der hohe blaue
Himmel muss darinnen sein,
der das Schwere und das Graue
übergold't mit seinem Schein.

Ruhig, friedlich ziehn die Bahnen
ewig Sterne und der Mond. –
Mensch, sei still, wie kannst du ahnen,
wo der Heimat Frieden wohnt!

Heimathimmel! O mein Sehnen,
wann wird wieder es erfüllt?
Heimatsehnsucht, stille Tränen:
Wann wir jedes Weh gestillt?

Heimatwesen zu ergründen
tief und wie der Himmel weit
ist Beruf mir. Werd' ich finden
einmal es in dieser Zeit?

25.8.44

KLARE AUGEN

Schicksal liegt in Deinen Augen
offen vor der ganzen Welt:
Wirst Du wert sein, wirst Du taugen,
bist Du Feigling oder Held?

Klare Augen sind wie Sterne,
die den Weg auch zeigen mir
in die klare, blaue Ferne,
wo das Ziel liegt mir und Dir.

Klare Augen sind wie Sonne,
die mir schien im Lebensmai,
die mir scheint als Lebenswonne,
täglich, stündlich froh und neu.

Klare Augen, immer sehe
ich zuerst die Augen Dein:
Sind sie klar, dann froh ich gehe;
denn Du bist und bleibst ja mein.

Klare Augen! Schwere Nöte
hat gebracht die Kriegeszeit!
Liegt die hehre Morgenröte
eines Friedens noch so weit?

Klare Augen – Gott, ich flehe! –
bring' ich aus dem Kriege mit:
Froh ich in der Heimat stehe,
dafür ich unsäglich litt.

25.8.44

NÄCHTLICHER ANGRIFF

Alarm! Alarm! tönt die Sirene
und schellt auch schon das Telefon;
da kommen auch schon andre Töne:
Die Tommys werfen Bomben schon.

Alarm! Es wird die Ruhe kosten
der einen schönen Sonntagsnacht;
ein jeder muss auf seinen Posten,
ob splittert es, und ob es kracht.

Ein farbenprächtig Menetekel
steht über einer großen Stadt
des Ostens. Phosphor – welch ein Ekel! –
das strömt vom Himmel rosamatt.

Leuchtschirme hängen an dem Himmel,
man kann nicht zählen ihre Zahl,
Flakschüsse krachen im Gewimmel,
und Bomben leuchten auf im Tal.

Die Scheinwerfer am Himmel suchen,
die Jäger schießen E S N;
und was geheimnisvoll sie buchen,
schießt irrend nach der Gentelman*.   *sic

Drei große Flächenbrände zeigen
das Resultat des Angriffs schon; - -
da flammt im Haff auf heller Reigen
von brennend Oel: Das ist der Lohn.

Und während noch die Leuchtspur ziehen
der Flak zum hohen Himmelsdach,
da ist ein Bomber, der will fliehen,
getroffen und fliegt in den Bach.

Allmählich kehrt die Ruhe wieder;
nur Knistern hört man es von fern. -
Den Schlaf erseh[n]en müde Glieder, -
und Sonntag ist's, der Tag des Herrn.

27.8.44

DER TOTE FEIND

Einen abgestürzten Flieger
haben wir geborgen heut';
friedlich sah er aus; als Sieger,
als ob gar nichts ihn gereut.

Starke Brände seiner Taten
leuchten aus der Nacht empor - -
heimzubringen ihn, wir raten,
stumm umstehen wir im Chor.

Blutjung ist er hergeflogen,
rassig ist sein schön' Gesicht. – –
Nichts wird davon noch gewogen,
Jugend, Schönheit gilt heut' nicht.

Alle Männer aus dem Städtchen
müssen löschen in der Stadt. – –
Hat er wohl ein kleines Mädchen,
das ihn ruft zur Liebestat? –

Schwer gebrochen sind die Glieder,
aus dem Mund rinnt etwas Blut;
niemals wird der küssen wieder,
den scharf schloss der Schmerzen Glut.

Ersten Toten dieses Krieges,
sah ich heut' am Tag des Herrn. – –
Ist es Zeichen eines Sieges,
dass mir grober Hass liegt fern?

Bald vielleicht wird man schon melden,
dass wir sind im Himmel Freund',
nur verschied'ner Mächte Helden,
die geschaffen uns zum Feind'. –

25.8.44

MÜDE

Heute bin ich doch so müde,
dass ich kann mich fassen kaum:
Schlafen möchte ich im Riede; –
und das Leben ist ein Traum.

Immer, wenn die Kinder weinen,
sind sie meistens müde sehr;
o was haben es die Kleinen
manchmal auch im Leben schwer.

Immer, wenn ich müd' geworden,
bin ich traurig über Maß,
dass das Schützen schlägt in Morden
um und Lieb' in heißen Hass.

Ist's, dass Heimat ich entbehrte
nun schon manches liebe Jahr?
Ist's, dass mich ein Mensch entehrte,
dem ich lieb geworden war?

Ist's – ich will nicht weiter denken – –
Silberfrieden auf dem Haff
liegt – – ich will mir Ruhe schenken
suchen einen tiefen Schlaf.

27.8.44

DIE MUTTERSPRACHE

Tief hallt in meinen Träumen wieder
der Mutter Sprache laut,
der Mutter einst gesungne[n] Lieder,
so innig und so traut.

Es ist, als wenn die Mutterarme
mich drückten sanft ans Herz,
als wenn die Mutter warm erbarme
sich über meinen Schmerz.

Es gibt nur *eine* Mutter, eine,
die stets dein Herz versteht;
die Hände sind wie Blumen reine
im kleinen Gartenbeet.

Es gibt nur *eine* Muttersprache,
die an der Wiege klang;
sie halt vor deinem Herzen Wache
mit ihrem süßen Sang.

Sprich immer nur die Muttersprache
und bleib so ehrlich klar;
so lieb sei dir und wert sie mache,
wie Mutter*liebe* war.

Und sprich die Muttersprache leise,
wenn niemand mit dir ist:
Am wundervollsten klingt die Weise,
wenn du ganz einsam bist.

28.8.44

WANDERER AM UFER

Sei bedankt, mein lieber Schwager,
dass Du mich hast aufgesucht! –
Bin ich auch ein großer Frager,
hab ich Dir auch fast geflucht.

Hin und her im Mondenscheine
wandern wir am Haff entlang;
manches zage „Ach, ich meine ..."
klang da, manche Hoffnung bang'.

Was wird wohl der Winter bringen,
und wo finden wir ein Dach?
Wird das Haltbieten gelingen?
Manchmal ist die Hoffnung schwach!

Was soll von der Zukunft hoffen
man, da alles sch[w]ankt und bricht;
manches Unheil hat getroffen
uns, doch wir verzagten nicht.

Sollen wir nicht fast verzagen?
Herz, sei still und denk' nicht viel!
Was soll helfen uns das Klagen?
Krieg ist doch ein böses Spiel.

Friedlich ruhig schläft die Landschaft,
die Natur ist klar und still:
Ist sie schließlich nicht Gesandtschaft,
dass wir tun, wie *Gott* es will?

Wir, wir leben zwischen Welten:
Ew'ger Krieg hier, Ruhe dort. –
Gott, der Herr, soll uns vergelten,
was uns Menschen tragen fort.

29.8.44

Abschied von der Einsiedelei

Ach, der Sommer ist vergangen,
und der Sturm pfeift über's Meer,
düstre Wetterwolken hangen,
und der Abschied wird mir schwer.

War es doch ein tiefer Frieden,
der zur Arbeit mich gedrängt,
jede Unrast wurd' vermieden,
die den Geist doch [e]in nur zwängt.

Sieh, der Mond schaut durch die Schleier
düstrer Wolken auf die Welt - -
Abgeschlossen wird die Leier
und das Dichten eingestellt.

Werd' ich's Dichten lassen können?
Immer wird die Siedelei
mir Erinnerungen nennen,
dass ich mich des Lebens freu'.

Kameradenmusik gleitet,
die den Sturm noch überhallt;
oft hat Stimmung sie verbreitet,
mir die Arbeit übermalt.

Etwas werde ich behalten:
Meine Lebensarbeit will
ich als Einsiedler verwalten. -
Nachher bin ich friedvoll still.

1.9.44

DIE LIEBE KLEINE MONICA

Schwarzes Äußres, weiße Zähne,
klein ist sie, bescheiden, klar.
Sie ist's wert, dass ich erwähne
sie, die dient mir Jahr für Jahr.

Als ich einsam noch studierte,
kam sie prunkend neu zu mir,
dass sie erst mich sehr verwirrte
mehr als aller Mädchen Zier.

Da ich mein Geschäft musst' lenken,
stand sie abseits eine Zeit. –
Sie kann nicht geschäftlich denken! –
Eine größ're stand bereit.

Doch zum Krieg hat sie begleitet
mich, und manche frohe Stund'
hat mit (K)Plappern sie bereitet,
sie mit dem schwarzweißen Mund.

Alle meine Grundgedanken
nahm sie auf; sie war stets da;
manche Liebesspiel' sich ranken
um die kleine Monica.

Sie war eine fleiß'ge Biene – –
Ließen Menschen mich im Stich,
„Monica, die Schreibmaschine"
gab mir Trost stets innerlich.

1.9.44

KRIEGSOPFER

Dieser Krieg schlägt harte Wunden. –
Mancher liegt im Felde tot;
mancher kann nicht mehr gesunden!
Wann wird enden diese Not?

Als ich zu zwei Kameraden
froh ich* bin zurückgekehrt,   *sic
hat ein schwerer Bombenschaden
allen uns viel Leids beschert.

Einer in des Mannes Blüte,
einer grau wie ich und alt,
zweifeln an des Lebens Güte,
heimatlos sie suchen Halt.

Ja, der Krieg bringt viele Leiden,
dies sind auch der Opfer zwei.
Wir doch wollen sein bescheiden,
nächstens sind wir auch dabei.

All zusammen woll'n wir tragen,
trösten kann man da nicht gut,
wollte man auch tröstlich sagen:
dass erhalten ist das Blut.

Nein, die Worte sind nicht billig,
wenn man Menschen trösten will; –
und am besten, ist man willig,
schweigt man oft bescheiden still.

3.9.44

DIE GROßE ERFINDUNG

Schon ein halbes Menschenalter
schreibe ich im Dienst der Zeit,
geist'gen Gut's bin ich Verwalter – –
Ist das Werk nun bald so weit?

Alles muß zusammenfügen
sich, einander passend sein:
Leben muß im Leben liegen,
fügen sich der Liebe ein.

In dem Werke meines Lebens
fehlt ein kleines Rädchen noch. – –
Immer sucht' ich es vergebens;
aber dann gelang es doch.

Ja, ich *glaubt'*, es müßt' gelingen,
hob das Kleinod in der Hand – –
Als ich glaubt', ich würd' es zwingen,
war das Kleinod Dreck und Sand.

Kurz vor meinem Lebensabend
wollt' mein Lebenswerk ich sehn;
immer tiefer schürfend, grabend
sollt's im Dienst der Menschen stehn.

Nur ein böser Wille hat mir
nun geraubt der Augen Licht;
was er war und was er tat mir,
das ist zu vergeben nicht.

5.9.44

Abschiedskonzert

Kameraden stehen auf der Bühne da,
diese war ihr Inhalt sonst und Leben. – –
Ihre Uniform schreit nach dem Kriege nah,
unterbricht ein kulturelles Streben.

Herbstesstürme bringen eine große Not
mir, die überwiegt die zarten Töne,
sie begleiten, als wenn jemand höhne:
HE! Der Sommer und das Häschen sind nun tot!

Tränenvoll steht meine leere Seele,
meiner Haare Blond wir nun durch Grau verdrängt,
unerreichbar ist, was ich erzähle – –
Wie die weite Ferne grausam mich beengt!
Nach den Bergen träume ich am Meeresrand;
in der Ferne heiß grüß' ich mein *Heimatland*.

27.9.44

T: Wagener-Nachlass 1944.

VIERTE ABTEILUNG
AUTOBIOGRAPHISCHES, HEIMATPROGRAMMATIK, IDEOLOGIE

Der jüngste Bruder Fritz Wagener (1908-2011) als Kommunionkind in Schliprüthen am 3. April 1921 (Archiv Museum Eslohe).

1.
LEBENSLAUF

(1931)

Als Sohn des Landwirts Johannes *Wagener* und seiner Ehefrau Katharina geb. Weber wurde ich,

Johannes *Ferdinand Wagener*,

am 22. April 1902 zu Steinsiepen, Kr. Meschede (Westf.) geboren. Ich besuchte die Volksschule in Schliprüthen, Kr. Meschede, die Rektoratsschule in Meschede und das Gymnasium in Arnsberg. Von Herbst 1922 studierte ich Philosophie und katholische Theologie an der Philosophisch-theologischen Akademie zu Paderborn und an der Universität Freiburg i. Br. Im Winter-Semester 1926/27 und ebenfalls im Winter-Semester 1927/28 brach ich mein Studium aus gesundheitlichen Gründen ab. Von Ostern 1929 bis Ostern 1930 studierte ich Philosophie, mittelalterliche Geschichte und Kirchenrecht an der Universität Freiburg i. Br. Als Professoren hörte ich in Philosophie: Feldmann (Paderborn), M. Honecker und M. Heidegger (Freiburg i. Br.); in Geschichte: Herte (Paderborn), bei dem ich eine kirchengeschichtliche, wissenschaftliche Arbeit „Kloster Brunnen" (Hüsten 1929) anfertigte, und H. Finke und Ph. Funk (Freiburg i. Br.); in Kirchenrecht: Schneider (Paderborn) und Hilling (Freiburg im Breisgau).

T: Wagener 1931b.

2.
SPRICHWÖRTER UND REDENSARTEN IM SAUERLAND

Ihr Sinn und ihre Poesie
(1927)

Die Tiefe und Schönheit eines Volkscharakters spiegelt sich in seinen Sprichwörtern. Wir Sauerländer stehen da anderen Volksstämmen nicht nach. Ich habe im Nachstehenden versucht, einige Sprichwörter und Redensarten, die ich im Laufe der Zeit gesammelt habe, zusammenzustellen. Weder in Bezug auf Inhalt – *dat iek liuter diän Naal oppen Kopp druappen hewwe* – noch in Bezug auf Umfang – *dat iek se alle raket hewwe* – mache ich auf Vollständigkeit Anspruch.

In den sauerländischen Dörfern kennt einer den andern. So schön dieses auch ist, ist es doch oft der entferntere Grund zu Mißhelligkeiten und Streitereien, da man den Nächsten nicht nur an dem Rock und an der Weste, sondern nach seinem ganzen Tun und Handeln kennt, oft viel besser, als er sich selbst kennt. Da kommt es denn oft vor, daß einer dem anderen nichts gönnt, ihn herabsetzt usw.

De äine is dem anderen seyn Duiwel.

Nicht so drastisch, aber poesievoller mit einem guten Maß Satire darin heißt es:

De äine Iesel schennet diän anderen Lankohr.

Man weiß auch des Nächsten gute Seiten zu rühmen – wenn er weiß, was er tut:

Hai melket nit in't Sieff;

wenn er bei jeder Arbeit genau seinen Vorteil im Auge hat und diesen auch auf Umwegen zu erreichen trachtet:

Hai schmitt met ner Wuast no ner Seye Speck.
Die Dummheit eines Menschen wird gerügt:
   Do sittet kain Affekote drinne.
   Hai schnitt siek in't äigene Fläiß.
Seine Trägheit:
   Hai schlöpet, bit dat de Siue krägget.
Wie könnte man einen Tagedieb und Siebenschläfer gehaltvoller charakterisieren!
Daß die Interessen vieler verschieden sind, besagt:
   Dem äinen seyne Uile is diäm anderen seyne Nachtigall.
   (Des einen Schaden ist des anderen Nutzen.)
Viele Redensarten kommen in der Verbindung mit der Landwirtschaft vor. Man sagt zwar:
   Jäide Biuernfrugge luawet iäre Bueter;
oder sogar, daß der Erfolg ganz Zufall ist – wie etwa im Hochdeutschen:
   Die Kinder und die Toren haben das Glück bei den Ohren. –
   De dümmeste Biuer hiät de dickesten Tuffeln.
Aber andererseits soll man doch folgerichtig vorgehen; wenn das Vieh etwas „austun" soll, so will es sein Futter:
   'Ne Kauh mat me diär'n Hals rin melken.
Dasselbe besagt eine andere Reimerei aus der Kinderstube:
   „Ka... ka... ka... ka... kai; Hainken, legg mey'n Ai!"
   „Bann diu mey nix te friätten giest, dann legg iek dey auk kain Ai!"
Der Bauer soll sich in der Landwirtschaft konzentrieren und nicht kurzweiligen Nebenbeschäftigungen anhängen:
   Fisken un Jagen – mäk't hungergen Magen – un rieterge Blagen.
Einen eigentümlichen Ausdruck hat der Sauerländer dafür, wenn jemand etwas umsonst oder fast umsonst kauft, wie es leicht in der Inflation sich ereignen konnte; man konnte sich ein Haus bauen und dann später mit einem Tagelohn bezahlen, dann hatte man es
   ... fuär'n Appel un Ai.

Die Landwirtschaft bringt wohl Nahrungsmittel, aber wenig bares Geld; deshalb muß sich der Sauerländer damit abfinden, genau zu sein, und darf auch *das Kleine nicht verachten*.
Den Namenstag feiert er sehr einfach und gibt keine großen Geschenke:
> Iek gratläere diek met nix, bliw gesund un fix!

Hausierer können in den ärmlichen Gegenden (Biekenbrauk gehört zu den ärmsten) nicht viel verkaufen:
> Goh diu no diäm Biekenbrauk – Hiäst diu Water un Ware genaug!

Wahr ist aber, daß das Klagen leicht und die (oft allzu große) Genauigkeit zur Gewohnheit wird, und es grade um den, der viel klagt, nicht schlecht steht:
> Bann de Kläger nix hiät, – de Prünker hiät sieker nix.

Die Genauigkeit kann auch entschieden zu weit gehen:
> Dai lait siek füär'n Grosken diär't Knai hoggen.

Daß man auch das Kleine nicht verachten soll, zeigt das nächste:
> De dünneste Tuffel is biätter ase 't dickeste Hawerkeern;

und das folgende:
> Alles, bat mehr is ase 'ne Lius, mat me metniämen no Hius.

Allgemeine Lebensweisheit zeigt die folgende Gruppe der Sprichwörter. Das Phlegma (im bösen Sinn) und die sinnende Gemütsruhe (im guten Sinn) des Landmannes zeigt an:
> Bat iek nit wäit, – mäket miek nit häit!

(Was ich nicht weiß, macht mich nicht heiß!) – Ob beides unabhängig vorkommt? – Oder ob hier das plattdeutsche aus dem Hochdeutschen kommt?
Die Landwirtschaft mißt nicht mit Millimetermaß:
> Sau genau – gäit et im Hiemel nit tau!

Das Sprichwort kommt auch in drastischeren Formen vor, die ich aber nicht anführe.[1]

---

[1] [Vgl. z.B. Bürger 2006, S. 644: „Säo genau schitt kaine Kauh, dat et gerade en Pund wet." pb]

In einigen Fällen soll man es aber doch genau nehmen und Vorsicht üben; insbesondere sollen Eltern die Kinder nicht alles hören lassen:
'N klainer Kietel hiät auk Ohren.
Mit den Kindern ist es oft eine eigentümliche Sache; sie wollen immer mehr können und wissen, als ihnen zukommt. Dann sagt man:
Dat Ai well klaiker sin ase de Henne.
Wenn sie aber so sind, und man läßt durch sie Bestellungen ausrichten, so muß man darauf gefaßt sein, daß sie dieses nur halb oder falsch machen:
Bai Blagen futtschicket, kritt auk Blagen wier.
Kinder kommen leicht zu Falle und verletzten sich dann hier, dann da. Es gäbe manche Arbeit, wollte man jedes kleine Weh gut behüten und zukleben; da tröstet man das Kind schon lieber, wenn es mit einem kleinen Loch oder Geschwür am Finger kommt:
Do kümmet de Undiuert riut.
Wird es aber schlimmer, muß das Kind zum Arzt, nimmt die Krankheit wider Erwarten einen ungünstigen Verlauf, so tröstet man das Kind: Sei nur nicht bange, du stirbst noch lange nicht:
De knutterigsten Pötte hallet am lengesten.
Der Sauerländer ist ein Mann der Arbeit, er verlangt aber auch, daß andere arbeiten. Schon früh erzieht er seine Kinder dazu, mit Hand anzulegen, alles selbständig und selbst zu tun:
Bat me selwer kann, draff me anderen nit affverlanget seyn.
Oder: Kumponey is Lumperey.
Gut und rasches Handeln tut not zur guten und schweren Tat:
Bai ne Hucke schliuken well, draff se nit aanmuilen.
Oder: Bann't noireg is, dann is et te late.
Für einen Bettler hat man nur geteiltes und vorsichtiges Interesse:
Biäm de Biärrebuil äinmol warme woren is, dai giet ne nit geeren wier aff.
Der Landwirt hält es nicht mit den Oberen, insbesondere nicht, wenn sie ihm etwas befehlen, wovon sie nichts wissen:

Bann de Heerens wellt, dann briennt de Schnai.
Durch alles kann und muß man lernen. Oft muß man viel Lehrgeld bezahlen und durch Schaden klug werden; dumm und töricht ist aber, wer aus seinem Unglück nicht lernt:
> Bo siek de Iesel äinmool üwer schüppet, / schüppet hai siek taum tweddenmool nit wier.

Der Krug geht so lange zu Wasser, bis er bricht: Man soll sich hüten, immer wieder Dummheiten und Streiche zu machen oder, was sich mit dem Gesetz nicht deckt:
> Diän lesten bitt de Ruie!

Auch *Kleinvieh* verwendet man in den Redensarten:
> Bann dat nit guet füär de Wanzen is, dann wäit ick nit, bat biätter is.

Oder: Auk guet, harre de Flauhfänger saggt, do harr hai ne Lius hatt.

Das erste sagt: Dieses ist m.E. das einzige Mittel. Das zweite: Es bleibt sich gleich, ob ich dieses oder jenes bekomme, es so oder anders mache.

Bei den letzten Redensarten zeigt es sich deutlich, daß diese nur *Zusätze* ohne besondere Poesie und sprichwörtlichen Charakter sind. Das erste ist nur ein Zusatz zu „Auk guett", das zweite will soviel sagen als: Wenn das nicht hilft, weiß ich nichts mehr! Diese Art einfacher Erläuterung finden wir auch bei schon früher erwähnten Redensarten:

„Sau genau gäit et im Hiemel nit tau" steht für „Sau genau – hält et nit". „Bann de Heerens wellt, brient de Schnai" statt „Bann't de Heerens wellt, müetet vey et daun." „Ka.. ka.. ka.. ka.. kai, Hainken legg mey'n Ai" ist eine einfache idyllische Erklärung der Hühnersprache.

Hierhin gehören noch einige *Vergleiche*. Wenn jemand ein unzufriedenes und verdrießliches Gesicht macht, so sagt man:
> Hai mäket 'n Gesicht ase acht Dage Riänenwiär.

Oder: Hai mäket ne Panne ase siewen Pöttkes vull Duiwelkes.

Zwar etwas drastisch, aber naturecht spricht man von einem, der sich zu einer Arbeit nicht „schicken" kann:

Hai gäit domet ümme ase ne Siue mettem Miälsack.
Oder: Hai stellet sick dertau, ase bann ne Siue sichten[2] well.
Kein besonderes Lob für ein Messer ist es, wenn man sagt:
Dat Messer schnitt, ase kalt Water briennt.
Besser ist das Lob für einen Nagel, aber eine schlechte Auffassung hat man von dem Beruf eines Rechtsanwaltes (die man allzu oft in der Tat nicht befolgt), wenn man sagt:
Hai gäit derinn ase'n Affekote rinter Helle.
Wenn jemand spricht, bevor er denkt und redet, und weiß nicht, was:
Hai kuiert, ase bann hai känne Tiänne härre.
Oder: Hai kuiert siek in't Knüpp.
Ein liebevolles Entschuldigen, eine fast mitleidige Satire hat man für den, der sich mit vieler Arbeit entschuldigt, die aber in Wirklichkeit nur in seiner Einbildung besteht:
Hai hiät et sau druck ase de Henne met äinem Kuiken.

Zum Schluß möchte ich noch einige *Wetterregeln* erwähnen. Es gibt ja unendlich viele, die z.T. das Wetter für Monate, Wochen oder Tage voraus bestimmen. Einige enthalten einen harmlosen Aberglauben. Ich füge nur ein paar Beispiele an:

Bann't oppem Kiärkpaa riänt, riänt et de ganze Wiäke.
Owendraut – droiget 'n Paut; Muarnraut – füllet 'n Paut.
Grainen Christdag – witten Austern.

Wohl eine Parodie zu diesen Regeln sind: „Kräht der Hahn um neun auf der Mist, ändert sich 's Wetter, – oder es bleibt, wie es ist"; oder: „Donnert's im Mai, ist der April vorbei."
 Es ist auch leicht möglich, daß einige, wenige meiner Sprichwörter aus dem Hochdeutschen abgeleitet sind. Bei einigen ist die Frage schwer zu entscheiden; ich mochte sie aber deshalb nicht ganz streichen.

---

[2] [sieben]

PLATTDEUTSCHE VERGLEICHE

1. Adjektiv mit ‚als'

sau maie ase'n Ruien
sau hungerig ase'n Ruien
sau dumm ase'n Schoop
sau gedülleg ase'n Schoop
sau nigelek ase'n Hitten
sau witt ase ne Eyskrägge
sau schietereg ase ne Schweyn
naat ase ne Katte
sau droige ase ne Rotel
sau fix ase Pulver
sau steyf ase'n Briätt
sau teh ase Liär
sau stramm ase'n Pool
sau strack ase'n Lecht
sau krumm ase'n Flitzebuagen
sau schwuatt ase'n Pott
sau witt ase Kalk an der Wand
sau stiuf ase ne Kolter
sau scharp ase'n Putzemeß
sau fiul ase Strootendreck
sau kalt ase'n Fuäsk
sau kalt ase ne Eyskiäckel
sau klauk ase'n Menske
sau bange ase ne Iärfte im Potte
sau duister ase im Sacke
sau fräit ase Triuf [?]
sau faste ärre Balve
sau bekannt ase'n bunten Ruien
sau kloor ase use Bieke
sau krank ase'n Hauhn
sau gesund ase'n Fiß im Water

2. Verbum mit ‚als'

Hai flauket ase'n Fauermann
Hai biewert ase'n Espenblaat
Hai kann laupen ase'n Räih
Hai stäiht ase'n Pool
Hai vertellet ase'n Bauk
Hai fruiset ase'n Schneyder
Hai schwett ase'n Bare
Hai glögget ase'n Leggehainken
Hai dampet ase'n Kuäl [Kohlenmeiler]
Hai suipet (schennet) ase'n Kietelläpp[er]

3. Zusammengesetzte Vergleiche

Steerngalopp / Fauermannsschnaps / Fuästhaken / Streytfiärken / stakenunweyß / baumeshauge / hoorsnoge / stockeduister / eyskalt / quatschnaat / diu alle niggemehrske Hitte.

T: Wagener 1927.

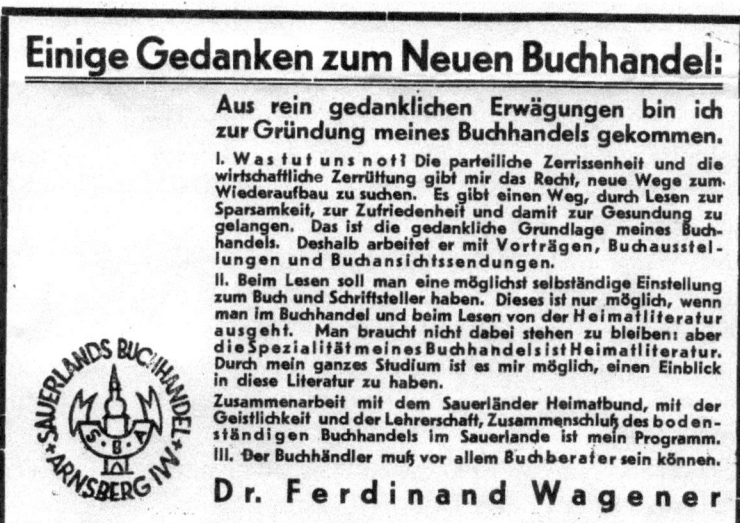

Kalender-Annonce in: „De Suerlänner" für 1932

3.
„Student – Leben – Zukunft"

(Manuskript ca. 1931/1932)

Aus einem schönen Beruf wurde ich infolge Krankheit, einigen anderen Gründen und aus Mangel an Materialismus beseitigt. Fünf Jahre hatte mich das Studium für den verfehlten Beruf gekostet, meine Gesundheit und das Vertrauen meiner Verwandten. – Nun erst recht! Da zeigte sich mein Westfalenschädel. Trotz verlorener Gesundheit, trotz allseitigen Misstrauens und trotz des Mangels an Materialismus versuchte ich eine neue Laufbahn als Werkstudent.

Mein Werkstudententum war eigener Art; aber weshalb soll nicht auch Schriftstellerei und Buchhandel hierher gehören!

Als ich noch Gymnasiast war, hatte die Heimatbewegung auf mich als Volksbewegung den tiefsten Eindruck gemacht. Aber Heimatbewegung ist ein Ideal und schafft keinen Beruf. Und doch glaubte ich mein Ideal entdeckt zu haben, irgendwie der Heimat ein Künder zu werden. Also wandte ich mich nach dem theologischen Studium nicht einem Brotstudium zu, sondern fasste sofort den Entschluss, Buchhändler zu werden. Dazu musste ich aber noch studieren.

Nein, die Buchhändler von heute und gestern haben nicht studiert; oder wenn jemand studiert hat, bekleidet er meistens irgend eine unscheinbare Stelle im Buchhandel. Das wollte ich nicht. Ich wollte dem Buchhandel eine neue Richtung für die Zukunft geben, die Richtung der heimatlichen Volksbildung, – und deshalb musste ich promovieren. Kein Staatsexamen lockte mich.

Schon als Gymnasiast hatte ich Heimatkalender verkauft – aus Idealismus; jeder erlöste Pfennig floss der Heimatbewegung zu. Später hatte ich mich der Heimatschriftstellerei zugewandt: als

Theologe hatte ich einen kleinen Nebenverdienst davon. Jetzt musste sich der Drang zum Weiterstudium mit der Lebensnotwendigkeit und mit dem Idealismus auseinandersetzen.

Jeder Versuch, an einer Heimatzeitung als Schriftleiter anzukommen, misslang. Lange Zeit zu warten hat die Jugend nie. So nahm ich meine „Wissenschaftliche Arbeit" aus der Theologenzeit, die selbstverständlich ein heimatliches Thema war und die Geschichte eines kleinen Klosters in meiner nächsten Heimat behandelte, wieder vor. Ich überarbeitete sie nochmal, vervollständigte sie und gab sie als Volksbuch heraus.

Einen Verlag zu finden, war unmöglich. Die Hochkonjunktur für Heimatbücher war vorbei; solche Bücher aufzulegen, schien keinem Verlag mehr lukrativ – und das ist der Ausdruck der Geschäftsleute, also auch der Buchhändler von gestern und heute – genug. „Was man selbst tun kann, soll anderen nicht abverlangt sein!" kannte ich ein Sprichwort der Heimat. Ich suchte eine kleine Buchhandlung, die den Namen stiftete, fand einen guten Heimatfreund, der mir zu meinem Buch eine warme Empfehlung schrieb; dann fing ich an, selbst Verleger zu werden. Das war ein gutes Stück Arbeit, und ich musste mit 300 RM, die ich mir durch Honorar erspart hatte, ein Objekt von etwa 3000 RM bewältigen. Manchmal wollte ich verzweifeln: aber dann ging es doch. Als durch Vorbestellungen der Absatz halbwegs gesichert war, erschien mein erstes Buch in schönem Druck, mit Bildern eines anerkannten Heimatbildners und im herrlichen Gewand eines mir befreundeten Künstlers.

Dieses war der erste Schritt zum Heimatbuchhändler, – und der Erfolg war auch für mich ein überraschender: Das Buch war zur Weihnachtsbestellung ziemlich rechtzeitig erschienen; Weihnachten waren von einer Auflage von 2000 Exemplaren etwa 1600 – 1800 verkauft. Da ich außerdem durch Heimatkreise unterstützt worden war, war der Reingewinn ein recht guter: ich konnte an ein Weiterstudium denken.

Ich gedachte in Philosophie zu promovieren, und zwar bat ich um ein ästhetisches Thema, weil die „Heimat" mit zu den irrationalen Werten der Kunst gehört. Nach eineinhalbjähriger Unterbrechung fing ich mein neues Studium an.

Wenn man im Leben gestanden hat und selbst in ungünstigen Umständen für die Lebensnotwendigkeiten zu sorgen hatte, dann hat das Studium ein anderes Gesicht, als wenn man etwa aus einem Konvikt in ein anderes hinüberwechselt. Desgleichen steht ein Werkstudent anders und wirklicher im Leben als irgend ein Korporationsstudent, der es nicht nötig hat, sich Sorgen zu machen. Man hätte nach dem Weltkrieg und nach der Revolution fordern können, dass studierten Männern die Führung zuteil wurde, die außer ihrem akademischen Studium auch im Leben stehen, die etwa ein Arbeitsjahr mit praktischen Erfahrungen dem Studium zu ihrem Brotberuf zugefügt hätten: nie aber konnte man verlangen, dass Fachkenntnisse allein ausschlaggebend sein sollen. Die Überschau ist ebenso nötig oder nötiger.

Ein philosophischer Überblick tut uns not; so warf ich mich mit allen Kräften in die Vorarbeiten und studierte die Philosophen, von denen mich besonders die Idealisten interessierten. Dabei machte ich die Erfahrung, dass sich Studieren und Werkstudententum im Semester schwer vereinigen lassen, wenn es nicht mehr auf die Zahl der Semester ankommt, die man aushalten muss, sondern wenn die Länge und die Kosten des Studiums von der Intensität abhängen. Ich musste, zumal ich körperlich nicht der stärkste bin, zwischen Arbeit und Erholung streng scheiden, – und die Erholung musste eine volle sein, d. h.: die Erholungszeit durfte ich nicht für Werkarbeit verwenden. So ging mir die Verbindung zu Zeitungen und Zeitschriften allmählich verloren.

Auch Ferien gab es für mich nicht. – Aber da versagte der Körper. Ich wandte mich an einen Studienfreund in der Nähe der Universitätsstadt, und dieser vermittelte mir einen Sommeraufenthalt bei einem Schwarzwaldbauern ohne gegenseitige Vergütung. Es war eine herrliche Ferienzeit oben im Schwarzwald; ich half ernten, machte heimatliche Studien und ließ die Studierbücher in der Stadt. Vielmehr plagte mich der Geist wieder, etwas zu gestalten: ich griff zu einem heimatlichen Stoff, den ich längst vor mir liegen hatte und gab ein zweites, kleineres Heimatbuch heraus. Der materielle Erfolg war nichtssagend, da ich selbst nicht in der Heimat sein konnte.

Aber mit frischen Kräften kehrte ich nach einem Monat zum Studium in die Universitätsstadt zurück. Außerdem hatte ich ein Wochenendquartier gewonnen, das mich noch oft erquickt hat. Das Verhältnis zum Schwarzwaldbauern war ein sehr gutes, und das Geständnis der Mädel, durchaus nicht in die Stadt zu wollen, beglückte mich.

Da ich die frische Landluft genossen hatte, die mich nach mehrmaliger Auffrischung ein Jahr hochhielt, ging das Studium zur Zufriedenheit voran. In dieser Zeit quälte mich in Zeiten des Nachdenkens das Problem sehr, ob das Verhältnis der Studenten, insbesondere mancher Korporationsstudenten, zum Leben und zur Heimat das richtige ist.

Die Studenten werden aus der Heimat gerissen und gehen allzu oft in einem Strudel von Jugend, Begeisterung und Korporation unter; sie haben für nichts anderes Interesse. – Dagegen musste ich mir sagen, dass ich mit meinen 27 Jahren für diese Studenten zu alt war, um sie nach meinem Ideal umzuformen; die Studenten haben mehr noch als andere Menschen das Recht, jung zu sein. Zudem trifft der Vorwurf auf die Werkstudenten nicht zu.

Mein Geld reichte aber doch nicht aus, um zum Ziel zu kommen. Ich hatte außerdem 5/4 Jahr dauernd, nur mit einer Pause von einem Monat, studiert und brauchte wiederum Erholung. So reiste ich in meine Heimat und arbeitete in meinem Buchhandel, den ich schon von der Universitätsstadt aus gegründet, d. h. als Gewerbe angemeldet hatte. Vier Monate währte diese Tätigkeit, ohne den gewünschten Erfolg zu bringen. Die Umstellung von der Studierbude zum Leben ist immer noch groß, auch wenn man vorher schon im Leben gestanden ist.

500 RM für Studium und Prüfungsgebühren wollte ich verdienen und dann erst zur Universität zurückkehren. Ich hatte

kaum 100 RM verdient; und doch kehrte ich nach 4 Monaten Unterbrechung zum Studium zurück.

Die Braut, die ich mir in der Universitätsstadt erobert hatte, trug mit dazu bei: das Studium lockte mich, es ging mit ausgeruhtem Körper leichter und nach ein paar Monaten *hatte ich mein Ziel erreicht*. Allerdings musste ich zuvor noch einmal die Darlehenskasse der Studentenhilfe in Anspruch nehmen.

Schon in der Zeit des Studiums hatte ich Wissenschaft und die Sorgen des Lebens verbinden müssen. Aber der Idealismus hatte mich noch nicht losgelassen.

Ich führte mutig das begonnene Werk fort; da platzten die Notverordnungen in meine ideale Tätigkeit. Die Not und die Psychose, die sie hervorriefen, waren zunächst meinen Bestrebungen gar nicht günstig. Mich selbst erschütterten sie nicht, da ich die Katastrophe kommen sah. Die Zeiten nach dem Kriege waren zu oberflächlich gewesen, die Menschen zu sehr romantisch-sozial, als dass der Aufbau auf dieser Basis hätte weiter gehen können.

In den Konferenzen der Lehrer und der Geistlichkeit brachte ich zunächst meine Gedanken über den neuen Buchhandel zu Gehör. In Buch- und Kunstausstellungen im Winter versuchte ich geistige Werte dem Volke schmackhaft zu machen. Wenn manche Führer des Volkes der Ansicht sind, dass die Zeiten zu schlecht sind, um solche ideale Bestrebungen aufkommen zu lassen, – so ist meine Ansicht gerade umgekehrt: wie ich den Buchhandel aufbauen will, kann er nur durch eine große Not, die jeden Menschen zum tiefsten Denken zwingt, sich zur Anerkennung bringen.

Nach Jahresfrist meldete sich ein Bundesbruder, ein zweiter Dr., der am Buchhandel teilnehmen wollte. Ich nahm ihn gern auf, weil hier noch Neuland, aber auch noch Brachland für Akademiker ist.

Wir hätten nun einen akademischen Buchhandel aufziehen können. Das liegt mir aber fern. Außerdem liefe dieses meinen Prinzipien zuwider. In erster Linie muss der Buchhandel heimatlich-wissenschaftlich orientiert sein. Der Buchhändler muss Buchberater und Volkserzieher sein können: in zweiter Linie darf und soll er auch Kaufmann sein. Die Philister, die das nicht begreifen, finden sich ebenso unter den Akademikern und auch nicht mehr unter den einfachen Leuten, deren regelrechte Bildung nicht über die Volksschule hinausgeht.

Die Jugend steht am ersten zu mir, und mit der will ich werken.

Schließlich und zum Schluss betrachte ich *auch diese Arbeit noch als Werkstudententum*. Sobald mein Buchhandel hier auf festen Füßen steht und dank dieser Notzeit, die uns nicht verwöhnt aber tiefen Boden finden lässt, eine Zukunft hat, möchte ich als Buchhändler in eine Universitätsstadt zurückkehren und eine Buchhändlerwerkgemeinschaft unter den Studenten gründen. Zuvor aber will ich noch gern das Buch über meinen Buchhandel schreiben.

Heute aber wächst noch der Widerstand gegen mich, der mich Mut schöpfen lässt, – denn man nimmt diese Bewegung ernst. Ich kenne ja keine Konkurrenz. Aber wenn die Buchhändler im Sauerlande, die ich zusammenschließen möchte, wenn sie meine Ideen anerkennen, mich bekämpfen und dafür glauben, die Behörden in Anspruch nehmen zu können, wie es in einer Kreisstadt Olpe geschah, dann kämpfe ich auch: Wir setzen uns durch; die Zeit weniger, aber die Zukunft ist mit uns.

Dem Volke zu helfen, das ist mein Beruf. Und wenn ich mein Ziel nicht ereiche, oder wenn mein Leben nicht lang genug dazu ist, dann werde ich in meinem Bestreben Nachfolger finden: das ist meine Hoffnung. Einen Egoismus will ich abschütteln.

[Handschriftlicher Zusatz von Ferdinand Wagener – entgegen seiner sonstigen Übung ohne Datum:]
Wir setzen uns trotzdem durch.
Meschede, Postfach 29

T: Wagener-Nachlass 1931.

4.
DEUTSCHE HEIMATARBEIT

Ein Lehrgang der Heimatpflege
(Manuskript ca. 1933/34)

Wenn ich von deutscher Heimat*arbeit* und nicht von Heimat*pflege* spreche, so hat das seinen Grund darin, dass mir der Begriff Heimat*pflege* zu abgegriffen vorkommt. Man hat so vieles mit diesem Namen genannt, was nicht dahin gehört; schließlich mutet mich das Wort schon etwas kränklich an. Aber die Heimat kann nicht krank werden. Höchstens können die Menschen an der Heimat krank werden; das nennt man dann in irgend einer Art *Heimweh*. Vor 10 Jahren schrieb ich schon Heimatarbeit. Um so lieber spreche ich *heute* von *Arbeit*, da das Wort als erstes im neuen Reich geadelt wurde.

Aber im Allgemeinen können Sie unter Heimatarbeit das verstehen, was Sie bislang unter Heimatpflege gedacht haben. Nur habe ich meinen eigenen Gesichtswinkel und eigene Gedanken, die ich mir in zehnjährigen Studium und strenger Arbeit errungen habe, – und die lange nicht mit der traditionellen Heimatpflege übereinstimmen.

Wenn ich von *deutscher* Heimatarbeit spreche, ist es mir nicht anders, als wenn ich von der Heimatarbeit überhaupt spreche. Für uns kommt schlechthin keine andere Heimatarbeit als die deutsche in Frage. Eine andere Heimatpflege konstruieren zu wollen, ist keine Pflege sondern eine Zerstörung der Heimat (für uns).

Zwei Wege gibt es, die da am Ziel haarscharf vorbeiführen, wenn man sich nicht auf *deutsche* Heimatarbeit besinnt: 1) Man nimmt das, was dem Staate gehört, für die Heimat in Anspruch: *die* Heimatpflege wird Separatismus und Untergang der Heimat.

2) Man will von der Beziehung von der Heimat zum Staat absehen: man sieht nur die Schönheit der Heimat und der guten alten Zeit und bleibt in der Romantik stecken. Es ist ein Stehenbleiben auf halbem Wege, weil man nicht zur Praxis, zur Arbeit kommt. (Wenn ich hier von Romantik spreche, verurteile ich selbstverständlich einen falschen Romantizismus. Die deutsche Romantik als geschichtlicher Abschnitt und die echte Romantik überhaupt will anders be[ur]teilt werden: sie sind lebenspendend.)

Was ist Heimat? Ich habe die Kinder einer Landschule danach gefragt und erhielt als beste Auskunft den klassischen Satz: Heimat ist das Land, in dem wir geboren sind, und das wir am meisten lieben! In diesen Satz können wir jede *Art* von Heimat unterbringen, wenn wir etwa von der Kinderheimat sprechen, in der wir geboren und erzogen wurden, oder wenn wir von einer zweiten Heimat sprechen. Grundlegend für alle Arten der Heimat ist eine innige Beziehung von Mensch zum Land, von Blut und Scholle. Es ist eine *lebens*innige Beziehung vom Geborensein und vom Lieben, Lieben und Leben sind nicht nur Worte sondern auch Begriffe desselben Stammes.

Diese *Beziehung* ist auch das *Wesen* der Heimat. Heimat ist zunächst nichts Körperliches, nicht Besitz, allerdings auch nicht nur Idee eines rationellen Verstandes, sondern lebenswahrhaftige, lebensnotwendige Beziehung. „Wo Isen ligg, wo Eeken wasst, dao wasst auk Lü, we daobi passt." Blut und Scholle, deutsches Volkstum und deutsche Heimat gehören zusammen, sind zwei Seiten desselben Wesens. Wenn aber diese beiden Seiten zusammen genannt werden, dann soll man sagen *Blut* und Scholle, nicht Scholle und Blut. Dem Menschen gehört der Vorzug, wenn man ihn zu irgend etwas in Beziehung setzt; erst recht gehört ihm der Vorzug, wenn wir ihn in sei[n]er Mehrheit und in der organischen Mehrz[a]hl: *Volk* ; fassen.

Alles andere ist *Materialismus*. Hier sehen wir, wie eng Irrtum und Wahrheit bei den Menschen zusammen wohnen. Wir können nicht aus unserer Haut fahren, d.h. wir sehen immer wieder nur mit menschlichen Augen. So oft hörte man: Geld regiert die

Welt. Niemand hat es geglaubt, aber gelebt haben alle danach; die wenigen anders*rassigen* [handschriftlich verändert aus: anders*artigen*] Geldmenschen haben das Geld auf uns gehetzt, weil wir diese Fessel freiwillig anerkannten. Ja, gewiss: Geld ist nötig – und macht glücklicher. Wesensnotwendig ist aber zuerst der Mensch als vital-geistiges Wesen. Das Leben lehrt es uns selbst immer wieder, dass dem Menschen, der nicht mit dem Gelde umzugehen weiß, das Geld auch nicht nutzt.

Volkstum heißt die Lösung jedes Problems [durchgestrichen: „heute"].

Es ist der geistige Gemeinschaftsbegriff, die heimatliche Zusammengehörigkeit, wie Rasse die körperliche blutsmäßige Einheit darstellt, wenigstens den Gesichtspunkt, von dem das Volk gesehen wird (denn wir wissen, dass die Rasse nicht nur für Blut und Körper eine Rolle spielt!). Es ist nicht zufällig, das[s] der Nationalsozialismus die deutsche Heimat mehr als eine andere Staatsverfassung fördert. Es gehört zum Wesen dieser Erretter Deutschlands, wie es zum Wesen der deutschen Heimat gehört, selbst das Wesen der nationalsozialistischen Selbstbesinnung zu sein.

Um das ganz verstehen zu können, müssen wir einen kurzen Blick in die *deutsche Geschichte* tun! Über ein Jahrhundert drängt Deutschland zu einer Einigung zum Bewusstwerden seines eigenen Wesens. Zunächst war diese Einigung *politisch* zu verstehen. Die Freiheitskriege selbst gaben den Anlass dazu, wie diese völkergeschichtlich lehren, wie ein ungebändigter *Macht*-hunger eines Gegners zu guterletzt stets die eigene Krise herbeiführt. Frankreich konnte es immer besser haben, wenn es sich besser besonnen hätte.

Die *politische Einigung* setzte sich 1871 einen wichtigen Markstein. Sie zeigt von selbst das Streben Deutschlands zum *Volkwerden*, dem alle anderen Ziele untergeordnet waren. Jeder kriegerische Sieg wurde zum Ausbau des Reiches ausgebeutet, – und das war unsere wichtigste Beute.

Bis dahin war die Geschichte Deutschland eine heldische. Nach 1870 aber schlug sie in eine tragische um. Es war die Illusion der „friedlichen Eroberung der Welt durch die Wirtschaft", die irgend ein Krämergeist erfunden hatte. Hitler verurteilt das in seinem „Kampf" als größten Wahnwitz der deutschen Geschichte. Abgesehen von der Lebensunwahrheit und dem Lebensunverständnis in diesem Glaubenssatz der Wirtschaft, die materialistisch wurde, zum Weltkrieg und zum verlorenen Weltkrieg führte, war das Verhängnis für das innere Volkwerden noch schlimmer. Schuldige für diese Lebenslüge im Volk oder in einer volkfremden Rasse zu suchen, ist hier nicht meine Aufgabe. Ich fasse sie geistig und nenne sie Materialismus.

Die körperliche Fassung für die friedliche Eroberung der Welt war die *Industrialisierung* Deutschlands. Die Überspitzung darin hat ungeheuren Schaden angerichtet. Der größte Schaden lag auf dem Gebiete des Volkstums. Das Volk wurde entwurzelt, der Scholle entrissen und in die Steinwüsten der Städte geschickt. Die Arbeit wurde entwürdigt; der Mensch galt bald mehr, bald weniger wie eine Maschine, je nachdem er eine Arbeit schneller als eine Maschine erledigte oder nicht. Ich gebrauche das Wort „schneller"! Auf die Art der Arbeit kam es weniger an, das „Tempo" war alles. Dieser Begriff zersägte den Menschen, verarbeitete ihn in die Massen der Massenarbeit und machte ihn zum Proletarier. Diese unglückliche Masse war Werkzeug in den Händen schlechter Menschen und Volksverführer. Anstatt sie zum Denken und zur geistigen Selbständigkeit zu führen, mussten sie im Dusel gewiegt werden, in dem der unglückliche Trieb die Vormachtstellung hatte. Feierabend gab es nicht, da es keine Familie mehr gab und keine Stätte, wo man hätte „Feierabend" geistig verleben können.

Ein trübes Kapitel deutscher Geschichte! Eine große – furchtbar verpflichtende – Aufgabe für uns: unsere Kinder müssen es besser haben anstatt des materialistischen Grundsatzes: Nach uns die Sündflut!

Keine Zeit ist so schlecht und so verfahren, als dass sie nicht Warner gebiert und Revolutionäre einer neuen Zeit. Die Heimatbewegung wird heute als Vorläufer des neuen Deutschland angesprochen.

Die *Geschichte der Heimatarbeit* weist verschiedene Zweige auf und reicht selbstverständlich weit zurück, über das trübe Kapitel deutscher Geschichte hinaus. Die „Blätter zu näheren Kunde Westfalens" wurden 1862 von Seibertz gegründet. Vereine für Geschichte und Altertumskunde erhielten sich; aber sie zogen sich in die Stubengelehrsamkeit zurück und blieben volkshaft ohne Wirkung. Die schlimmste Zeit wurde für die Dichter und Denker, die immer irgendwie von der Heimat ausgehen müssen. Auch hier wurde Massenarbeit verlangt.

Der *„Sauerländische Gebirgsverein"* wurde 1892 mit der Zeitschrift „Sauerländischer Gebirgsbote" gegründet. Dieses war eine Tat im deutschen Sinne; es war auch eine Reaktion gegen die Entwurzelung der Menschen in den Städten. Wissenschaft und Gelehrsamkeit waren ihm nicht so wert wie das praktische Erfassen des Menschen. Man wollte ihn an Feierabenden und Feiertagen hinaustragen aus der Stadt in Gottes freie Natur. So pflegte der Verein seinem Wesen nach körperliche Ertüchtigung und geistige Freiheit, er ging zurück zu den Quellen der Natur. Naturschutz betrachtete er als Teilaufgabe hierzu.

Der Zweck des *SGV*: „das Wandern im Sauerlande und den angrenzenden Gebirgsgegenden zu erleichtern, den Heimatschutz und die Heimatliebe im Sauerlande zu fördern, die Kenntnis über das Sauerland zu erweitern und für die körperliche und geistige Ertüchtigung der Jugend zu sorgen" (Satzungen), ist ewig berechtigt. Deshalb verdient der Verein auch und gerade heute größte Beachtung.

Als Heimatbewegung kommt für uns der *Sauerländer Heimatbund* als Unterorgan des Westfälischen Heimatbundes in Betracht. 1921 wurde er von Sauerländer Studenten gegründet. „Der Bund erstrebt auf Grundlage des Christentums Erhaltung, Stärkung und Veredlung jeder berechtigten Sauerländer Eigenart

..." (Satzungen). Es gab die verschiedensten Aufgaben und Arbeiten; das Wesen und Ziel jeder Arbeit war auch hier Erfassung des Menschen.

So schrieb ich vor 10 Jahren, als ich mitten in dieser Bewegung stand: „Diese Heimatbünde sind ein wichtiger Faktor mit zum Wiederaufbau des Vaterlandes und besonders zur inneren Gesundung des Volkes. Sie dürfen nicht ohne Schaden für die Allgemeinheit ausgeschaltet werden." – Ich weiß nicht, was mich damals veranlasst hat, den letzten Satz anzufügen. Ich glaube nicht, dass diese Heimatbünde jemals in Gefahr waren, vom sozialistischen Staat [d.h. hier: Weimarer Republik, Anm. P.B.] verboten zu werden, obschon sie seinem Ideal entgegen gingen. (Wenigstens dem Wesen nach mussten sie ihm entgegen sein.) Wahrscheinlich war es damals mein Wunsch, dass die Heimatbewegung politisch stärker durchgreifen möchte und ihren Staatsbegriff aufstellen sollte. Das haben sie aber nicht getan. Sie waren oft nur zu Liebkind im marxistischen Staat, d.h. sie hatten politisch überhaupt kein Gesicht. So durften sie das verheißene Land des neuen Reiches sehen, aber nicht hinein. Vor 10 Jahren stellte ich den Heimatbund als Gegenbewegung gegen den Materialismus hin. So hat der Heimatbund doch sein Gutes gewirkt. Heute führt der neue Staat diesen Kampf weiter; er wird auch den Heimatbund weiterführen, wie ja Heimatbewegung wichtigste kulturpolitische deutsche Tat ist; wir dürfen hoffen, dass auch im Sauerland bald diese Aufgaben gewissenhaften Personen übertragen wird.

Wir dürfen keinen Augenblick vergessen, dass das deutsche Wort *Heimat mit Heim* zusammenhängt. Heim und Familie sind Kernbegriffe der Heimat. Herz und Gemüt des Heims ist die Mutter und Hausfrau. Man sieht, welche große Bedeutung und Verpflichtung die Frau von Gott empfangen hat. An ihr liegt es zuerst, ob dem Kinde die Heimat lieb wird, und ob es damit verwächst. Was die Mutter in das Herz des Kindes grundgelegt hat, kann keine Macht wieder daraus reißen. Daher soll die Mutter den echten Menschen nicht nur körperlich innerlich, sondern auch geistig formen. Sie soll das Haus in Ordnung und Schönheit halten. Sie soll den Kindern den Sagenschatz und die Märchen der Heimat weitergeben. Sie, die mit dem Herzen hört, sieht und versteht, soll mit dem Herzen die Heimat in die Herzen der Kinder einpflanzen. Aber das kann auch nur sie. Heimatliebe und -treue kann man nicht befehlen. Sie muss erwachsen in dem Herzen des Kindes unter der Obhut der Mutter. Daher hat die Heimat weiblichen Artikel, sie ist Mutterland. Wie das Kind körperlich im und auf dem Mutterschoss wächst und aufblüht, so soll es geistig in der Heimat geborgen sein. Dieses lebensnotwendige, metaphysische Grundgesetz möchte ich laut in die Welt hineinrufen: Zurück zur Natur, zur natürlichen Heimat des Menschen!

Die Heimat hat auch noch andere *Begriffe mit der Frau* gemeinsam. Die Heimat ist schön! Das ist wieder ein wesentlicher Begriff. Auch die Frau soll schön sein. Ich möchte aber die innere charaktervolle Schönheit über die äußere stellen. Jede Frau ist schön, wenn sie echt und froh ist. Jede Heimat ist schön. Auch hier soll man die charakteristische Schönheit sehen; wenn die Welt blüht und die Sonne lacht, ist es auf dem Lande immer schön!

Und was soll der Mann? Die Heimat bedarf einer Stütze! Das ist der Staat. Die Frau ist das Wesen des Herzens und der Liebe, der Mann das des Verstandes und der Tat. Es ist damit kein Werturteil gefällt, weil es das zwischen Mann und Frau nicht gibt. Beide sind auf ihrem Gebiet führend.

Heimat und Vaterland sind Wechselbegriffe. Wie die Mutter das innere Wesen der Heimat ist, so ist der Vater der Verteidiger von Haus und Hof und der Heimat. Eine Heimat, die verteidigt wird, ist unser Vaterland. Mit „Vaterland" ist der Begriff der Wehrhaftigkeit wesensgemäß verknüpft. Wie die Heimat schön ist, so ist das Vaterland stark. Der Artikel des Staates ist männlich. Bei „Vaterland" ist der Wortzusammenhang ohne weiteres kenntlich.

Der Mann soll stark, ja *hart* sein! Jedes Geschlecht hat seine Aufgaben. Die Frau und Mutter muss weich sein! Der Mann muss hart sein! Er war es in den letzten Zeiten nicht mehr. Aber was wollen wir? Ein harter Mann ist ehrlich und eigensinnig! Das sind ebenso gute Begriffe, wie „leichtfertig" und „leichtsinnig" gefährliche Sitten sind. Der harte Mann ist ernst; der ernste Mann aber nimmt das Leben mit eisernem Pflichtgefühl in die Hand. Ich glaube, dass ich diese lebens- und gemeinschaftswichtigen Begriffe hier einführen musste.

Man könnte in Folge dieses Bildes Heimat und Staat sogar *verheiratet* denken und würde nicht fehl gehen. Diese Ehe kann nicht geschieden werden, weil sie innerlich wesenhaft ist. Man versteht auch nach diesem Bilde besser, dass das Reich, das ja eine Einheit des Volkes ist, organisch ist.

Die Heimatarbeit hat verschiedene *Jahresringe*. Ich möchte damit ein Fluidum andeuten, das gewissermaßen über dem ganzen Schaffen für die Heimat liegt, und das mir schon 1929 Veranlassung gab, näherhin über die *deutsche* Heimatpflege zu schreiben. Damals entdeckte ich, dass in dem Jahre, als ich mein erstes Buch „Kloster Brunnen" schrieb (an dem ich 5 Jahre arbeitete), dass im Erscheinungsjahr mehrere große Klosterbücher erschienen. Als mein Buch „Graute Hochteyt" fertig war, wurden in Nord und Süd Bauernhochzeiten aufgeführt. Es ist ja erklärlich, dass heute durch die Überbrückung des Raumes durch Radio die Gedanken schnell mitgeteilt sind. Das erklärt aber doch nicht alles. Es muss ein innerer Zusammenhang vermutet werden, bevor es zur Aussprache kommt.

Ein Jahresring, der jetzt am Werden ist, dürfte *Landheimat* sein. Selbstverständlich ist das wichtiger als ein Klosterbuch oder eine Graute Hochteyt. Ich habe vorhin in der Geschichte ausgeführt, dass der größte Schaden dem deutschen Volke durch die Bodenentfremdung, durch die Entwurzelung gebracht wurde. Heimat ist immer Landheimat, das Beispiel der ackernde Bauer, der stolz auf sein Besitz und seine Arbeit ist. Heimat liegt nicht im Besitz, wohl in einer Naturnähe des Menschen. Wie viele Krankheiten, Perversitäten und Verbrechen unterblieben, wenn dieser naturhafte Grundsatz immer beachtet würde! Heimatarbeit heißt den Heimatstolz, aber nicht das Heimweh eines Menschen wachrufen. Wohl kann der Weg über das Heimweh führen, aber es soll nur schnelles Durchgangsstadium sein! Diesem Heimatbelang ist vor dieser Zeit in vielen Kreisen, auch in denen der Heimatpflege selbst, nicht genügt worden. Ich habe diese Heimatpflege oft als städtisch bezeichnet.

Ein Schriftleiter einer sauerländischen Zeitung glaubte, dass die Städter ein besseres Naturempfinden hätten als die Landbewohner. Ich sagte ihm: „ ‚Besser' ist falsch!" Es kann ein anderes Empfinden sein! Mir aber ist der Bauer lieber, der hinter seinem Pfluge geht und stolz auf sein Bauersein ist, der der König auf seinem Besitztum ist. Ein solcher Bauer bleibt freilich nicht stehen, wenn er den Gesang der Vögel hört und lauscht entzückt (Nein! ein solcher Bauer ist verrückt!). Aber was soll dann die Begriffsverwechslung: Die *Sehnsucht* des Städters nach Feld und Wald ist besser als der *Stolz* des Bauern auf sein Reich. Das ist ja wirklich Heimatpflege, aber Pflege des kranken Volksteils auf Kosten des gesunden!

Der Standpunkt ist auch unmöglich: Früher galt das Land immer als eine Stadt zweiter Ordnung. Geld und Vergnügen gab es ja in der Stadt; auf dem Lande nur Langeweile und Dummheit. Was ist nicht über den Mistbauern geschimpft worden. Die Zeiten sind vorbei! Ginge es nach mir, so sollte die Äußerung „Mistbauer" als schwerste Lästerung im neuen Reich geächtet werden. Der Bauer ist nicht nur der Nahrungsspender des Städters, sondern auch der Tonangebende für die neue deutsche Kultur. Dass die Heimatbewegung es nicht verstanden hat, den Bauern zu gewinnen, musste ihr Tod sein!

Das Wort „*Kultur*" haben die Römer importiert. Es hängt mit dem lateinischen „agricultura" zusammen. Kultur allein kenne ich aus dem Lateinischen nicht. Agriculture heißt „Ackerbau"! [D]ieser Zusammenhang dürfte sprachphilosophisch genug sagen. Sicherlich werden Kulturzentren immer in Städten gegründet werden; aber die Leiter davon sollten das Land kennen. Eine auf dem Land verlebte Jugend kann nimmer ersetzt werden. Ich gebe gern zu, dass eine Kenntnis der Stadt hinzu kommen kann und soll. Der Grund zu meiner Behauptung liegt in der harmonischen Erschließung der Menschennatur auf dem Lande bis in die tiefste Veranlagung, während die Stadt mit ihren allzu vielen Eindrücken den Menschen nicht in seine eigene Tiefe gelangen lässt. „Durchforstung der Städte" wird heute von [*vom?*] Heimatschutz des neuen Deutschland gefordert: man will mitten durch die Großstädte Grünanlagen legen. Das ist besser als die fürchterliche Eingemeindungspolitik der letzten Vergangenheit.

Ich möchte den Gegensatz zwischen Land und Stadt nicht vergrößern und nähren; vielmehr kann er durch gesunde Bevölkerungspolitik dank der raumüberbrückenden Verkehrsmittel aus der Welt geschafft werden.

Heimat und Kunst hängen eng zusammen: die Heimat wächst vom Lande und die Kunst aus der Natur. Ich bin der Überzeugung, dass Heimatverständnis ohne ein bisschen Kunstverständnis nicht gut möglich ist. Nur glaube ich, dass jedem Menschen ein Kunst- und Philosophieverständnis eigen ist. Nur der ist Mensch, der denkt. Wer mit der ganzen menschlichen Natur denkt, ist Künstler und Philosoph zugleich. Man soll diese Begriffe nicht so entlegen suchen, etwa weil die Worte Fremdwörter sind!

Die Heimat selbst ist die Triebfeder zur Philosophie und Kunst. Heute ist die Stimmung, die ganze Natur und Naturverbundenheit des Menschen bestimmend für die Philosophie. Unsere *Dichter* sind schon einige Jahrzehnte zur Heimat zurückgekehrt. Die Verbundenheit mit der Natur ist nicht nur Wesensproblem ihrer Gestaltungen; sie sind selbst wieder zum großen Teil Bauern geworden.

Unsere *bildenden* Künstler schaffen wieder den bodenständigen Menschen; er steckt sogar in der Erde. (Plastiken von Kleinsorge - Wennemen).

Die *Architekten* bauen die Häuser und Kirchen in die Landschaft hinein. Es gab [sic] eine deutsche Zeit der Gotik gegeben haben, die Dome schufen, die zum Himmel ragten; – heute ist die

Zeit, in der die Bauten auf der Erde in der Landschaft und Natur bleiben, –weil wir eine Zeit lang die Natur vergessen hatten.

Was sollen wir für die deutsche Heimat arbeiten? Zunächst sollen wir uns vor allem unserer Heimat und unseres deutschen Wesens bewusst werden! Ich höre es nicht gern, wenn heute hier und da von heimatbewegten Kreisen gesagt wird: Wir brauchen uns nicht umzustellen; wir haben die deutsche Heimat immer gepflegt. Ich glaube, dass das – in Anerkennung der Verdienste der einzelnen Heimatgruppen – doch etwas schnell und übereilt gesprochen ist. Unsere heutige Umstellung und vor allem der geistige Umbruch ist so elementar und urgewaltig, dass sich *jeder* umschaut und besinnen muss. Dann aber erkennt er glücklich die neue Zeit. Die Probleme und die Zeit des Sprechens ist vorbei; heute ist die Zeit glücklichen und tätigen – nicht betriebsmäßigen – Arbeitens.

Wir wollen glücklich sein! Das Glück, Deutscher zu sein, konnte niemals so tief empfunden werden wie heute. Dieses Glück drängt aber zum Opfermut und zur Arbeit im Dienste des deutschen Volkes, in steter Verantwortung diesem gegen über. Wir wollen in treuer Anhänglichkeit an unsere deutsche Heimat zunächst selbst wesenhafte deutsche Menschen werden, – und dann für unser Volk mit unserem eigenen Herzblut bis zur letzten Hingabe arbeiten. *Das sei ein Schwur!*

Dieses der-Heimat-bewusst-und-Frohwerden ist zugleich ein *Einfach-Werden.* Wir müssen wissen, das[s] Zivilisation keine Kultur ist. Zivilisation ist ein materielles Besitzen von Kulturgütern, ohne dass wir deren inneren Werte und unserer eigenen Verpflichtung, auch unseren Zeitgenossen davon mitzuteilen, bewusst werden. Solange wir in Üppigkeit prassen und den verhungernden Volksgenossen nicht sehen, können wir nicht behaupten, dass wir Kultur haben. Kultur können wir überhaupt nur haben, wenn wir wieder einfach werden und jedes uns zuströmende Kulturgut dankbar als Gabe empfangen.

In dieser Einfachheit ruht auch das *Heimschaffen*, wodurch wir unserer Familie und unserem Familiengeschlecht dienen als einem Teil das Volksganzen. Das Heimschaffen nimmt selbstverständlich die verschiedensten Formen und Aufgaben an, aber letztlich ist es einfach. Es geschieht aus der einfachen, frohschaffenden Menschennatur heraus, und wir brauchen keine Furcht zu haben, dass wir das Ziel verfehlen, wenn wir die Grundeinstellung haben.

Wenn wir die Grundeinstellung haben, bleiben wir auch der *Heimat treu*. Das soll nicht beengend gesagt sein, dass wir in der Heimat bleiben müssen, sie nie verlassen sollen. Es liegt im Wesen des dynamischen, d.h. des schaffenden Menschen, dass er seine Vollendung in der Fremde erreicht, dass er dort für seine Heimat oft mehr wirken kann, als wenn er nicht aus sich heraus kann. Wir haben kein Heimweh, aber wir haben einen Heimatstolz. Stolz sein heißt einen Hohen-Mut haben. Hohen-Mut-haben und Froh-sein, ist wieder dasselbe.

Aber was ist denn Treue? *Treue ist Liebe* – diese in ihrer Ewigkeit gesehen. Wir wissen ja, dass Liebe nicht nur Gefühl ist, dass sie im Gegenteil den ganzen Menschen erfasst. Nur Gefühl-Liebe ist keine Liebe, sondern Schwäche.

Diese Liebe als Treue können wir freilich nicht programmmäßig schaffen und erst recht nicht befehlen. Wiederum müssen wir zurück zur Natur und lauschen! Wenn wir uns dem Sein erschlossen (weltoffen – gottoffen) halten, strömt sie in uns hinein. Wir merken, dass wir froh und *frei werden*.

Diese *Heimatliebe*, das Schönste, das ich Ihnen wünschen kann, macht uns warmherzig und barmherzig. Wir geben den Volksgenossen das, was ihnen gebührt. Wir geben auch *frei und gern* dem Staate, dem neuen Reich, was ihm gebührt. Dem deutschen Volke aber gehört unser ganzes diesseitige Leben, soweit es diesseitig ist. Dadurch aber, dass wir dem deutschen Volke gehören, gehören wir der Welt und Gott!

Deutschland muss uns zur Heimat werden!

In *Zusammenfassung* sei nochmal gesagt: Blut und Scholle stehen zunächst allein. Es sind Begriffe, die sich anziehen und abstoßen, die aber innerlichst eine Verbindung suchen und darauf angewiesen sind. Die Verbindung ist zugleich unsere *Aufgabe*. Sie heißt aber deutsche Heimat, deutsches Volkstum.

Nur ist die Verbindung keine tote, keine gesammelte aus dem Museum, sondern eine lebende, desto besser, je lebendiger.

Das Volkstum lebt und es lebt in und durch den *Kampf*. Wo kein Kampf, da ist kein Leben, da geht auch das Volkstum verloren.

DEUTSCHE HEIMATARBEIT AUF ALLEN *GEBIETEN*

Wenn ich Heimatarbeit in Gebiete einteile, so schicke ich voraus, dass ich von der *Einteilung* als solcher wenig halte und [sie?] hasse. Aber man muss doch gewisse Gewohnheiten, in denen wir nun einmal gewohnt sind, zu denken, übernehmen. Es geht uns aber um den *Inhalt* Das Folgende setzt nicht mehr die logische Konsequenz voraus, die ich im ersten Teil anwenden musste. Es soll mehr ein *Kranz* sein, den wir in Heimatarbeit winden, und in den wir die Beispiele wie Blumen hineinwinden.

Im Ganzen geht es uns aber um die *deutsche* Heimatarbeit. Die deutsche Familie, die arische Rasse ist es, die die Frau und Mutter hüten und weitergeben muss; das deutsche Land und die deutsche Existenzmöglichkeit ist es, die der Mann erwerben und verteidigen muss. Seien wir uns demgegenüber aber auch bewusst, dass *wir*, wenn wir deutsche Heimatarbeit leisten wollen, unser *Sauerland* ergreifen müssen. Das ist unsere methodische deutsche Heimatarbeit. Ein materieller Mensch kann das nicht begreifen; aber für die spreche ich nicht und brauche ich nicht zu sprechen. Sie sollen sich zu uns finden.

Nicht sollen wir für das Sauerland arbeiten, dann für das Rheinland und dann alle Länder zusammenzählen, um aus der

Summe Deutschland zu gewinnen. Das war einmal und da war es noch falsch.

Wir arbeiten im Sauerland und haben Deutschland. Auch zwischen Sauerland und *Westfalen* unterscheide ich nicht sehr. Sauerland ist in meiner Heimatarbeit eben das gebirgige Westfalen. Die Unterscheidung in das kurkölnische und märkische Sauerland hat geschichtlich seine Berechtigung, methodisch aber seine große Gefahr. Ich kann sie für meine Arbeit nicht gelten lassen. Wir wollen einig sein in christlicher Gesinnung!

Grundsätzlich heißt unsere praktische Heimatarbeit: 1) Wir müssen unserer Heimat selbst bewusst und froh werden. 2) Wir müssen den Heimatgedanken weiter tragen!

(HEIMATSCHRIFTTUM)
In I. Linie nenn[e] ich unter *Gebieten* der Heimatarbeit 1) Heimatschrifttum, 2) Heimatlieder und 3) Heimatspiele und -tänze.

Das Heimatschrifttum ist in neuer Zeit zur freudigen Überraschung gewachsen und vertieft worden. Viele Verleger glaubten sogar, nach dem Weltkriege ein Geschäft daraus machen zu können. Das war nun freilich danebenher. Es darf auch nicht sofort zu jeder ideellen Gesinnung die Konjunktur dazu kommen! So haben sie das, was sie unterstützt und zunächst gefördert haben, später als materialistische Menschen selbst wieder zerstört. Dazu noch etwas mehr. Aber heute fangen wir wieder mit frischem Mut an, wir opfern und bauen neu auf.

Ich möchte an erster Stelle einen Dichter Dr. Wilh. *Becker* nennen, dessen Können anerkannt ist, der bei uns im Sauerland wohnt. In dessen Gedichten können wir das *Wesen* von Heimat und Vaterland erkennen.

(„VATERLAND", S. 82, 92) Wilh. Becker ist in besonderer Weise Dramatiker. Ihn und seine Werke, vor allem „Vaterland", müssen wir zu deutschen Heimatabenden heranziehen.

Ich stelle an die Heimatliteratur heute eine hohe Anforderung. Sie müssen sich gerade heute ihrer Sendung stark bewusst werden. Es ist uns nicht damit gedient, dass die Schriftsteller mit der Form gut umgehen, etwas Klangvolles fabrizieren können; sie müssen vor allem den Inhalt, die Heimat, selbst stark empfunden haben, dann dafür wie *Kämpfer* eintreten. Das ist keine Tendenz, das ist kämpferisches Arbeiten, das ich vor allem Anderen von den Schriftstellern voraussetze.

Wenn man die Heimatdichter „einteilen" will, muss man 1) ihre Heimat, 2) den Gegenstand sehen, den sie behandeln und 3) die Art, wie sie schreiben. Vor allem kommt es auf das „Wie" an, auf die heimatliche und bodenständige Gestaltung. Es muss von innen heraus geschrieben werden. Kultur„macher", die früher das große Wort hatten und Schmarren schrieben, werden auch heute versuchen, mit derselben Fertigkeit national zu gestalten. Sie sollen und werden durchfallen.

Nicht-heimatlich nenne ich einen Ehrgeiz, den verschiedene Städte und Städtchen hatten, „Stadtbücher" herauszugeben, möglichst alles und jedes zu bringen, den Inhalt zu verzetteln und an verschiedene Dichter, Schriftsteller und Schreiber zu „vergeben".

An hervorragender Stelle müssen die Dialektschriftsteller genannt werden. (Dass die plattdeutsche Sprache ein besonderes Kulturgut ist, werde ich an anderer Stelle ausführen.) Der Vater der Sauerländer Heimatbewegung ist zugleich der Vater des sauerländischen Dialektschrifttums. Es ist Friedrich Wilhelm *Grimme*. Seine volkstief empfundenen Geschichten sind Marksteine der Volkspoesie überhaupt. Das gehört ja eben zur Art der heimatlichen Gestaltung, dass sie *unbedingt* volkstümlich sind. Neuere Dialektschriftsteller sind [Heinrich] *Kleibauer*, Jost *Hennecke*, und Frau Christine *Koch*. Chr. Koch nenne ich zuletzt, um sie hervorzuheben. Ihre Lyrik ist herzquickend, und mitten aus dem Leben, näherhin aus dem Familienleben, gewonnen. Vielleicht hilft sie uns, dass die Lyrik wieder Eingang in die Familie findet. Damit wäre viel gewonnen.

(PREDEEK, HEIMLAND 7) Predeek, Heimland - (Schauerte, Auf heimatl. Fluren.)

Ich nenne noch einige Namen der Heimatliteratur. Wilh. *Matthiessen*, der Jugenderzähler, Heinr. *Luhmann*, der Dichter des deutschen Gemütes, Fritz *Mielert*, Das Schöne Westfalen. Sein Werk ist *das* Bilderbuch unserer schönen Heimat.

Zu dem Heimatschrifttum, in dessen nächster Nähe die anderen Sauerländer *Künstler* stehen, wie *Nellius* als Tondichter, Kleinsorge als Plastiker, Schwermer, Neuhaus, Viegener u.a. als Maler.

Zum Schöpfer gehört das Institut, das sich für die Heimatkünstler einsetzt. Als Aufgabe hat sich das mein *Sauerlands Buchhandel, Arnsberg* gestellt.

Der Heimatdichter soll aus dem Volke leben. Das Volk dichtet und denkt aber auch selbst.

Es denkt philosophisch in seinen *Sprichwörtern* und Redensarten. Die Sprichwörter atmen neben der herrlichen Poesie eine ungeahnte Lebens*wahrheit*. Der hundertjährige Wetterkalender ist fast nur aus Sprichwörtern zusammengestellt. - Sprichwortartig, einfach und innig sind die *Volkslieder*. Nur die besten Lieder unserer besten Dichter sind ins Volk gedrungen, selbst wieder von diesen Volksverstehern aus einfachen Volkserlebnissen vorgetragen. Vielleicht hat das Sauerländer Volk nicht so viele Volkslieder als der sangesfreudige Rheinländer. Aber auch der Sauerländer hat seine Lieder, wenn sie auch nicht alle nur im Sauerlande bekannt sind. Die Weisen der Lieder zeigen ihre Herkunft. Das erkennt man an den heimatlichen Nationalliedern.
(WESTFALENLIED.) (Erklärung dazu!)

Dem Sauerländer sitzt gern der Schalk im Nacken. Daher singt er gern „Dat Laid vam Pastauer seyner Kauh" und „Dat Schneyderstücksken". Auch wohl „Et wören mool drai Tambiurn".

Ein uraltes Volkslied ist als Neujahrslied „Guten Morgen guten Morgen in diesem Haus".

(GR. HOCHTEYT S. 120) Ein Schlichtes Volkslied möchte ich noch vertonen lassen[:] „Dat Miäcken iu[t] dem Siuerland"[;] „Graitken, kumm mool an dat Finster".

Volksspiele habe ich am meisten beim *Kühehüten* gesammelt. Diese Zeit ist eine der erinnerungsreichsten meines Lebens. Wenn man noch jung ist, weiß man nicht, dass dieses Alleinsein und Traumdasein ein Vieles-in-sich-schließen bedeutet. Wenn das alles später geweckt wird, dankt man Gott, dass man eine solche Jugend gehabt hat. Im Allgemeinen werden heute die Kinder zu früh geweckt. Die Folge ist, dass sie leicht-fertig werden.

Happen-Flaitepeypen maken,
Nümmes draff us dat verbaien,
Kräggenschuaken, schoine Saken
Giet es [sic] bey diäm Köggehaien.

Besmen spleyten, Wolwer saiken
Höhlen bungen graut un feyn,
rümmekletern oppen Aiken ...
Jo, dat konn vey alle feyn!

Bei den *Volkstänzen* möge das zuerst beachtet werden, dass sie auch *Volks*tänze sind. Sie müssen einfache Tänze sein, die das Volk sieht und nachtanzen kann. Die Tänze, die in Volkstanzkreisen getanzt werden, (Volkstanzkreistanz) sind oft zu schwer:

Et gäit nix üwer de Gemütlekait,
bann de Vatter met der Mutter no der Kiärmisse gäit – –
Kick, saggt de Katte, käik se innen Pott – – –
Bann hey 'n Pott met Baunen stäit un
do stäit 'n Pott met Brey – – – –
Siehst Du wohl, da kimmt er, große Schritte nimmt er –
O Hännes bat 'n Haut – – – –

Der Volkstanz ist ein Bauerntanz; aber es ist nichts damit getan, wenn man einen Gesellschaftstanz durch plumpes Auftreten zu einem Bauerntanz degradieren will. Es gehört in erster Linie eine Einstimmung zum Bauerntanz.

In II. Linie nenne ich unter *Gebieten* der Heimatarbeit 1) Sauerländer Sitten und Gebräuche, 2) Heimattrachten und 3) Sauerländer Sagen und Märchen.

Sitten und Gebräuche halten sich in bergiger Gegend am besten. Alte sauerl. Sitten sind „Lütke Fastnacht" und „Riut, riut, Sunnenviuel".

Auch die Besucher des Sauerlandes sind über die schönen Sitten überrascht, wie ein Brief einer Schwarzwälderin zeigt.* (*HOHE BRACHT 79)

Sitten und Gebräuche sind an verschiedenen Orten im Sauerland selbst verschieden. Weihnachtsmusik in Arnsberg vom Turm der evangel. Kirche. Weihnachtsbaum auf öffentl. Plätzen, Osterlämpchen in Meschede.

Die meisten Sitten sind mit Kirchenfesten oder noch älter mit Naturfesten (Sonnenwenden) verbunden. In besonderem Maße kann man die Sitten auf einer Bauernhochzeit beobachten – und Immermann sagt in seinem Oberhof bei dieser Gelegenheit, dass der Bauer sehr wohl Etikette kennt.

Im übrigen kommt es bei der Heimatarbeit nicht darauf an, dass durchaus *nur* alte Sitten konserviert werden, es dürfen und werden auch neue eingeführt.

Über Sauerl. *Trachten* zu sprechen, erübrigt sich, da wir keine eigenen gehabt haben. Es ist nur eine Tracht der Altenaer Töger und eine des Siegerlandes überliefert, die aber durchaus nicht allgemein war. Ich kenne aus meiner Kinderzeit noch den blauen Kittel; am Sonntagnachmittag geht die Bauernfrau mit einer Tändelschürze aus. Das ist aber auch alles. Ich glaube, es ist der Zukunft vorbehalten, eine landfrohe Tracht zu gestalten, und damit den alten Landstolz wieder zu wecken. Früher fuhren die Bauern immer mit Pferden an, heute gehen sie zu Fuß zur Kirche. Da ist etwas entzwei gegangen.

Jedes Land hat seine *Sagen*, die meistens mit der Geschichte verknüpft sind. Es hat auch seine Märchen, die seiner Denkart entsprechen. Sauerländische Märchen kann man die von Wilh. Matthiessen nennen. Das Buch „Im Turm der alten Mutter" ist um den Astenberg geschrieben und atmet die weltweite Ferne, die düsteren, spukhaften Wälder dieser Gegend. Ich kann es gern empfehlen.
   Wohin gehören übrigens die Spukgeschichten?
   Sprichwörter : Volkslied – Spukgeschichten : Märchen. Die Spukgeschichten werden vom Volk selbst gemacht.
   Die *Sagen* werden immer wieder von den Müttern weitererzählt. Sie werden sterben, wenn sie nur durch Schriftsteller und Bücher erh[a]lten werden sollen.

(PREDEEK S. 94) Jedes Dorf fast hat auch seine *Äxtro Luie*. Diese Dorforiginale gehören selbst schnell der Sage und Erzählung an. Ihnen wird auch immer noch etwas angehängt: Du bist überall dabei gewesen, du kannst auch hierbei gewesen sein.

(PREDEEK S. 50) Das „zweite Gesicht", in nächster Nähe des Spuks, ist auch für manchen Sauerländer eine kranke Gabe. (Cordes, Sauerland Du Träumer).

Deutsche Heimatarbeit *in jeder Art*!

Unter der ewigen Art gesehen, nenne ich 3 Punkte: 1) die Muttersprache, 2) das Wandern und 3) den Feierabend.

Muttersprache

> Muttersprache, Mutterlaut,
> Klingst so wundersam, so traut!

Ich erkenne im Sauerland als Muttersprache in erster Linie die *sauerländische Mundart* an. Diese muss gesprochen werden, und zwar mehr, als es in der letzten Vergangenheit geschehen ist. Ja, sie muss *zuerst gesprochen* werden; es hilft uns kein großer Dialektdichter, wenn er nicht gelesen bzw. vorgelesen wird und seine Bücher nicht drucken lassen kann.

Das Lesen der Dialektsprache ist schwer; sprechen und verstehen kann man sie leichter. Ich habe aber fast in jeder Familie ein Mitglied gefunden, das gut platt lesen konnte. Eine besondere Aufgabe hat hier der Rundfunk zu erfüllen. Er macht den Vorleser aus: es sollte öfters jede Mundart zu ihrem Recht kommen!

Die Mundart ist vielleicht die wichtigste, aber auch die schwerste Heimatarbeit. Man kann sie nicht befehlen; man muss für sie zunächst wieder die Liebe und Achtung wecken. Sie hat dasselbe Recht in einer Familie wie die Schriftsprache.

Grimme

Wandern

> Wonnig ist's, in Frühlingstagen
> Nach dem Wanderstab zu greifen,
> Und, den Blumenstrauß am Hute,
> Gottes Garten zu durchstreifen. (*Weber*)

Wenn man das heimatliche Menschwerden als eine Verknüpfung von Familie und Natur bezeichnen wollte, so käme außer der Familienpflege sofort das *Wandern* an die Reihe. Die Bedeutung für Körper und Seele ist ohne jeden Zweifel. Nur muss das Wandern auch verstanden werden.

Wir sollen nicht nur wandern, um den Körper an die frische Luft zu bringen, wir sollen *wandern und schauen*! Der Geist hat das größere Recht bei dem Menschen.

Auch im Winter können wir wandern. In einer Kälte von 10 Grad bin ich 20 km gewandert. Während meine Freunde hinter dem Ofen ihre Grippe hüteten, hat sie mich alle die Tage nicht erreicht. Die winterliche Landschaft hat auch ihre Schönheit. Dann erst das *Skiwandern*! (Schauerte 137)

FEIERABEND
Der *Feierabend* ist eine der tiefsten Angelegenheiten des Volkstums. Dass er von der deutschen Arbeitsfront in den Mittelpunkt gestellt worden ist, zeigt wie sehr man die Probleme der Neuzeit erkennt und ihnen zu Leibe rückt. Wenn man an den früheren Feierabend im Dorf und auf dem Lande denkt, fallen uns unwillkürlich Bilder von Spitzweg, Schiestl und Hans Huber Sulzemoos ein. Auf der einen Seite muss darauf gesehen werden, dass auch auf dem Lande im Allgemeinen der Feierabend gehalten wird. Sodann muss dafür gesorgt werden, dass die neuen Errungenschaften in Kultur und Kunst auch den Landbewohnern zugänglich gemacht werden. Es sind große Aufgaben, die unser harren.

Wie wir überall und *zufällig* die Heimat*art* volkstümlich machen können, werden 3 weitere Punkte zeigen: 1) Deutsche Heimatabende, 2) das Volkstheater und 3) der Rundfunk.

Der frühere Heimatbund suchte überall durch Heimatabende zu wirken und Anhänger zu werben. Es ist ein Fehler begangen worden: Man kam nicht an den *Bauer*!

Unsere deutschen *Heimatabende* müssen diesen Fehler vermeiden. Der frühere Heimatbund wirkte oft cliquenhaft und deshalb gemeinschaftsstörend. Das ist heute von selbst ausgeschlossen, da der Staat die ganze Heimatarbeit [durchgestrichen: „leistet"; handschriftlich ersetzt:] in die Hand genommen hat. Sie ist letzthin dem Reichspropagandaminister zu unterstellen. Die deutsche

Heimat allen lebendig zu machen, dass sie ein jeder blutmäßig weitergeben kann, ist die schönste Aufgabe der deutschen Propaganda.

Die Arbeit ist sehr einfach – oder sie ist nicht. Man braucht nicht überall neue Gruppen zu gründen. Man soll all den Menschen und den Vereinen die Heimat gestalten helfen. Oder soll ich nur im Heimatbund sprechen? Nein! Wie schön kann man die Heimat gestalten, wenn man sie auf unser altes Volksfest, das *Schützenfest*, zurückträgt!

Volkstheater
Wir haben es noch nicht, das *Volkstheater*, wenn auch schon gut, besonders in den Laienspielen, vorgearbeitet ist. Heute widmet sich die deutsche Bühne besonders dieser Aufgabe. Jeder müsste Mitglied sein!

Es fehlte nicht nur an der Spielschar; es fehlten auch die Theaterdichter, die ihren Stoff mitten aus dem Landvolk holten. Man kann sagen, dass heute nicht so sehr die Oper, die Operette, sondern das volkstümliche *Singspiel* sich die Bühne erobern müsste.

Ich selbst werde auf diesem Gebiete mich für alle Neuerscheinungen interessieren und versuche, selbst tätig mit zu schaffen.

Als erste muss die *Freilichtbühne* in neuen Betrieb gesetzt werden. Außer volkstümlichen Stücken dürfte vielleicht auch die Technik noch eine Änderung erfahren.

Am schwersten lag in der Vergangenheit die Vereinsbühne darnieder. Es fehlt an Verständnis für gute Stücke, vor allem an dem fehlenden Pflichtverständnis der Leiter, und deshalb an guten Stücken.

Nach der Neuordnung dieser beiden Bühnenarten wird sich das *Stadttheater* von selbst reorganisieren.

RUNDFUNK
In der kunstmäßigen Volksbildung hat sich in neuer Zeit der *Rundfunk* eine entscheidende Stellung erworben. Diese wird durch den „Volksempfänger" und dessen Empfehlung durch die

Regierung nur nach außen hin dokumentiert. Ich kenne die Wiedergabe und die aktive Sammelarbeit des *Westdeutschen Rundfunks* aus eigener Anschauung, als dort meine „Graute Hochteyt" aufgenommen wurde. Jeder, der nur zwei Tage den Westdeutschen Rundfunk hört, kann sich ein Urteil bilden, wie wert ihm das *Volkstum* ist.

Das, was den Heimatarbeitern der vergangenen Zeit fehlte, war die Einsicht, dass der Mensch unter allen Umständen *Kämpfer* sein muss. Wie die Scheingrößen der Politik sich lieber mit Kuhhandel und Krämerpolitik befassten anstatt der Idee jedes Opfer zu bringen und sich selbst und persönlich dafür einzusetzen, so überließen auch die Heimatarbeiter das Feld des Kampfes anderen. Ich selbst habe mich nie dazu gerechnet. Ich bin lieber aus dem Heimatbund ausgetreten.

Wer Mensch ist, muss Kämpfer sein! – muss Denker sein! echot ein anderer. Aber das ist dasselbe. Wer Denker ist, hatte es bislang immer schwerer als ein anderer. Das wird sich auch nicht von heute auf morgen ändern. Darum müssen wir, alle wir Deutschen, uns auf den Kampf vorbereiten und dafür schulen. –

Heimatkämpfer wollen wir werden, Kämpfer für die deutsche Heimat, für das deutsche Volkstum, d.i. für *deutsche Kultur*.

KAMPFBUND FÜR DEUTSCHE KULTUR

Wenn ich hier, aus tiefster Überzeugung heraus, den *Kampfbund für deutsche Kultur* empfehle, in den wir Heimatmenschen vor allem gehören, so will ich auch sogleich einige Fragen beantworten:

Wogegen kämpfen wir?

Wir kämpfen gegen den *Materialismus*!

„Rechenkünstler" nenne ich die Menschen in meinem Buche „Um die Hohe Bracht" (S. 34) und schreibe: „Diese Rechenkünstler sind deshalb Pessimisten geworden, weil sie sich verrechnet haben." – Wir aber sind bewusste Optimisten und Kämpfer!

Wofür kämpfen wir?

Wenn wir das *näherhin* ausdrücken wollen, muss ich sagen: Wir kämpfen für die *Kunst*! Das Wort Kunst kommt von *Können*. In dieser weiten Bedeutung nehme ich das Wort hier. Wir wollen Tat und Leistung, nicht Titel und Verbindung. Die Leistung hat einen Wertmesser, und der ist das Volkstum. Wer nach diesem Wertmesser eine Leistung vollbringt, den werden wir schützen!

Und was kommt bei dem Kampf heraus?

Eben das, wofür wir kämpfen, die deutsche Kultur, die deutsche Heimat, das deutsche Volkstum.

Meine Ausführungen sind beendet, Im zweiten Teil will ich Ihnen eine Bauernhochzeit vorführen, die nach meinem Buch „Graute Hochteyt" frei gestaltet ist.

T: Wagener-Nachlass 1933.

5.
Beigaben zum Werk „Graute Hochteyt. Das Volksspiel von Bauernliebe und Bauernhochzeit"

(1934)

Vorwort

Liebe deutsche Volksgenossen!

Ihr seid von der Arbeit zu uns gekommen, um eine geruhsame Stunde, einen stillen *Feierabend* mit uns zu verleben. Dicht beieinander (?!) sitzen wir im Saale.

Aber wir sind hier nicht in einem Saale, sondern auf einem *Bauernhof*: zu einer Bauernhochzeit eingeladen, – und da wird es so ganz still nicht zugehen. Ich wünsche Euch allen, dass Ihr einmal recht froh mitfeiern könnt. Eine *Bauernhochzeit* – auch die heutige – wird nicht gut und froh werden, wenn nicht alle Teilnehmer mitsingen und mitspringen. Also der Erfolg des heutigen Abends hängt wesentlich von Euerer *Mitfreude* und von Euerem *Mittun* ab. Und da denke ich, dass Ihr *Kasper*, dem Bräutigam, gern die Freude machen werdet. „Vergesst einmal Euere Sorgen und seid froh!" – Das ist sein Wunsch.

Der *Künder* wird Euch alles bei der Hochzeit erklären, und er wird Euch sagen, wann Ihr mit *singen* und mit *schunkeln* sollt.

Da hinten sitzt ein Knecht zwischen seinem Herrn und dem Bürgermeister! Recht so! Ich bitte Euch darum, *bunte Reihe* zu machen. Auch aus der Stadt sind wir zu der Bauernhochzeit gekommen; nun wollen wir uns frische Landluft um die Ohren wehen lassen, und wir wollen die *Sitten* und *Gebräuche* des Reichsnährstandes kennen lernen: Es liegt ein tiefer Sinn und tiefe Naturverbundenheit und Bodenständigkeit darin. Wir Stadt- und Landleute wollen uns vertragen in dem tieferen Sinn und in der gottgesegneten Notwendigkeit, womit wir aufeinander angewiesen sind.

‚Wir wollen uns von der Stadt viel Schönes schenken lassen, Gute Filme und Musik und das Wort wissender Zeitgenossen. Wir geben der Stadt dafür Himmel und Sonne und Quelle und was nicht alles, – wenn sie zu uns hinauskommt.' (Kayser, Imma sucht Menschen)

Ihr hört nun heute Abend unseren westfälischen Dialekt, die eigentliche *Muttersprache* der Bauern. Ihr werdet es alle verstehen und Euch daran erfreuen.

(Hier kann eine Übersicht über das Spiel gegeben werden!)
Und nun auf zur frohen *Feierstunde*!

Arnsberg, i.W. am 6. Juli 1934
(am Geburtstag unseres *Stammhalters*)
Der Verfasser [Dr. Ferdinand Wagener]

KRITIKEN, AUS DENEN DIE SPIELER LERNEN KÖNNEN

NSDAP Gau Westfalen-Süd
Der Gaufachberater für Volkskunst   Bochum, den 8.6.1934

Am 25.5.1934 sah ich das von Laien aufgeführte Stück „Graute Hochteyt – Westfälische Bauernhochzeit". Sprachlich kann dieses Stück in jedem westfälischen Dialekt aufgeführt werden. Es ist aus der Urwüchsigkeit westfälischen Empfindens heraus geschrieben. Sitten und Gebräuche, die noch leise aus unserer Vorväter Tage zu uns herüberklangen, werden wieder als blutmäßig zu uns gehörend empfunden. Das Stück fordert unaufdringlich die Wiederkehr unserer alten Gebräuche. Die Urwüchsigkeit des Stückes ließ den seelischen Inhalt unseres westfälischen Brauchtums in einer Form Inhalt werden, der dem Zuschauer zum Eigentum wird.

Alte Tänze, alte Spielreigen und alte Lieder vervollständigen den starken Eindruck.

Ich möchte dem Dichter des Stückes, Herrn Dr. Ferdinand Wagener in Arnsberg wünschen, dass sein Stück in jeder bäuerlichen Gemeinschaft aufgeführt wird. Der Städter wird aus diesem Stück die Erkenntnis gewinnen, dass in unserem bäuerlichen Brauchtum ein Stück urältester Kultur wieder lebendig wird.

Heil Hitler!
(gez.) H. Wahle, Gaufachberater.

Dortmunder Zeitung am 23. April 1934:

... Aus seinem Volksstück hat er ein Kulturstück werden lassen ... Es ist in „Siuerländischem" Platt geschrieben, das man aber auch in Dortmund gut versteht, wenn man nur etwas Ahnung von dem plattdeutschen Dialekt hat, und bei einer Hochzeit wird der Sinn der ganzen Sache schon meist von alleine deutlich.

Drüdken ist die Briut, Kasper ist der Bruime. Sie treten zuerst – in einer Art Vorspiel – allein auf und „versprechen" sich, was ohne einen kleinen Zank nicht abgeht, nachdem man sich aber um so lieber hat. Fast alle anderen Szenen sind Massenszenen, bei denen jene fröhliche Geschäftigkeit herrscht, die einer großen Hochzeit das rechte Gepräge gibt. Bei munterem Gesang werden die Kränze gewunden. Hinterher gibt's ein Tänzchen mit einem reizenden Spiel. Die gesamten Vorbereitungen zur Hochzeit werden geschildert, und die alten schönen Bräuche erleben eine fröhliche Auferstehung, sofern sie vergessen waren. Das bunte

Treiben auf der Bühne reißt nicht ab. Die Dialoge sind so, dass – wie es bei der Uraufführung der Fall war – das Publikum gar bald mitten in der Sache ist, und die Stimmung könnte keine bessere sein. Die Nachbarsleute und Verwandten werden geladen und bringen die traditionellen Geschenke, wobei die Sprüche aufgesagt werden, die seit altersher dazu gehörten. Es gibt manche lustige Szene[n], bei denen am Sonnabend ein fröhliches Lachen anhub, und zwar im ganzen Saal. Überhaupt ist das ganze Stück so, dass die Spieler nicht etwa Theater machen, sondern sich natürlich bewegen sollen, als wenn sie eben auf einer Bauernhochzeit wären. Es kommt also sehr viel auf die besondere Eignung der Spieler an. Diese erwies sich bei der Aufführung als die allerbeste. Jeder Spieler, vorallem auch die Mädchen, waren ganz bei der Sache, so dass die Aufführung wirklich zu einem Erfolg und der Abend zu einem schönen Erlebnis wurde. Bei aller Derbheit sind in dem Text keinerlei Ausfälligkeiten enthalten, wie man sie manchmal in ähnlichen Stücken findet. Es ist natürlich und echt geschrieben von Anfang bis zum Ende. Die gebräuchlichsten Hochzeits- und Heimatlieder und ein schönes neues Lied vom Sauerland sind hineinverflochten und besonders dazu angetan, den Kontakt zwischen Spielern und Publikum zu verstärken. ...

Tremonia, am 24. April 1934:

... es ist ein Stück Heimat, Rote Erde, herausgegriffen aus dem wirklichen Leben. Der Verfasser gab westfälischem Brauchtum Gestalt; er formt aus alten Sitten, aus den Liedern und Tänzen alter Zeit und aus der kernigen Mundart dieser schweren, arbeitsfrohen Menschen ein Gebilde, das als wahrster Ausdruck westfälischen Lebens bezeichnet werden kann. Frohes Lachen, Unbekümmertheit und Lebensbejahung trägt und vermittelt die „Graute Hochteyt". ...

Tremonia, am 26. Mai 1934:

... Man war sofort im Bilde, und man ging einfach blendend mit, je mehr sich das Spiel steigerte, bis man dann zuletzt überhaupt mitspielen konnte. „Kraft durch Freude" wird mit dieser Aufführung, für die der Spielleiter Franz Rohner verantwortlich zeichnete, überall Erfolg haben. Der Erfolg bei den Landarbeitern aber war so herzerquickend, wie eine Anteilnahme stärker überhaupt nicht sein kann. ...

Westfälische Landeszeitung, am 2. Juli 1934:

... „Dai graute Hochteyd" von Dr. Ferdinand Wagener in allem ein Bild echt westfälischen Lebens und Humors. ... Die Aufführung selbst ... zeigte Sitten und Gebräuche des deutschen Bauern, wie sie im Sauerland noch heute leben. Im ersten Akt fanden sich die Liebenden auf echt bäurische Art. Wie im ganzen Stück wurde nur die plattdeutsche Mundart gesprochen, die die Wirkung der Einzelszenen sehr hervorhob. Auch die Vorbereitungen zur Hochzeit im zweiten Akt lösten die größte Heiterkeit aus. Zu bemerken ist, dass in keiner Weise der Bauernstand herabgesetzt wurde, sondern die Aufführungen ließen den Zuschauern die Dinge des Lebens in allen Einzelheiten vor Augen führen. Der letzte Akt, die eigentliche Hochzeit, wurde der Höhepunkt des Abends. Neben Kasper, dem Hochzeitsbauern, und seiner Verlobten, Drüdken, waren es vor allen Dingen die Hochzeitsgäste, der Koch und [die] Köchin, die amüsant in den Vordergrund traten. Der Dorfschulmeister wollte ebenfalls nicht fehlen und trat mit einer wohl zurechtgelegten Rede auf den Plan. Die unerlässliche Hochzeitskeilerei nahm weniger ernste Formen an. ... Bauerntänze, leicht und ungeziert, ...

T: Wagener 1934, S. 3-4 und 44-47.

6.
TEXTE ZUR BUCHREIHE
„DAS SAUERLAND"
(1936-1938)

SELBSTVORSTELLUNG (1937)
Dr. Ferdinand Wagener, Meschede

In idyllischer Einsamkeit liegt mein Vaterhaus Steinsiepen, wo ich am 22. April 1902 von einfachen, bodenansässigen Eltern geboren wurde. Diese Heimat, die mir Grundlage, Ziel und Idee allen Schaffens wurde, ist mir durch eine Heimattagung in Meschede des Herbstes 1921 neu erweckt und geschenkt worden. Als ich durch schwere Schicksalsschläge aus dem eingeschlagenen theol. Berufsstudium gerissen wurde, brachte es der fernere Lebensweg von selbst mit sich, daß ich mich mit all meinem Studium, mit meiner Arbeit, mit der ganzen Existenz ausschließlich der Heimatsache verschrieb. „Heimat" all unseren Volksgenossen in unverfälschter, ursprünglicher Gestalt als Lebensfreude und -kraft wiederzugeben, ist für mich nicht nur Idee künstlerischer Gestaltung sondern auch praktischer Organisation.

T: Wagener 1937, S. 147.

VORWORT ZUM
VOLKSBUCH DER SAUERLÄNDISCHEN HEIMAT (1936)

Unter den Fanfarenklängen des ersten Olympiatages, Berlin 1936, schreibe ich den Auftakt zu meinem Heimatwerk. Es soll dem Ausdruck geben, was ich in den Bergen unserer sauerländischen Heimat erfühlte und erforschte.

Dies hier vorliegende Werk ist nicht allein - auch nicht im Aufbau! - eine Geburt meiner Phantasie oder meines Geistes. Es ist aus dem Volke entstanden und durch Volkserzieher immer an mich herangebracht und von mir verlangt worden. So bin ich zum *Dank verpflichtet* vor allem denen, die mir die ersten Anregungen gaben. Zuerst ist es die *Heimatbewegung*, der Sauerländer Heimatbund, in dem ich groß geworden bin. Die *Lehrer* im Sauerland haben viel zur Entwicklung des Werkes beigetragen. Für alle mündlichen und schriftlichen Anregungen, die fast alle zum Wohle unseres sauerländischen Volkes berücksichtigt und verwertet wurden, *herzlichen Dank*!

Der Aufbau des Volksbuches der sauerländischen Heimat soll das geben, was jeder - aber auch jeder einzelne Volksgenosse - von seiner Heimat - dem Sauerland - wissen muß. Er will die Grundlage abgeben, auf der das große Verstehen für alle Heimat- und Volkspflege wachsen soll.

Die Grenzen der Heimat wurden erweitert. Gründe dafür sind nicht nur technische, damit ein Gebiet geschaffen wird, in dem eine Volksliteratur zu Volkspreisen bestehen kann, sondern vor allem auch Gründe der Rasse und der Volksverbundenheit. Obschon geschichtliche Grenzen jahrhundertelang das Sauerland durchzogen und es *in das kurkölnische und märkische trennten*, so wohnen wir doch in einer geschlossenen Gebirgslandschaft, im südwestfälischen Gebirgsdreieck, und *wir sind zusammen Sachsen*, Nachkommen eines alten, heldischen Geschlechtes. Aus diesem Gesichtspunkt heraus werden wir näher zusammenfinden. Die Siegerländer, deren Mundart uns ferner steht, die auch Franken sind, werden sich auch - so hoffe ich - in irgend einer losen Form uns anschließen, da sie ja auch im südwestfälischen Gebirgsdreieck wohnen.

Ich muß noch besonderen Dank abstatten dem Geheimrat Landrat i.R. Dr. *Thomée-Altena*, der sich um das Gewand des Volksbuches besondere Verdienste erworben hat und das neue Wappen mit dem schwarzen Kreuz des kurkölnischen und dem roten Schachbalken des märkischen Sauerlandes entwarf. Allen

Helfern aus der Reihe des *Sauerländischen Gebirgsvereins* meinen besonderen Dank. Meinen Mitarbeitern, den Bearbeitern der einzelnen Bände und vielen Künstlern danke ich für manchen Rat.

Ich bitte auch weiter um allgemeine Mitarbeit. Mit dem Volksbuch der sauerländischen Heimat soll meine Heimatarbeit nicht erschöpft sein. Ich bin dankbar für alle Anregungen wie auch für die Anzeige von Mängeln, die sich in diesem Heimatwerk finden sollten. Es wird dann für eine Verbesserung Sorge getragen. Sagen, Brauchtum, Künstlerschaffen sind, wie alle Heimatelemente, ewig lebende Gebilde, daher einer ständigen Änderung unterworfen.

Eslohe (Sauerland), den 1. August 1936.
Der Herausgeber [Dr. Ferdinand Wagener]

T: Wagener 1938, S. 5-6.

VORWORT ZUM BAND „DIE LANDSCHAFT SAUERLAND" (1936)

Ein Band „Die Landschaft Sauerland" müßte eigentlich ein großes Bilderbuch sein und „Das schöne Sauerland" heißen! Damit würde es aber nicht in diese Buchreihe passen, die praktisch ist und allen Volks- und Heimatfreunden das Grundlegende über die sauerländische Heimat sagen will.

Aus diesem Grunde wurde gerade dieser Band inhaltsreich und vielgestaltig. Er will den Sauerländern das *schöne* Sauerland zeigen, denen, die auf dem Lande, im einsamen Weltwinkel leben, Freude an ihrer Einsamkeit geben. Es will aber auch denen, die in großen Dörfern und kleinen Städten wohnen, Freude spenden: sie sind ja alle noch sozusagen „auf dem Lande". Den Volksgenossen der Großstädte wird das Sauerland Freude, frische Luft und Erholung verschaffen. Alle, die im Sauerland wohnen oder sich dort längere Zeit aufhalten, sollen sich stolz als Deutsche und froh zum Sauerland bekennen!

Es kommt immer wieder zum Ausdruck: „Wandere in Deiner Heimat!" Dieses ist das große Programm des *Sauerländischen Gebirgsvereins*. So ist es nicht Zufall, daß gerade in diesem Band meine Zusammenarbeit mit dem SGV besonders zum Ausdruck kommt. Ich bin dem SGV, insbesondere seinem Hauptgeschäftsführer Julius *Schult*, für freundliches Interesse und für seine Mitarbeit herzlich dankbar. Die Druckstöcke vieler Bilder stellte er bereitwillig zur Verfügung.

In diesem Band ist nichts nur Theorie, nichts nur Phantasie. Sprecher der Heimat ist Franz Predeek! Fachleute wie J. *Schult* schreiben über den Sinn des Wanderns, oder wie F. Menne über „Der Kleinstadt Romantik und Glück". Manches Schöne und Praktische kommt von Adolf *Kraemer*, von Eduard *Brosch*, von Hugo *Cramer*.

Wir wollen das Sauerland tätig lieben, es wandernd kennen lernen und dabei das Geleitwort mit auf den Weg nehmen, daß Regierungsvizepräsident Karl Eugen *Dellenbusch*[3], der Führer des SGV, an die Wanderfreunde (im Sauerländischen Gebirgsboten 1936, S. 1) richtet:

So laßt uns mit diesem Willen gehen: „Rechter deutscher Wanderer, Schützer und Pfleger der heimischen Landschaft. Wächter und Hüter unseres Volkstums und Mitschaffer an der einen großen Aufgabe zu sein: *ein Volk zu werden!*"

Eslohe (Sauerland), den 15. September 1936.
Der Herausgeber [Ferdinand Wagener].

T: Predeek 1936, S. 5-6.

---

[3] [Vgl. zu Dellenbusch: Cronau 2009 (leider werden in dieser Arbeit die expliziten nationalsozialistischen Bekenntnisse des ‚SGV-Führers' nur vergleichsweise knapp zitiert). Vermutlich war Dellenbusch Mitabiturient Wageners, denn in den Anmerkungen zu einem schulischen Gedicht schreibt dieser: „Ritchen war deutschnational und schrieb einen offenen Brief an den derzeitigen Kulturminister Hänisch, der daraufhin dem Gymnasium einen Besuch abstattete. ... Dellenbusch war der Gegenspieler von Ritchen, ein eifriger Vertreter der demokratischen Freiheiten." (Wagener 1943d, S. 97)]

VORWORT ZUM BAND „KÜNSTLERSCHAFFEN IM SAUERLANDE"
(1937)

Dieses Buch soll keine *Literaturgeschichte* und auch nicht der Kuns*tkritik* gewidmet sein! Es ist kein „Schatzkästlein", das nur das Beste enthält, das Formvollendete, die jungen Kräfte und Kämpfer dagegen nicht sieht.

Wir wollen bei unseren Reisen zu den Künstlern nicht auf der breiten Straße der überall bekannten und anerkannten Kräfte bleiben, sondern kleine und noch wenig betretene Pfade beschreiten. Ein Besuchen soll das ganze Buch sein bei allen lebenden Künstlern, deren Adressen wir auffinden konnten, mögen sie in Palast oder Hütte, auf dem Lande oder in der Stadt wohnen, ob sie als geborene Sauerländer hier oder in der Fremde weilen oder als Eingewanderte im Sauerland eine zweite Heimat gefunden haben.

Und wenn wir sie besuchen, wollen wir als offene Menschen bei ihnen eintreten, nicht mit blasiertem oder kühlem Verstandesdünkel. Wir unterhalten uns mit unseren Künstlern, und wie es der Anstand verlangt, erkundigen wir uns nach ihrem Leben und nach ihren Arbeiten. Wenn wir so bei ihnen eintreten, werden wir freundlich empfangen, es kommt zu einem Meinungsaustausch, und auch die Künstler tauen auf aus der Kälte, die manche Verkennung der Vergangenheit einsam gemacht hat. Wir erkennen: *Künstler und Volk gehören zusammen*: nicht als Geschäftsleute sind sie aufeinander angewiesen[,] sondern als Glieder ein und derselben Familie. Innerlich bereichert kehren wir froh nach Hause.

Und die meisten Künstler haben uns ein Andenken mitgegeben, das wir auf den folgenden Blättern finden. Skizzen sind es, Blätter mitten aus der Arbeit, bei der wir sie besuchten. Und diese sind uns lieber als fertige große Kunst, für die kein Raum genug im Rahmen dieses Buches ist. Wir wollen aber auch in dem Buche nicht den Künstler erschöpfend wiedergeben. Es soll nicht viel über die Künstler gesagt werden; sie sollen selbst das Wort haben. Vor allem sollen auch die Bilder nicht durch literarische Ergüsse erklärt werden; auch diese müssen für sich selbst sprechen.

Dieses Buch Künstlerschaffen ist im Rahmen der Buchreihe „Volksbuch der sauerländischen Heimat" entstanden. Es mußte als Volksbuch geschrieben werden; damit entsprechen wir aber auch dem Künstler, der ja dem Volke mit seinem ganzen Sein verhaftet und mit seinem ganzen Streben verpflichtet ist.

Wie es wiederum statthaft ist: Wenn wir wieder zu Hause angekommen sind, bedanken wir uns bei den Künstlern, daß sie uns aufnahmen und zu Mitarbeitern geworden sind, für ihre Aufnahme und Mitarbeit.

Allen Lesern dieses Buches aber empfehlen wir, im Geiste die Kunstreise mitzumachen und nie und nimmer unsere Künstler zu vergessen:
Künstler schaffen im Sauerland!

Eslohe (Sauerland), Pfingsten 1937.
Dr. Ferdinand Wagener.

T: Wagener 1937, S. 5-6.

VORWORT ZUM BAND „GESCHICHTE DES SAUERLANDES" (1938)

Diese Heimatgeschichte soll Geschichte unserer Heimat sein, sich aber nicht auf die kleinen Grenzen des Sauerlandes beschränken. Für uns gibt es nur eine Heimat, das ist die *deutsche Heimat!* In ihr liegt unsere enge Heimat unlöslich beschlossen. Diese Richtlinien müssen in der folgenden Darstellung und Beurteilung der geschichtlichen Ereignisse und Verhältnisse vor allem da gewahrt werden, wo in Zeiten politischen Tiefstandes der Blick für das große Vaterland verloren ging. *Es kann der Heimat nichts dienen, was dem Vaterlande schadet!*

Die Gesamtgeschichte im I. Teil (bis Herzog Heinrich den Löwen) – die also alle Probleme berücksichtigen muß – ist in erster

Linie deutsche Geschichte; dann überwiegt (nach Zerstückelung des großen Sachsenreiches) das Geschehen in unserem kleinen, bergischen Lande, aber auch da mit der richtungsgebenden Frage: *Wie haben die Sauerländer dem Vaterlande gedient?*

Die Methode dieser Darstellung vermeidet die Anekdote! Eine Volksgeschichte – im Rahmen des Volksbuches der sauerländischen Heimat – muß an sich so packend sein, daß sie jeden Volksgenossen interessiert! Sonst aber sind nicht Jahreszahlen die Hauptsache, sondern die zusammenhängende Erklärung der Tatsachen aus den Charakteren der Führer und aus der Rasse des Volkes, das früher einmal von heimatlicher Erde geformt ist.

Rechts-, Kultur- und Wirtschaftsgeschichte konnten in diesem Band nicht berücksichtigt werden. Kulturgeschichte befindet sich in Band II (Sagen) und Band III (Brauchtum) dieser Sammlung. Die Arbeiten für einen Wirtschaftsband haben begonnen. Der Band wird voraussichtlich im nächsten Jahre als Sonderband erscheinen.

Meschede, Ostern 1938.
Dr. Ferdinand Wagener.

Germanische Vorgeschichte

Die Art unserer früheren Geschichtsforschung und Geschichtsschreibung war vor allem auf schriftlichen Quellen und Ereignissen aufgebaut. Seit etwa 100 Jahren beginnt die Wissenschaft der Fund- und Spatenforschung, (die zuerst in den nördlichen Ländern um Skandinavien aufkam). Die Zufalls- und Bewahrfunde, die hier gemacht sind, gelten uns als Deutschen heute mehr als jene geschriebenen Quellen, in denen südländische Rassen unsere Vorfahren von ihrem Gesichtspunkt aus schildern.

T: Wagener 1938, S. 7-9.

7.
Geleitwort zum Verlagsprogramm „Bücher deutscher Heimat" (1940)

Sehr geehrter Heimatfreund! Aus der Schule der alten Heimatbewegung hervorgegangen – habe ich in 20jährigem Heimatstudium und in *10jähriger* praktischer Heimatarbeit etwas geschaffen, an dem auch Sie nicht interesselos vorbeigehen wollen. Heimat ist *Ruhe und Frieden*, aber wir müssen erst in tapferem Kampf uns diese Heimat wieder erringen, die uns durch jahrzehntelange Mißwirtschaft verloren gegangen war.

Bücher der deutschen Heimat sind praktische Volksbücher: sie gehören in jedes Haus und werden uns den Weg zum deutschen Wesen zeigen.

Auf den folgenden Blättern finden Sie eine Anzahl von Büchern, die zumeist im südlichen Westfalen beheimatet sind. *Bücher sind gute Freunde!* Wählen Sie aus und suchen Sie einen Freund!

Bücher sind gute Geschenke! Bücher aus unserer engeren Heimat werden wir nicht nur *einmal* lesen. Die Landschaft selbst wird uns immer wieder an sie erinnern. Daher ist ein Buch aus unserer Heimat ein doppeltes und vielfaches Geschenk.

Behandeln Sie bitte den *vorliegenden Katalog* in dieser Zeit sorglich. Sollten Sie gewählt haben und kein Interesse mehr daran haben, so geben Sie ihn bitte einem Ihrer Bekannten weiter, der vielleicht recht dankbar dafür ist.

Mit deutschem Heimatgruß
Heil Hitler!
(Unterschrift: Dr. Wagener)

T: Verlagsprogramm 1940 (erste Umschlagseite innen).

8.
BEITRÄGE ZUM BIOGRAPHISCHEN BAND DER WERKE VON JOST HENNECKE (1942)

VORWORT

Jost Hennecke lernte ich kennen, als ich 1921 die Heimatbewegung in Meschede in Fluß brachte. Oft stand ich wartend am Wege und brachte Jost, zu dem ich mit großer Verehrung aufblickte, von seiner Arbeit eine Strecke weit auf seinem Heimwege. Wir sprachen immer über Heimatarbeit, und der Weg wurde uns fast immer zu kurz, so daß wir vor dem Abschied immer noch lange zusammen standen.

Für unsere Ortsgruppe [*der V.s.S. / Vereinigung studierender Sauerländer*] in Meschede schrieb er mir ein Gründungsgedicht, das ich kürzlich in der ersten Protokollmappe wiederfand. Am 9. Dezember 1921 lud ich ihn zu einer Versammlung des kleinen Kreises unserer Heimatarbeiter ein. Jost Hennecke bereitete uns einen anregenden und genußreichen Abend, – und ich konnte notieren:

Jost Hennecke hat Begeisterung hervorgerufen. Er versteht es, „in Meschede noch Wind zu machen".

Unsere Freundschaft blieb über die Studienzeit hinaus bestehen. Immer wieder besuchten wir uns und gaben uns gegenseitig Anregungen. Schon lange war es als Verleger meine Absicht, seine Werke herauszubringen und ihn bekannt zu machen. Da riß ihn – an meinem Geburtstag 1940 – der Tod von meiner Seite. Aber unsere Freundschaft wird auch den Tod überdauern. An

seinem Grabe – am Beerdigungstage – gab ich ihm und mir das Versprechen:
Jost Hennecke, dein Todestag soll auch dein Geburtstag werden!

Dr. Ferd. Wagener

T: Wagener 1942, S. 5.

DER ARBEITER UND DICHTER

Spruch.
Dem Herrgott hörig,
Der Gemeinschaft pflichtig,
Und seinem Volke blutsverbunden,
So steht der deutsche Mann im Raum.
Dabei wird Land und Volk gesunden.

Dieser Spruch von unserem Heimatdichter befand sich unter seinen nachgelassenen Schriften in einem Tagebuch unter anderen Entwürfen, Gedichten und Skizzen. Die „Westfälische Landeszeitung" brachte ihn kurz nach dem Tode des Dichters als Nachruf zuerst an die Öffentlichkeit. Daß ihm Jost Hennecke selbst eine größere Bedeutung in seinem Schaffen beimaß, geht daraus hervor, daß er ihn in einer Unterredung kurz vor seinem Tode als das Motto seines Lebens aussprach.

Und so wollen auch wir ihn, die wir das Erbe von Jost Hennecke zu verwalten haben, auch seinem ganzen Werke voranstellen und glauben, damit dem Geist und dem hohen Gedankenflug unseres Meisters, der im schlichten Gewand des Arbeiters still und bescheiden – und oft unerkannt – in unserer Mitte durch das Leben schritt, gerecht zu werden.

T: Wagener 1942, S. 11-12.

QUELLEN – LITERATUR
(mit Abkürzungen)

Um insbesondere die Editionsgeschichte von Büchern aus Ferdinand Wageners Heimatverlag leicht nachvollziehbar zu machen, haben wir uns für die Form einer behutsam *kommentierten* Bibliographie entschieden. Entsprechende Zusätze stehen nachfolgend in eckigen Klammern. – Bei allen Quellen, die auch im Internet abgerufen werden können, ist der vorangestellte Kurztitel mit einem Sternchen* versehen. pb; wdg

ANNONCE 1932* = Einige Gedanken zum Neuen Buchhandel. (= Annonce zu Wageners Sauerlandsbuchhandel). In: De Suerlänner. Heimatkalender kurkölnisches Sauerland, für 1932. [http://www.sauerlaender-heimatbund.de/De_Suerlaender_Heimatkalender_1932.pdf]

BAHNE 1941 = Bahne, Adolf: Im Wald und auf der Heide ... Erinnerungen aus meinem 60jährigen Jägerleben. (= Hali-Halo! Grüne Brüche und dürr Laub. Das neue Jagd- und Heimatwerk. Band 1). Meschede: Heimatverlag Dr. Wagener [1941]. [Vgl. dazu: →Bürger 2013, S. 509-512.]

BAHNE 1942a = Bahne, Adolf: Unser „Hänschen" – und andere Tiere. (= Hali-Halo! Grüne Brüche und dürr Laub. Das neue Jagd- und Heimatwerk. Band 2). Meschede: Heimatverlag Dr. Wagener [1942].

BAHNE 1942b = Bahne, Adolf: Gar lustig ist die Jägerei ... (= Hali-Halo! Grüne Brüche und dürr Laub. Das neue Jagd- und Heimatwerk. Band 3). Meschede: Heimatverlag Dr. Wagener [1942].

BAULMANN 2008 = Baulmann, Klaus (Hg.): Annalen der Kapuziner von Kloster Brunnen 1705-1796. Lateinischer Text, deutsche Übersetzung und Anmerkungen. Paderborn: Bonifatius-Verlag 2008.

BIESENBACH 1931 = Biesenbach, Heinrich [1863-1926]: Der Letzte von Kloster Brunnen. Eine Erzählung aus den Sauerländer Bergen. Meschede: Heimatverlag Dr. Wagener 1931. [79S.; kartoniert] [Neuabdruck in: → Padberg 1985, S. 44-68.]

BÖCKENFÖRDE 1988 = Böckenförde, Ernst-Wolfgang: Der deutsche Katholizismus im Jahre 1933. Kirche und demokratisches Ethos. Mit einem historiographischen Rückblick von Karl-Egon Lönne. (= Schriften zu Staat – Gesellschaft – Kirche Band 1). Freiburg, Basel, Wien: Herder 1988.

BÜRGER 2006 = Bürger, Peter: Aanewenge. Plattdeutsches Leutegut und Leuteleben im Sauerland. Eslohe: Museum 2006. [Verlag: www.museum-eslohe.de]

BÜRGER 2007 = Bürger, Peter: Strunzerdal. Die sauerländische Mundartliteratur des 19. Jahrhunderts und ihre Klassiker Friedrich Wilhelm Grimme und Joseph Pape. Eslohe 2007. [Verlag: www.museum-eslohe.de]

BÜRGER 2010 = Bürger, Peter: Im reypen Koren. Ein Nachschlagewerk zu Mundartautoren, Sprachzeugnissen und plattdeutschen Unternehmungen im Sauerland und in angrenzenden Gebieten. Eslohe: Museum 2010. [S. 706-711: Einträge zu Rektor F. Wagener und seinen Neffen Verleger F. Wagener]

BÜRGER 2012 = Bürger, Peter: Liäwensläup. Fortschreibung der sauerländischen Mundartliteraturgeschichte bis zum Ende des ersten Weltkrieges. Eslohe 2012. [Verlag: www.museum-eslohe.de]

BÜRGER 2013 = Bürger, Peter: Fang dir ein Lied an! Selbsterfinder, Lebenskünstler und Minderheiten im Sauerland. Eslohe: Museum 2013. [Verlag: www.museum-eslohe.de]

BÜRGER 2015 = Bürger, Peter: „... wonach die Mundart grundsätzlich auszumerzen war". Eine Problemanzeige zu Forschungen über ‚Niederdeutsch im Nationalsozialismus'. In: Langhanke, Robert (Hg.): Sprache, Literatur, Raum. Festgabe für Willy Diercks. Bielefeld: Verlag für Regionalgeschichte 2015, S. 651-686.

BÜRGER 2016a = Bürger, Peter: Friedenslandschaft Sauerland. Antimilitarismus und Pazifismus in einer katholischen Region. Ein Überblick – Geschichte und Geschichten. Norderstedt: BoD 2016.

BÜRGER 2016b = Bürger, Peter (Hg.): Sauerländische Friedensboten. (= Friedensarbeiter, Antifaschisten und Märtyrer des kurkölnischen Sauerlandes: Erster Band). Norderstedt: BoD 2016. [S. 21-26: Beitrag von W. Neuhaus über Rektor Ferdinand Wagener]

CKA = Christine Koch-Mundartarchiv am DampfLandLeute-Museum Eslohe [Internetseite: www.sauerlandmundart.de].

CRAMER 1957 = Cramer, Hugo [1892-1961]: Ritt auf der wilden Sau. Fahrten und Schicksale eines Eulenspiegels. Niedersfeld: Selbstverlag [1957]. [Herstellung Josefs-Druckerei, Bigge o.J.; gewidmet „dem Verleger Dr. Ferdinand Wagener, dem verdienten Freund und Beschützer des Sauerlandes, dem Betreuer seiner schlichten, ländlichen Menschen und dem Förderer des Heimatgedankens".] [Zu Cramers Buch: →Bürger 2013, S. 143-160.]

CRONAU 2009 = Cronau, Günter: Karl Eugen Dellenbusch (1901-1959), „Führer" des Sauerländischen Gebirgsvereins vor und SGV-Hauptvorsitzender nach 1935. In: SüdWestfalenArchiv 9. Jg. (2009), S. 256-297.

DAS SAUERLAND Bd. I-V = Das Sauerland. Das Volksbuch der sauerländischen Heimat. Fünf Bände. Herausgegeben von Dr. Ferdinand Wagener. Meschede: Heimatverlag Dr. Wagener 1936-1938. [Einzelbände: →Wagener 1938; Kühn 1936; Schauerte 1937; Predeek 1936; Wagener 1937.]

DAUNLOTS* = daunlots. internetbeiträge des christine-koch-mundartarchivs am maschinen und heimatmuseum eslohe. nr. 1 ff. Eslohe 2010ff. www.sauerlandmundart.de

DAUNLOTS NR. 50* = Bürger, Peter: Plattdeutsche Kriegsdichtung aus Westfalen 1914-1918. Karl Prümer – Hermann Wette – Karl Wagenfeld – Augustin Wibbelt. (= daunlots. internetbeiträge des christine-koch-mundartarchivs am maschinen- und heimatmuseum eslohe. nr. 50). Eslohe 2012. www.sauerlandmundart.de

DAUNLOTS NR. 60* = Bürger, Peter: Der völkische Flügel der sauerländischen Heimatbewegung. Über Josefa Berens-Totenohl, Georg Nellius, Lorenz Pieper und Maria Kahle – zugleich ein Beitrag zur Straßennamen-Debatte. (= daunlots. internetbeiträge des christine-koch-mundartarchivs am museum eslohe. nr. 60). Eslohe 2013. www. sauerlandmundart.de

DAUNLOTS NR. 61* = Bürger, Peter (Bearb.): Josef Rüther (1881-1972) aus Olsberg-Assinghausen. Linkskatholik, Heimatbund-Aktivist, Mundartautor und NS-Verfolgter. (= daunlots. internetbeiträge des christine-koch-mundartarchivs am museum eslohe. nr. 61). Eslohe 2013. www.sauerlandmundart.de

DAUNLOTS NR. 69* = Georg Nellius (1891-1952). Völkisches und nationalsozialistisches Kulturschaffen, antisemitische Musikpolitik, Entnazifizierung. – Darstellung und Dokumentation im Rahmen der aktuellen Straßennamendebatte. Vorgelegt von P. Bürger u. W. Neuhaus in Zusammenarbeit mit M. Gosmann / Stadtarchiv Arnsberg. (= daunlots. internetbeiträge des christine-koch-mundartarchivs am museum eslohe. nr. 69). Eslohe 2014. www. sauerlandmundart.de

DAUNLOTS NR. 70* = Josefa Berens-Totenohl (1891-1969), nationalsozialistische Erfolgsautorin aus dem Sauerland. – Forschungsbeiträge von Peter Bürger, Reinhard Kiefer, Monika Löcken, Ortrun Niethammer, Ulrich Friedrich Opfermann und Friedrich Schroeder. Herausgegeben vom Christine Koch-Mundartarchiv in Zusammenarbeit mit dem Kreisheimatbund Olpe. (= daunlots. internetbeiträge des christine-koch-mundartarchivs am museum eslohe. nr. 70). Eslohe 2014. www.sauerlandmundart.de

DAUNLOTS NR. 72* = Bürger, Peter (Bearb.): Dai van der Stroten – Menschen des Straßenlebens in der Mundartlyrik Christine Kochs und in der Geschichte des Sauerlandes. (= daunlots. internetbeiträge des christine-koch-mundartarchivs am museum eslohe. nr. 72). Eslohe 2014. www.sauerlandmundart.de

DITT 2016a = Ditt, Karl: Volkstum und Heimat. Wilhelm Schulte in der westfälischen Heimatbewegung und Landesgeschichte. In: Westfälische Forschungen 66 (2016), S. 217-318.

DITT 2016b = Ditt, Karl: Zwischen Heimat und Moderne. Kultur in Westfalen während der Weimarer Republik. In: Geschichte in Westfalen (GiW) 16 (2016), S. 101-126.

DOPP 1932 = Dopp, Joseph: Ouvrages récents d'histoire de la philosophie moderne. In: Revue néo-scolastique de philosophie 1932, S.

516f. [= Rezension zu F. Wageners Dissertation „Die romantische und die dialektische Ironie"]

GRIMME o.J. = Grimme, Friedrich Wilhelm: Der Stationenberg. Eine Erzählung aus dem Sauerlande. Mit einer Geschichte des Bödefelder Kreuzberges von Franz Hoffmeister. [Stempeleindruck: „Heimatverlag Dr. Wagener Meschede":] ohne Jahresangabe. [Exemplar im Archiv Wolf-Dieter Grün; vermutlich Übernahme einer Restauflage aus der Josefs-Druckerei Bigge durch Eindruck mit Verlagsstempel.]

GRIMME-WERKE 1939/1941 = Grimme, Friedrich Wilhelm: Werke. Band 1-3. Mit Federzeichnungen von Heinrich Buse. Meschede: Heimatverlag Dr. Wagener 1939/41. [Feste Einbände und Schutzumschläge: Bd. 1. Sprickeln un Spöne. Schwänke und Gedichte (1939, Umfang 238S.); Bd. 2. Grain Tuig. Schwänke und Gedichte (1939, Umfang 240S.); Bd. 3. Diusend Plasäier. Volksspiele (1941, Umfang 248S.)] [Drei weitere hochdeutsche Bände in der Gesamtübersicht angekündigt, jedoch nie erschienen.]

GRÜN 2017 = Grün, Wolf-Dieter: Ferdinand Wagener – ein regional bedeutsamer Autor und Verleger. In: SüdWestfalenArchiv 16/2016 [2017]. [Erscheint in der ersten Jahreshälfte 2017.]

HEIMATKALENDER 1971* = Das Westfälische Literaturarchiv in Hagen ... (o.T.). In: Sauerländer Heimatkalender: Hinkende Bote / De Suerlänner für 1971, S. 111. [Kurzer Archivhinweis zu Ferdinand Wagener] [http://www.sauerlaender-heimatbund.de/De_Suerlaender_Heimatkalender_1971.pdf]

HEIMWACHT 1930* = Rezension zu „Graute Hochteyt von Ferdinand Wagener". In: Heimwacht Nr. 8/1930, S. 258. [http://www.sauerlaender-heimatbund.de/Heimwacht_1930_8.pdf]

HENKE 2017 = Joseph Anton Henke (1892-1917), Finnentrop-Frettermühle: Gesammelte hoch- und plattdeutsche Werke. Hg. von Peter Bürger. Norderstedt: BoD 2017.

HENNECKE 1925 = Hennecke, Jost: Versunkene Glocken. Balladen und Sagen. Bigge: Sauerländer Heimatverlag der Josefsdruckerei 1925. [Vollständiger Neudruck in: →Mundart-Anthologie IV]

HENNECKE 1942 = Hennecke, Jost: Balladen und Sagen. Mit Holzschnitten von Vinzenz Pieper. Meschede: Heimatverlag Dr. Wagener

[1942]. [119S.; fester Leineneinband] [Übernommene und mit neuem Haupttitel versehene Ausgabe des Buches: →Hennecke 1925.]

HENNECKE-WERKE 1941/1942 I-IV = Hennecke, Jost [1973-1940]: Werkausgabe in 4 Bänden. Meschede: Heimatverlag Dr. Wagener [1941-1942]. [Fester Einband: 1. Mescheder Wind. Schnurren und Erzählungen aus Meschede (174S.); 2. Galläpfel. Satiren und Glossen (174S.); 3. Wille Diuwen. Gesammelte Schnurren (176S.); 4. Arbeiter und Dichter. Aus dem Leben und Schaffen Jost Henneckes (168S.)] [Reprint von Bd. 3 durch den Heimatbund der Stadt Meschede, 1989]

HOERES 2014 = Hoeres, Peter: Die Kultur von Weimar. Durchbruch der Moderne. Lizenzausgabe für die Bundeszentrale für politische Bildung. Bonn 2014.

HUß 2001 = Huß, Franz-Josef: Verdienstvoller Heimatforscher und Verleger Ferdinand Wagener vor 100 Jahren geboren. In: An Bigge, Lenne und Fretter. Heimatkundliche Beiträge aus der Gemeinde Finnentrop Nr. 14/Dez. 2001, S. 112-114.

KATHOL 1938 = Kathol, Wilhelm: „Baßmes" Hof. Sauerländisches Bauernleben vor hundert Jahren. Von Wilhelm Kathol (Baßmes Willem). Mit Schnitten von Hubert Tönne. Meschede: Heimatverlag Dr. Wagener 1938. [167S.; Rezension in: Heimatblätter Olpe 16. Jg. (1939), S. 101.] [Neuauflage: →Kathol/Padberg 1979.]

KATHOL/PADBERG 1979 = Kathol, Wilhelm: „Bassmes" Hof. Sauerländisches Dorfleben im 19. Jahrhundert. Hrsg. v. Magdalena Padberg. Fredeburg: Grobbel 1979. [168S.] [Jüngste Neuauflage 2015 im Woll-Selbstverlag, Schmallenberg-Kückelheim.]

KNEPPER-BABILON /KAISER-LÖFFLER 2003 = Knepper-Babilon, Ottilie/Kaiser-Löffler, Hanneli: Widerstand gegen Nationalsozialisten im Sauerland. Hg. Hochsauerlandkreis. Brilon: Podzun 2003. [Zu Ferdinand Wagener: S. 30f und 44.]

KNIEB 2003 = Christine-Koch-Gesellschaft e.V. (Hg.): Sauerländisches Literaturarchiv. Dokumentation 1993-2003. Bearbeitet von Hans-Josef Knieb. Schmallenberg: Selbstverlag 2003. [S. 63: Kurzeintrag zu Ferdinand Wagener]

KOCH 1950 = Koch, Franz-Joseph: Das bunte Vogelstimmen-ABC. Mit farbigen Bildern von Emilie Koch-Klingenburg. Düsseldorf: L.

599

Schwann 1950. [Ursprünglich vorgesehen zur Veröffentlichung im Heimatverlag Dr. Wagener: →Verlagsprogramm 1940.]

KÜHN 1936 = Kühn, Fritz (Bearb.): Sagen des Sauerlandes. 1. Sagen der Geschichte; 2. Sagen aus Land und Volk. (= Das Sauerland Bd. 2). Meschede: Heimatverlag Dr. Wagener 1936, 1938. [240S.; fester Einband]

KÜHN 1937 = Kühn, Fritz [1883-1968]: Der Wunschsessel. Neue deutsche Märchen. Mit 4 ganzseitigen Bildern von Lore Friedrich-Gronau. Meschede: Heimatverlag Dr. Wagener 1937. [81S.; erste Auflage Leipzig: Verlag Wilhelm Hartung 1935.]

KÜHN 1939 = Kühn, Fritz: Niemand hat größere Liebe. Bilder von Walther Renzing. Meschede: Heimatverlag Dr. Wagener 1939. [63S.; fester Einband.]

KURIER 1992 = Vor 90 Jahren geboren: Autor und Verleger Ferdinand Wagener. In: Lenne-Hundem-Kurier, 24.4.1992.

LAHME 1935 = Lahme, Georg: Der heilige Sünder. Roman. Meschede: Heimatverlag Dr. Wagener [1935]. [283; fester Einband; W.-D. Grün: „Im Verlagsprospekt von 1940 heißt es in einer der beiden dort abgedruckten Besprechungen des Buches: ‚... womit sich klar und deutlich die Linie der rassischen Gegebenheiten durch die Geschlechterfolge hindurch abzeichnet.' [...] Vielleicht sagt es mehr über den Autor aus, wenn man bei der Deutschen Nationalbibliothek unter seinem Namen noch einen weiteren Roman findet: Aufbruch zu Hitler. Dortmund: Tino Fuchs 1933."]

LINGEMANN 1939 = Lingemann, Paul [1902-1944]: Ringendes, rufendes Volk. Kulturgeschichtlicher Roman aus dem 17. Jahrhundert. Nach alten Dokumenten bearbeitet. Meschede: Heimatverlag Dr. Wagener 1939. [221S.; fester Einband; das Buch thematisiert die Hexenverfolgung um 1630; spielt in Holthausen bei Schmallenberg.] [Rezension in: Heimatblätter Olpe 17. Jg. (1940), S. 102.]

LINGEMANN 1941 = Lingemann, Paul: Pariser Tagebuch 1940. Bilder aus meinem Kriegsaufenthalt in der Weltstadt Paris. Meschede: Heimatverlag Dr. Wagener 1941. [168S.; mit 24 Photos, Tafeln und 2 Zeichnungen von W. Funk.] [W.-D. Grün: „Der Autor beschreibt, wohl im Überschwang des Sieges über Frankreich, als Angehöriger der Besatzung etwas zu sehr das ‚süße Leben' in Paris, was wohl an höherer Stelle sehr missfiel. Das Buch wurde verboten und er strafversetzt an die Ostfront, wo er 1944 fiel"; Quellen: http://ver brannte-und-verbannte.de/person/2473 ; http://verbrannte-und-verbannte.de/publication/3909 ; http://d-nb.info/gnd/126477701]

MUNDART-ANTHOLOGIE III = Sauerländische Mundart-Anthologie. Dritter Band: Plattdeutsche Prosa 1890 - 1918. Bearbeitet von Peter Bürger. Norderstedt: BoD 2016.

MUNDART-ANTHOLOGIE IV = Sauerländische Mundart-Anthologie. Vierter Band: Lyrikbände der Weimarer Zeit. Bearbeitet von Peter Bürger. Norderstedt: BoD 2016.

MUNDART-ANTHOLOGIE V = Sauerländische Mundart-Anthologie. Fünfter Band: Verstreute und nachgelassene Gedichte 1919-1933. Bearbeitet von Peter Bürger. Norderstedt: BoD 2016. [S. 122-137: Nachgelassene Gedichte von Ferdinand J. Wagener.]

NEUHAUS 2009 = Neuhaus, Werner: Heimat, Volk, Sitte. Zum Selbstverständnis des Sauerländer Heimatbundes in der Weimarer Republik. In: Sauerland Nr. 2/2009, S. 90-95.

NEUHAUS 2017 = Neuhaus, Werner: Die ‚Notizen' des Gefangenenseelsorgers Ferdinand Wagener [1871-1931] als kulturgeschichtliche Quelle für die Geschichte des Gefangenenlagers und der Stadt Meschede 1914-1919. In: SüdWestfalenArchiv 16/2016 [2017]. [Erscheint in der ersten Jahreshälfte 2017.]

PADBERG 1954 = Padberg, Magdalena [M.P.]: Das sauerländische Porträt. Dr. Ferdinand Wagener. In: Unser Sauerland / WP-Heimatbeilage Nr. 6/1954, S. 48.

PADBERG 1983 = Padberg, Magdalena: Glocken im Sauerland. Finnentrop 1983. [Auf S. 56-57 die Mundartprosa „Schichtern" aus: →Wagener 1929b, S. 116-119; →Wagener/Padberg 1979, S. 120-123.]

PADBERG 1985 = Padberg, Magdalena: Drei Könige kamen ins Sauerland. Brilon: Weyers Druck + Verlag 1985. [Enthält einen Neuabdruck von: → Biesenbach 1931.]

PADBERG 1989 = Padberg, Magdalene: Finnentrop, eine Gemeinde im Sauerland. Finnentrop 1989. [Auf S. 44f. ein Auszug aus dem Werk „Graute Hochteyt" von F. Wagener]

PFANNSCHMIDT 1940 = Pfannschmidt, Ewald [1902-1984]: Der singende Bauer. Roman. Meschede: Heimatverlag Dr. Wagener [1940] [214S.; fester Einband] [W.-D. Grün: „Es ist das Erstlingswerk des Autors, überzeugt haben den Verleger wohl weniger die literarische Qualität, als die Botschaft: Städter können durch den Tourismus Heimat auf dem Land erleben. [...] Der Band ist von der Qualität her für den Verlag eher untypisch schlecht ausgestattet, es fehlt sogar das Verlagssignet auf dem Titelblatt."]

PILKMANN-POHL 1988* = Pilkmann-Pohl, Reinhard (Bearb.): Plattdeutsches Wörterbuch des kurkölnischen Sauerlandes. Herausgegeben vom Sauerländer Heimatbund e.V. Arnsberg 1988. [Digitalisiert auch im Internet: http://www.sauerlaender-heimatbund.de/html/mundartenarchiv-pdf.html]

PREDEEK 1936 = Predeek, Franz: Die Landschaft. 1. Sauerland, mein Wanderland; 2. Landschafts- und Kleinstadtbilder. (= Das Sauerland Bd. 4). Meschede: Heimatverlag Dr. Wagener 1936. [240S.; fester Einband; 2. Auflage 1938]

ROST 1990 = Rost, Dietmar: Sauerländer Schriftsteller des kurkölnischen Sauerlandes im 19. und 20. Jahrhundert. Hg. Schieferbergbaumuseum Schmallenberg-Holthausen. Fredeburg: Grobbel 1990. [S. 212-213 zu F. Wagener]

RÜTHER 1928* = Rüther, Josef: Wagner, Kloster Brunnen in Geschichte und Erzählung [Rezension]. In: Heimwacht Nr. 8/1928, S. 255. [http://www.sauerlaender-heimatbund.de/Heimwacht_1928.pdf]

SAUERLÄNDER HEIMATBUND 1931 = Sauerländer Heimatbund (Hg.): Joseph Pape. Ein deutscher Dichter aus dem Sauerlande. Zu seinem 100. Geburtstag (4. April 1931). Antfeld: Verlag des Sauerländer Heimatbundes 1931. [Zugleich als Heft 3 der „Heimwacht" 13. Jg. / Juni 1931].

SCHAUERTE 1931 = Schauerte, Heinrich: Auf heimatlichen Fluren. 2. Auflage. Meschede: Heimatverlag Dr. Wagener 1931. [159S.; kartonierte und fest eingebundene Ausgabe] [Erstauflage: Dortmund: Lensing 1919.]

SCHAUERTE 1937 = Schauerte, Heinrich: Brauchtum des Sauerlandes. (= Das Sauerland Bd. 3). Meschede: Heimatverlag Dr. Wagener 1937, 1938. [252S.; fester Einband]

SCHNEIDER 1991 = Schneider, T.: Dr. Ferdinand Wagener. In: Serkenrode und das Kirchspiel Schlipruthen im Kurkölnischen Sauerland. Zusammengestellt von der Arbeitsgemeinschaft Dorfchronik Serkenrode-Schlipruthen [Finnentrop] [1991], S. 332-334.

SCHUMACHER 1964* = F.S. (Schumacher, Fritz): Dr. Ferdinand Wagener – Bahnbrecher für sauerländisches Schrifttum. In: Sauerlandruf. Zeitschrift des Sauerländer Heimatbundes Nr. 1/1964, S. 28. [http://www.sauerlaender-heimatbund.de/Sauerlandruf_1964_1.pdf]

THIEME 2001 = Thieme, Hans-Bodo: Herbert Evers – Landrat des Kreises Olpe von 1933 bis 1945. (= Schriftenreihe des Kreises Olpe Nr. 29). Olpe 2001.

TOCHTROP 1975 = Tochtrop, Theodor: Chronik des Sauerländer Heimatbundes e.V. 1921-35 und 1950-75. Brilon: Selbstverlag SHb 1975. [S. 19 Bezugnahme auf Rektor F. Wagener]

TOCHTROP 1977* = Zum Gedenken an Dr. Ferdinand Wagener [von T.T. (Theodor Tochtrop)]. In: Sauerland Nr. 1/1977, S. 28. [http://www.sauerlaender-heimatbund.de/Sauerland_1977_1.pdf]

TÖNNE 1940 = Tönne, Ferdinand [1904-2003]: Blühende Heimat. Von Kindern erzählt und in Linol geschnitten. Meschede: Heimatverlag Dr. Wagener [1940]. [64S.; fester Einband mit Schutzumschlag (dort Untertitel: „Aus der Arbeit einer Krüppel-Schule"); mit 26 Linolschnitten.]

VERLAGSPROGRAMM 1940 = Bücher deutscher Heimat. Herbst 1940. Meschede: Heimatverlag Dr. Wagener. [18S.; Prospekt mit Übersicht zu F. Wageners Verlagsprogramm]

WAGENER 1926a = [Wagener, Ferdinand] F.W.: Frönne, oder: Verdriät ugg, ase't Katten un Ruiens gehöört te daune [Gedicht]. In:

Ruhrwellen 3. Jg. (1926), Jahrgangsausgabe Nr. 9. [Stadtarchiv Arnsberg]

WAGENER 1926b = [Wagener, Ferdinand] F.W.: 'n Lästsack [Gedicht]. In: Ruhrwellen 3. Jg. (1926), Jahrgangsausgabe Nr. 11. [Stadtarchiv Arnsberg]

WAGENER 1927* = Wagener, [Johannes] Ferdinand: Sprichwörter und Redensarten im Sauerland. Ihr Sinn und ihre Poesie. In: Trutznachtigall Nr. 3/1927, S. 69-73. [http://www.sauerlaender-heimatbund.de/Trutznachtigall_03_1927.pdf]

WAGENER 1928 = Wagener, [Johannes] Ferdinand: Hochzeitsbräuche im Sauerland. Graute Hochteyt [von „Gf." = Growen Färnand]. In: Mescheder Zeitung. Kreisblatt für den Kreis Meschede, 28.9.1928 und 5.10.1928.

WAGENER 1929a = Wagener, [Johannes] Ferdinand: Graute Hochteyt. Geschichte einer westfälischen Bauerhochzeit im Sauerlande. Mit Scherenschnitten von Maria Witter. Arnsberg: Sauerlands-Buchhandel 1929. [126S.; hoch- und plattdeutsche Prosa, Gedichte & Leutegut, sowie Texte von F.W. Grimme u.a.] [Internetausgabe 2016: W.-D. Grün (Bearb.), Heimatbund Gemeinde Finnentrop e.V.]

WAGENER 1929b = Wagener, [Johannes] Ferdinand: Kloster Brunnen in Geschichte und Erzählung. Hüsten: Ruhrmann 1929. [175S.; Leineneinband] [Enthält u.a. die plattdt. Prosatexte „Schichtern" u. „Berichten" von Wagener] [Erw. Neuauflage: →Wagener/Padberg 1979]

WAGENER 1931a = Wagener, [Johannes] Ferdinand: Essel. Van Growen Fiänand. In: Mescheder Heimatblatt. Beilage zur Mescheder Zeitung, 7.8.1931. [4S.] [Plattdeutscher Bericht über den Heimattag in Eslohe 1931] [Fehlerhafter Auszug erneut in: Sauerland Nr. 2/2016, S. 12-14.]

WAGENER 1931b = Wagener, [Johannes] Ferdinand: Ironie I. Die romantische und die dialektische Ironie. Arnsberg: Verlag J. Stahl 1931. [VII u. 74S.] [Rezension: →Dopp 1932]

WAGENER 1932 = Wagener, [Johannes] Ferdinand: Um die Hohe Bracht. Ein Führer und Heimatbuch. Meschede: Heimatverlag Dr. Wagener 1932. [110S.; fester Einband] [Rezension in: Heimatblätter Olpe 9. Jg. (1932), S. 160.]

WAGENER 1933 = Wagener, [Johannes] Ferdinand: Der Westdeutsche Rundfunk fährt zum Kuckuck. In: Sauerländischer Gebirgsbote 41. Jg., Heft 10 (Oktober 1933), S. 135-136. [Mit zwei Fotografien zur Radioaufführung von ‚Graute Hochteyt'.]

WAGENER 1934 = Wagener, [Johannes] Ferdinand: Graute Hochteyt. Das Volksspiel von Bauernliebe und Bauernhochzeit. Schauspiel mit Vorspiel und 2 Akten, mit Volksliedern und Bauerntänzen. Fassung 1934. Arnsberg: Eigenverlag 1934. [48S.; mit Bühnenkritiken von 1934 im Anhang] [Matrizendruck, Exemplar im CKA]

WAGENER 1937 = Wagener, [Johannes] Ferdinand: Künstlerschaffen im Sauerland. Teil 1: Künstlerschaffen. Teil 2: Unsere Künstler. (= Das Sauerland Bd. 5). Meschede: Heimatverlag Dr. Wagener 1937. [244S.; fester Einband; unveränderte Folgeauflage 1938]

WAGENER 1938 = Wagener, [Johannes] Ferdinand: Geschichte des Sauerlandes. 1. Gesamtgeschichte, 2. Heimatgeschichte. (= Das Sauerland Bd. 1). Meschede: Heimatverlag Dr. Wagener 1938. [264S.; fester Einband]

WAGENER 1942 = Wagener, [Johannes] Ferdinand (Bearb.): Arbeiter und Dichter. Aus dem Leben und Schaffen Jost Henneckes. Gesammelt und zusammengestellt von Dr. Ferdinand Wagener. Meschede: Heimatverlag Wagener 1942. [168S.; Biographie, zugleich Band 4 von → Hennecke-Werke 1941/1942 I-IV]

WAGENER/PADBERG 1979 = Wagener, [Johannes] Ferdinand: Kloster Brunnen. Herausgegeben und ergänzt von Magdalena Padberg. Fredeburg: Grobbel 1979. [169S.; Biographisches zum Verfasser] [Erweiterte Neuauflage von: →Wagener 1929b]

WAGENER-NACHLASS 1919/1923 = Wagener, [Johannes] Ferdinand: Meine ersten Gedichte [1919-1923]. [37S. ohne Seitenzählung; hoch- und plattdeutsche Gedichte; großformatige Blätter; geheftetes Maschinenskript im Archiv Museum Eslohe] [Texte erneut auch in: →Wagener-Nachlass 1943d]

WAGENER-NACHLASS 1922/1928 = Wagener, [Johannes] Ferdinand: Gedichte 1922-1928. Manuskript. [handschriftlich auf kariertem Papier aus dem Nachlass eingebunden; 92S. ohne Seitenzählung; hoch- und plattdeutsche Gedichte; Archiv Museum Eslohe / CKA]

WAGENER-NACHLASS 1923 = Wagener, [Johannes] Ferdinand: Das Wandern ist des Müllers Lust. Gedichte. [Zusatz auf dem inneren Titelblatt der Handschrift: „Erste Auflage. Handschriftlich signiert. 2 Exemplare. 1923. Druck und Verlag von Wagener Steinsiepen - - - - - New York"]. [88S.; hoch- und plattdeutsche Gedichte; großformatige Blätter; geheftetes Skript im Archiv Museum Eslohe] [Maschinenschriftliche Fassung dazu: →Wagener-Nachlass 1943b]

WAGENER-NACHLASS 1931 = Wagener, [Johannes] Ferdinand: „Student – Leben – Zukunft". [Vermutlich um 1931/32 entstanden; undatiert] [Als Entwurf mit Schreibmaschine auf 3 Seiten niedergeschrieben – mit handschriftlichen Korrekturen; aufgefunden im Nachlass von Ferdinand Wagener am 20. Oktober 2015 in Meschede, Bernhard-Wilking-Straße 6] [Benutzt: Digitale Texterfassung durch Christa Wagener, Freiburg, vom 10.12.2015; Gemeindearchiv Finnentrop]

WAGENER-NACHLASS 1933 = Wagener, [Johannes] Ferdinand: Deutsche Heimatarbeit. Ein Lehrgang der Heimatpflege. [Vermutlich 1933/1934] [15S.; ungedruckt aus dem Nachlass; ca. DinA4; geheftetes Maschinenskript im Archiv Museum Eslohe]

WAGENER-NACHLASS 1936 = Wagener, [Johannes] Ferdinand: De Laifde hööt gar nit op. Gedichte an meyne Frau. Aanfangen im Johr 1936. [31S.; plattdeutsche Gedichte; gebundenes Maschinenskript DinA5 im CKA / Archiv Museum Eslohe]

WAGENER-NACHLASS 1943a = Wagener, [Johannes] Ferdinand: Aechter de Kögge! Ein Sommer bei den Kuhhirten im Waldbauernhof. Von Dr. Ferdinand Wagener. Neu gesammelt 1943. [122S.; plattdeutsche Prosa mit eingestreuten Mundartgedichten & Leutegut; ausführlicher Anmerkungsteil zu Entstehungsgeschichte und autobiographischem Hintergrund des Werkes sowie zum Sprachschatz; gebundenes Maschinenskript DinA5 im Archiv Museum Eslohe / CKA] [S. 109: „Die meisten Skizzen waren 1925 und 1927 in der Mescheder Zeitung veröffentlicht."]

WAGENER-NACHLASS 1943b = Wagener, [Johannes] Ferdinand: Das Wandern ist des Müllers Lust. Gedichte [1923; „Zum Abschied meinem Bruder [Josef] gewidmet" (US-Auswanderung)]. Abgeschrieben Königsberg 1943. [72S.; hoch- und plattdeutsche Gedichte; gebundenes Maschinenskript im Archiv Museum Eslohe] [Ursprüngliche Handschrift dazu: →Wagener-Nachlass 1923]

WAGENER-NACHLASS 1943c = Wagener, [Johannes] Ferdinand: Gedichte 1926-1940. Gesammelt Königsberg 1943. [88S. und 12S. Anhang mit Anmerkungen; platt- und hochdeutsche Gedichte aus den Jahren 1922-1940; gebundenes Maschinenskript DinA5 im CKA / Archiv Museum Eslohe]

WAGENER-NACHLASS 1943d = Wagener, [Johannes] Ferdinand: Poesiealbum. Meine ersten Gedichte [1919-1927]. Abgeschrieben Königsberg 1943. [104S.; hoch- und plattdeutsche Gedichte; gebundenes Maschinenskript im CKA / Archiv Museum Eslohe] [Texte z.t. auch in: →Wagener-Nachlass 1919/1923]

WAGENER-NACHLASS 1944 = Wagener, [Johannes] Ferdinand: „Häschen" und andere Tiere. Sommergedichte. Pillau 1944. [164S.; hochdeutsche Gedichte; gebundenes Maschinenskript im Archiv Museum Eslohe / Kopie CKA]

WAGENER-REKTOR 1923 = Wagener, Ferdinand [1871-1931]: De Falsmünzer. Ne wohre un gelungene Geschichte [Prosa]. In: De Suerländer – Heimatkalender kurkölnisches Sauerland für 1923, S. 53-57.

WAGENER-REKTOR 1925 = Wagener, Ferdinand: Kaplan Norbert Fischer. Ein Lebensbild. Meschede: A. Harmann 1925. [62S.]

WAGENER-REKTOR 1932* = Wiese, Peter: Aus Meschedes Vergangenheit. Hg. F. Wagener. Meschede: Fr. Drees 1932. [73S.; postum erschienen, mit kurzer Biographie zu Rektor Wagener] [http://sammlungen.ulb.uni-muenster.de/hd/content/titleinfo/272957]

WAGENER-VOLKSLIEDER = Volkslieder, Tanzlieder, Volkstänze zur Grauten Hochteyt. Ohne Ort und Jahr. [Heft mit unbedrucktem braunen Kartonumschlag aus dem Nachlass Ferdinand Wageners, Exemplar im CKA: 16 Seiten Innenteil; Matrizendruck; Format etwas kleiner als DinA6.] [Vermutlich Publikumsheft zu: Wagener 1934; evtl. auch Beigabe zu: Wagener 1929a]

WESTFÄLISCHES AUTORENLEXIKON 1750-1950* = Internetportal „Lexikon westfälischer Autorinnen und Autoren 1750-1950", Kurzbezeichnung: „Westfälisches Autorenlexikon 1750-1950". Im Auftrag des Landschaftsverbandes Westfalen-Lippe hrsg. von der Literaturkommission für Westfalen, Münster. Stichwort: ‚Johannes Ferdinand Wagener'. https://www.lwl.org/literaturkommission/alex/index.php?id=00000003&letter=W&layout=2&author_id=00002101

WETTE 2010 = Wette, Wolfram: Militarismus in Deutschland: Geschichte einer kriegerischen Kultur. Taschenbuchausgabe. Frankfurt: Fischer 2010.

WETTE 2016 = Wette, Wolfram: Ernstfall Frieden. Lehren aus der deutschen Geschichte seit 1914. Bremen: Donat Verlag 2016 [2017].

WIETHOFF 2002 = Wiethoff, Dieter: „...zu säen Heimat, ist mein Los...". Ferdinand Wagener, geboren vor 100 Jahren. In: Jahrbuch HochSauerlandKreis 2002, S. 63-67.

WIETHOFF 2016 = Wiethoff, Dieter: „... zu säen Heimat, ist mein Los ..." Ferdinand Wagener, geboren vor 100 Jahren. In: An Bigge, Lenne und Fretter Nr. 44. Juni 2016, S. 62-72. [= Wiethoff 2002, erweitert um eine Bibliographie]

WOESTE 1882* = Woeste, Friedrich: Wörterbuch der westfälischen Mundart. Herausgegeben von A. Lübben. Norden-Leipzig: Soltau 1882. [Bayerische Staatsbibliothek digital: https://download.digitale-sammlungen.de/pdf/1447798428bsb11023641.pdf]

ZÜNDORF 1940 = Zündorf, Robert [1896-1943]: Die Limmerg'schen Triesels. Sauerländische Trachtenbilder und Tänze, Lieder und Schwänke. Meschede: Heimatverlag Dr. Wagener [1940]. [120S.; kartoniert und gebundene Ausgabe in Leinen.] [W.-D. Grün: „Dank und Gruß an Förderer und Freunde" am Anfang des Bandes ist datiert mit „Ende des Kriegsjahres 1940".]

– Buchhinweise –

Peter Bürger
Forschungsreihe zur Mundartliteratur
Zugleich ein Beitrag zur
Kulturgeschichte des Sauerlandes
www.museum-eslohe.de
www.sauerlandmundart.de

Im reypen Koren.
Ein Nachschlagewerk zu Mundartautoren, Sprachzeugnissen
und plattdeutschen Unternehmungen im Sauerland
und in angrenzenden Gebieten (Eslohe 2010).
ISBN 978-3-00-022810-0

Aanewenge.
Plattdeutsches Leutegut und Leuteleben im Sauerland (Eslohe 2006).
ISBN 3-00-020224-2

Strunzerdal.
Die sauerländische Mundartliteratur des 19. Jahrhunderts und ihre Klassiker
Friedrich Wilhelm Grimme und Joseph Pape (Eslohe 2007).
ISBN 978-3-00-022809-4

Liäwensläup.
Fortschreibung der sauerländischen Mundartliteraturgeschichte
bis zum Ende des ersten Weltkrieges (Eslohe 2012).
ISBN 978-3-00-039144-6

*

Sämtliche Sauerland-Literatur aus dem
Dampf Land Leute-MUSEUM ESLOHE
ist bestellbar über www.museum-eslohe.de (Link: Bücherei).

Buchverkauf vor Ort auch während der Öffnungszeiten des Museums.

– Buchhinweise –

Die neue plattdeutsche Bibliothek:

Sauerländische Mundart-Anthologie

Texteditionen zur Mundartliteraturgeschichte
aus dem Christine Koch-Mundartarchiv
am Dampf Land Leute-Museum Eslohe

Bearbeitet von Peter Bürger

Erster Band:
Niederdeutsche Gedichte 1300 - 1918
Buchfassung ISBN 978-3-8370-2911-6
(Paperback, 340 Seiten; 14,90 €)

Zweiter Band:
Plattdeutsche Prosa 1807 - 1889
Buchfassung ISBN: 978-3-7392-2112-0
(Paperback, 456 Seiten; 16,80 €)

Dritter Band:
Plattdeutsche Prosa 1890 - 1918
Buchfassung ISBN: 978-3-7412-2240-5
(Paperback, 548 Seiten; 16,90 €)

Vierter Band:
Lyriksammlungen der Weimarer Zeit
Buchfassung ISBN: 978-3-7412-7387-2
(Paperback, 580 Seiten; 18,00 €)

Fünfter Band:
Verstreute und nachgelassene Gedichte 1919-1933
Buchfassung ISBN: 978-3-7412-7153-3
(Paperback, 472 Seiten; 15,90 €)

Verlag der Druckfassungen: BoD Norderstedt
Überall im Buchhandel erhältlich.

– Buchhinweis –

Franz Nolte
(1877-1956)
PLATTDEUTSCHE DICHTUNGEN
UND BEITRÄGE ÜBER
DIE MUNDART DES SAUERLANDES

Herausgegeben von Peter Bürger
Druckfassung zur Digitalausgabe:
Norderstedt: BoD 2016. ISBN 978-3-7412-4205-2
[Paperback; 324 Seiten; Preis: 13,90 Euro]

Der kurkölnische Sauerländer Franz Nolte (1877-1956) aus Hagen bei Sundern konnte sich nur schwer mit der Vorstellung abfinden, dass die plattdeutsche Alltagssprache seiner Kindheit einmal ganz verstummen sollte. Als pensionierter Schulrektor verbrachte er seine beiden letzten Lebensjahrzehnte in Letmathe (heute Stadtteil von Iserlohn). Hier entstanden zahlreiche Mundartdichtungen, aber auch Beiträge über die Eigentümlichkeiten der sauerländischen Mundart und die Förderung des Plattdeutschen Kulturgedächtnisses.

Die hier vorgelegte Gesamtausgabe erschließt überwiegend abgeschlossene Sammlungen aus dem bislang unveröffentlichten Nachlass, darunter einige Texte von beachtlichem Niveau. In der niederdeutschen Literaturgeschichte Südwestfalens kann Nolte nicht übergangen werden. Sein Werk eröffnet aber auch die Möglichkeit, Mentalitäten und Weltbilder früherer Generationen kennenzulernen.

Vorgelegt wird diese sorgfältig bearbeitete Edition zum Literaturprojekt des Christine Koch-Mundartarchivs am Museum Eslohe in Kooperation mit dem Sunderner Heimatbund.

Überall im Buchhandel erhältlich.

– Buchhinweis –

Joseph Anton Henke (1892-1917)
Finnentrop-Frettermühle

GESAMMELTE WERKE

Herausgegeben von Peter Bürger.
Norderstedt: BoD 2017. ISBN 978-3-7431-1229-2
[Paperback; 240 Seiten; Preis: 13,40 Euro]

Im Alter von 25 Jahren fand der Kriegsfreiwillige Joseph Anton Henke (1892-1917) aus Finnentrop-Frettermühle in Rumänien den Soldatentod. Schon zuvor war er als Verfasser einer kriegstrunkenen Lyrik in Erscheinung getreten. Am Ende ging er nicht gerne in den Tod. Die Menschenschlächterei des 1. Weltkrieges hatte ihn in Abgründe geführt, von denen späte Manuskripte ein erschütterndes Zeugnis ablegen: „Wir wurden Tiere, stumpf in Mord und Blut ..."

Über die Heimatbewegung der 1920er Jahre kamen freilich nur unverfängliche Verse zum Druck. Eine Vertonung des 1916 entstandenen Gedichtes „Meyn Duarp, en Hius, en Linnenbaum" gehörte noch nach dem 2. Weltkrieg zu den populärsten Chorstücken der Landschaft.

Die vorliegende Werkausgabe vereint die hoch- und plattdeutschen Dichtungen dieses kölnischen Sauerländers. Sie enthält auch bislang ungedruckte Nachlasstexte sowie Henkes Sammlung „Sauerländische Volkspoesie" (1913). Das Buch erschließt Leben und Werk eines ambitionierten Lyrikers, gleichzeitig aber auch ein weiteres Kapitel zur "Friedenslandschaft Sauerland".

Überall im Buchhandel erhältlich.

– Buchhinweise –

Friedenslandschaft Sauerland

Peter Bürger
Friedenslandschaft Sauerland
Antimilitarismus und Pazifismus in einer katholischen Region.
Ein Überblick –Geschichte und Geschichten.
ISBN 978-3-7392-3848-7 (204 Seiten; Paperback; BoD 2016; € 12,00)

Peter Bürger (Hg.)
Irmgard Rode (1911-1989)
Dokumentation über eine Linkskatholikin und Pazifistin des Sauerlandes.
ISBN 978-3-7386-5576-6 (230 Seiten; Paperback; BoD 2016; € 9,90)

Peter Bürger / Jens Hahnwald / Georg D. Heidingsfelder
Sühnekreuz Meschede
Die Massenmorde an sowjetischen und polnischen
Zwangsarbeitern im Sauerland während der Endphase
des 2. Weltkrieges und die Geschichte eines schwierigen Gedenkens.
ISBN: 978-3-7431-0267-5 (440 Seiten; Paperback; BoD 2016 ; € 14,90)

Peter Bürger (Hg.)
Sauerländische Friedensboten
Friedensarbeiter, Antifaschisten und Märtyrer
des kurkölnischen Sauerlandes: Erster Band.
ISBN: 978-3-7431-2852-1 (524 Seiten; Paperback; BoD 2016; € 15,99)

Überall im Buchhandel erhältlich.